얄코의
TOO MUCH
친절한

HTML+CSS
+자바스크립트

진짜 초보자도 자신 있게 끝낼 수 있도록 제대로 파는

얄코의 TOO MUCH 친절한 HTML+CSS+자바스크립트

초판 1쇄 발행 2024년 2월 1일

지은이 고현민

펴낸이 전정아

편집 오은교 **조판** nuːn **디자인** nuːn **일러스트** 이진숙

펴낸곳 리코멘드

등록일자 2022년 10월 13일 제 2022-000120호

주소 경기도 파주시 회동길 480 B531

전화 0505-055-1013 **팩스** 0505-130-1013

이메일 master@rdbook.co.kr

홈페이지 www.rdbook.co.kr

페이스북 www.facebook.com/rdbookkr

진짜 초보자도 자신 있게 끝낼 수 있도록 제대로 파는

얄코의

이렇게까지
설명한다고?

MUCH
친절한

HTML+CSS
+자바스크립트

고현민 지음

Re:commend

저자 머리말

| 얄코님에 대한 간단한 소개 부탁드립니다.

어려운 코딩 및 IT 개념을 쉽게 알려 주는 유튜브 채널 '얄팍한 코딩사전'을 운영하며 부산에 거주하는 두 아이의 아빠입니다. 유튜브 영상과 장편 강의, 도서 등 다양한 형태로 프로그래밍 관련 콘텐츠를 만들고 있습니다.

| 시중에 HTML, CSS 관련 서적이 많지만 얄코의 TOO MUCH 친절한 시리즈만의 강점은 무엇일까요?

책과 연관된 온라인 강의 영상과 예제 파일은 물론 CSS 속성을 즉석에서 테스트할 수 있는 플레이그라운드를 함께 제공하는 것이 이 시리즈의 강점입니다. 특히 플레이그라운드는 학습자들이 복잡한 CSS 원리를 가장 쉽게 익힐 수 있도록 정성을 쏟아부어 만든 학습 도구입니다. 다른 어떤 콘텐츠보다 손에 잡히는 실습을 통해 직관적으로 웹 퍼블리싱을 배우도록 했습니다.

| 코딩을 쉽게 설명하기 위해 특별히 어떤 노력을 하셨나요?

저는 원래 디자이너 출신이었어요. 비전공자로서 낯선 IT 개념들을 당혹스럽게 바라보던 때를 기억하며, 가능한 한 일상적이고 직관적인 비유로 쉽게 개념을 설명하고자 꾸준히 연구해 왔습니다. 그 고민을 녹여낸 결과물이 유튜브 강의와 책입니다.

| HTML, CSS, 자바스크립트를 한 번에 배워야 하는 이유는 무엇일까요?

자전거를 배울 때 페달 밟는 법, 핸들 방향을 바꾸는 법, 브레이크 잡는 법을 따로따로 배우지는 않죠. HTML과 CSS, 자바스크립트 역시 함께 사용되도록 만들어진 것이므로 서로 연계해서 공부해야 합니다. 그중에서도 HTML과 CSS는 한 쌍의 젓가락처럼 밀접하게 작용하며 웹사이트를 구성합니다. 이 둘은 반드시 함께 공부하고 실습해야 각각을 더더욱 제대로 공부할 수 있습니다.

| 이 책은 투머치 친절한 책이니 아예 처음 배우는 독자가 봐도 괜찮을까요?

그렇습니다. 주어진 학습 자료를 적절히 활용하며 학습하다 보면 코딩이 처음인 분들도 어렵지

않게 HTML과 CSS, 그리고 자바스크립트까지 배워나 갈 수 있도록 했습니다. 물론 어느 정도 지식을 갖춘 실무자도 놓쳤던 부분까지 얻어갈 수 있도록 풍성한 콘텐츠로 채워 두었습니다.

| 책과 동영상을 활용하는 가장 효율적인 방법이 있다면 소개 부탁드립니다.

사람마다 책으로 공부하는 것이 더 편할 수도 있고, 영상으로 미리 내용을 접하는 것이 효과적일 수도 있습니다. 순서는 각자에게 맞는 쪽으로 선택하면 됩니다. 영상은 코드의 결과를 빠르고 다채롭게 시각화해서 보여 주기 때문에 학습 전이나 후에 반드시 영상을 시청하면서 공부하는 것을 권장합니다. 또한 책은 영상으로 빠르게 지나가면서 놓쳤던 것들을 꼼꼼하게 짚어 내고, 코드와 코드 해석을 한 줄 한 줄 곱씹으며 읽을 수 있기 때문에 학습한 내용을 내 것으로 만들기에 좋습니다. 책과 영상 강의를 병행하면서 최적의 학습 환경을 만들어 보세요.

| 코딩을 사람보다 AI가 더 잘한다는데, 이런 AI 시대에 이 책을 꼭 봐야 하는 이유는 뭘까요?

앞으로 사람이 직접 코드를 입력하는 일은 크게 줄어드는 대신 AI가 작성해 주는 코드를 적재적소에 활용하는 빈도가 높아질 것입니다. 그러려면 컴퓨터가 짠 코드를 이해하고 판단할 수 있는 지식이 필요합니다. 이때는 직접 코드를 짤 때보다 근본적이고 깊이 있는 지식이 필요합니다. 따라서 AI 시대에는 당연히 이 책과 같이 프로그래밍 언어의 기본기부터 심화까지 파고드는 공부를 해 둘 필요가 있습니다.

| 마지막으로 이 책을 보는 독자들에게 꼭 하고 싶은 말이 있다면 해 주세요.

이 책이 여러분께 즐거운 첫 코딩 경험으로 기억되길 바랍니다. 책에서 아쉬웠거나 개선했으면 하는 부분이 있다면 언제든 yalco@yalco.kr로 문의해 주세요.

추천사

많은 코딩 책이 딱딱한 문체와 많은 줄글로 개념을 한 번에 이해하기 어려워 시간이 지나면 다시 책에 손이 안 갔는데, 얄코 님의 책은 막막했던 코딩 개념을 귀여운 캐릭터로 이미지화시켜 설명해 빠르고 재미있게 읽을 수 있었습니다. 또한 그동안 쌓아 온 노하우를 중간중간에 꿀팁으로 알려 줘 저도 프로처럼 일하고 생각하는 법을 배울 수 있었습니다.

특히 이 책에서 제가 가장 좋아하는 부분은 〈얄코의 친절한 노트〉입니다. 본문에서 길게 설명한 개념을 핵심만 뽑아 한 페이지로 정리하여 배운 내용을 간편하게 숙지할 수 있도록 독자를 배려한 것은 '얄코 님다운' 특징이 아닌가 생각합니다. 또한 많은 내용에도 불구하고 다른 책에 비해 읽기 쉽다고 느꼈는데, 이는 핵심이 되는 개념을 중간중간 강조해 준 덕분인 것 같습니다. 또한 실제 프로젝트 수준의 예제를 경험하는 과정이 체계적으로 구성되어 있어 입문자가 부담 없이 따라갈 수 있습니다.

김빛나 코딩 알려주는 누나(▶@user-yu8so2ck1z)

인프런에서 인기 있는 얄코 님의 〈제대로 파는 HTML CSS〉 강의를 바탕으로 더 깊은 내용을 추가한 책입니다. 저도 강의를 기반으로 책을 쓴 적이 있는데, 요즘은 긴 영상보다는 짧은 영상을 선호하기 때문에 길게 풀어서 이야기하고 싶어도 그렇게 할 수 없었던 적이 많았습니다. 영상이 주는 다이내믹함도 있지만 책은 언제 어디서든지 다시 펴서 차분하게 생각할 수 있는 장점이 있으므로 강의를 이미 들으신 분들도 책을 보면 강의와는 또 다른 느낌을 받을 수 있습니다.

이 책에서는 웹페이지를 구성하는 기본 조각들인 HTML, CSS, 그리고 자바스크립트를 말 그대로 '제대로 파' 줍니다. 특히 웹사이트를 예쁘게 만들어 주는 CSS를 즉시 테스트해 보면서 원리를 익힐 수 있는 플레이그라운드까지 포함되어 있어 웹 디자인에 어려움을 겪는 분들에게도 큰 도움이 될 것입니다. 나만의 웹사이트를 만들기 위해 웹 프로그래밍의 기본기를 탄탄히 다지고 싶은 분들에게 이 책을 추천합니다!

이건희 코딩하는거니(▶@gunnycoding)

AI 시대가 도래해도 기본 코딩 능력과 이해력은 더욱 중요할 수밖에 없습니다. 기술 장벽이 무너지면서 적은 노력으로도 최대한의 결과를 얻을 수 있는 시대가 된 것이지요. 개발자들의 개인 능력이 더욱 빛을 발휘할 수 있는 시대가 활짝 열렸다는 뜻입니다. 그 최소한의 기술이 HTML, CSS, 그리고 자바스크립트입니다.

이 책은 'TOO MUCH 친절한'이라는 제목과 같이 그동안 접해 온 어떤 학습 자료 중 가장 친절하고 쉬운 접근법을 제공합니다. 단순히 쉬운 내용만이 아니라 복잡하고 이해하기 힘든 개념을 다양한 보조 자료와 함께 쉽고 재미있게 익히도록 체계적으로 구성되어 있어 감탄하지 않을 수 없었습니다. 지금 당장 코딩을 시작하고자 하신다면 이 책보다 더 좋은 선택지는 없을 것입니다. 최소한의 의지만으로 뛰어든 분들에게 지루할 틈 없이 진짜 코딩의 즐거움으로 친절하고 확실하게 안내할 것입니다.

전병우 투더제이(▶️ @ttj)

프론트엔드 개발은 세 가지 단계로 구성된다고 생각합니다. 첫 번째 단계는 퍼블리싱에 대한 이해, 두 번째 단계는 사용자와 상호작용을 위한 자바스크립트 이해, 그리고 세 번째 단계는 이 두 가지를 효과적으로 개발 및 운영하는 것입니다. 이 책은 앞선 두 단계를 아우르는 내용으로 구성되어 있습니다.

프론트엔드 개발자로 거듭나든 백엔드 개발자로 성장하든 각자의 전문 분야에서 기초적인 이해는 불가피합니다. 이 책은 웹 개발의 개념 설명부터 실제 활용 방법, 마지막으로 파이널 프로젝트까지 철저히 다루며 완성도 높은 프로젝트 경험을 선사합니다. 특히 플레이그라운드라는 실습 환경과 온라인 강의가 있다는 두 가지 장점은 개발 입문자에게 가장 매력적인 포인트입니다. 자신이 프론트엔드 개발에 적성이 있는지 알아보고 싶거나 이미 백엔드 개발에 종사하고 있는데 프론트엔드 이해가 부족하다면 이 책을 통해 기초를 탄탄히 다져 보는 것을 추천합니다.

정우현 컴공선배(▶️ @comgongbro)

이 책을 제대로 보는 방법

예제 다운로드 및 불러오는 방법

책을 따라하다 보면 어느 순간 책과 다른 결과가 나오거나 오류가 발생하는 경험을 한두 번 겪게
됩니다. 본문 내용을 학습하며 최대한 손코딩으로 학습하는 방법을 권장하지만, 어디서부터 잘
못되었는지 오류를 빠르게 찾고 다음 단계로 넘어가도록 돕기 위해 CHAPTER별로 예제 파일을
제공합니다. 실습에 필요한 예제는 리코멘드 홈페이지에서 다운로드할 수 있습니다.

리코멘드: https://www.rdbook.co.kr → [TOOMUCH친절한] 메뉴 → 도서 제목 → 예제 다운로드

다운로드받은 파일은 압축을 해제하고 VS Code를 실행해 [파일]–[폴더 열기]를 선택합니다.

예제 파일이 있는 폴더를 선택하면 다음과 같이 VS Code 탐색기에서 CHAPTER별로 확인할 수
있습니다. 직접 해 보세요 코너에서 활용해 보세요.

플레이그라운드와 함께 공부하는 방법

CSS 학습 내용을 바로 실습할 수 있는 플레이그라운드를 특별 제작했습니다. 각 속성값을 직접 조정해 보면서 웹 상에 어떻게 반영되는지 바로 확인할 수 있습니다. 반드시 컴퓨터에서 아래 링크로 접속한 후 즐겨찾기해 두기 바랍니다.

📋 강의 보조 자료: https://yalco.kr/lectures/html-css

🕹️ 플레이그라운드: https://bit.ly/48joo6P

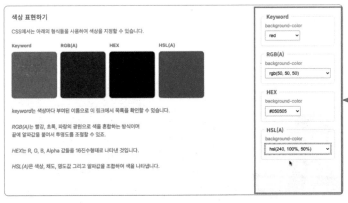

이 책을 제대로 보는 방법

동영상 강의와 함께 공부하는 방법

이 책은 유튜브와 인프런에서 인기 있는 동영상 강의를 책으로 엮은 것입니다. 많은 사람이 듣고 추천하는 동영상 강의와 함께 공부한다면 학습 효과는 배가 될 것입니다. 무료 강의 QR 코드는 해당 LESSON의 마지막 페이지에서 확인할 수 있습니다. 단, 인프런에서 제공되는 유료 강의일 경우 QR 코드 대신 수강 할인 쿠폰을 제공합니다.

▶ www.youtube.com/@yalco-coding

- Part 01(HTML 기본), PART 02(CSS 기본), PART 06(자바스크립트) 내용에 대한 동영상 강의를 무료로 보실 수 있습니다.

  PART 01 바로 가기 http://bit.ly/3U0NVx7

  PART 02 바로 가기 https://bit.ly/41RQCD0

  PART 06 바로 가기 https://bit.ly/3RS1VXp

◔ www.inflearn.com/users/@yalco

- Part 03(HTML 심화), PART 04(CSS 심화), PART 05(파이널 프로젝트) 내용에 대한 동영상 강의는 저자 홈페이지(https://www.yalco.kr/promo/elysees) 방문 시 할인 쿠폰 정보를 제공해 드립니다.

동영상 강의 무료 파트 링크 모음

책과 영상 강의 속 CHAPTER와 LESSON 번호는 다르니 아래 URL로 한 번에 접속하는 것이 찾아가기 쉽습니다.

 https://bit.ly/3tCt9ZW

얄코의 HTML CSS 레슨별 영상

Chapter 01 Lesson 01 - HTML, CSS, 자바스크립트가 뭔가요?
Chapter 01 Lesson 02 - 환경 설정하기

Chapter 02 Lesson 04 - 첫 태그 사용하기 A
Chapter 02 Lesson 04 - 첫 태그 사용하기 B
Chapter 02 Lesson 04 - 첫 태그 사용하기 C
Chapter 02 Lesson 05 - 태그로 여러 요소 나열하기

질문하는 방법

첫째, 책에서 다시 한번 찾아봐 주세요. 질문 주시는 내용 중 절반 이상은 책에서 답을 찾을 수 있습니다. 발생 가능한 많은 상황을 책에서 다루고 있으니 해당 내용 앞뒤로 꼼꼼히 읽어 주세요.

둘째, 오류 메시지는 구글에서 먼저 검색해 주세요. 오류 메시지는 구글에 복붙해서 검색해 보면 대부분 짧은 시간 내에 해결 방법을 찾을 수 있습니다.

셋째, 각 LESSON의 QR 코드에 링크된 동영상을 시청해 주세요. 책에서 다 보여 주지 못하는 부분들을 영상으로 설명하므로 보다 명확하게 이해할 수 있습니다.

넷째, 도움이 더 필요하다면 질문 메일을 주세요. 내용 중 이해가 안 되거나 실습상 문제가 있는 부분, 설명이 잘못되었거나 미흡한 부분이 있을 수 있습니다. 이때는 메일로 질문해 주세요. 질문 중 필요한 내용은 다음 인쇄 시 책에 추가하겠습니다.

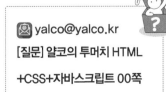
yalco@yalco.kr
[질문] 얄코의 투머치 HTML +CSS+자바스크립트 00쪽

이 책의 구성

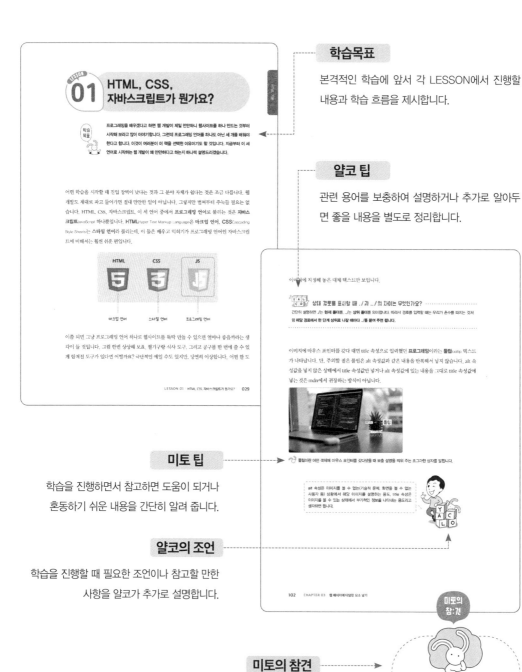

학습목표

본격적인 학습에 앞서 각 LESSON에서 진행할 내용과 학습 흐름을 제시합니다.

얄코 팁

관련 용어를 보충하여 설명하거나 추가로 알아두면 좋을 내용을 별도로 정리합니다.

미토 팁

학습을 진행하면서 참고하면 도움이 되거나 혼동하기 쉬운 내용을 간단히 알려 줍니다.

얄코의 조언

학습을 진행할 때 필요한 조언이나 참고할 만한 사항을 얄코가 추가로 설명합니다.

미토의 참견

놓치기 쉽거나 기억해 두면 좋을 내용을 미토가 한마디로 정리해 줍니다.

CSS 플레이그라운드

URL에 접속하면 CSS 실습을 위한
플레이그라운드를 실행할 수 있습니다.

직접 해 보세요

제공하는 예제 파일을 열거나 코드를 직접
작성하면서 실행 결과를 확인할 수 있습니다.
눈으로 보는 것과는 다르게 직접 해 보면서
느끼는 성취감을 맛보세요.

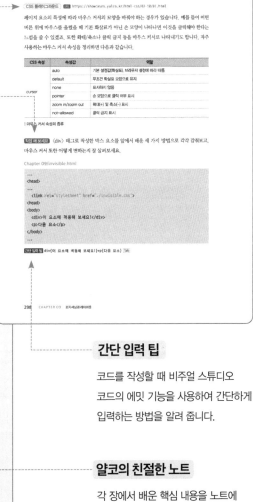

마우스 커서 모양 바꾸기

CSS 플레이그라운드 URL https://showcases.yalco.kr/html-css/09/10/01.html

페이지 요소의 특성에 따라 마우스 커서의 모양을 바꿔야 하는 경우가 있습니다. 예를 들어 어떤
버튼 위에 마우스를 올렸을 때 기본 화살표가 아닌 손 모양이 나타나면 이것을 클릭해야 한다는
느낌을 줄 수 있겠고, 또한 확대/축소나 클릭 금지 등을 마우스 커서로 나타내기도 합니다. 자주
사용하는 마우스 커서 속성을 정리하면 다음과 같습니다.

CSS 속성	속성값	역할
cursor	auto	기본 설정값(화살표). 브라우저 설정에 따라 따름
	default	무조건 화살표 모양으로 유지
	none	표시하지 않음
	pointer	손 모양으로 클릭 여부 표시
	zoom in/zoom out	확대(+) 및 축소(-) 표시
	not-allowed	클릭 금지 표시

! 마우스 커서 속성의 종류

직접 해 보세요 〈div〉 태그로 작성한 박스 요소를 앞에서 배운 세 가지 방법으로 각각 감춰보고,
마우스 커서 또한 어떻게 변하는지 잘 살펴보세요.

Chapter 09/invisible.html

```
<head>
 ...
  <link rel="stylesheet" href="./invisible.css">
</head>
<body>
  <div>이 요소에 적용해 보세요!</div>
  <p>다음 요소</p>
</body>
```

간단 입력 팁 div{이 요소에 적용해 보세요!}+p{다음 요소} Tab

간단 입력 팁

코드를 작성할 때 비주얼 스튜디오
코드의 에밋 기능을 사용하여 간단하게
입력하는 방법을 알려 줍니다.

얄코의 친절한 CSS 노트

① 인라인 요소와 블록 요소, 인라인 블록 요소의 차이점

구분	인라인	블록	인라인 블록
기본 너비	콘텐츠만큼	부모의 너비만큼	콘텐츠만큼
width, height 속성	무시	적용	적용
가로 공간 차지	공유	독점	공유
margin 속성 (바깥쪽 여백)	좌우만 적용	상하좌우 모두 적용 (상/하 상쇄)	상하좌우 모두 적용
padding 속성 (안쪽 여백)	좌우만 적용, 상하는 배경색만	상하좌우 모두 적용	상하좌우 모두 적용

② 바깥쪽 여백과 안쪽 여백

Top
Margin
Border
Padding
Content
Left
Right
Bottom

③ 테두리 속성

| solid | dashed | dotted |

얄코의 친절한 노트

각 장에서 배운 핵심 내용을 노트에
정리한다는 마음으로 다시 한번
복습합니다.

동영상 QR 코드

학습 내용을 동영상 강의로 학습하고자
할 때 사용합니다.

목차

PART 01 갖다 놓는 HTML

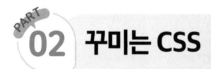

PART 02 꾸미는 CSS

CHAPTER 05 CSS 기본 지식 알기

CHAPTER 06 글자와 텍스트 스타일 적용하기

CHAPTER 07 인라인과 블록 및 박스 모델 이해하기

목차

CHAPTER 08 색과 이미지로 웹 페이지 꾸미기

CHAPTER 09 포지셔닝과 레이아웃

03 PART HTML 더 깊이 알아보기

CHAPTER 10 용도에 따른 태그 사용하기

CHAPTER 11 모두가 이용할 수 있는 웹사이트 만들기

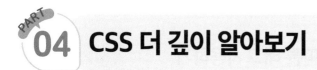

PART 04 CSS 더 깊이 알아보기

CHAPTER 12 요소를 지정하는 세련된 방법

CHAPTER 13 서체와 테이블 스타일링하기

CHAPTER 14 레이아웃 변형과 애니메이션으로 효과 주기

CHAPTER 15 반응형 웹과 CSS 추가 지식 알아보기

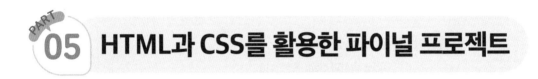

PART 05 **HTML과 CSS를 활용한 파이널 프로젝트**

CHAPTER 16 코딩 강좌 웹사이트 제작하기

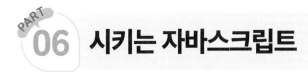

06 시키는 자바스크립트

CHAPTER 17 시작하기 전에

CHAPTER 18 자바스크립트 기본 지식 알기

목차

CHAPTER 19 HTML과 CSS에 자바스크립트 더하기

CHAPTER 20 파이널 프로젝트 보완하기

PART 01

갖다 놓는 HTML

PART 01에서는 HTML의 기본 개념과 역할을 살펴본 후, 본격 실습을 위한 환경 설정을 진행합니다. 이어서 웹 페이지를 구축할 때 반드시 필요한 HTML 태그를 예제 파일을 통해 하나씩 실습해 보며 눈과 손으로 익숙해지는 연습을 합니다. CSS로 넘어가기 전에 PART 01에서 배운 태그들만 알아도 어느 정도의 웹 페이지는 스스로 만들어 볼 수 있을 것입니다.

이렇게까지
설명한다고?

CHAPTER
01

시작하기 전에

LESSON 01
HTML, CSS, 자바스크립트가 뭔가요?

학습 목표 프로그래밍을 배우겠다고 하면 웹 개발이 제일 만만하니 웹사이트를 하나 만드는 것부터 시작해 보라고 많이 이야기합니다. 그런데 프로그래밍 언어를 하나도 아닌 세 개를 배워야 한다고 합니다. 이것이 여러분이 이 책을 선택한 이유이기도 할 것입니다. 지금부터 이 세 언어로 시작하는 웹 개발이 왜 만만하다고 하는지 하나씩 설명드리겠습니다.

어떤 학습을 시작할 때 진입 장벽이 낮다는 것과 그 분야 자체가 쉽다는 것은 조금 다릅니다. 웹 개발도 제대로 파고 들어가면 절대 만만한 일이 아닙니다. 그렇지만 벌써부터 주눅들 필요는 없습니다. HTML, CSS, 자바스크립트, 이 세 언어 중에서 **프로그래밍 언어**로 불리는 것은 **자바스크립트**JavaScript 하나뿐입니다. **HTML**Hyper Text Markup Language은 **마크업 언어**, **CSS**Cascading Style Sheets는 **스타일 언어**라 불리는데, 이 둘은 배우고 익히기가 프로그래밍 언어인 자바스크립트에 비해서는 훨씬 쉬운 편입니다.

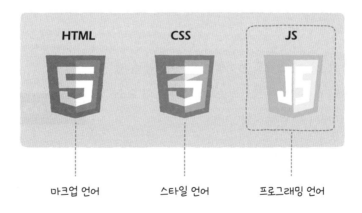

이쯤 되면 그냥 프로그래밍 언어 하나로 웹사이트를 뚝딱 만들 수 있으면 얼마나 좋을까라는 생각이 들 것입니다. 그럼 한번 상상해 보죠. 필기구랑 식사 도구, 그리고 공구를 한 번에 쓸 수 있게 합쳐진 도구가 있다면 어떨까요? 극단적인 예일 수도 있지만, 당연히 이상합니다. 어떤 한 도

구로 여러 가지를 할 수 있으면 좋지만 그게 꼭 편리한 것만은
아닐 때도 있어요.

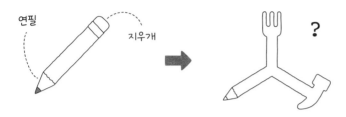

여러 도구를 합친다고 꼭
편리한 것만은 아니에요!

갖다 놓는 HTML, 꾸며 주는 CSS, 일을 시키는 자바스크립트

웹사이트를 만드는 것은 크게 세 가지 작업으로 이루어집니다.

먼저 **텍스트와 이미지, 버튼 등의 요소들을 어떤 웹 페이지
공간에 배치, 즉 '갖다 놓는'** 일을 한다고 합시다. 그런데 이렇
게 갖다 놓기만 하면 이것들로 뭘 하겠다는 건지 잘 모르겠습니다.

그래서 이 요소들에 다음과 같이 디자인을 적용해 보겠습니
다. 어떤가요? 느낌이 확 달라졌죠? 이처럼 **색상, 서체, 글자
크기, 배치, 외곽선 등 각 요소의 시각적인 부분들을 조정해
서 보기 좋게 '꾸며주는'** 것이 웹사이트를 만드는 두 번째 작
업입니다.

마지막으로 특정 요소들에 기능을 불어넣는 일, 이를테면 재
생 버튼을 클릭하면 스톱워치가 토글되도록 **웹사이트의 요소
들에 '일을 시키는'** 것이 세 번째 작업입니다.

이와 같이 '갖다 놓고', '꾸미고', '시키는' 작업에 각각 HTML, CSS, 그리고 자바스크립트가 사용된 것입니다.

예시로 살펴본 초시계 사이트는 총 세 개의 코드 파일로 만들어져 있습니다. 먼저 **'갖다 놓는' 역할의 HTML 코드**입니다. 아직 눈에 보이지 않는 상자와 텍스트, 버튼 등의 배치가 구조화되어 있습니다.

```html
1   <!DOCTYPE html>
2   <html lang="ko">
3   <head>
4     <meta charset="UTF-8">
5     <meta http-equiv="X-UA-Compatible" content="IE=edge">
6     <meta name="viewport" content="width=device-width, initial-scale=1.0">
7     <title>Yalco Stopwatch</title>
8     <link rel="stylesheet" href="./style.css">
9     <script defer src="./script.js"></script>
10  </head>
11
12  <body>
13
14    <div class="stopwatch">
15      <h1>yalco stopwatch</h1>
16      <div class="stopwatch_interface">
17        <span id="screen">00:00:00</span>
18        <button id="button">▶</button>
19      </div>
20    </div>
21
22  </body>
23  </html>
24
```

다음은 이 요소들 각각의 생김새를 정하는 CSS 코드입니다. 즉, '꾸며 주는' 역할을 하는 거죠. 이 CSS 코드가 초시계 사이트의 최종 모습을 만들어 줍니다.

```css
1   body, h1, button {
2     all: unset;
3   }
4
5   body {
6     display: flex;
7     justify-content: center;
8     align-items: center;
9     width: 100vw;
10    height: 100vh;
11    background-color: ▢#ddd;
12  }
13
14  .stopwatch {
15    display: inline-block;
16    padding: 48px 32px 72px 32px;
17    background-color: ▢white;
18    border: 4px solid ▨#aaa;
19    border-radius: 24px;
20    box-shadow: 4px 4px 12px ▨rgba(0, 0, 0, 0.25);
21  }
22
23  .stopwatch h1 {
24    display: block;
25    margin-bottom: 16px;
26    font-family: 'Noto Sans KR', sans-serif;
27    text-transform: uppercase;
28    color: ▨gray;
29  }
30
31  .stopwatch_interface {
32    display: flex;
33    align-items: center;
34    gap: 10px;
35  }
36  .stopwatch_interface {
37    display: flex;
38    align-items: center;
39    gap: 10px;
40  }
41
```

마지막으로 버튼이 클릭에 따라 반응하고 시간에 따라 숫자가 변하도록 해 주는, 즉 **요소들에 일**을 '시키는' 자바스크립트 코드입니다.

```javascript
1    const screen = document.getElementById('screen');
2    const toggleButton = document.getElementById('button');
3    let timeInterval;
4    let stopWatchOn = false;
5    let seconds = 0;
6
7    toggleButton.addEventListener('click', () => {
8        stopWatchOn = !stopWatchOn;
9        toggleButton.innerHTML = stopWatchOn ? '■' : '►';
10       toggleButton.style.backgroundColor = stopWatchOn ? 'tomato' : 'steelblue';
11       if (!stopWatchOn) {
12           clearInterval(timeInterval);
13           seconds = 0;
14           screen.innerHTML = '00:00:00';
15       } else {
16           timeInterval = setInterval(() => {
17               seconds++;
18               const mm = String(Math.floor(seconds /
19               const ss = String(Math.floor(seconds /
20               const cs = String(seconds % 100).padSta
21               screen.innerHTML = `${mm}:${ss}:${cs}`;
22           }, 10);
23       }
24   });
```

이 예시만 봐도 각각의 역할에 따라 문법이 다른 게 보이시죠? HTML과 CSS는 '갖다 놓고', '꾸미는' 작업을 위한 언어이기 때문에 프로그래밍 경험이 없는 사람도 쉽게 익힐 수 있습니다.

웹 퍼블리셔 vs 웹 개발자

웹 디자이너가 작업한 결과물을 HTML과 CSS 문서로 코딩하는 사람들을 한국에서는 **웹 퍼블리셔**(publisher)라고 합니다. 여기에 자바스크립트까지 제대로 배워 디자인에 여러 기능을 지정할 수 있다면 **웹 개발자**(developer)가 될 준비를 마친 것입니다. 요즘 현업에서 많이 쓰는 **리액트**(React)나 **뷰**(Vue) 등은 HTML, CSS, 자바스크립트 모두를 기반으로 하는 응용 기술이기 때문에 웹 기초가 탄탄히 잡혀 있으면 얼마든지 쉽게 배울 수 있습니다.

왜 HTML, CSS 등으로 작성한 것은 '문서'라고 하나요?

그런데 C 언어나 자바, 파이썬 등으로 작성한 것은 '코드'라고 하면서, 왜 HTML, CSS 등으로 작성한 것은 '문서'라고 하나요?

앞서 HTML과 CSS는 프로그래밍 언어가 아니라 각각 마크업 언어, 스타일 언어라고 했습니다. 즉 이 둘로 뭔가를 작성한다는 것은 프로그래밍을 하는 게 아니라는 겁니다.

우리가 웹사이트를 이용하는 행위를 생각해 보죠. 원하는 웹사이트로 들어가기 위해서는 먼저 크롬이나 사파리 등과 같은 웹 브라우저를 실행해야 합니다.

그리고 브라우저 주소 창에 원하는 웹사이트 주소를 입력하면 서버에서 HTML과 CSS로 작성된 파일들을 보내 주는데, 물론 이때 자바스크립트 파일도 같이 옵니다. 브라우저는 이것을 모두 읽은 다음 화면에 완성된 웹 페이지를 보여 줍니다.

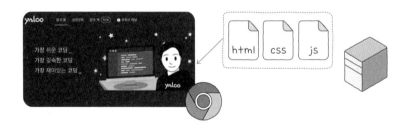

마치 워드나 포토샵에서 클라우드에 저장된 .docx나 .psd 파일을 불러올 때 그것들을 문서라고 부르는 것처럼 **웹 페이지에 들어갈 요소를 배치하고 디자인을 하는 정도인 .html과 .css 파일은 브라우저라는 프로그램에서 불러와 보여 주는 문서**document라고 생각하는 거죠.

자바스크립트 역시 서버로부터 전달받아 브라우저에서 동작하는 파일입니다. 그러나 자바스크립트는 브라우저뿐만 아니라 Node.js 등 컴퓨터에 설치된 자바스크립트 엔진에서 파이썬이나 루비와 같은 언어처럼 **각종 복잡한 알고리즘을 정의할 수 있고 컴퓨터에 명령을 내릴 수 있습니다. 그렇기 때문에 자바스크립트는 프로그래밍 언어로 분류되고, 자바스크립트로 작성한 것은 코드**code라고 합니다.

어떤 건 '문서', 어떤 건 '코드'라고 분류한다고 해서 HTML과 CSS는 쉽고, 자바스크립트는 어렵다고 겁먹을 필요는 없습니다. 모두 워드 문서를 작성하는 것처럼 브라우저가 읽을 문서를 만드는 데 각자의 역할을 한다고 생각하면 됩니다.

우리가 생각해야 할 것은 안정적이고 웹 표준에 부합하면서 폭넓은 사용자 층을 배려할 수 있는 웹사이트를 퍼블리싱하는 것입니다. 그러기 위해서는 깊이 있는 공부와 많은 경험이 필요하니 이 점을 명심하고 차근차근 따라오기 바랍니다.

환경 설정하기

학습목표

학습을 본격적으로 시작하기 전에 먼저 적합한 개발 환경을 갖춰야 합니다. HTML, CSS, 자바스크립트를 배울 때 필요한 웹 브라우저와 비주얼 스튜디오 코드가 무엇인지 먼저 알아본 후 자신의 PC 환경에 맞게 설치까지 모두 완료해 보겠습니다.

웹 브라우저 설치하기

브라우저browser란 우리가 웹 서핑을 할 때 사용하는 **크롬**Chrome이나 **엣지**Edge 등과 맥에서 사용하는 **사파리**Safari 같은 프로그램을 말합니다.

구글 크롬은 현재 가장 널리 쓰이는 브라우저입니다. 아래 주소에서 윈도우용 또는 맥용 구글 크롬을 다운로드해 설치할 수 있습니다.

URL https://www.google.com/intl/ko/chrome

마이크로소프트 엣지는 구글 크롬 엔진을 기반으로 하기 때문에 해당 기능을 모두 쓸 수 있으면서도 가벼워 사용하기 좋습니다. 원하는 버전을 선택해 다운로드한 후 설치해 보세요.

URL https://www.microsoft.com/ko-kr/edge/download

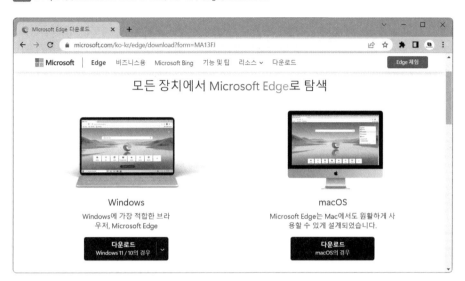

모질라 파이어폭스도 유명합니다. 추후에 **CSS 플렉스**Flex나 **그리드**Grid를 배울 때 파이어폭스만의 기능이 있으니 이것으로 다운로드하여 설치하는 것도 좋습니다.

URL https://www.mozilla.org/ko/firefox/new

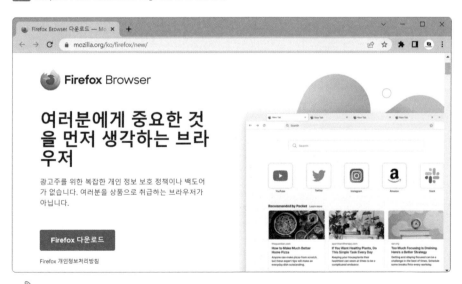

🐭 플렉스와 그리드 레이아웃을 위해 파이어폭스가 필요한 것은 맞지만, 요즘에는 크롬이나 엣지도 그리드 관련 개발자 도구를 잘 제공하기 때문에 추가로 설치할 필요는 없습니다.

혹시 아직도 익스플로러를 사용하고 있다면? ·······························

당장 다른 브라우저로 바꿀 것을 추천드립니다. **익스플로러**(Explorer)는 다른 브라우저에서 지키는 웹 표준을 준수하지 않아 최신 웹 기술이 작동하지 않는 경우가 종종 있습니다. 소수이기는 하지만 아직도 익스플로러를 사용하는 사람들이 있어 웹 개발 시 HTML, CSS, 자바스크립트의 좋은 최신 기술이 익스플로러에서 동작하는지를 일일이 신경 써야 하기 때문에 웹 개발자들은 익스플로러를 싫어합니다. 그런데 마이크로소프트가 2022년 6월부터 익스플로러 지원을 완전히 중단했고, 이 책 또한 익스플로러는 고려하고 있지 않기에 아직 익스플로러를 사용하고 있다면 **크롬이나 엣지 등의 브라우저를 설치하여 사용하기 바랍니다.**

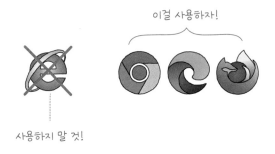

이걸 사용하자!

사용하지 말 것!

·······························

VS Code 설치하기

이제 코딩할 때 사용하는 편집기 프로그램인 **VS Code**Visual Studio Code(비주얼 스튜디오 코드)를 설치할 차례입니다. VS Code는 **개발자들이 프로그래밍을 할 때 널리 사용하는 것으로, 코드 에디터**code editor라고 합니다.

코드 에디터는 코드 편집기, 텍스트 편집기, 텍스트 에디터, 소스 코드 에디터, 소스 코드 편집기 등으로도 불립니다.

01 먼저 VS Code를 다운로드하기 위해 다음 웹사이트에 접속합니다. 윈도우 사용자라면 **Download for Windows** 버튼을 클릭해 VS Code를 다운로드합니다.

URL https://code.visualstudio.com

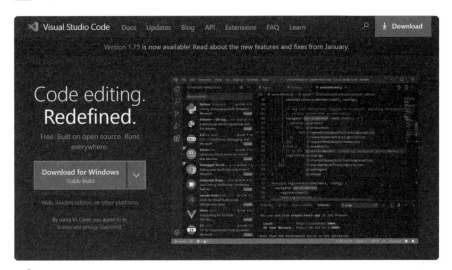

🐌 맥에서 접속했다면 Download Mac Universal이 나타납니다.

02 웹 브라우저 창 다운로드 목록에서 내려받은 설치 파일을 클릭해 실행합니다. 처음 나타나는 설치 대화상자에서 **동의합니다**를 선택하고 **다음** 버튼을 클릭합니다.

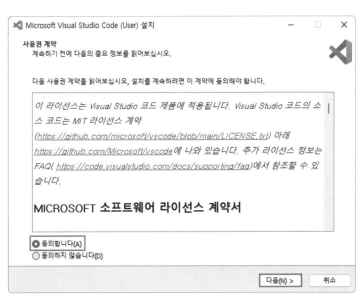

🐌 설치 파일 이름의 숫자는 버전을 의미하며 다운로드하는 시점에 따라 바뀝니다.

03 설치 위치를 선택하는 대화상자가 나오면 기본 폴더를 그대로 둔 상태로 **다음** 버튼을 클릭합니다.

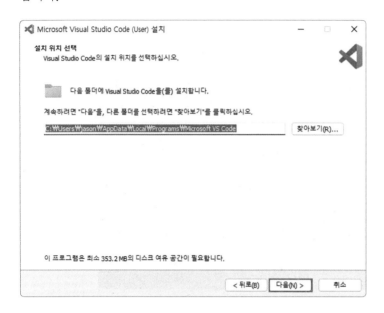

04 VS Code 실행 시 시작 메뉴 어느 폴더에서 프로그램 바로가기를 찾을지 지정할 수 있습니다. 여기서는 기본 이름 그대로 사용하므로 **다음** 버튼을 클릭합니다.

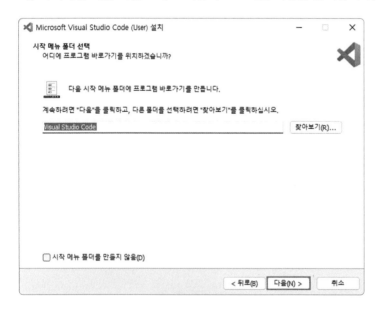

05 추가 작업도 기본으로 선택되어 있는 상태 그대로 두고 **다음** 버튼을 클릭합니다.

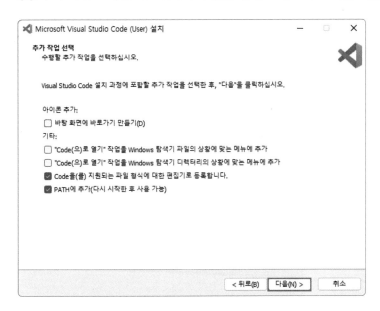

06 설치 준비가 되었다는 화면에서 **설치** 버튼을 클릭합니다. 설치가 진행되는 동안 잠시 기다립니다.

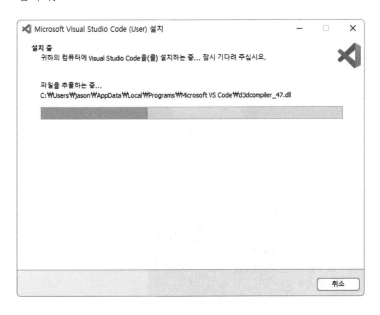

07 VS Code 설치가 완료되었습니다. **종료** 버튼을 클릭합니다.

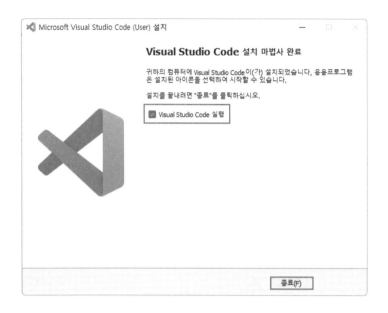

08 바로 앞 단계에서 **Visual Studio Code 실행**에 체크 표시했으므로 곧바로 VS Code가 실행됩니다.

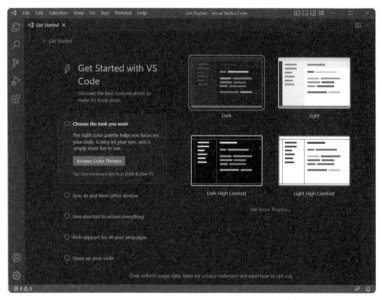

윈도우 **시작** 메뉴에서 Visual Studio Code를 직접 찾아 실행해도 됩니다.

09 VS Code는 기본적으로 **Dark**(어두운) 테마를 제공하지만 책에서는 인쇄 후 가독성을 고려하여 Light 테마로 진행하겠습니다.

브라우저 색상 테마는 프로그램 창 왼쪽 아래에 있는 **Manage(관리)** 아이콘(⚙)을 클릭하고 **Themes(테마)** — **Color Theme(색 테마)**를 선택해 나타나는 목록에서 지정할 수도 있습니다.

한글 팩을 설치했다면 메뉴가 한글로 나타납니다. 여기서는 아직 설치 전이므로 영문 메뉴로 진행합니다.

VS Code에서 프로그래밍이 쉬워지는 옵션 설정하기

몇 가지 설정을 더 추가해 보겠습니다. 이 설정들은 꼭 해야 하는 것은 아니지만, 여러분의 프로그래밍 환경을 훨씬 쉽고 편하게 바꿔 줄 것입니다. 먼저 설정 창을 화면에 띄우기 위해 윈도우에서는 Ctrl + , 키를, 맥에서는 Cmd + , 키를 누릅니다.

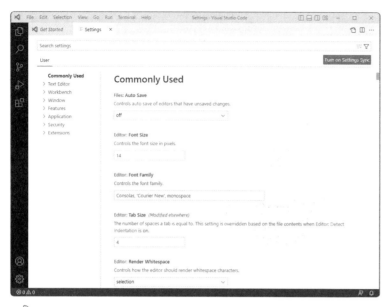

설정을 위한 Settings 창은 File(파일) – Preferences(기본 설정) – Settings(설정)를 선택하거나 VS Code 창 왼쪽 아래에 있는 Manage(관리) 아이콘(⚙)을 클릭해 Settings(설정)를 선택해도 됩니다.

탭 간격 설정하기

프로그래밍 시 **가독성을 높이기 위해 각 줄마다 공백(탭)을 넣는 tab size**(들여쓰기)를 설정합니다. 사용자에 따라 공백을 한 개, 두 개 혹은 네 개까지 사용하기도 합니다. 그런데 공백 네 개를 한 번에 들여쓰면 탭이 반복될 때 코드 전체가 오른쪽으로 너무 많이 밀리기 때문에 코드를 한 줄에 쓸 수 없는 경우가 종종 발생하여 오히려 가독성을 해치기도 합니다. 따라서 기본 탭은 두 개로 설정하는 것을 권장합니다.

```
<body>
    <table>
        <thead>
            <tr>
                <th scope="col">일</th>
                <th scope="col">월</th>
                <th scope="col">화</th>
...
```

```
<body>
  <table>
    <thead>
      <tr>
        <th scope="col">일</th>
        <th scope="col">월</th>
        <th scope="col">화</th>
...
```

| 탭 간격을 4로 설정한 경우 | 탭 간격을 2로 설정한 경우(권장)

Settings 창 입력란에 **tab size**를 입력하면 아래에 tab size 항목이 나옵니다. 4로 되어 있다면 **2**로 바꿔 줍니다.

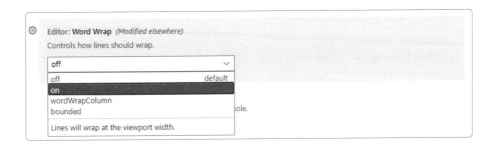

Editor: Tab Size *(Modified elsewhere)*
The number of spaces a tab is equal to. This setting is overridden based on the file contents when Editor: Detect Indentation is on.

```
2
```

줄바꿈 설정하기

word wrap(줄바꿈)은 가로로 긴 코드를 자동으로 줄을 바꿔 여러 줄에 표시해 주는 기능입니다. 그러면 코드 전체 줄을 보기 위해 스크롤을 왼쪽 오른쪽으로 움직이지 않아도 돼 편리합니다.

Settings 창 입력란에 **word wrap**을 검색해 기본값을 **on**으로 바꿔 주세요.

Editor: Word Wrap *(Modified elsewhere)*
Controls how lines should wrap.

```
off                                            ∨
off                                      default
on
wordWrapColumn
bounded
Lines will wrap at the viewport width.
```

```
<body>
  <h1>iframe 태그</h1>
    <iframe width="560" height="315" src="https://www.youtube.com/embed/…
  </iframe>
</body>
```

> 코드가 길어 화면에는 일부만 나타나고, 코드 전체를 보려면 스크롤을 움직여야 합니다.

| 긴 텍스트를 확인하기 위해 스크롤을 해야 하는 경우(word wrap: off)

```
<body>
  <h1>iframe 태그</h1>
    <iframe width="560" height="315"
    src="https://www.youtube.com/embed/ffENjt7aEdc" title="YouTube video
    player" frameborder="0" allow="accelerometer; autoplay;
    clipboard-write; encrypted-media; gyroscope; picture-in-picture"
    allowfullscreen>
  </iframe>
</body>
```

| 긴 텍스트가 자동 줄바꿈이 된 경우(word wrap: on)

VS Code에서 유용한 플러그인 설치하기

이번에는 플러그인을 설치해 보겠습니다. **플러그인**plugin이란 **에디터 프로그램 내에서 추가로 설치할 수 있는 기능 모음**이라고 생각하면 됩니다. VS Code는 왼쪽 도구 바에 있는 **확장** 아이콘(🔳)을 클릭하면 다양한 보조 기능들을 검색해서 추가로 설치할 수 있도록 지원합니다. 무엇을 프로그래밍하느냐에 따라 용도에 맞게 필요한 것만 골라서 설치할 수 있으므로 프로그래밍이 훨씬 쉽고 편리해지는 강력한 에디터로 갖춰 나갈 수 있습니다.

한글 팩 설치하기

VS Code를 처음 설치하면 메뉴와 도구 이름 등이 모두 영문으로 나타납니다. **Korean Language Pack(한글 팩)**을 설치하면 좀 더 보기 편리하게 이용할 수 있습니다.

01 검색어 입력란에 **korean**을 입력하면 나타나는 한글 팩을 **Install** 버튼을 클릭해 설치합니다. 아직까지는 프로그램이 모두 영문으로 되어 있습니다.

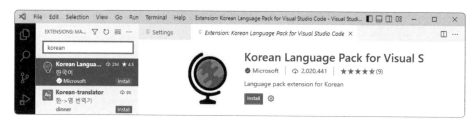

02 설치가 완료되면 오른쪽 하단에 언어를 변경하고 다시 시작할 것인지 묻는 메시지 대화상자가 나타납니다. **Change Language and Restart** 버튼을 클릭합니다.

03 VS Code가 다시 실행되고 이제 모든 UI가 한글로 나타나는 것을 확인할 수 있습니다.

머티리얼 아이콘 테마 설치하기

프로그래밍을 진행할 때는 탐색기를 많이 활용하는데, **Material Icon Theme(머티리얼 아이콘 테마)**를 설치하면 여기에 나타나는 아이콘을 역할에 따라 명확하게 구분해 줍니다.

01 검색어 입력란에 **Material Icon Theme**를 입력하고 **설치** 버튼을 클릭합니다.

앞서 한글 팩을 설치했기 때문에 버튼명이 Install이 아닌 **설치**라고 표시됩니다.

02 설치가 완료되면 창 위쪽에 선택 목록이 나타나는데, 여기서 **Material Icon Theme**를 선택합니다.

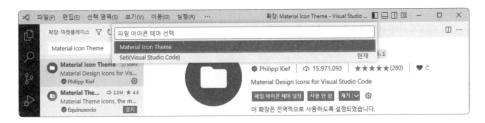

03 탐색기에서 살펴보면 폴더와 파일 아이콘이 각각의 특징을 좀 더 명확하게 알아볼 수 있도록 보기 좋게 표현되는 걸 볼 수 있습니다.

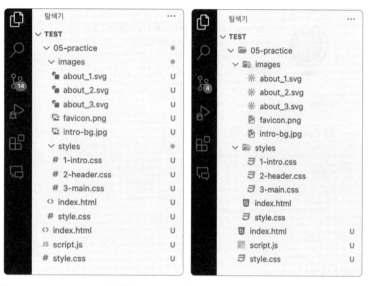

| Material Icon Theme 설치 전 | Material Icon Theme 설치 후

에디터 색 테마 설치하기

코딩 시 **각 기능별로 색을 지정하여 알아보기 쉽게 해 주는 theme(테마)** 플러그인을 설치해 보겠습니다. 여러 가지 테마 중 자신의 취향에 맞는 색으로 얼마든지 선택해도 좋습니다.

01 검색어 입력란에 **theme**를 입력하면 굉장히 다양한 테마들이 나타납니다. 이 책에서는 제가 좋아하는 테마를 찾아 설치해 보겠습니다. 검색어 입력란에 **One Dark Pro**를 입력하고 **설치** 버튼을 클릭합니다. 이 테마는 아톰이라는 텍스트 에디터에서 사용하는 테마입니다.

설치 후 선택 목록이 나타나면 One Dark Pro를 선택합니다.

02 코딩 색이 바뀌어 나타난 것을 볼 수 있습니다.

라이브 서버 설치하기

Live Server(라이브 서버)는 앞으로 우리가 실습할 때 꼭 필요한 기능으로, **코드를 입력하면 실시간으로 결과를 화면에 표시해 주고**, 코드를 수정한 후 새로 고침을 하지 않아도 실시간으로 반영하여 웹 페이지에 업데이트합니다. 매우 유용한 기능인 데다 PART 01부터 본격적으로 사용할 것이므로 미리 설치해 놓겠습니다.

01 검색어 입력란에 **Live Server**를 입력하고 **설치** 버튼을 클릭합니다.

02 실습 시 코드를 수정할 때마다 자동으로 웹 페이지에 반영되어 실시간으로 결과를 확인할 수 있게 됩니다.

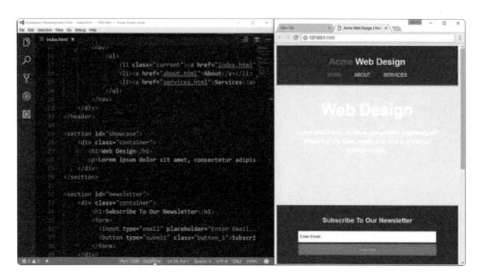

들여쓰기 색 구분하기

코딩 시 들여쓰기 탭을 많이 사용하는데, 여러 줄을 코딩하다 보면 각 줄이 어떻게 연결되는지, 들여쓰기를 얼마나 했는지 확인이 어렵습니다. **indent-rainbow** 플러그인을 설치하면 **들여쓰기 부분을 무지개색(실제로는 네 개의 색을 번갈아)으로 나타내 확실하게 구분할 수 있습니다.**

01 검색어 입력란에 **indent-rainbow**를 입력하고 **설치** 버튼을 클릭합니다.

02 다음과 같이 들여쓰기한 부분이 색으로 구분되는 것을 확인할 수 있습니다.

아무것도 입력하지 않은 줄에 습관적으로 입력한 띄어쓰기도 빨간색으로 표시되고 있으므로 이것을 지우면 코드를 깔끔하게 만들 수 있습니다.

설치한 플러그인 기능을 해제하려면?

플러그인 기능을 해제하려면 **제거** 버튼을 클릭하거나 **사용 안 함 – 다시 로드 필요**를 선택합니다. 플러그인을 제거한 경우에는 다시 설치해야 사용 가능하지만, **사용 안 함** 버튼을 클릭한 경우에는 다시 **사용** 버튼만 클릭하면 설치 과정 없이도 간단하게 다시 사용할 수 있습니다.

괄호 구분하기

프로그래밍을 하다 보면 괄호 안에 괄호, 중괄호 안에 중괄호 등을 많이 사용하는데, 이것들이 모두 같은 색으로 되어 있다면 몇 개를 열고 닫았는지 구분도 안 되고 매우 복잡할 것입니다. **Bracket Pair Colorizer는 여는 괄호와 닫는 괄호를 색으로 짝지어 코드 블록의 시작과 끝을 쉽게 구분할 수 있도록 해 주는 플러그인입니다.** 원래 이 기능은 설치해야 하는 플러그인이었지만 이제는 VS Code에 기본으로 내장하고 있어 따로 설치할 필요는 없습니다. 대신 설정 창을 열고 다음과 같이 지정합니다.

01 윈도우는 ⌨Ctrl+⌨, , 맥에서는 ⌨Cmd+⌨, 키를 눌러 설정 창을 연 다음 검색어 입력란에 **Bracket pair**를 입력합니다.

02 대괄호 쌍 색 지정을 사용할지 여부를 제어하는 **Bracket Pair Colorization: Enabled** 에 체크 표시합니다.

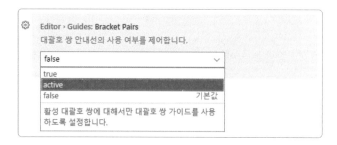

03 대괄호 쌍 안내선을 사용하기 위해 **Bracket Pairs**를 **active**로 지정합니다.

04 여는 괄호와 닫는 괄호가 색과 선으로 확실하게 구분되었습니다.

```
if (((1 + 1) + 1) * 2) {
  console.log(
    {
      a: {
        b: {
          c: { d: true }
        }
      }
    }
  );
}
```

여는 태그 수정 시 닫는 태그도 자동 수정하기

앞으로 HTML을 학습하면서 수많은 태그를 작성하게 될 것입니다. **태그는 여는 태그와 닫는 태그가 쌍을 이루는 것이 기본 형태이기 때문에 여는 태그를 수정하면 닫는 태그도 바꿔 줘야 합니다.** 그런데 이를 전부 수작업으로 하려면 매우 번거로울뿐더러 간혹 깜빡 잊고 한쪽만 바꿔 쉽게 오류가 발생하기도 합니다. 이러한 실수를 방지하기 위한 플러그인 **Auto Rename Tag**를 설치해 보겠습니다.

01 검색어 입력란에 **Auto Rename Tag**를 입력한 후 **설치** 버튼을 클릭합니다.

02 에디터 창에 여는 태그를 입력하고 수정하면서 닫는 태그도 이에 따라 잘 바뀌는지 확인합니다. 예를 들어, 다음과 같이 여는 태그 **title**을 **body**로 바꾸면 닫는 태그도 **body**로 자동으로 바뀝니다. 이처럼 **Auto Rename Tag**는 코드를 작성 및 수정 시 매우 편리한 기능입니다.

```
<title> Document </title> ⋯ <body> Document </title>
```

| Auto Rename Tag를 사용하지 않았을 때

```
<title> Document </title> ⋯ <body> Document </body>
```

| Auto Rename Tag를 사용했을 때

이제 학습을 위한 모든 준비가 완료되었습니다!

온라인 에디터의 종류

요즘에는 텍스트 에디터로 온라인 에디터도 많이 사용합니다. 코드를 입력하면 온라인으로 바로 결과를 확인할 수 있기 때문에 간단한 코드를 좀 더 쉽고 편리하게 실습하고 싶은 사용자들에게 좋습니다. 하지만 제대로 공부하고자 한다면 VS Code로 실습할 것을 권합니다.

많이 사용되는 온라인 에디터의 종류는 다음과 같습니다.

• JSFiddle URL https://jsfiddle.net

• CodePen URL https://codepen.io

• HTML CSS JavaScript URL https://html-css-js.com

얄코의 친절한 HTML 노트

① 웹 브라우저 선택하기

완료한 항목에 체크해 보세요

구분	특징	URL	체크
구글 크롬	가장 널리 사용되는 브라우저	www.google.com/intl/ko/chrome	☐
마이크로소프트 엣지	크로미움 기반, 가볍다	www.microsoft.com/ko-kr/edge/download	☐
모질라 파이어폭스	Flex, Grid 레이아웃에 유용	www.mozilla.org/ko/firefox/new	☐

② VS Code 설정하기

구분	설정	체크
Tap size	4 → 2로 설정	☐
Word Wrap	off → on으로 설정	☐
Bracket Pair	Bracket Pair Colorization: Enabled에 체크 표시	☐
	Bracket Pairs를 active로 지정	☐

🐭 **설정 단축키** : 윈도우 `Ctrl`+`,` / 맥 `Cmd`+`,`

③ VS Code 플러그인 설치하기

구분	설명	체크
Korean Language Pack	에디터 한글화	☐
Material Icon Theme	탐색기 아이콘 테마	☐
One Dark Pro	에디터 색 테마	☐
Live Server	코딩 시 실시간으로 웹에 반영 코드 수정 시 새로 고침 없이 실시간으로 웹 업데이트	☐
indent-rainbow	들여쓰기를 색으로 구분	☐
Bracket Pair Colorizer	여는 괄호와 닫는 괄호를 짝 지어 표시	☐

CHAPTER
02

기본 태그로 첫
웹 페이지 만들기

03 첫 웹 페이지 만들기

학습 목표

먼저 HTML 페이지를 이루는 가장 기초적인 요소를 입력하는 방법을 알아보고, 우리 손으로 직접 첫 웹 페이지를 만들어 보겠습니다. 처음에는 다소 복잡해 보일 수 있지만 간단한 태그부터 하나 둘씩 입력하다 보면 굉장히 직관적이고 배우기 쉬운 구조임을 알 수 있습니다. 코드 하나하나의 의미를 생각하면 초보자에게도 그리 어려운 개념은 아닙니다.

웹사이트 메인 화면의 주소를 잘 살펴보면 뒤에 index.html이라는 이름이 붙어 있는 것을 볼 수 있습니다. index는 웹 개발에서 흔히 사용되는 html 파일명입니다. 즉, **index.html은 웹상 특정 폴더의 기본(디폴트) 페이지라고 생각하면 쉽습니다.** index.html 파일을 직접 만들고 그 역할을 살펴보겠습니다.

index.html 파일 만들기

만약 접속해야 하는 웹사이트 주소인 **www.(웹사이트 주소)/폴더/** 하위에 index.html과 a.html, b.html 등이 있다고 해 봅시다. index.html로 작성한 페이지는 **www.(웹사이트 주소)/폴더/**만 입력해도 접속이 가능하지만 a.html이라는 이름으로 작성된 페이지는 **www.(웹사이트 주소)/폴더/a.html**과 같이 반드시 맨 끝에 파일명을 명시해야 접속할 수 있습니다.

먼저 실습을 위해 VS Code를 열어 파일을 불러오겠습니다.

01 VS Code를 실행했을 때 나타나는 첫 화면에서 **폴더 열기**를 클릭하거나 **파일** 메뉴에서 **폴더 열기**를 선택합니다.

02 실습을 위해 미리 컴퓨터에 **_Coding** 폴더를 만들고 그 안에 **Practice**라는 폴더를 만들어 놓았습니다. 실습에 사용할 폴더를 선택하고 **폴더 선택** 버튼을 클릭합니다.

03 이제 이 폴더가 여러분이 실습을 진행할 곳입니다. 여기에 새 파일을 만들어 보겠습니다. 폴더로 마우스를 가져가면 여러 아이콘들이 나타나는데, 여기

서 **새 파일** 아이콘()을 클릭해 **index.html**을 입력한 후 Enter 키를 누릅니다.

🐌 왼쪽 탐색기 창에서 마우스 오른쪽 버튼을 클릭해 **새 파일**을 선택해도 됩니다.

04 오른쪽 화면에 index.html 코드 입력 창이 나타납니다.

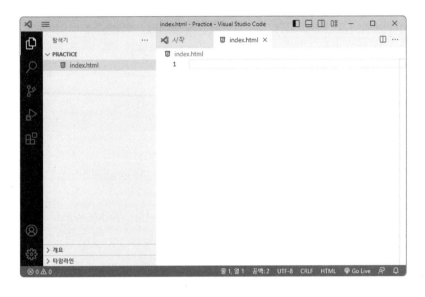

첫 웹 페이지 요소 입력하기

index.html에 본격적으로 문서를 작성해 보겠습니다. HTML 문서에는 다음과 같이 항상 기본적으로 들어가는 내용이 있습니다.

```html
<!DOCTYPE html>
<html lang="en">
<head>
  <meta charset="UTF-8">
  <meta http-equiv="X-UA-Compatible" content="IE=edge">
  <meta name="viewport" content="width=device-width, initial-scale=1.0">
  <title>Document</title>
```

```
</head>
<body>

</body>
</html>
```

이것은 **웹 개발 시에 기계 혹은 시스템에 전달하는 각종 정보로, HTML 문서 작성 시에 꼭 필요한 내용을 담고 있습니다.** 문서 제목, 작성자, 사용 언어 및 각종 메타 정보 등으로 구성되는데, 내용이 많아 보이지만 하나씩 차근차근 알아보겠습니다. 우선은 이를 쉽게 사용할 수 있도록 만들어 놓은 **에밋**Emmet이라는 플러그인 프로그램으로 입력해 보겠습니다. 에밋은 VS Code에 기본으로 내장되어 있어 일일이 손으로 입력하는 수고를 덜어주어 편리합니다.

01 코드 입력 창에 !를 입력하고 바로 [Tab] 키를 눌러 보세요.

```
! [Tab]
```

02 그러면 앞에서 언급한 코드 내용이 다음과 같이 자동으로 입력됩니다. 우리가 앞으로 배울 웹 페이지 요소들은 열 번째 줄에 있는 〈body〉와 〈/body〉 사이에 작성한다고 보면 됩니다.

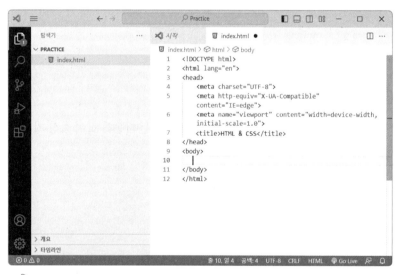

위 내용은 새 문서를 작성할 때마다 불러와야 하므로 ! [Tab] 키를 반드시 기억하세요. 자세한 에밋 사용법은 차차 배워나가겠습니다. URL https://docs.emmet.io/cheat-sheet

03 코드 두 번째 줄에 있는 **lang**은 **랭귀지**language라는 뜻으로, 현재는 영어를 나타내는 en으로 설정되어 있습니다. 이것을 **ko**로 바꿔줍니다.

```
<html lang="ko">
```

 **lang="ko"의 의미**

lang은 내가 만들 HTML 웹사이트가 어떤 언어로 되어 있는지를 컴퓨터가 알 수 있도록 명시하는 것입니다. 이것을 지정해 주어야 구글이나 네이버 등에서 검색할 때 사용자들이 한글로 된 웹사이트로 찾을 수 있고, 시각 장애인들을 위해 컴퓨터가 웹사이트를 분석할 때도 요긴하게 사용됩니다. 또한 언어마다 기본 설정되어 있는 서체가 다른데, 맥의 경우 en으로 그대로 두고 한글을 작성하면 특정 서체를 지정하지 않았을 때 한글이 궁서체로 나타나기도 합니다.

04 내용이 변경되었으므로 저장하겠습니다. **파일** 메뉴에서 **저장**을 선택하거나 Ctrl + S 단축키를 사용해 저장합니다.

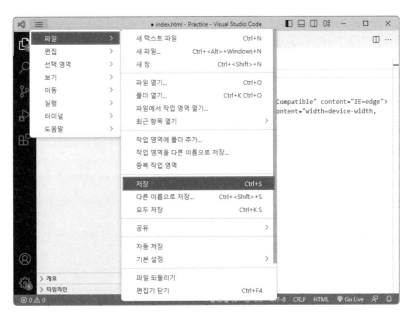

〰 VS Code 프로그램 창 크기를 작게 설정해 놓으면 상단 메뉴가 아이콘(☰)으로 나타납니다.

VS Code 특정 버전에서 에밋이 안 되는 경우

VS Code 1.69 버전 등에서 ! 입력 후 [Tab] 키가 작동하지 않을 때가 있습니다. 이 경우에는 [Ctrl]+[,](맥은 [Cmd]+[,])
을 눌러 설정 창을 연 다음 입력란에 emmet inline을 입력하고 Emmet: Use Inline Completions에 체크 표시하면
정상적으로 에밋이 작동됩니다.

05 이제 첫 번째 웹 페이지 요소를 작성해 보겠습니다. ⟨body⟩와 ⟨/body⟩ 사이의 빈 줄에 **안
녕하세요.**를 입력합니다.

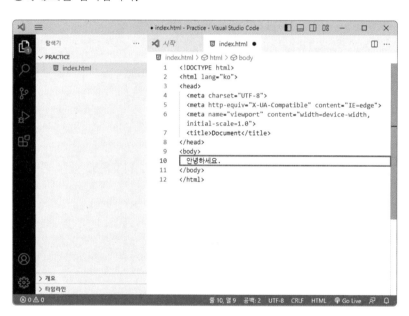

06 탐색기 창의 index.html에서 마우스 오른쪽 버튼을 클릭한 후 **Open with Live Server**를 선택합니다.

🐾 **라이브 서버**는 49쪽에서 설치한 VS Code 플러그인으로, 입력한 코드에 대한 결과를 웹 브라우저에서 실시간으로 보여 주는 기능을 가지고 있습니다. 만약 **Open with Live Server**를 선택했는데도 창이 나타나지 않으면 VS Code 전체를 종료하고 다시 실행해 보세요.

07 새 창에 입력한 코드의 결과가 나타납니다. 여러분이 만든 첫 웹 페이지입니다.

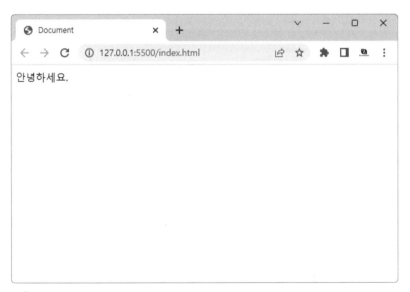

🐾 웹 페이지 결과 화면에는 〈body〉와 〈/body〉 사이에 있는 내용만 나타납니다.

08 계속해서 다음 내용을 넣어 보겠습니다. 그리고 ⌨Ctrl⌨+⌨S⌨를 눌러 저장합니다.

자, 이제 body 사이에
이것을 복사해서 붙여 넣고 브라우저에서 확인해 보세요.

여기에서는 줄바꿈도 되어 있고
탭 ⌨Tab⌨ 도 들어가 있고 ◄─────── ⌨Tab⌨과 ⌨Spacebar⌨는 키보드로 직접 눌러 주세요.
이 ⌨Spacebar⌨⌨Spacebar⌨⌨Spacebar⌨렇⌨Spacebar⌨⌨Spacebar⌨⌨Spacebar⌨게 길게 띄어 쓴 부분도 있지만

브라우저는 So Cool~하게 상관하지 않습니다.

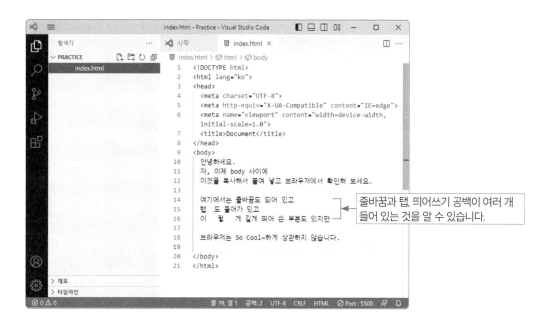

줄바꿈과 탭, 띄어쓰기 공백이 여러 개 들어 있는 것을 알 수 있습니다.

09 브라우저에서는 어떻게 보이는지 살펴보겠습니다. 다시 한번 탐색기 창에 있는 **index. html**에서 마우스 오른쪽 버튼을 클릭해 **Open with Live Server**를 선택합니다.

07 단계에서 웹 페이지를 열어 뒀다면 내용을 추가하고 **저장** 버튼만 눌러도 변경된 내용이 자동으로 반영됩니다.

10 브라우저를 살펴보면 앞서 입력했던 형태와는 달리 텍스트들이 그냥 쭉 이어 표시되는 것을 볼 수 있습니다. 줄을 바꿨든 공백을 몇 개 넣었든 상관없이 한 줄로 인식해 버린 것이죠.

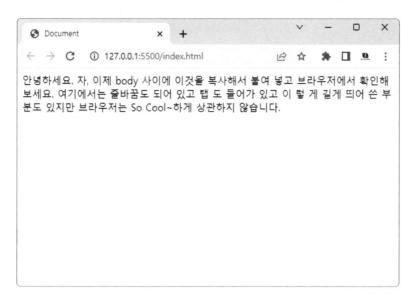

이렇듯 HTML 문서가 텍스트를 인식하는 방식은 우리가 워드나 메모장에 입력한 텍스트를 인식하는 것과는 다르다는 것을 확인할 수 있습니다. 즉, 이런 식으로 작성해서는 여러분이 원하는 결과물을 사용자들에게 보여줄 수 없습니다. 이제 제대로 HTML 문서를 작성하는 방법들을 하나씩 배워 나가도록 하겠습니다.

페이지 소스 보기

웹사이트를 만들다 보면 다른 웹사이트가 어떤 식으로 작성되어 있는지 그 내용을 살펴볼 일이 종종 있습니다. 그럴 때는 원하는 웹사이트 화면에 마우스 포인터를 올린 후 마우스 오른쪽 버튼을 클릭하고 **페이지 소스 보기**를 선택하면 페이지 구조를 눈으로 확인할 수 있습니다.

다음은 구글 홈페이지의 페이지 소스 보기를 한 결과입니다.

URL https://www.google.com

구글처럼 간단해 보이는 홈페이지도 소스 코드가 엄청나게 긴 것을 확인할 수 있습니다.

```
1  <!doctype html>
2  <html dir="ltr" lang="ko">
3    <head>
4      <meta charset="utf-8">
5      <title>새 탭</title>
6      <style>
7        body {
8          background: #FFFFFF;
9          margin: 0;
10       }
11
12       #backgroundImage {
13         border: none;
14         height: 100%;
15         pointer-events: none;
16         position: fixed;
17         top: 0;
18         visibility: hidden;
19         width: 100%;
20       }
21
22       [show-background-image] #backgroundImage {
23         visibility: visible;
24       }
25     </style>
26   </head>
27   <body>
28     <iframe id="backgroundImage" src=""></iframe>
29     <ntp-app></ntp-app>
30     <script type="module" src="new_tab_page.js"></script>
31     <link rel="stylesheet" href="chrome://resources/css/text_defaults_md.css">
```

🐾 **소스 보기** 메뉴명은 브라우저마다 다릅니다. 엣지에서는 **페이지 원본 보기**, 크롬에서는 **페이지 소스 보기**, 파이어폭스
에서는 View Page Source입니다.

04 첫 태그 사용하기

학습 목표 HTML의 가장 기본적인 구성 요소는 바로 태그입니다. 각 태그는 코드의 시작과 끝을 알리는 한 쌍의 구조로 되어 있으며, 웹 브라우저는 이 태그에 있는 명령을 바탕으로 우리가 눈으로 보기에 좋은 문서를 만들어 냅니다. HTML을 배운다는 것은 태그의 정의나 역할을 배우고 어떻게 사용할 것인가를 배운다는 것입니다.

태그 알아보기

직접 해 보세요 예제 파일의 Chapter 02 폴더 안에 있는 **tagis.html** 파일을 VS Code로 불러와 보겠습니다.

Chapter 02/tagis.html

```html
<!DOCTYPE html>
<html lang="ko">
<head>
  <meta charset="UTF-8">
  <meta http-equiv="X-UA-Compatible" content="IE=edge">
  <meta name="viewport" content="width=device-width, initial-scale=1.0">
  <title>Document</title>
</head>
<body>
  그러면 이렇게 줄바꿈도 되고<br>
  여럿 띄어쓰기도 이   렇   게 하려면<br><br>
  어떻게 하면 될까요?
  <p>
    이 페이지를 우클릭한 다음 페이지 소스 보기로 살펴보세요!
  </p>
</body>
</html>
```

라이브 서버로 결과를 확인해 보면 줄바꿈이나 띄어쓰기 등이 잘 적용되어 있습니다.

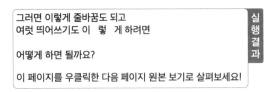

소스 코드를 살펴보면 텍스트 중간중간에 〈 〉 모양의 홑화살괄호가 있는 것을 확인할 수 있습니다. 결과 화면과 비교해 보면 이러한 것들이 텍스트 줄바꿈도 해 주고 띄어쓰기도 한다는 걸 유추할 수 있습니다. 이것이 바로 HTML의 핵심인 태그입니다. 웹사이트에는 여러 가지 요소들이 있는데, **태그**tag는 '이 요소는 이것이다'라며 웹을 구성하는 각 요소의 역할을 정의하거나 관련 정보를 알려줍니다.

여는 태그와 닫는 태그

다음은 태그를 사용하는 방식입니다. 이것을 소위 **문법**이라고 합니다.

```
<head> 내용 </head>
```

〈head〉는 시작을 알리는 **여는 태그입니다.** 태그는 〈 〉로 감싸 작성한 다음 바로 내용이 이어집니다. **내용이 끝난 마지막에는 슬래시가 붙은 〈/head〉, 즉 닫는 태그가 나옵니다.** 내용은 한 줄 또는 여러 줄일 수 있는데, 그에 따라 아래와 같이 작성합니다.

🐘 내용을 여러 줄로 작성할 때는 태그 사이에 있는 내용을 들여쓰기해 줘야 가독성도 좋습니다.

닫는 태그가 없는 경우도 있습니다. 내용 없이 단독으로 사용하는 태그입니다. 예를 들면 다음과 같이 줄바꿈을 담당하는 〈br〉 태그가 있습니다.

```
그러면 이렇게 줄바꿈도 되고<br>
```

또는 태그 내에 내용을 써 주는 경우도 있습니다.

```
<meta charset="UTF-8">
```

이와 같이 태그에 의해 정의된 웹사이트의 각 요소들은 웹 페이지에 그 요소를 '갖다 놓는' 기능을 합니다. 이제부터는 태그들이 각각 어떤 역할을 하는지 하나씩 알아보겠습니다.

미토의 참견

PART 01 제목이 왜 '갖다 놓는 HTML'인지 알겠죠?

제목 태그와 문단 태그

HTML 문서에서 많이 사용하는 태그에는 **제목을 입력할 때 사용하는 제목 태그**와 **본문과 관련된 문단 태그**가 있습니다. 어떤 차이가 있는지 함께 알아보겠습니다.

제목 태그

직접 해 보세요 VS Code에서 **새 파일** 아이콘(🗋)을 클릭한 후 파일 이름을 **titletag.html**로 저장합니다. 그리고 앞에서 배웠던 방식으로 HTML의 기본 내용(! Tab)을 불러온 후 두 번째 줄을 다음과 같이 수정합니다.

```
<html lang="ko">
```

그 다음 **⟨body⟩ ~ ⟨/body⟩** 사이에 다음 내용을 입력합니다.

Chapter 02/titletag.html

```
...
<body>
    제목 태그들과 문단 태그
    용도에 적합한 태그 사용하기
</body>
...
```

이 내용을 라이브 서버에서 열면 텍스트가 줄바꿈되지 않고 쭉 이어져 있는 걸 볼 수 있습니다.

제목 태그들과 문단 태그 용도에 적합한 태그 사용하기 실행결과

앞의 내용을 기억한다면 HTML이 인식하기로는 이 내용이 단순한 텍스트일 뿐이라는 것을 눈치 챘을 것입니다. 이제부터 이 무미건조한 텍스트에 각각 의미를 부여해 보겠습니다.

먼저 다음과 같이 문장 앞뒤에 〈h1〉, 〈h2〉와 같은 제목 태그를 넣어 보겠습니다.

Chapter 02/titletag.html

```
...
<body>
    <h1>제목 태그들과 문단 태그</h1>
    <h2>용도에 적합한 태그 사용하기</h2>
</body>
...
```

VS Code에서는 여는 태그를 입력한 후 Tab 키를 누르면 자동으로 닫는 태그가 나오므로 태그를 먼저 입력하고 그 사이에 내용을 입력해도 됩니다.

〈h1〉과 〈h2〉 태그가 적용된 결과는 다음과 같습니다. h는 각 줄에 제목(head)이라는 역할을 부여하고, 그 옆의 숫자는 제목의 위상을 구분합니다.

제목 태그들과 문단 태그
용도에 적합한 태그 사용하기

<small>실행결과</small>

이처럼 〈h〉 태그는 웹사이트 페이지 제목이나 각 구획의 다양한 제목 요소에 크기를 지정해 주는 태그입니다. 제목 태그는 〈h1〉에서 〈h6〉까지 있습니다. 숫자가 작을수록 크기가 큰 제목이라는 것을 알 수 있습니다.

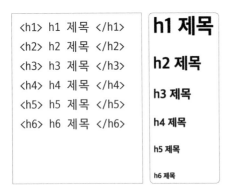

제목 태그의 보다 자세한 설명을 보고 싶으면 구글에서 **h1 태그 mdn**을 검색하여 나오는 링크를 확인하면 됩니다. mdn 사이트는 HTML이나 CSS, 자바스크립트에 대한 가장 공신력 있는 정보를 담고 있습니다.

HTML 태그를 하나씩 다루면서 시각적으로 변하는 요소들을 지금은 신경쓰지 않는 것이 좋습니다. 시각적인 요소들은 대부분 CSS로 정교하게 지정할 것이기 때문입니다. 지금은 〈h〉 태그로 입력한 텍스트를 대제목, 중제목, 소제목 등으로 구분해서 HTML 문서를 작성하는 것까지만 실습하겠습니다.

문단 태그

문단 태그인 **〈p〉 태그**는 paragraph에서 앞 글자를 딴 것으로, HTML 문서 내에서 문단을 표시하는 역할을 합니다.

직접 해 보세요 앞에서 실습했던 **titletag.html** 파일의 **〈body〉 ~ 〈/body〉** 사이에 이어서 다음과 같이 입력합니다. **총 여섯 개의 문단을 만드는 여섯 개의 〈p〉 태그 쌍을 만드는 명령입니다.**

```
<p></p>
<p></p>
<p></p>
<p></p>
<p></p>
<p></p>
```

간단 입력 팁 p*6 `Tab`

새로 생성된 여섯 개의 〈p〉 태그 쌍 사이에 다음과 같은 내용을 작성합니다. 앞의 세 개는 여는 태그와 내용, 닫는 태그를 모두 줄바꿈한 것이고, 뒤의 세 개는 모두 한 줄에 입력한 것입니다.

Chapter 02/titletag.html

```
...
  <p>
    페이지나 섹션, 주요 요소의 제목은 h1 ~ h6 태그를 사용합니다.
    숫자가 높을수록 낮은 단계의 제목이 되죠.
  </p>
  <p>
    본문은 문단별로 p 태그로 감쌉니다. p 태그끼리는 자동으로 줄바꿈이 되죠.
    문단에 관계없이 이처럼
```

```
    </p>
    <p>
        원하는 횟수로 줄바꿈을 하기 위해서는 br 태그를 쓰면 됩니다.
        br 태그는 열고 닫을 필요가 없는 몇 안 되는 태그 중 하나인데 남용하지 않는
        것이 좋습니다.
    </p>
    <p> 위와 같이 hr 태그를 사용하면 가로 줄을 표시할 수도 있습니다. </p>
    <p> 이렇게 글자 사이의 공백을 여럿 두려면 & n b s p ; 를 붙여서 입력하세요. </p>
    <p> 마지막으로, 여기서는 보이지 않지만 페이지 원본 보기에서 주석을 확인할 수
    있습니다. </p>
...
```

결과를 보면 Enter 키는 줄바꿈에 어떠한 영향도 미치지 않음을 알 수 있습니다. ⟨p⟩ 태그로 구분한 것들만 다음과 같이 줄바꿈되었습니다.

제목 태그들과 문단 태그

용도에 적합한 태그 사용하기

페이지나 섹션, 주요 요소의 제목은 h1 ~ h6 태그를 사용합니다. 숫자가 높을수록 낮은 단계의 제목이 되죠.

본문은 문단별로 p 태그로 감쌉니다. p 태그끼리는 자동으로 줄바꿈이 되죠. 문단에 관계없이 이처럼

원하는 횟수로 줄바꿈을 하기 위해서는 br 태그를 쓰면 됩니다. br 태그는 열고 닫을 필요가 없는 몇 안 되는 태그 중 하나인데 남용하지 않는 것이 좋습니다.

위와 같이 hr 태그를 사용하면 가로줄을 표시할 수도 있습니다.

이렇게 글자 사이의 공백을 여럿 두려면 & n b s p ; 를 붙여서 입력하세요.

마지막으로, 여기서는 보이지 않지만 페이지 원본 보기에서 주석을 확인할 수 있습니다.

그럼에도 텍스트를 일부러 줄바꿈한 것은 소스 코드의 가독성을 위한 것인데, 앞서 이야기한 것처럼 사실 Enter 키는 어떻게 사용하더라도 웹 페이지에 보이는 모습은 똑같습니다. HTML은 오로지 웹 페이지에 표시할 내용을 갖다 놓고 그것이 어떤 역할을 하는지를 태그로 지정해 주기만 합니다. 그다음 CSS가 나타나 HTML이 갖다 놓은 것을 보고 서체 종류와 크기, 줄바꿈 간격 등과 같은 세부 사항을 조정해 꾸며 주는 것입니다. 그러니 여기서는 ⟨p⟩ 태그를 사용해 텍스트를 내용별로 구분했다는 것만 생각하면 됩니다.

줄바꿈 태그

줄바꿈을 할 때는 ⟨br⟩ 태그를 사용합니다. 한 문단 내에 여러 문장이 있을 때 키보드로 Enter 키를 누르는 것은 웹 페이지에서는 아무 의미가 없습니다. 줄바꿈을 하려면 해당 위치에서 ⟨br⟩ 태

그를 입력해야 합니다. 그리고 〈br〉 태그는 닫는 태그가 필요 없다는 것을 기억하세요.

직접 해 보세요 앞서 작성 중이던 **titletag.html** 파일의 〈p〉 태그 안에 다음과 같이 **〈br〉 태그**를 추가하여 줄바꿈을 적용합니다.

Chapter 02/titletag.html

```
...
  <p>
    페이지나 섹션, 주요 요소의 제목은 h1 ~ h6 태그를 사용합니다.<br>
    숫자가 높을수록 낮은 단계의 제목이 되죠.
  </p>
  <p>
    본문은 문단별로 p 태그로 감쌉니다. p 태그끼리는 자동으로 줄바꿈이 되죠.<br>
    문단에 관계없이 이처럼<br><br><br>
    원하는 횟수로 줄바꿈을 하기 위해서는 br 태그를 쓰면 됩니다.<br>
    br 태그는 열고 닫을 필요가 없는 몇 안 되는 태그 중 하나인데 남용하지 않는
    것이 좋습니다.
  </p>
...
```

간단 입력 팁 br*3 [Tab]

결과 화면을 보면 다음과 같이 줄바꿈이 잘 적용된 것을 확인할 수 있습니다.

제목 태그들과 문단 태그

용도에 적합한 태그 사용하기

페이지나 섹션, 주요 요소의 제목은 h1 ~ h6 태그를 사용합니다.
숫자가 높을수록 낮은 단계의 제목이 되죠.

본문은 문단별로 p 태그로 감쌉니다. p 태그끼리는 자동으로 줄바꿈이 되죠. 문단에 관계없이 이처럼

원하는 횟수로 줄바꿈을 하기 위해서는 br 태그를 쓰면 됩니다. br 태그는 열고 닫을 필요가 없는 몇 안 되는 태그 중 하나인데 남용하지 않는 것이 좋습니다.

위와 같이 hr 태그를 사용하면 가로줄을 표시할 수도 있습니다.

이렇게 글자 사이의 공백을 여럿 두려면 & n b s p ; 를 붙여서 입력하세요.

마지막으로, 여기서는 보이지 않지만 페이지 원본 보기에서 주석을 확인할 수 있습니다.

HTML에서는 어떤 태그를 사용할 것인지가 매우 중요합니다. 〈p〉 태그를 쓰지 않고 〈br〉 태그만으로도 줄바꿈과 문단 바꿈을 모두 할 수는 있지만, 〈br〉 태그로만 줄을 바꿔 버리면 문서의 전체 정보가 어떤 덩어리로 이루어져 있는지 코드 내에서는 쉽게 구분이 안 됩니다. 따라서 HTML

을 작성할 때는 그것이 당장 우리 눈에 어떻게 보일지만 생각하기 보다는 이 프로그램이 다른 사람과 공유될 때 정보들을 어떤 구조와 특성으로 나타낼 것인지도 생각하면서 적절한 태그를 사용해 주어야 합니다.

Y A L C O 〈br〉 〈br/〉 〈br /〉 ·······························

〈br〉 태그처럼 닫는 태그 없이 단독으로 사용하는 태그는 〈br/〉, 〈br /〉 등으로도 쓸 수 있는데, mdn web docs와 같은 공식 문서에서는 〈br〉로 사용하고 있으므로 이 책에서도 같은 〈br〉 형태로 사용하겠습니다.

URL https://developer.mozilla.org/ko/docs/Web/HTML

가로줄 태그와 공백 태그

〈hr〉 태그는 가로줄 태그입니다. hr은 horizontal의 줄임말로, 해당 위치에 가로줄을 삽입하는 기능을 합니다. **〈hr〉 태그도 닫는 태그가 필요 없습니다. 는 공백을 강제로 넣을 때 사용합니다.** 공백을 여러 개 두고 싶으면 를 여러 번 입력하면 됩니다. HTML에서 Enter 키와 Tab 키, 두 번 이상 연속된 Spacebar 키는 코드의 가독성을 위해서만 사용될 뿐 웹 페이지에서는 아무런 기능도 하지 않는다는 것을 기억합시다.

직접 해 보세요 앞서 작성 중이던 **titletag.html** 파일에 **〈hr〉 태그**를 추가하고, 이어서 **이렇게** 글자 사이에 ** **를 입력합니다.

Chapter 02/titletag.html

```
...
  <hr>
  <p> 위와 같이 hr 태그를 사용하면 가로줄을 표시할 수도 있습니다. </p>
  <p> 이   렇   게 글자 사이의 공백을 여럿 두려면
  & n b s p ; 를 붙여서 입력하세요. </p>
  <p> 마지막으로, 여기서는 보이지 않지만 페이지 원본 보기에서 주석을 확인할 수
  있습니다. </p>
...
```

결과 화면을 보면 다음과 같이 가로줄과 공백이 삽입된 것을 볼 수 있습니다. 이 두 태그는 실전에서는 그다지 많이 사용하지는 않습니다. 앞에서 이야기했듯이 시각적인 것은 모두 CSS에서 조절하기 때문입니다. 여기에서는 이런 태그가 있다는 사실 정도만 알아 두세요.

제목 태그들과 문단 태그

용도에 적합한 태그 사용하기

페이지나 섹션, 주요 요소의 제목은 h1 ~ h6 태그를 사용합니다.
숫자가 높을수록 낮은 단계의 제목이 되죠.

본문은 문단별로 p 태그로 감쌉니다. p 태그끼리는 자동으로 줄바꿈이 되죠. 문단에 관계없이 이처럼

원하는 횟수로 줄바꿈을 하기 위해서는 br 태그를 쓰면 됩니다. br 태그는 열고 닫을 필요가 없는 몇 안 되는 태그 중 하나인데 남용하지 않는 것이 좋습니다.

위와 같이 hr 태그를 사용하면 가로줄을 표시할 수도 있습니다.

이　렇　게 글자 사이의 공백을 여럿 두려면 ＆ｎｂｓｐ； 를 붙여서 입력하세요.

마지막으로, 여기서는 보이지 않지만 페이지 원본 보기에서 주석을 확인할 수 있습니다.

개발자에게만 보이는 주석

주석은 개발자가 프로그램을 개발하면서 이 부분은 어떤 코드라고 설명해 두거나 이 부분은 나중에 어떻게 수정할 것이라는 등의 코드 정보를 기록해 놓는 것입니다. 주석은 다음과 같이 한 줄부터 여러 줄까지 입력할 수 있습니다.

미토의 참견

주석은 웹 페이지 사용자에게는 보이지 않으므로 일종의 개발자 메모라고 할 수 있습니다.

```
<!-- 한 줄 주석 -->
```

```
<!-- 여러 줄 주석
여러 줄 주석
여러 줄 주석 -->
```

직접 해 보세요 titletag.html 파일의 `<body>` ~ `</body>` 사이 마지막 줄에 다음과 같은 주석을 입력합니다.

Chapter 02/titletag.html

```
...
    <!-- 이 부분은 웹 페이지에서는 보이지 않을 거예요. -->
    <!-- 이처럼 코드에서만 볼 수 있는 텍스트를 '주석'이라고 합니다.
    위의 주석처럼 한 줄로도,
    이 주석처럼 여러 줄로도 작성할 수 있어요. -->
```

먼저 주석으로 처리할 텍스트를 입력한 후 해당 텍스트를 선택하고 윈도우의 경우 Ctrl + / , 맥의 경우 Cmd + / 키를
입력하면 쉽게 입력할 수 있습니다.

···

라이브 서버로 웹 페이지 결과를 확인해도 주석 내용은 나타나지 않는 것을 볼 수 있습니다.

실행결과

제목 태그들과 문단 태그

용도에 적합한 태그 사용하기

페이지나 섹션, 주요 요소의 제목은 h1 ~ h6 태그를 사용합니다.
숫자가 높을수록 낮은 단계의 제목이 되죠.

본문은 문단별로 p 태그로 감쌉니다. p 태그끼리는 자동으로 줄바꿈이 되죠. 문단에 관계없이 이처럼

원하는 횟수로 줄바꿈을 하기 위해서는 br 태그를 쓰면 됩니다. br 태그는 열고 닫을 필요가 없는 몇 안 되는 태그 중 하나인데 남용하지 않는 것이 좋습니다.

위와 같이 hr 태그를 사용하면 가로줄을 표시할 수도 있습니다.

이   렇   게 글자 사이의 공백을 여럿 두려면 & n b s p ; 를 붙여서 입력하세요.

마지막으로, 여기서는 보이지 않지만 페이지 원본 보기에서 주석을 확인할 수 있습니다.

마우스 오른쪽 버튼을 클릭해 **페이지 소스 보기**를 선택하면 입력한 주석 내용을 확인할 수 있습니다.

```
28    <p>
29        마지막으로, 여기서는 보이지 않지만 페이지 원본 보기에서 주석을 확인할 수 있습니다.
30    </p>
31
32    <!-- 이 부분은 웹페이지에서는 보이지 않았을거에요. -->
33
34    <!-- 이처럼, 코드에서만 볼 수 있는 텍스트를
35    '주석'이라고 합니다. 위의 주석처럼 한 줄로도,
36    이 주석처럼 여러 줄로도 작성할 수 있어요. -->
37
```

텍스트 관련 태그

웹 페이지에서 텍스트를 지정할 때는 그 내용에 따라 글자를 강조하거나 중요하다고 표시하는 경우가 있습니다. 또한 특정 텍스트의 스타일을 다양하게 조절하는 태그도 함께 알아보겠습니다.

스타일 강조를 위한 태그

앞에서 〈h〉 태그를 이용해 제목 텍스트의 크기를 6단계로 조절해 요소의 스타일을 만든다고 했습니다. 이번에는 본문 텍스트에 쓰이는 세부 스타일을 지정해 보겠습니다. 〈b〉 ~ 〈/b〉 태그와 〈strong〉 ~ 〈/strong〉 태그, 그리고 〈i〉 ~ 〈/i〉 태그와 〈em〉 ~ 〈/em〉 태그입니다. 예제 파일의 Chapter 02 폴더 안에 있는 **strongtag1.html** 파일을 열고 결과를 확인해 보세요.

Chapter 02/strongtag1.html

```
...
<body>
  <h1>강조하기 위한 태그들</h1>      ◀── <h1> 태그를 사용해 1단계 제목 스타일을 지정합니다.
  <h2>b 태그 vs. strong 태그</h2>   ◀── <h2> 태그를 사용해 2단계 제목 스타일을 지정합니다.
  <p>┌─ <b> 태그 ❶          ┌─ <strong> 태그 ❷
    <b>이 요소</b>와 <strong>이 요소</strong>는 같아 보이지만 다른 태그입니다. <br>
    b 태그는 글자를 굵게 만들지만, strong 태그는 중요한 내용이라는 의미도 담고 있죠.
  <br>
    굵게 보이는 것은 브라우저의 기본 설정일 뿐, <br>
    디자인 요소는 CSS로 지정해 주어야 합니다.
  </p>
  <h2>i 태그 vs. em 태그</h2>
  <p>┌─ <i> 태그 ❹       ┌─ <em> 태그 ❸
    <i>이 요소</i>와 <em>이 요소</em> 역시 같아 보이지만 다른 태그입니다. <br>
    둘 다 글자를 기울이지만, i 태그와 달리 em 태그는 강조하는 역할을 합니다. <br>
    글자의 기울임 역시 디자인 요소이므로 CSS로 지정해 주는 것이 좋습니다. <br><br>
  </p>
</body>
...
```

다음은 이렇게 지정한 스타일이 적용된 결과입니다.

강조하기 위한 태그들

b 태그 vs. strong 태그

이 요소와 **이 요소**는 같아 보이지만 다른 태그입니다.
b 태그는 글자를 굵게 만들지만, strong 태그는 중요한 내용이라는 의미도 담고 있죠.
굵게 보이는 것은 브라우저의 기본 설정일 뿐,
디자인 요소는 CSS로 지정해 주어야 합니다.

i 태그 vs. em 태그

이 요소와 *이* 요소 역시 같아 보이지만 다른 태그입니다.
둘 다 글자를 기울이지만, i 태그와 달리 em 태그는 강조하는 역할을 합니다.
글자의 기울임 역시 디자인 요소이므로 CSS로 지정해 주는 것이 좋습니다.

미로의 참:견

HTML 태그는 주로 정보의 종류를 구분하는 데만 사용합니다.

과거 HTML과 CSS 역할이 완전히 분리되기 전에는 웹사이트 요소의 서체를 굵게 지정하거나 기울이는 등 모든 것을 태그로 조절했는데, HTML5 이후 이런 시각적 기능은 전적으로 CSS의 역할이 되었습니다. 따라서 '이 제목은 1단계 제목이다', '이 제목은 2단계 제목이다' 등과 같이 HTML 태그로는 제목이 어느 위상인지만 정하고, 이들이 실제로 어떻게 보일지는 CSS에서 조절합니다. 이번에 배울 태그도 이와 관련되어 있습니다.

❶과 ❷의 결과 화면을 보면 글자가 둘 다 굵게 처리되어 있습니다. 브라우저에서 보면 같은 스타일을 적용하지만, 여러분은 앞의 **이 요소**에 〈b〉 태그를, 뒤의 **이 요소**에 〈strong〉 태그를 입력했습니다. 결과가 같은데 왜 굳이 다른 태그를 사용했을까요?

〈b〉 태그는 글자를 굵게 만드는 역할, 딱 그것 뿐입니다. 그런데 〈strong〉 태그는 중요한 정보라 강조한다는 의미를 담고 있어요. 우리 눈에는 똑같이 굵은 글자이지만, 컴퓨터가 소스 코드를 해석하거나 구글 같은 검색 엔진이 사이트를 분석할 때 〈strong〉 태그를 보고 '이 부분이 굉장히 중요한 내용이구나'라고 인식하여 〈b〉 태그를 적용한 부분과는 다르게 해석한다는 거죠.

따라서 HTML은 그 요소가 '어떤 요소이다'라는 정보를 부여하는 역할로만 태그를 사용하고 시각적 디자인은 CSS로 처리한다는 것! 꼭 기억하기 바랍니다. 그렇기 때문에 제목이라고 해서 〈b〉 태그로 굵게만 지정하지 말고 반드시 〈h1〉 ~ 〈h5〉 태그로 정보를 부여해야 합니다.

⟨i⟩ 태그와 ⟨em⟩ 태그도 마찬가지입니다. ❸와 ❹의 결과 화면을 보면 둘 다 기울게 처리되어 있습니다. 브라우저에서 보면 같은 스타일을 적용하지만 **⟨i⟩ 태그는 모양만 기울임으로, ⟨em⟩ 태그는 중요한 정보라 강조하는 역할로 기울임 스타일을 적용한다는 의미를 가지고 있습니다.**

실전에는 이렇게 특정 부분에 스타일로 강세를 주는 경우 ⟨strong⟩ 태그와 ⟨em⟩ 태그 중 어느 것이 적합할지 애매한 경우가 종종 있습니다.

직접 해 보세요 예제 파일을 보면서 구체적으로 확인해 보겠습니다.

Chapter 02/strongtag2.html

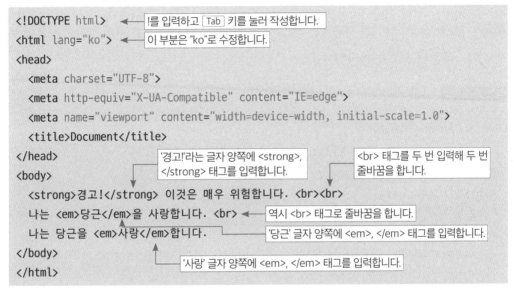

결과 화면은 다음과 같습니다. ⟨strong⟩ 태그는 해당 정보 자체의 중요성이나 긴급함을 나타내기 위해, ⟨em⟩ 태그는 타 정보와는 다른 톤이나 성격을 갖고 있음을 강조하기 위해 사용한다고 구별하면 됩니다.

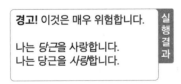

🐾 스타일 강조 태그의 보다 자세한 설명은 구글에서 **b 태그 mdn**을 검색하여 나오는 첫 번째 링크를 확인하면 됩니다.

우리가 강조하고자 했던 부분이 제대로 표시되긴 했지만, 특별히 중요하거나 브라우저에 상관없이 동일하게 표시되기를 원한다면 반드시 CSS를 활용하는 것을 권장합니다.

첨자 태그

이번에 배울 태그는 첨자 태그 〈sup〉와 〈sub〉입니다. 각각 **위 첨자**superscript와 **아래 첨자**subscript를 뜻합니다. 지수나 서수 등과 같은 위 첨자를 표시할 때는 **〈sup〉 태그**를, 각주, 변수, 화학식 등과 같은 아래 첨자를 표시할 때는 **〈sub〉 태그**를 사용합니다.

1st, 2nd ... n^{th}, x^n

Yalco1, H_2O, x_n ...

〈sup〉 태그와 〈sub〉 태그를 사용하는 방법은 간단합니다. 위 첨자 혹은 아래 첨자로 사용할 문자 앞뒤로 해당 태그를 입력하면 됩니다.

직접 해 보세요 다음 예제를 실행해 보겠습니다.

Chapter 02/supsubtag.html

```
...
<body>
  <h1>첨자 태그</h1>
  <h2>위 첨자 태그</h2>
  <p>
    1<sup>st</sup>, 2<sup>nd</sup>... n<sup>th</sup>, x<sup>n</sup> 등 지수나
    서수를 위한 위 첨자를 표시할 때는 <br>
    <strong>sup</strong> 태그를 사용합니다.
  </p>
  <h2>아래 첨자 태그</h2>
  <p>
    Yalco<sub>1</sub>, H<sub>2</sub>O, x<sub>n</sub> 등 각주, 변수, 화학식을 위한
    아래 첨자를 표시할 때는 <br>
    <strong>sub</strong> 태그를 사용합니다.
  </p>
</body>
...
```

결과 화면은 다음과 같습니다.

첨자 태그

위 첨자 태그

1st, 2nd... n^{th}, x^n 등 지수나 서수를 위한 위 첨자를 표시할 때는 **sup** 태그를 사용합니다.

아래 첨자 태그

Yalco$_1$, H_2O, x_n 등 각주, 변수, 화학식을 위한 아래 첨자를 표시할 때는 **sub** 태그를 사용합니다.

특히 위 첨자와 아래 첨자는 용도에 맞게 잘 사용해야 합니다. 단지 글자 크기를 작게 하고 싶다는 등의 디자인 용도로 사용할 때는 HTML 태그가 아닌 CSS로 한다는 것을 꼭 기억합시다.

밑줄 태그와 취소선 태그

문자와 관련된 태그의 마지막으로 ⟨u⟩ 태그와 ⟨s⟩ 태그를 알아보겠습니다. **밑줄을 표시할 때는** underline의 줄임말인 **⟨u⟩ 태그**를, **취소선을 표시할 때는** strike의 줄임말인 **⟨s⟩ 태그**를 사용합니다. ⟨s⟩ 태그는 더 이상 유효하지 않은 정보를 표시할 때 주로 사용합니다.

직접 해 보세요 다음 예제를 실행해 보겠습니다.

Chapter 02/ustag.html

```
...
<body>
  <p>
    <u>u 태그</u>입니다.
  </p>
  <p>
    <s>s 태그</s>입니다.
  </p>
</body>
...
```

결과 화면은 다음과 같습니다.

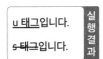

이전에는 〈u〉 태그를 밑줄을 긋는 용도로 많이 사용했지만, 꾸미기 기능 대부분이 CSS로 넘어간 요즘에는 다음과 같이 어떤 텍스트가 맞춤법이 틀렸다는 등의 철자 오류를 표시하는 방식으로 변형해서 주로 사용합니다.

> **(구)밑줄 태그와 취소선 태그**
>
> u 태그는 과거 밑줄을 긋는 용도로 사용되었으나
> 현재는 *CSS 효과와 함께* 철자 오류 등을 강조하는 용도로 사용됩니다.
> s 태그는 더 이상 유효하지 않은 정보를 취소선과 함께 나타내죠.

사용댑니다. 부분에 적용된 빨간색 구불구불한 밑줄은 **〈u〉사용댑니다.〈/u〉**와 같은 기본 〈u〉 태그 형식에 CSS를 적용한 결과입니다. CSS 효과를 제거하면 다시 원래 형태의 밑줄로 보입니다.

태그 속성 사용하기

태그에 추가 정보를 부여할 때는 속성을 사용합니다. 지금 배우고 있는 태그 옆에 특정 단어를 붙이고 값을 지정하면 지금보다 더 다양한 형태의 표현이 가능합니다. 먼저 그 특징을 살펴보고, 외부에서 정보를 인용하거나 참조하기 위해 태그의 속성을 사용하는 방법을 알아보겠습니다.

태그의 속성(특성)

앞서 우리가 반복해서 작성했던 첫 웹 페이지 요소의 두 번째 줄을 보면 **〈html〉 태그**에 **lang**, 즉 language를 설정해 두었습니다. 바로 이러한 것을 **태그의 속성(특성)**이라고 합니다. 태그의 속성을 잘 활용하는 것은 좋은 코드를 작성하는 힘이 됩니다.

```
<html lang="ko">
```

'속성'과 '특성'을 같이 써 준 이유는 attribute를 대부분의 HTML 강의나 관련 책에서는 '속성'이라고 표현하는데, mdn 문서에서는 '특성'이라고 설명하고 있기 때문입니다. 따라서 mdn 문서를 참고할 때는 '특성'이 곧 '속성'이라고 이해하면 됩니다.

각 태그에 따라 설정할 수 있는 속성들은 따로 존재합니다. 이미지 태그를 미리 살펴봅시다.

```
<img src=".logo.png" alt="로고">
```

⟨img⟩ 태그는 그림을 넣어 주는 태그입니다. 따라서 이미지 태그에는 해당 그림의 원본 파일이 필요합니다. 코드를 보면 **원본 파일명이 src**(source) 속성으로 들어가고, **만약 그림 파일이 없을 경우 대신 표시할 alt**(alternative) 속성도 있습니다. 이러한 이미지 태그의 속성은 앞에서 배웠던 ⟨h1⟩ 태그나 ⟨p⟩ 태그에는 맞지 않습니다. 이처럼 **태그의 동작을 설정 및 제어하는 것이 태그의 속성(특성)**이며, 각 태그마다 설정 가능한 속성들이 있다는 것을 알아 두기 바랍니다.

인용문 관련 태그

이번에는 **어떤 텍스트를 외부에서 가져와 인용하거나 참조할 때 사용**하는 태그에 대해 알아보겠습니다. 먼저 **⟨blockquote⟩ 태그**입니다. 다음은 구글에서 **blockquote 태그 mdn**을 검색해서 나오는 첫 번째 웹 페이지의 내용을 그대로 가져온 것입니다. ⟨blockquote⟩ ～ ⟨/blockquote⟩ 태그 사이에 내용을 넣고, **cite**라는 속성을 사용해 출처가 되는 웹사이트 주소를 넣었습니다.

직접 해 보세요 다음 예제를 실행해 보겠습니다.

Chapter 02/blockquote.html

```
...
<body>
  <h1>인용문 관련 태그</h1>
  <h2>blockquote와 cite 태그</h2>
  <blockquote cite="https://developer.mozilla.org/ko/docs/Web/HTML/Element/
  blockquote">          ┌─ cite 속성을 사용해 출처를 표기해 줍니다.
                        └─ <blockquote> 태그
  <p>
    HTML &lt;blockquote&gt; 요소는 안쪽의 텍스트가 긴 <mark>인용문</mark>임을
    나타냅니다. <br>  ┌─ &lt; &gt;로 홑화살괄호를 표기해 줍니다.
    주로 들여쓰기를 한 것으로 그려집니다. (외형을 바꾸는 법은 사용 일람을
    참고하세요) <br>
    인용문의 출처 URL은 cite 특성으로, 출처 텍스트는 &lt;cite&gt; 요소로
    제공할 수 있습니다.
  </p>
  </blockquote>
  <cite>&lt;blockquote&gt;: 인용 블록 요소</cite> from MDN
</body>                        └─ <cite> 태그
...
```

태그와 속성을 한 번에 편리하게 작성하려면? ·····························

어떤 태그를 속성과 함께 에밋으로 간편하게 작성하려면 넣고자 하는 태그를 입력한 다음 대괄호 [ ] 안에 속성명과 =""을 써 주면 됩니다. 예를 들어 〈blockquote〉 태그의 cite 속성을 입력하려면 **blockquote[cite=""]**를 입력하고 Tab 키를 누릅니다. 그러면 다음과 같은 구문이 자동으로 생성되므로 실제 출처가 되는 사이트 주소는 큰따옴표("") 사이에 복사해 붙여 넣기만 하면 됩니다.

```
<blockquote cite=""> </blockquote>
```

··

그런데 코드 내용을 자세히 보면 〈blockquote〉와 〈cite〉 태그 안에 **<, >**와 같은 기호가 있습니다. 여는 홑화살괄호(〈)와 닫는 홑화살괄호(〉)를 키보드에서 눌러 그대로 입력하면 브라우저는 이것을 태그로 잘못 인식해 웹 페이지가 엉망이 됩니다. 이때 홑화살괄호를 다른 대체 텍스트로 입력해 주는 작업이 필요한데, 이것을 **엔티티 이름**entity name이라고 합니다. 사실 우리가 앞에서 공백(스페이스)을 입력하기 위해 사용한 와 비슷한 기능입니다. **웹에서 어떤 글자나 기호를 프로그램상의 용어로 인식되지 않게 하기 위해서는 이러한 엔티티 이름을 활용합니다.**

📎 ** **에서 nbsp는 non-breaking space의 줄임말로, 줄바꿈 없는 공백을 의미합니다. **<**에서 lt는 less than(〈), **>**에서 gt는 greater than(〉)의 줄임말입니다.

앞서 코드에서 마지막 두 번째 줄을 보면 **〈cite〉 태그**가 있습니다. 여기에는 **보통 해당 인용문이 있는 웹 페이지나 사이트 제목을 넣습니다.** 그래야 어디서 인용했는지 정보를 알 수 있으니까요. 이렇게 〈cite〉 태그를 사용해서 출처를 표기하면 웹 페이지에서는 이탤릭체로 보입니다.

결과 화면은 다음과 같습니다.

인용문 관련 태그

실행결과

blockquote와 cite 태그

HTML <blockquote> 요소는 안쪽의 텍스트가 긴 인용문임을 나타냅니다.
주로 들여쓰기를 한 것으로 그려집니다. (외형을 바꾸는 법은 사용 일람을 참고하세요)
인용문의 출처 URL은 cite 특성으로, 출처 텍스트는 <cite> 요소로 제공할 수 있습니다.

<blockquote>: 인용 블록 요소 from MDN

〈blockquote〉 태그의 대표적인 특징은 인용 내용을 들여쓰기로 표현해 준다는 것입니다. (사실 들여쓰기 역시 CSS로 가능합니다.) 그런데 이와 같이 짧은 문장은 문단 전체를 들여쓰기할 필요가 없는 경우도 있습니다. 이럴 때는 〈q〉 태그를 사용하며, cite 속성에 있는 큰따옴표("") 사이에 출처를 넣어 줍니다.

직접 해 보세요 다음 예제를 실행해 보겠습니다.

Chapter 02/qtag.html

```
...
<body>
  <h1>인용문 관련 태그</h1>
  <h2>짧은 인용문을 위한 q 태그</h2>
  <p>
    <strong>q</strong> 태그에 대해 MDN 문서는
    <q cite="https://developer.mozilla.org/ko/docs/Web/HTML/Element/q">HTML
    &lt;q&gt;요소는 둘러싼 텍스트가 짧은 <br>
    인라인 <mark>인용문</mark>이라는 것을 나타냅니다.</q>라고 설명하고 있습니다.
  </p>
</body>
...
```

결과 화면을 보면 우리가 큰따옴표를 넣지 않았는데도 인용된 부분이 큰따옴표 안에 들어가 있는 것을 볼 수 있습니다. 이 또한 CSS에서 큰따옴표가 아닌 다른 모양으로도 바꿀 수 있습니다.

실행결과

인용문 관련 태그

짧은 인용문을 위한 q 태그

q 태그에 대해 MDN 문서는 "HTML <q>요소는 둘러싼 텍스트가 짧은 인라인 **인용문**이라는 것을 나타냅니다."라고 설명하고 있습니다.

인용문에서 큰따옴표와 'HTML' 글자 사이에 공백이 있다면 〈q〉 태그의 닫는 홑화살괄호와 그 다음에 오는 글자 사이의 공백을 없애 주면 됩니다.

마지막으로 배울 태그는 인용에 직접적으로 관련된 것은 아니지만 **중요한 부분이라고 강조할 때** 자주 사용하는 〈mark〉 **태그**입니다. 인용문에서 웹사이트를 만든 사람이 중요한 내용이라고 생각되어 강조해서 표시하고 싶을 때 유용합니다. 사용법은 간단합니다. 〈mark〉 ~ 〈/mark〉 사이에 강조하고 싶은 내용을 넣으면 됩니다. 기본적으로는 노란색 형광펜으로 그은 것처럼 표시되지만, CSS를 배운 다음에는 더 예쁘고 세련된 스타일로 얼마든지 변경할 수 있습니다.

직접 해 보세요 다음 예제를 실행해 보겠습니다.

Chapter 02/marktag.html

```
...
<body>
  <h1>인용문 관련 태그</h1>
  <h2>mark 태그</h2>
  <p>
    본 페이지는 "<mark>인용문</mark>"이란 키워드로 검색한 결과입니다. <br>
    <strong>mark</strong> 태그는 사용자의 행동과 관련 있는 부분<i>(예: 검색 결과)
    </i>, <br>
    또는 인용문에서 주시해야 할 부분들을 표시합니다.
  </p>
  <p>
    mark 태그 역시 CSS와 병행하여 사용해야 합니다.
  </p>
</body>
...
```

결과 화면은 다음과 같습니다.

인용문 관련 태그

mark 태그

본 페이지는 "인용문"이란 키워드로 검색한 결과입니다.
mark 태그는 사용자의 행동과 관련 있는 부분*(예: 검색 결과)*,
또는 인용문에서 주시해야 할 부분들을 표시합니다.

mark 태그 역시 CSS와 병행하여 사용해야 합니다.

〈mark〉 태그는 단순 강조뿐만 아니라 **어떤 페이지에서 사용자가 특정 키워드를 검색했을 때 해당 키워드를 표시하는 용도**로 사용하기도 합니다. 예를 들어 '인용문'으로 검색했을 때 해당 페이지의 '인용문'이라는 키워드를 모두 〈mark〉 태그로 표시할 수 있는 것이죠.

머리 글자 태그

머리 글자를 표현하는 태그인 **〈abbr〉 태그**는 속성으로 **title**을 사용합니다. 여기에는 머리 글자로 표시된 텍스트의 전체 텍스트(HTML의 경우 HyperText Markup Language)를 큰따옴표 사이에 넣어 주면 됩니다.

직접 해 보세요 다음 예제를 실행해 보겠습니다.

Chapter 02/abbrtag.html

```
...
<body>
  <h1>abbr 태그로 머리 글자 표현하기</h1>
  <p>
    <strong>abbr</strong> 태그를 사용하여
    <abbr title="HyperText Markup Language">HTML</abbr>을 표기한 문단입니다.
    페이지 소스 보기로 코드를 확인해 보세요!
  </p>
</body>
...
```

결과 화면은 다음과 같습니다.

abbr 태그로 머리 글자 표현하기

abbr 태그를 사용하여 HTML을 표기한 문단입니다. 페이지 소스 보기로 코드를 확인해 보세요!

실행결과

'HTML' 글자 뒤에 공백이 있다면 〈/abbr〉 태그의 닫는 홑화살괄호와 그 다음에 오는 글자 사이의 공백을 없애 주면 됩니다.

태그로 여러 요소 나열하기

학습 목표

어떤 정보들을 나열할 때 목록으로 표현하면 일목요연하게 정리할 수 있어 매우 유용합니다. 이렇게 목록을 표현하는 태그에는 크게 순서가 상관없는 태그와 순서가 있는 태그 두 가지가 있습니다. 이 두 태그를 섞으면 구조가 아무리 복잡한 내용이라도 일목요연하게 정리해서 나타낼 수 있습니다. 지금부터 그 방법을 실습과 함께 알아보겠습니다.

목록을 표현하는 태그

〈ul〉 태그는 unordered list의 줄임말로 순서가 상관없는 리스트를 만들 때 사용합니다. 이를테면 다음과 같이 어떤 과일 목록을 나열하는 경우에는 각 요소들 간에 순서가 딱히 의미가 없습니다. 그 다음에 나오는 **〈li〉 태그**는 list item의 줄임말로, **단순 리스트를 의미합니다.**

```
<ul>
  <li>사과</li>
  <li>포도</li>
  <li>딸기</li>
</ul>
```

반대로 **〈ol〉 태그**는 ordered list의 줄임말로 정렬된, 즉 **순서가 필요한 리스트를 만들 때 사용합니다.** 예시와 같이 그리스어 알파벳인 알파, 베타, 감마는 순서가 중요하기 때문에 〈ol〉 태그를 사용하는 것이 좋습니다. 〈ol〉 태그 역시 단순 리스트는 **〈li〉 태그**를 이용합니다.

```
<ol>
  <li>알파</li>
  <li>베타</li>
  <li>감마</li>
</ol>
```

이와 같이 **어떤 태그가 다른 태그 안에 들어 있을 때, 안에 들어 있는 태그를 바깥쪽 태그의 자손 태그**라고 합니다. 따라서 ⟨li⟩ 태그는 ⟨ul⟩ 태그와 ⟨ol⟩ 태그의 자손 태그인 것입니다. 그리고 ⟨ul⟩ 태그와 ⟨ol⟩ 태그의 일촌 자식은 오직 ⟨li⟩ 태그만 가능하다는 것도 반드시 기억해 주세요.

직접 해 보세요 ⟨ul⟩ 태그를 사용해 수련회 준비물 목록을 작성해 보겠습니다. 준비물은 순서가 중요하지 않습니다. 따라서 전체를 ⟨ul⟩ 태그로 감싼 후 그 안에 ⟨li⟩ 태그로 준비물을 하나씩 넣어 보겠습니다. 또한 ⟨li⟩ 태그로 작성한 **학습 도구** 하위에 ⟨ul⟩ 태그 목록이 또 들어가는 것에 주목해 주세요. ⟨li⟩ 태그 하위에는 ⟨ul⟩ 태그뿐만 아니라 ⟨ol⟩ 태그 및 기타 다른 태그들도 얼마든지 들어갈 수 있습니다.

Chapter 02/ultag.html

```
...
<body>
  <h1>수련회 준비물</h1>
  <ul>
    <li>이틀 치 옷</li>
    <li>세면 도구</li>
    <li>수건</li>
    <li>학습 도구
      <ul>
        <li>노트북</li>
        <li>필기구</li>
        <li>교재</li>
      </ul>
    </li>
  </ul>
</body>
...
```

간단 입력 팁 ul>li*4 [Tab]

결과 화면은 오른쪽과 같습니다. 목록 왼쪽에 표시되는 동그라미는 브라우저에 따른 기본 형태일 뿐 이 또한 CSS로 얼마든지 모양 조절이 가능합니다.

실행결과

수련회 준비물

- 이틀 치 옷
- 세면 도구
- 수건
- 학습 도구
  - 노트북
  - 필기구
  - 교재

직접 해 보세요 다음으로 계란볶음밥을 만드는 다섯 단계 순서를 작성해 보겠습니다. 순서라고 했으니 당연히 〈ol〉 태그를 사용해야겠죠? 재료 준비에 들어가는 **밥, 계란, 파, 간장**의 네 가지 재료들은 순서가 필요 없으므로 〈ul〉 태그를 사용하면 됩니다.

Chapter 02/oltag.html

```
...
<body>
  <h1>계란볶음밥 만들기</h1>
  <ol>
    <li>재료 준비</li>
      <ul>
        <li>밥</li>
        <li>계란</li>
        <li>파</li>
        <li>간장</li>
      </ul>
    <li>파를 기름에 볶기</li>
    <li>밥 넣고 볶기</li>
    <li>계란을 넣고 스크램블</li>
    <li>간장을 넣고 마저 볶아 완성</li>
  </ol>
</body>
...
```

결과 화면을 보면 〈ol〉 태그는 〈ul〉 태그와 달리 목록 앞에 동그라미가 아니라 숫자가 붙은 것을 볼 수 있습니다. 순서에 관련된 것이니까 당연한 것입니다.

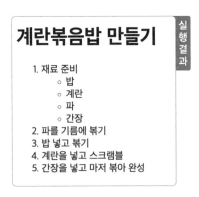

특이할 점은 〈ol〉 태그는 속성에 **type**(순서의 모양)과 **start**(순서의 시작 번호)를 추가로 넣을 수 있다는 것입니다. 〈ol〉 태그에 속성을 추가해 봅시다.

Chapter 02/oltag.html

```
...
<body>
  <h1>계란볶음밥 만들기</h1>
  <ol type="A" start="3">
    <li>재료 준비</li>
      <ul>
        <li>밥</li>
        <li>계란</li>
        <li>파</li>
        <li>간장</li>
      </ul>
    <li>파를 기름에 볶기</li>
    <li>밥 넣고 볶기</li>
    <li>계란을 넣고 스크램블</li>
    <li>간장을 넣고 마저 볶아 완성</li>
  </ol>
</body>
...
```

결과 화면을 보면 숫자가 알파벳으로 바뀌었고, 세 번째 알파벳인 C부터 시작하는 것을 확인할 수 있습니다.

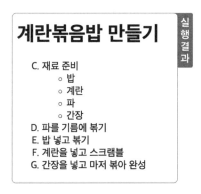

용어와 정의를 나열하는 태그

어떤 리스트를 1대 1로 매칭하는 경우가 있다고 합시다. 예를 들면 apple과 사과, grape와 포도, strawberry와 딸기 등입니다. 이렇게 **용어:정의**는 1:1 대응도 가능하고 n:n, 즉 여러 용어에 하나의 정의를 붙이거나 하나의 용어에 여러 개의 정의를 붙이는 것, 그리고 여러 개의 용어에 여러 개의 정의를 붙이는 것도 가능합니다.

```
<dl>
  <dt>용어</dt>
  <dd>정의</dd>
  ...
</dl>
```

각 태그가 무엇을 의미하는지 유추할 수 있나요? **⟨dl⟩ 태그**는 definition list의 줄임말로 **정의 목록**을 의미하며, **⟨dt⟩ 태그**는 definition term의 줄임말로 **정의할 용어**, 그리고 **⟨dd⟩ 태그**는 definition description의 줄임말로 **용어의 설명 또는 그 의미 해석**을 뜻합니다.

직접 해 보세요 용어와 정의를 나열하는 태그를 다음과 같이 작성해 보겠습니다.

Chapter 02/dltag.html

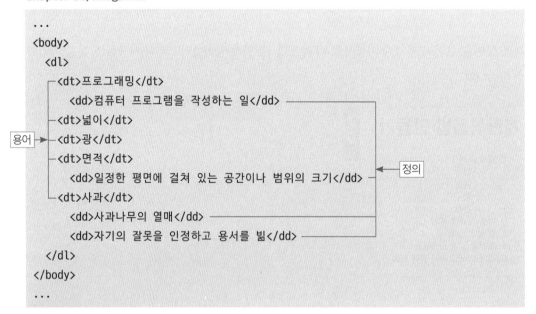

간단 입력 팁 dl>(dt+dd)*3 [Tab]

다소 복잡하게 보이지만 왼쪽 정렬된 것이 용어, 들여쓰기된 것이 정의입니다. 따라서 크게 세 뭉치가 있는 것을 볼 수 있습니다.

```
실행결과

프로그래밍
      컴퓨터 프로그램을 작성하는 일
넓이
광
면적
      일정한 평면에 걸쳐 있는 공간이나 범위의 크기
사과
      사과나무의 열매
      자기의 잘못을 인정하고 용서를 빎
```

그런데 아무리 CSS를 배우기 전이라지만 이렇게 하는 건 너무 못생겼죠. 다음 주소를 복사해서 〈head〉 태그 안에 붙여 넣고 새로고침하겠습니다. 어떤가요? CSS 스타일이 들어가니 훨씬 보기 좋아졌죠?

```
<link rel="stylesheet" href="https://showcases.yalco.kr/html-css/01-04/05.css">
```

```
실행결과

프로그래밍
 ·컴퓨터 프로그램을 작성하는 일

넓이 | 광 | 면적
 ·일정한 평면에 걸쳐 있는 공간이나 범위의 크기

사과
 ·사과나무의 열매
 ·자기의 잘못을 인정하고 용서를 빎
```

음, 이래서 CSS를
배워야 하는군!

이와 같이 웹상에서 어떤 용어나 개념, 그리고 그것에 대한 정의나 설명을 나열하는 방식의 콘텐츠는 〈dl〉과 〈dt〉, 〈dd〉 태그를 사용해 보기 좋게 구성할 수 있습니다.

얄코의 친절한 HTML 노트

❶ 에밋으로 첫 웹 페이지 요소 입력하기

! Tab

❷ 제목과 본문 태그

태그	설명	비고
〈h1〉 ~ 〈h6〉	제목	숫자가 클수록 낮은 단계를 의미합니다.
〈p〉	문단	각 문단을 줄바꿈할 때 사용합니다.
〈br〉	줄바꿈	닫는 태그는 필요 없고 〈br/〉, 〈br /〉로 써도 됩니다.
〈hr〉	가로줄	닫는 태그는 필요 없습니다.
	공백(스페이스)	SpaceBar 를 강제로 입력하는 기능입니다.

❸ 텍스트 관련 태그

태그	설명	비고
〈b〉	글자를 굵게	구버전 HTML
〈strong〉	중요한 내용임을 명시	
〈i〉	글자를 기울임	구버전 HTML
〈em〉	강조할 내용임을 명시	
〈sup〉	위 첨자	지수, 서수에 사용
〈sub〉	아래 첨자	각주, 변수, 화학식에 사용
〈u〉	철자 오류 표시	예전에는 밑줄 용도로 사용
〈s〉	더 이상 유효하지 않은 정보 표시	
〈blockquote〉	비교적 긴 인용문에 사용	cite 속성으로 출처 표시
〈cite〉	저작물 출처 표기, 〈blockquote〉 구현 용도로 사용	출처 제목 반드시 포함
〈q〉	비교적 짧은 인용문에 사용	cite 속성으로 출처 표시
〈abbr〉	준말/머릿글자 표시	title 속성으로 원래 형태 표시

얄코의 친절한 HTML 노트

4 목록을 표현하는 태그

태그	설명	비고
⟨ul⟩	순서가 없는 목록	
⟨ol⟩	순서가 있는 목록	type, start 속성 사용 가능
⟨li⟩	목록 아이템	⟨ul⟩, ⟨ol⟩ 태그의 1촌 자식으로는 이 태그만 가능

5 용어와 정의를 나열하는 태그

태그	설명	비고
⟨dl⟩	정의 목록	
⟨dt⟩	정의할 용어	
⟨dd⟩	용어 설명 또는 해석	

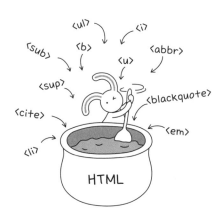

CHAPTER

03

웹 페이지에
다양한 요소 넣기

이미지 태그 사용하기

학습 목표

웹사이트에 어떤 이미지도 들어 있지 않고 글만 빽빽하다면 당연히 재미가 없겠죠. 이미지 태그를 사용하면 단순히 이미지만 넣을 수도 있고, 이미지에 여러 기능과 효과를 넣을 수도 있습니다. 우리는 아직 CSS를 배우지 않았으니 이미지 태그에서 가장 기본적으로 동작하는 속성에 대해서만 짚고 넘어가겠습니다.

절대 경로와 상대 경로로 이미지 넣기

이미지를 넣으려면 이미지 태그와 더불어 다양한 태그 속성을 지정해야 합니다. 어떤 특징이 있는지 하나씩 알아보겠습니다.

```
<img src="(이미지 파일 경로)" alt="(대체 텍스트)" title="(툴팁 텍스트)">
```

가장 중요한 것은 **이미지 파일의 경로를 나타내는 src** 속성으로 필수입니다. 그리고 필수 요소는 아니지만 **해당 이미지를 불러올 수 없는 상황을 대비하기 위한 대체 텍스트**alternative text, 즉 **alt** 속성도 들어가야 합니다. **툴팁이란 사용자가 이미지에 마우스 포인터를 가져갔을 때 표시되는 이미지 설명입니다.** 단, 요즘에는 터치 화면을 많이 사용하므로 반드시 넣어야 할 요소는 아닙니다.

우리가 웹상에서 어떤 이미지를 보면 항상 그것의 출처가 있기 마련입니다. 이미지에서 마우스 오른쪽 버튼을 클릭해 **이미지 주소 복사**를 선택합니다. 그리고 웹 브라우저에 주소를 붙여 넣으면 해당 이미지를 바로 확인할 수 있습니다. 또한 **새 탭에서 이미지 열기**를 선택해도 됩니다.

직접 해 보세요 그럼 우리가 만들 웹사이트에 이미지를 넣어 보겠습니다. **imagetag1.html** 파일을 열고 브라우저에 표시된 이미지 주소를 복사한 후 〈body〉 태그의 **〈img〉 태그** 안 **src** 속성에 다음과 같이 붙여 넣습니다. 그리고 **alt** 속성에는 이미지를 설명하는 문구인 **코딩 중인 노트북**을, **title** 속성에는 **프로그래밍**을 넣습니다.

Chapter 03/imagetag1.html

```
<!DOCTYPE html>
<html lang="ko">
<head>
  <meta charset="UTF-8">
  <meta http-equiv="X-UA-Compatible" content="IE=edge">
  <meta name="viewport" content="width=device-width, initial-scale=1.0">
  <title>HTML & CSS</title>
</head>
<body>
  <img src="https://showcases.yalco.kr/html-css/01-05/coding.png" alt="코딩 중인
  노트북" title="프로그래밍">
</body>
</html>
```

간단 입력 팁 img[src="https://showcases.yalco.kr/html-css/01-05/coding.png"] `Tab`

alt 속성에 넣은 값이 안 보이는데, 어떻게 확인할 수 있나요? ·················

⟨img⟩ 태그의 속성으로 넣은 alt 속성값은 사이트가 정상적으로 구동되는 상태에서는 눈으로 확인하기 힘들고, 스크린 리더기 등을 통해서만 볼 수 있습니다. 그러나 피치 못할 사정으로 사이트에 문제가 생기거나 이미지를 가져올 수 없는 경우에는 다음과 같이 대체 텍스트로 이미지를 설명합니다.

🖼️ 코딩 중인 노트북

· ·

탐색기 창의 **imagetag1.html**에서 마우스 오른쪽 버튼을 클릭한 후 **Open with Live Server** 로 확인하면 앞서와 같은 화면이지만 이것은 내 컴퓨터에서 구동한 사이트입니다. 이미지만 다른 사이트에서 가져온 것입니다.

지금 우리가 붙여 넣은 이미지 경로를 **절대 경로**라고 합니다. 마치 **도로명 주소**나 **집 주소**와 같이 이미 지정되어 있는 정확한 주소를 명시해 주는 것입니다. 그렇다면 **상대 경로**는 무엇일까요? 말 그대로 **특정 경로를 기준으로 상대적으로 변경될 수 있는 경로**를 뜻합니다.

미토의 참:견

주소 창의 주소를 보면 어떤 곳에서 이미지를 가져왔는지 알 수 있지!

다음 실습을 통해 상대 경로를 확인해 봅시다.

01 브라우저에 띄워져 있는 이미지에서 마우스 오른쪽 버튼을 클릭하여 **이미지를 다른 이름으로 저장**을 선택합니다. 파일 이름은 그대로 **coding.png**로 유지하고 **바탕 화면**에 **저장**합니다.

02 VS Code의 탐색기 창에서 **새 폴더** 아이콘 (📁)을 클릭한 후 **images**라는 이름의 폴더를 하나 만듭니다.

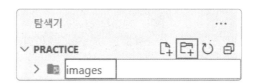

03 01에서 저장한 **coding.png** 파일을 **images 폴더 안**으로 불러오거나 마우스로 드래그해 넣습니다.

04 PRACTICE 폴더에서 **새 파일** 아이콘(📄) 을 클릭한 후 **imagetag2.html**을 입력하고 다음과 같이 〈img〉 태그 안에 코드를 작성합니다. 탐색기 창의 구조는 오른쪽과 같아야 합니다.

Chapter 03/imagetag2.html

```
...
<body>
  <img src="./images/coding.png" alt="코딩 중인 노트북" title="프로그래밍">
</body>
...
```

05 탐색기 창의 **imagetag2.html**에서 마우스 오른쪽 버튼을 클릭한 후 **Open with Live Server**를 선택하여 이미지를 확인합니다.

06 브라우저 화면에 있는 이미지를 마우스 오른쪽 버튼으로 클릭한 후 **새 탭에서 이미지 열기**를 선택하면 주소 창에서 이미지 경로를 확인할 수 있습니다.

```
http://127.0.0.1:5500/images/coding.png
```

이는 현재 내 컴퓨터의 주소인 http://127.0.0.1:5500에서 images 폴더 안에 있는 coding.png 파일을 가지고 왔다는 뜻입니다. 따라서 **04**에서 **상대 경로로 입력한 ./는 우리가 여는 index. html 파일과 같은 경로 안에 해당 파일이 있다는 것을 가리킵니다.** 이미지 파일이 html과 같은 경로가 아닌 images라는 폴더 안에 들어가 있다면 ./images로 폴더 경로를 추가해 주어야 합니다. 만약 이미지가 들어 있는 올바른 폴더 경로를 지정해 주지 않으면 그림 파일은 나타나지 않고 이미지에 지정해 놓은 대체 텍스트만 보입니다.

이미지에 마우스 포인터를 갖다 대면 title 속성으로 입력했던 **프로그래밍**이라는 **툴팁**tooltip 텍스트가 나타납니다. 단, 주의할 점은 툴팁은 alt 속성값과 같은 내용을 반복해서 넣지 않습니다. alt 속성값을 넣지 않은 상태에서 title 속성값만 넣거나 alt 속성값에 있는 내용을 그대로 title 속성값에 넣는 것은 mdn에서 권장하는 방식이 아닙니다.

툴팁이란 어떤 객체에 마우스 포인터를 갖다댔을 때 보충 설명을 띄워 주는 조그마한 상자를 말합니다.

alt 속성은 이미지를 볼 수 없는(기술적 문제, 화면을 볼 수 없는 사용자 등) 상황에서 해당 이미지를 설명하는 용도, title 속성은 이미지를 볼 수 있는 상태에서 부가적인 정보를 나타내는 용도라고 생각하면 됩니다.

이미지 크기 조절하기

마지막으로 알아두어야 할 이미지 태그 속성은 **이미지의 너비를 지정하는 width**와 높이를 지정하는 **height**입니다. 추후에 배울 CSS에서는 이미지의 너비와 높이를 지정하는 단위로 픽셀을 사용합니다. **픽셀은 무조건 정수로 지정해야 합니다.**

직접 해 보세요 앞에서 작성한 코드에 이미지의 크기를 지정하는 속성을 추가해 봅시다. **width**와 **height** 중 하나만 지정하면 지정한 크기에 맞춰서 원래 이미지 비율대로 확대/축소되고, **width**와 **height** 모두 지정하면 원래 비율과 상관없이 이미지 크기가 강제로 조절됩니다.

Chapter 03/imagesize.html

```
...
<body>
  <img src="./images/coding.png" alt="코딩 중인 노트북" title="프로그래밍"
  width="300"
  height="300"
  >
</body>
...
```

무료 이미지 사이트 소개 ·······································

실습을 하거나 실제 웹사이트를 만들 때 참조할 만한 무료 이미지 사이트를 소개합니다.

이미지를 사용할 때는 저작권에 문제가 없는지 반드시 확인 후 사용하세요!

URL https://pixabay.com

URL https://unsplash.com/ko

···

표 사용하기

학습 목표
표 역시 웹사이트에서 자주 사용하는 기능 중 하나입니다. 표 레이아웃을 활용하면 흩어진 정보를 정리된 상태로 전달할 수 있어 보기에도 좋습니다. HTML에서는 표를 작성할 때 테이블 태그를 사용합니다. 이번 LESSON에서는 여러 개의 칸으로 구성되어 있는 표, 즉 테이블을 작성하는 방법을 알아보겠습니다.

기본 테이블 태그

1에서 9까지 숫자가 들어 있는 다음 표를 예로 설명하겠습니다.

1	2	3
4	5	6
7	8	9

1에서 9까지의 숫자들

tabletag.html 파일을 열어 표 태그가 어떻게 구성되어 있는지 살펴보겠습니다. 먼저 **표 전체를 감싸는 〈table〉 태그**와 표의 제목을 넣는 **〈caption〉 태그**가 있습니다. 이것은 반드시 있어야 하는 것은 아닙니다. 그리고 표의 각 행(table row)을 지정하는 **〈tr〉 태그**, 각 행 안의 열(table data cell)을 지정하는 **〈td〉 태그**로 구성되어 있습니다.

직접 해 보세요 다음 예제를 실습해 보겠습니다.

Chapter 03/tabletag.html

```
...
<body>
  <table>
    <caption>1에서 9까지의 숫자들</caption>
    <tr>
      <td>1</td>
      <td>2</td>
      <td>3</td>
    </tr>
    <tr>
      <td>4</td>
      <td>5</td>
      <td>6</td>
    </tr>
    <tr>
      <td>7</td>
      <td>8</td>
      <td>9</td>
    </tr>
  </table>
</body>
...
```

간단 입력 팁 table>caption+(tr>td*3)*3 [Tab]

그런데 CSS를 넣지 않은 상태에서는 다음과 같이 이상하게 보입니다.

실행결과		
1에서 9까지의 숫자들		
1	2	3
4	5	6
7	8	9

다음 내용을 〈head〉 태그 안에 넣어 봅시다. 이 표를 위해 별도로 작성한 CSS 파일을 불러오는 내용입니다.

```
<link rel="stylesheet" href="https://showcases.yalco.kr/html-css/01-06/table.
css">
```

이 내용은 테이블 태그 예제 파일에 계속해서 들어갑니다.

파일을 저장하고 브라우저를 새로고침하면 표로 정리된 것을 볼 수 있습니다. 캡션 위치도 CSS 를 이용하여 표 위에 있던 것을 표 아래로 이동했습니다.

1에서 9까지의 숫자들

테이블 영역 태그

다음 표를 보겠습니다. 과목과 요일이 적혀 있는 **첫 번째 행은 표 제목이 있는 헤드(head)** 부분 입니다. 그 다음에 실제 과목과 공부 시간을 기록한 **표 본문(body)**이 오고, **표 맨 마지막 행은 결산 기록을 적는 푸터(footer)**입니다. 이렇게 표 내용에 따라 테이블을 세 부분으로 나눠서 지 정할 수 있으며, 차례대로 〈thead〉, 〈tbody〉, 〈tfoot〉 태그를 사용합니다.

웹 개발 공부 기록

직접 해 보세요 그럼 실제 코드로 작성해 보겠습니다.

앞의 **tabletag.html** 예제에서는 〈table〉 태그 안에 바로 〈tr〉, 〈td〉 태그를 넣어 주었지만 이번 표에서는 구역별로 테이블 행을 먼저 명시한 후에 데이터를 넣습니다. **〈table〉 태그 안에 〈thead〉, 〈tbody〉, 〈tfoot〉 태그를 넣어 준 다음 그 안에 〈tr〉, 〈td〉 태그를 넣는 식으로 작성합니다.**

또한 표에서 굵게 표시한 부분, 즉 **각 데이터의 제목에 해당하는 부분은 〈th〉 태그로 작성합니다.** 눈여겨 볼 부분은 〈th〉 태그 속성으로 사용한 scope입니다. **scope는 각 〈th〉 태그가 어떤 것의 제목인지를 지정해 주는 역할을 합니다.** 예를 들어 **월**의 경우 그 셀이 포함된 행(row)이 아닌 열(column)을 대표하는 것이므로 큰따옴표 안에 **col**이라고 명시합니다.

Chapter 03 | tableareatag.html

```
...
<body>
  <table>
    <caption>웹 개발 공부 기록</caption>
    <thead>
      <tr>
        <th scope="col">과목</th>
        <th scope="col">월</th>
        <th scope="col">화</th>
        <th scope="col">수</th>
      </tr>
    </thead>
    <tbody>
      <tr>
        <th scope="row">HTML</th>
        <td>60분</td>
        <td>60분</td>
        <td>0분</td>
      </tr>
      <tr>
        <th scope="row">CSS</th>
        <td>0분</td>
        <td>30분</td>
        <td>60분</td>
      </tr>
```

```
            <tr>
                <th scope="row">JS</th>
                <td>0분</td>
                <td>0분</td>
                <td>60분</td>
            </tr>
        </tbody>
        <tfoot>
            <tr>
                <th scope="row">총 시간</th>
                <td>60분</td>
                <td>90분</td>
                <td>120분</td>
            </tr>
        </tfoot>
    </table>
</body>
...
```

간단 입력 팁 table>caption+(thead>tr>th*4)+(tbody>(tr>(th+td*3))*3)+tfoot(tr>th+td*3) Tab

106쪽에서 언급했던 CSS를 불러오는 주소를 넣는 것도 잊지 마세요!

결과 화면을 보면 다음과 같습니다. 예로 들었던 표와 똑같아졌죠?

과목	월	화	수
HTML	60분	60분	0분
CSS	0분	30분	60분
JS	0분	0분	60분
총 시간	60분	90분	120분

웹 개발 공부 기록

이처럼 눈에 보이는 부분뿐만 아니라 각 역할에 적합한 태그까지 신경써서 작성하면 컴퓨터가 인식하기도 쉬울 뿐더러 스크린 리더기에도 적합한, 그야말로 착한 웹사이트를 만들 수 있습니다.

셀 병합 태그

직접 해 보세요 먼저 다음과 같이 4×4 크기의 기본 테이블이 있다고 합시다. 캡션은 따로 추가하지 않습니다.

Chapter 03/tablespantag.html

```
...
<body>
  <table>
    <tr>
      <td>1</td>
      <td>1</td>
      <td>1</td>
      <td>1</td>
    </tr>
    <tr>
      <td>1</td>
      <td>1</td>
      <td>1</td>
      <td>1</td>
    </tr>
    <tr>
      <td>1</td>
      <td>1</td>
      <td>1</td>
      <td>1</td>
    </tr>
    <tr>
      <td>1</td>
      <td>1</td>
      <td>1</td>
      <td>1</td>
    </tr>
  </table>
</body>
...
```

간단 입력 팁 table>(tr>td{1}*4)*4 `Tab`

106쪽에서 언급했던 CSS를 불러오는 주소를 넣는 것도 잊지 마세요!

다음과 같은 표가 완성되면 테이블 태그의 속성을 사용하여 지시선대로 셀을 합쳐 주겠습니다. **colspan**은 말 그대로 **열을 합쳐 주는 속성**이고, **rowspan**은 **행을 합쳐 주는 속성**입니다.

1	1	1	1
1	1	1	1
1	1	1	1
1	1	1	1

앞에서 배운 속성을 원래 테이블 태그에 다음과 같이 추가합니다. **colspan**이 **2**라는 것은 열에서 두 개의 칸을 차지한다는 뜻입니다. 마찬가지로 **rowspan**이 **3**이라는 것은 행에서 세 개의 칸을 차지한다는 뜻이겠죠. 이렇게 셀 병합으로 여러 개의 칸을 차지하게 될 경우 원래 있던 셀의 태그는 지워 줘야 4×4 크기의 기본 테이블 형태가 무너지지 않습니다.

Chapter 03/tablespantag.html

```
...
<body>
  <table>
    <tr>
      <td>1</td>
      <td colspan="2">2</td>
      <td>1</td>
    </tr>
    <tr>
      <td rowspan="3">3</td>
      <td>1</td>
      <td>1</td>
      <td>1</td>
    </tr>
    <tr>
      <td>1</td>
      <td colspan="2" rowspan="2">4</td>
    </tr>
    <tr>
      <td>1</td>
    </tr>
  </table>
</body>
...
```

셀 병합이 다음과 같이 이루어졌습니다.

지금 생각하면 까마득한 옛날 일이긴 하지만, 이러한 테이블 셀 병합 기능을 가지고 웹 페이지의 전체 레이아웃을 잡던 시절이 있었습니다. CSS가 등장하기 전이었죠. 요즘은 워낙 CSS 기능이 좋아졌기 때문에 표는 반드시 표 용도로만 사용하는 것을 권장합니다.

열 그룹 태그

우리가 흔히 보는 달력에는 주말과 평일을 구분해 표시하는 경우가 많습니다. 이것이 우리가 가장 간단하게 떠올릴 수 있는 열을 그룹으로 묶는 형태입니다.

달력을 하나 만들고 주말을 그룹으로 묶어 표현하는 간단한 실습을 해 봅시다.

직접 해 보세요 먼저 큰 틀을 짜 보겠습니다. 〈thead〉의 〈th〉 태그에는 앞에서 배운 **scope** 속성을 사용해 요일별로 열의 제목을 작성합니다. 그리고 〈tbody〉의 〈td〉 태그 내용으로는 **언더 바(_)**가 일곱 개씩 네 묶음으로 들어가도록 작성합니다.

Chapter 03/colgrouptag.html

```
...
<body>
  <table>
    <thead>
      <tr>
        <th scope="col">일</th>
        <th scope="col">월</th>
```

```
          <th scope="col">화</th>
          <th scope="col">수</th>
          <th scope="col">목</th>
          <th scope="col">금</th>
          <th scope="col">토</th>
      </tr>
  </thead>
  <tbody>
      <tr>
          <td>_</td>
          <td>_</td>
          <td>_</td>
          <td>_</td>
          <td>_</td>
          <td>_</td>
          <td>_</td>
      </tr>
      <tr>
          <td>_</td>
          <td>_</td>
          <td>_</td>
          <td>_</td>
          <td>_</td>
          <td>_</td>
          <td>_</td>
      </tr>
      <tr>
          <td>_</td>
          <td>_</td>
          <td>_</td>
          <td>_</td>
          <td>_</td>
          <td>_</td>
      </tr>
      <tr>
          <td>_</td>
          <td>_</td>
          <td>_</td>
          <td>_</td>
```

```
        <td>_</td>
        <td>_</td>
        <td>_</td>
      </tr>
    </tbody>
  </table>
</body>
...
```

106쪽에서 언급했던 CSS를 불러오는 주소를 넣는 것도 잊지 마세요!

그럼 이와 같은 형태의 달력 테이블이 완성됩니다.

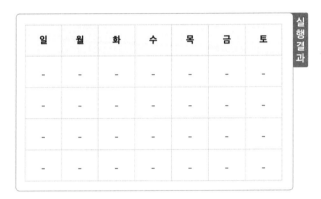

이제 위에서 표시한 대로 주말인 토요일과 일요일에 배경색을 넣고 싶습니다. 〈thead〉 코드 위에 다음과 같이 **〈colgroup〉 태그**를 추가합니다.

Chapter 03/colgrouptag.html

```
...
<body>
  <table>
    <colgroup>
      <col class="weekend">
      <col span="5">
      <col class="weekend">
    </colgroup>
    <thead>
...
```

여기에서 **col span** 속성은 해당 열이 몇 개의 칸을 차지할 것인가를 의미합니다. 즉 전체 열 중에서 첫 번째 열은 "weekend"라고 지정된 한 칸을, 그 다음 빈 칸은 다섯 칸을 차지하고 마지막 일곱 번째 열 또한 "weekend"라고 지정된 한 칸을 차지한다는 뜻이죠. 여기서 "weekend"라고 지정된 열은 span 속성이 아닌 **class** 속성을 사용하는데, 이것은 추후에 170쪽에서 배울 것이므로 여기서는 일단 넘어가겠습니다.

파일을 저장하고 브라우저에서 결과를 확인합니다. 주말 영역이 평일보다 조금 좁고 짙은 배경색이 들어가 있는 것은 CSS에서 지정했기 때문입니다. 이처럼 **테이블의 특정 열을 그룹으로 묶어 공통적인 속성을 넣어 주고 싶다면 〈colgroup〉 태그를 이용합니다.**

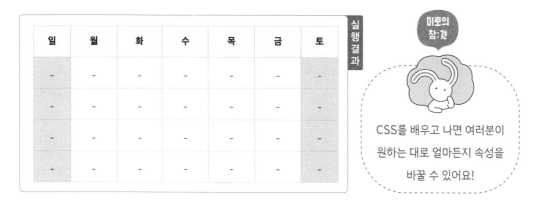

실행결과

일	월	화	수	목	금	토
-	-	-	-	-	-	-
-	-	-	-	-	-	-
-	-	-	-	-	-	-
-	-	-	-	-	-	-

미로의 참:견

CSS를 배우고 나면 여러분이 원하는 대로 얼마든지 속성을 바꿀 수 있어요!

08 다른 곳으로 링크하기

학습
목표

웹사이트에서 정보를 찾을 때 무언가를 클릭하고 링크를 통해 문서끼리 이동하는 것은 기본 중의 기본입니다. 〈a〉 태그를 이용하면 페이지 주소뿐만 아니라 메일 주소, 전화 번호 등도 연결할 수 있습니다. 이번 LESSON에서는 〈a〉 태그를 이용해 페이지나 다른 요소로 링크하는 방법에 대해 알아보겠습니다.

〈a〉 태그로 링크 이동하기

〈a〉 태그는 다음 두 가지 요소를 속성으로 사용합니다.

```
<a href="(연결할 주소)" target="(링크를 열 곳 옵션)">제목</a>
```

href 속성은 hypertext reference의 줄임말로, 여기에는 **실제 우리가 접속할 페이지의 주소를 넣어 주면 됩니다. target** 속성은 링크를 어떤 형태로 열 것인지에 대한 옵션입니다. 현재 보고 있는 창에서 바로 넘어갈 것인지(**_self**) 혹은 새 탭 또는 새 창으로 열 것인지 (**_blank**)등을 결정합니다. 거의 대부분의 경우 새 탭에서 열기 때문에 **_blank** 값을 주로 사용합니다.

링크를 새 창에서 열 것인지 새 탭에서 열 것인지는 각 브라우저의 설정에 따라 다릅니다.

요즘은 웹 주소를 작성할 때 대부분 https://로 작성합니다.
http://로 작성하면 신뢰할 수 없는 사이트이므로 지양합니다.

직접 해 보세요 링크를 넣는 실습을 해보겠습니다.

Chapter 03/atag.html

```
...
<body>
  <a href="https://www.google.com" target="_blank">새 창에서 구글 열기</a>
</body>
  ...
```

브라우저에서 파일을 열어 보면 텍스트에 하이퍼링크가 표시되고, 이를 클릭하면 구글 홈페이지로 이동하는 것을 볼 수 있습니다.

새 창에서 구글 열기 실행결과

직접 해 보세요 같은 방법으로 이미지를 이용한 링크도 가능합니다. 예제 파일에 있는 구글 로고 이미지(**google-logo.png**)를 이미지 태그를 사용하여 업로드한 다음 페이지 링크까지 걸어 보겠습니다. 〈a〉 태그 안에 〈img〉 태그를 넣고 속성을 설정해 주면 되겠죠?

Chapter 03/atagimage.html

```
...
<body>
  <a href="https://www.google.com" target="_blank">
    <img src="./google-logo.png" alt="구글 사이트로 가기">
  </a>
</body>
  ...
```

간단 입력 팁 a[href="https://www.google.co.kr", target="blank"]>img `Tab`

이렇게 이미지를 클릭하면 이동하는 링크도 완성해 보았습니다.

실행결과

id 값으로 원하는 위치로 이동하기

다음 코드를 보면 〈p〉 태그에 각각 id라는 속성이 지정되어 있습니다. **id란 페이지의 각 요소에 이름이나 일련 번호를 붙여 주는 것이라고 이해하면 쉽습니다.** 따라서 모든 요소의 id 값은 서로 겹치지 않아야 하겠죠.

직접 해 보세요 id 값을 **target_1** ~ **target_100**까지로 하는 총 100개의 id를 만들겠습니다.

Chapter 03/idlink.html

```
...
<body>
  <main>
    <p id="target_1">id: target_1</p>
    <p id="target_2">id: target_2</p>
    <p id="target_3">id: target_3</p>
    <p id="target_4">id: target_4</p>
    <p id="target_5">id: target_5</p>
    <p id="target_6">id: target_6</p>
    <p id="target_7">id: target_7</p>
    ...
    <p id="target_99">id: target_99</p>
    <p id="target_100">id: target_100</p>
  </main>
</body>
...
```

간단 입력 팁 p#target_${id: target_$}*100 `Tab`

이어서 〈p〉 태그 위에 〈a〉 태그를 넣어 주겠습니다. href 속성값으로는 **지정해 준 id 중 하나**를, 링크 제목으로는 **타깃으로 이동**을 입력합니다. 가장 중요한 것은 id 앞에 샵 기호(#)를 붙여 주는 것입니다. #은 그 다음에 오는 곳, 즉 해당 id로 이동한다는 뜻입니다.

미로의 참:견

id 값 100개를 일일이 입력할 필요 없이 에밋 기능을 사용하면 편리해!

Chapter 03/idlink.html

```
...
<body>
  <main>
    <a href="#target_80">타깃으로 이동</a>
    <p id="target_1">id: target_1</p>
    <p id="target_2">id: target_2</p>
    <p id="target_3">id: target_3</p>
      ...
```

이렇게 페이지에 있는 어떤 요소로 바로 이동하고 싶을 때 id 값을 사용한 링크를 넣어 주면 스크롤이 길고 복잡한 페이지에서도 원하는 정보가 있는 곳으로 빠르게 이동할 수 있어 편리합니다.

태그로 연락처 연결하기

연락처를 연결하려면 **href** 속성값 **mailto:**와 **tel:**을 다음과 같이 이용합니다.

구분	설명	예시
mailto:	이메일	`<a href="mailto:yalco@kakao.com">yalco@kakao.com</a>`
tel:	전화번호	`<a href="tel:010-1234-5678">010-1234-5678</a>`

직접 해 보세요 우리가 링크를 넣을 정보는 웹사이트 주소와 전화번호, 이메일입니다.

Chapter 03/contactstag.html

```
...
<body>
  <h1>Contacts</h1>
  <address>
    웹사이트 주소: <a href="https://www.yalco.kr">yalco.kr</a> <br>
    오피스: 전산시 개발구 코딩동 123번길 45 <br>
    전화 <a href="tel:010-1234-5678">010-1234-5678</a> <br>
    이메일: <a href="mailto:yalco@kakao.com">yalco@kakao.com</a>
  </address>
</body>
...
```

결과 화면은 다음과 같습니다.

Contacts

웹사이트 주소: *yalco.kr*
오피스: *전산시 개발구 코딩동 123번길 45*
전화 010-1234-5678
이메일: *yalco@kakao.com*

전화번호 링크를 컴퓨터에서 클릭하면 관련 앱이나 파일 프로그램을 선택하도록 유도하겠지만, 모바일에서 열 때는 휴대폰의 전화 기능과 바로 연결되어 편리합니다. 이메일 링크 역시 마찬가지로 이메일 앱을 실행하게끔 되어 있습니다. 이처럼 href 속성값을 이용하면 http://나 https://와 같은 웹 페이지 주소뿐만 아니라 전화번호나 이메일 주소로도 연결할 수 있습니다.

얄코의 친절한 HTML 노트

1 이미지를 넣는 〈img〉 태그 속성

속성	설명	비고
src	원본 파일 경로	절대 경로 또는 상대 경로로 입력합니다.
alt	대체 텍스트	스크린 리더로 읽히거나 원본 파일 무효 시 표시되는 내용입니다.
title	툴팁	alt 속성의 대체제로 사용하나 똑같은 내용으로 넣지 않습니다.
width	너비	픽셀 단위의 정수를 입력합니다.
height	높이	픽셀 단위의 정수를 입력합니다.

2 표 관련 태그

태그	설명	비고
〈table〉	표(테이블)	
〈caption〉	표 설명 또는 제목	선택 사항이므로 반드시 넣지 않아도 됩니다.
〈tr〉	행	
〈td〉	열(데이터 셀)	colspan 속성으로 열 병합, rowspan 속성으로 행 병합합니다.
〈thead〉	헤더	〈tbody〉 앞에 와야 합니다.
〈tbody〉	본문	본 내용을 담습니다.
〈tfoot〉	푸터	〈tbody〉 뒤에 와야 합니다.
〈th〉	행 또는 열의 헤더	
〈colgroup〉	열 속성	〈caption〉 태그보다 뒤, 그 외 요소보다 앞에 위치합니다.
〈col〉	열 묶음	span 속성으로 열 수를 지정합니다.

③ 링크하는 〈a〉 태그의 속성

속성	속성값	설명	비고
target	_self	현재 창	값을 넣지 않아도 기본 형태로 동작합니다.
	_blank	새 탭	웹 접근성을 위해 텍스트로 설명하거나 내부 이미지의 alt 속성 등으로 명시합니다.
	_parent	부모 프레임	〈iframe〉 태그 사용 시 가능합니다.
	_top	최상위 프레임	〈iframe〉 태그 사용 시 가능합니다.
href	mailto:	이메일	**예시** `<a href="mailto:yalco@kakao.com">yalco@kakao.com</a>`
	tel:	전화번호	**예시** `<a href="tel:010-1234-5678">010-1234-5678</a>`

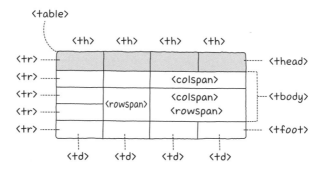

CHAPTER
04

사용자로부터 입력받기

〈form〉 태그 사용하기

학습 목표

웹 페이지를 사용하다 보면 아이디와 패스워드를 입력한다거나 무언가를 체크하고 고르는 등 사용자로부터 입력받아야 하는 정보들이 있습니다. 이번 LESSON에서는 이럴 때 사용하는 〈form〉 태그의 사용법을 알아보고, 이를 그룹화하여 입력받을 정보를 깔끔하게 묶는 방법도 살펴보겠습니다.

〈form〉 태그의 속성

어떤 웹사이트에 다음과 같이 이름과 나이를 입력하는 **폼**form이 있다면 우리는 키보드로 정보를 입력합니다. 이름 입력 폼에는 텍스트를 입력하고, 나이 입력 폼에는 숫자를 입력하거나 위아래 화살표를 클릭해 입력한 숫자를 조절하기도 합니다.

예를 들어 이름이 **얄코**, 나이가 **25**세라면 다음과 같이 입력하겠죠?

정보를 입력하고 **제출** 버튼을 클릭하면 다음과 같은 결과 페이지가 나옵니다. 이것은 나중에 백엔드 개발이나 자바스크립트를 배우면 할 수 있는 기능이므로, 여기에서는 일단 링크만 연결해 주고 넘어가겠습니다. 또한 **초기화** 버튼처럼 클릭하면 입력한 내용이 사라지는 기능도 넣겠습니다.

제 이름은 얄코, 나이는 25세입니다.

이렇게 **사용자로부터 입력을 받기 위한 양식을 작성하는 태그를 통틀어 〈form〉 태그**라고 합니다. 〈form〉 태그는 앞에서 본 화면에 있는 이름과 나이 입력 요소, 그리고 제출 버튼, 초기화 버튼 등 정보를 제출하기 위한 태그들을 모두 포함하고 있습니다.

Chapter 04/formtag.html

```
...
<body>
  <form action="./01-result.html" method="get">
    <label for="name">이름</label>
    <input id="name" name="my-name" type="text">
    <br><br>
    <label for="age">나이</label>
    <input id="age" name="my-age" type="number">
    <br><br>
    <button type="submit">제출</button>
    <button type="reset">초기화</button>
  </form>
</body>
...
```

⟨form⟩ 태그의 **action** 속성과 **method** 속성은 아직 HTML 단계에서 알아 둘 필요는 없지만, **우리가 이름과 나이를 입력했을 때 그 정보를 가져가서 보여 주는 결과 페이지에 해당합니다.** 지금은 일단 ⟨form⟩ 태그 안에 속성으로 들어간다는 것만 알아 두세요.

실제로 우리가 키보드로 입력하는 폼은 ⟨input⟩ 태그를 이용해 입력합니다. ⟨input⟩ 태그는 종류가 매우 다양하기 때문에 LESSON 10에서 더 자세히 배우겠습니다. 단, 여기서 **name** 속성은 HTML상으로는 특별한 의미를 갖지 않으며 **서버에서 각 항목을 받을 때 무엇에 대한 값인지 구분할 수 있도록 정보를 보내는 용도로 사용됩니다.**

입력 폼 바로 앞에 있는 **이름**과 **나이**는 **⟨label⟩ 태그**입니다. ⟨input⟩ 태그와 ⟨label⟩ 태그는 유기적으로 연결되어 있습니다. ⟨input⟩ 태그에 부여한 id 속성값을 ⟨label⟩ 태그의 for 속성에서 불러오기 때문입니다. 그저 텍스트일 뿐인데 속성까지 부여해야 할까요? 하지만 이렇게 제목 텍스트를 ⟨label⟩ 태그로 지정하면 ⟨input⟩ 태그의 클릭 영역이 같은 id 값을 가지고 있는 ⟨label⟩ 태그 영역까지 포함하기 때문에 마우스 클릭 영역이 넓어집니다. 즉, **이름**이나 **나이**를 클릭해도 입력 폼에 커서가 깜박입니다.

미로의 참:견

id 속성은 페이지마다 고유해야 합니다!

마지막에 있는 **버튼은 말 그대로 〈button〉 태그를 이용해 작성합니다**. 눈여겨 볼 것은 **type**이라는 버튼 속성에 **submit**과 **reset**이라는 값이 들어 있다는 것입니다. **submit** 속성은 사용자가 입력한 결괏값을 받는 최종 서버나 특정 페이지 주소로 보내는, 즉 제출하는 용도로 사용합니다. 따라서 **제출** 버튼을 클릭하면 입력한 내용을 결과 페이지에서도 받아볼 수 있는 거죠. **reset** 속성은 입력한 내용을 모두 초기화합니다.

입력 품에 이전에 입력한 내용이 안 보이게 할 수는 없나요?

이름을 계속 입력하다 보면 커서만 가져다 대도 전에 입력한 내용이 말풍선으로 계속 뜨는 것을 볼 수 있습니다. 이는 〈form〉 태그에 기본적으로 **autocomplete** 속성이 지정되어 있기 때문입니다. 개인이 사용하는 PC라면 편리하겠지만, 다수가 사용하는 PC에는 이런 자동 완성 기능이 불편할 수 있습니다. 자동 완성 내용을 없애고 싶을 경우 〈form〉 태그 내부의 autocomplete 속성을 **on**에서 **off**로 변경해 주면 됩니다.

```
<form autocomplete="off"></form>
```

〈form〉 태그 안 요소 그룹화하기

직접 해 보세요 다음 예제는 우리 반의 반장과 부반장, 서기의 이름과 나이를 각각 입력하는 폼을 작성한 것입니다. 커다란 하나의 폼 안에 이름과 나이를 입력하는 여섯 개의 폼이 있고, 이것을 반장, 부반장, 서기라는 성격에 따라 두 개씩 소그룹으로 묶은 형태입니다. 이렇게 비슷한 정보를 그룹별로 묶을 때는 **〈fieldset〉 태그**를 사용합니다.

Chapter 04/fieldsettag.html

```
...
<body>
  <form>
    <fieldset>
      <legend>반장</legend>
      <label for="name_1">이름</label>
      <input id="name_1" name="name_1" type="text">
```

```
        <br><br>
        <label for="age_2">나이</label>
        <input id="age_1" name="age_1" type="number">
      </fieldset>
      <br>
      <fieldset>
        <legend>부반장</legend>
        <label for="name_2">이름</label>
        <input id="name_2" name="name_2" type="text">
        <br><br>
        <label for="age_2">나이</label>
        <input id="age_2" name="age_2" type="number">
      </fieldset>
      <br>
      <fieldset disabled>  ◄──────  비활성화
        <legend>서기</legend>
        <label for="name_3">이름</label>
        <input id="name_3" name="name_3" type="text">
        <br><br>
        <label for="age_3">나이</label>
        <input id="age_3" name="age_3" type="number">
      </fieldset>
    </form>
  </body>
...
```

결과 화면은 다음과 같습니다. 〈form〉 태그 안에 바로 〈label〉 태그와 〈input〉 태그가 나오지 않고 소그룹인 **〈fieldset〉 태그**로 한 번 더 묶은 형태입니다. **〈legend〉 태그**는 필수로 입력해야 하는 태그는 아니고 〈fieldset〉 태그로 묶인 소그룹에 반장, 부반장, 서기처럼 **제목을 작성할 때 사용합니다.** 물론 CSS를 사용해 fieldset을 묶는 사각 틀을 없애 입력 폼을 한 번에 나열해서 보여 줄 수도 있습니다.

실행결과

반장
이름 [   ]
나이 [   ]

부반장
이름 [   ]
나이 [   ]

서기
이름 [   ]
나이 [   ]

← disabled 속성 지정으로 서기 입력 폼만
비활성화된 상태

〈fieldset〉 태그를 사용하는 이유는 뭘까요? 만약 어떤 반에 반장, 부반장만 있고 서기는 없다고 합시다. 그렇다면 서기의 이름과 나이 입력 폼은 비활성화해도 됩니다. 이럴 때 서기 영역에 해당하는 마지막 〈fieldset〉 태그에만 **disabled** 속성을 지정하면 서기 입력 폼만 비활성화됩니다.

 ⟨input⟩ 태그 사용하기

LESSON 10

학습 목표

이제 본격적으로 ⟨input⟩ 태그에 대해 배워 볼 시간입니다. ⟨input⟩ 태그에는 입력받을 정보의 종류에 따라 여러 가지 type 속성이 있습니다. 책에는 전부 담지 못할 정도이므로 보다 자세한 내용은 mdn 공식 문서를 활용하는 것이 좋습니다. 특히 HTML5 최신 버전이 어떤 브라우저에 호환되는지 함께 확인해 두세요.

텍스트 관련 ⟨input⟩ 태그

먼저 **텍스트와 관련된 ⟨input⟩ 태그**를 알아보겠습니다. 앞에서 id 속성값을 ⟨label⟩ 태그와 ⟨input⟩ 태그에 똑같이 적용하면 마우스 클릭 영역이 넓어진다고 했죠?

직접 해 보세요 이번 예제에서도 같은 원리로 적용하면 됩니다.

Chapter 04/textinputtag.html

```
...
<body>
  <h1>텍스트 관련 인풋 타입</h1>
    <form action="#">
      <label for="txtIp">text</label> <br>
      <input
        id="txtIp"
        type="text"
        placeholder="5자 이하"
        maxlength="5"
      >
      <br><br>
      <label for="pwdIp">password</label> <br>
      <input
        id="pwdIp"
        type="password"
```

```
            placeholder="4자 이상"
            minlength="4"
        >
        <br><br>
        <label for="srchIp">search</label> <br>
        <input id="srchIp" type="search">
        <br><br>
        <label for="tlIp">tel</label> <br>
        <input id="tlIp" type="tel">
        <br><br>
        <button type="submit">제출</button>
    </form>
</body>
...
```

결과 화면을 보면 다음과 같이 **text**, **password**, **search**, **tel** 타입별로 입력 폼이 생성된 것을
확인할 수 있습니다. 〈input〉 태그에서 type 속성을 지정하지 않으면 브라우저는 기본 설정인
text 타입으로 인식한다는 것도 알아 두세요.

텍스트 관련 인풋 타입 실행결과

text
```
5자 이하
```

password
```
4자 이상
```

search
```

```

tel
```

```

제출

text 타입과 **password** 타입을 보면 아무것도 입력하지 않은 상태에서도 **5자 이하**, **4자 이상**이
라는 텍스트를 확인할 수 있습니다. 마우스 포인터를 클릭해 입력 상태가 되면 글자는 사라집니
다. 이것은 〈input〉 태그의 **placeholder** 속성으로, **사용자가 안내 메시지 등을 미리 확인하고
입력할 수 있도록 도와주는 역할을 합니다.**

이렇게 글자 제한을 주면 입력 폼에도 마찬가지로 동일한 글자 제한을 줘야 합니다. 〈input〉 태그의 **maxlength** 속성을 사용하면 입력하는 텍스트의 최대 글자 수, 즉 최대 길이를 조절할 수 있습니다. 여기서는 text가 5자 이하라고 되어 있으므로 **maxlength** 속성값은 **5**입니다.

password 타입에는 우리가 무엇을 입력하는지 모르도록 글자가 점(•) 형태로 가려지는 것을 볼 수 있습니다. 이렇게 비밀번호를 입력하는 등의 보안 설정이 필요할 때는 **type** 속성을 **password**로 지정합니다.

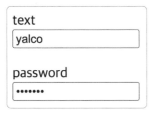

그리고 〈input〉 태그의 **minlength** 속성을 사용하면 입력하는 텍스트의 최소 글자 수, 즉 최소 길이를 조절할 수 있습니다. 여기서는 placeholder에 **4자 이상**이라고 되어 있으므로 **minlength** 속성값은 **4**입니다.

 password에 최소 글자 수 이하로 입력하면 경고문이 떠요 ·······················

우리가 살펴본 예제에서 password 타입의 minlength 속성값은 4입니다. 여기에 아무것도 입력하지 않고 **제출** 버튼을 클릭하면 아무런 제지 없이 제출됩니다. 그런데 무언가 1~3글자를 입력하고 **제출** 버튼을 클릭하면 다음 화면으로 넘어가지 않고 입력 폼 아래에 경고문이 나타납니다. 이것은 브라우저마다 나타나는 방식이 다릅니다. 크롬의 경우 **해당 텍스트를 4자 또는 그 이상으로 늘리세요(현재 ○자를 사용하고 있습니다).**라는 메시지가 경고 창으로 나타납니다.

···

search 타입의 type 속성은 **search**입니다. 특이점은 **텍스트를 입력하면 입력 폼 오른쪽에 ×
표시가 뜨고 이것을 클릭하면 입력한 텍스트를 한번에 삭제합니다.** 우리가 흔히 검색 플랫폼에
서 사용하던 전체 지우기 방식과 같습니다.

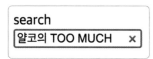

마지막으로 **tel** 타입, 즉 **전화번호를 입력하는 폼입니다.** 웹에서는 딱히 특별할 게 없어 보이지
만 모바일에서는 전화번호를 입력하려고 하면 바로 숫자 키패드가 나타납니다.

search 타입도 크롬, 엣지,
파이어폭스 등 해당 브라우저에
따라 형태가 조금씩 다릅니다.

숫자 관련 〈input〉 태그

직접 해 보세요 우선 다음 예제를 함께 보겠습니다.

Chapter 04/numberinputtag.html

```
...
<body>
  <h1>숫자 관련 인풋 타입</h1>
  <form action="#">
    <label for="numIp">number</label> <br>
    <input
      id="numIp"
      type="number"
      min="0"
```

```
      max="10"
    >
    <br><br>
    <label for="rgIp">range</label> <br>
    <input
      id="rgIp"
      type="range"
      min="0"
      max="100"
      step="20"
    >
    <br><br>
    <label for="dtIp">date</label> <br>
    <input
      id="dtIp"
      type="date"
      min="2020-01-01"
      max="2030-12-31"
    >
    <br><br>
  </form>
</body>
...
```

결과 화면을 보면 다음과 같이 **number**, **range**, **date** 타입별
로 사용자 입력 폼이 생성된 것을 확인할 수 있습니다.

number 타입은 간단합니다. 말 그대로 **입력 폼에 숫자만 넣을 수 있습니다.** 그
리고 **마우스 포인터를 갖다 대면 오른쪽에 나타나는 위아래 화살표를 클릭해 수
를 올리거나 내릴 수 있습니다.** 이 부분의 디자인 역시 크롬, 파이어폭스 등 브라
우저에 따라 뜨는 방식이 다릅니다.

range 타입은 슬라이드 바를 왼쪽 오른쪽으로 조절하는 방식입니다. 조절하는 간격은 **step** 속성에 숫자 단위를 입력해 사용합니다. 그리고 현재 상태에서는 움직이는 단위나 숫자를 파악할 수 없기 때문에 자바스크립트와 함께 최소/최대값과 현재 값을 비교하는 식으로 기능을 추가합니다. 따라서 range 타입 단독으로만 사용하기는 조금 어렵습니다.

date 타입은 달력 모양 아이콘을 클릭하면 달력이 나오고 그 안에서 날짜를 이동하고 선택할 수 있도록 되어 있습니다. 이 또한 브라우저나 모바일에 따라 다양한 모습으로 적용됩니다.

그 외 시간·날짜와 관련된 다른 타입으로는 datetime-local 타입, month 타입, time 타입, week 타입 등이 있습니다. 보다 자세한 내용은 mdn 공식 문서를 참조하세요.

체크 관련 〈input〉 태그

〈input〉 태그는 사용자의 마우스 클릭을 통해 응답을 받는 방식으로, 대표적으로 체크 박스 형태와 라디오 버튼 형태가 있습니다.

직접 해 보세요 다음 예제를 통해 살펴보겠습니다.

Chapter 04/checkinputtag.html

```
...
<body>
  <h1>체크 관련 인풋 타입</h1>
  <form action="#">
    <h2>checkbox</h2>
    <input
      id="cbIp"
      type="checkbox"
      checked
    >
    <label for="cbIp">유기농</label> <br>
    <h2>radio</h2>
    <input
      type="radio"
      name="fruit"
      id="f_apple"
      value="apple"
      checked
    >
    <label for="f_apple">사과</label>
    <input
      type="radio"
      name="fruit"
      id="f_grape"
      value="grape"
    >
    <label for="f_grape">포도</label>
    <input
      type="radio"
      name="fruit"
      id="f_orange"
      value="orange"
    >
```

```
        <label for="f_orange">오렌지</label>
        <br>
        <input
          type="radio"
          name="vege"
          id="v_carrot"
          value="carrot"
          checked
        >
        <label for="v_carrot">당근</label>
        <input
          type="radio"
          name="vege"
          id="v_tomato"
          value="tomato"
        >
        <label for="v_tomato">토마토</label>
        <input
          type="radio"
          name="vege"
          id="v_eggplant"
          value="eggplant"
        >
        <label for="v_eggplant">가지</label>
    </form>
  </body>
...
```

결과 화면을 보면 **checkbox** 타입과 **radio** 타입의 체크 방식을 확인할 수 있습니다. 주목할 것은 사용자 체크의 경우 텍스트 앞에 체크 박스가 나와야 하기 때문에 각각의 〈label〉 코드는 〈input〉 코드 다음에 작성해야 합니다.

실행결과

체크 관련 인풋 타입

checkbox

☑ 유기농

radio

◉ 사과 ○ 포도 ○ 오렌지
◉ 당근 ○ 토마토 ○ 가지

checkbox 타입은 말 그대로 체크 박스 형태로 사용자 입력을 받습니다. 이것 역시 브라우저마다 표현하는 방식은 조금 다를 수 있습니다. 그리고 앞서 언급한 것처럼 〈label〉 요소의 for 속성을 〈input〉의 id에 맞췄기 때문에 **유기농**이라는 글자를 클릭해도 체크 박스에 체크 표시가 되는 것을 볼 수 있습니다.

또 한 가지 눈여겨봐야 할 속성은 **checked**입니다. 이것은 **처음 페이지에 들어왔을 때 어떤 항목이 미리 체크되어 있는 상태로 보여줄 지를 설정합니다.** 브라우저에서 봤을 때 태그 안에 checked 속성을 추가한 **유기농, 사과, 당근**에만 미리 체크되어 있는 것을 보면 이해가 쉽습니다.

radio 타입은 라디오 버튼이라고 불리는 동그라미 형태의 버튼을 클릭하여 체크합니다. 예제에서는 과일과 야채를 나누어서 선택지를 제공하고 있는데, 각 그룹에서 하나를 선택하면 다른 하나는 선택 해제되는 것을 볼 수 있습니다. 그룹을 설정할 때는 **name** 속성을 사용합니다. 같은 그룹끼리 같은 name을 설정해 주면 컴퓨터는 간단히 하나의 그룹이라고 인식하는 것이죠. 각 그룹에서는 하나의 라디오 버튼만 선택될 수 있습니다. 여기서 과일은 **fruit**, 야채는 **vege**로 **name** 속성을 설정해 주었습니다. 이렇게 name 속성은 radio 타입뿐만 아니라 다른 〈input〉 타입에서도 그룹화할 때 자주 사용됩니다.

왜 radio 타입의 동그라미 모양을 라디오 버튼이라고 부르나요?

radio라는 단어는 초창기 라디오의 형태에서 유래되었습니다. 라디오를 작동하는 버튼이나 카세트 플레이어를 생각하면 쉬운데, 여러 개의 버튼 중 하나의 버튼을 선택하면 그 버튼만 눌리고, 다른 버튼을 선택하면 눌려 있던 버튼이 다시 밖으로 나오는 형태입니다. radio 타입도 마찬가지로 **동시에 여러 개의 선택지를 선택할 수 없고 반드시 하나만 선택할 수 있는데,** 바로 이와 같은 방식에서 유래된 것입니다.

또 한 가지 알아두어야 할 속성은 **value**입니다. 이것은 **결과를 서버로 넘기는 실제 데이터 값을 의미합니다.** 앞서 label을 알아보기 쉽도록 유기농, 사과, 포도, 오렌지 등으로 친절하게 적어 주었다면 각 선택지의 실제 값은 프로그래밍에 적합한 영문이나 코드 형식으로 보내야 서버가 이해할 수 있습니다. 따라서 우리가 보는 텍스트와 실제 보내지는 값은 이처럼 구분되는 경우가 많습니다.

기타 〈input〉 태그

사용자가 어떤 파일을 첨부해서 업로드하거나 내용을 숨기는 것, 이메일 양식을 작성해서 제출하는 것도 모두 〈input〉 태그에 해당합니다.

직접 해 보세요 실제로 어떤 내용인지 예제를 통해 살펴보겠습니다.

Chapter 04/etcinputtag.html

```
...
<body>
  <h1>기타 인풋 타입</h1>
  <form action="#">
    <label for="fileIp">file</label> <br>
    <input
      id="fileIp"
      type="file"
      accept="image/png, image/jpeg"   ← 업로드 파일 유형 설정 가능
      multiple   ←   여러 개 파일 한번에 업로드 가능
    >
    <br><br>
    <label for="hdnIp">hidden</label> <br>
    <input
      id="hdnIp"
      type="hidden"
    >
  </form>
  <br><hr><br>
  <form action="#">
    <label for="emlIp">email</label> <br>
    <input
      id="emlIp"
      type="email"
    >
    <br><br>
    <button type="submit">제출</button>
  </form>
</body>
...
```

결과 화면은 다음과 같습니다.

file 타입은 말 그대로 **파일을 첨부할 때 사용합니다.** **파일 선택** 버튼을 클릭하면 원하는 폴더에 있는 파일을 선택해서 업로드할 수 있습니다. 파일을 선택하면 **선택된 파일 없음**은 파일명으로 변경됩니다.

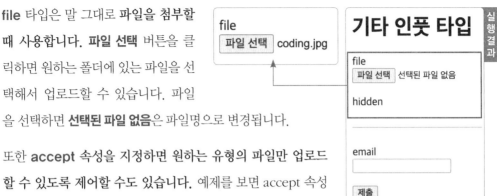

또한 **accept 속성을 지정하면 원하는 유형의 파일만 업로드할 수 있도록 제어할 수도 있습니다.** 예제를 보면 accept 속성에 **png, jpeg**만 명시되어 있으므로 만약 같은 폴더에 pdf 파일이 있어도 **파일 선택**을 클릭했을 때 pdf 파일은 업로드할 파일 목록으로 나타나지 않습니다. 반대로 모든 파일 목록에서 선택할 수 있게 하려면 accept 속성에 아무것도 명시하지 않습니다.

file 타입에서 하나 더 살펴봐야 할 것이 바로 **multiple** 속성입니다. 이것은 **파일 여러 개를 한 번에 올릴 수 있도록 하는 설정입니다.** multiple 속성을 지정하지 않으면 파일은 한 번에 한 개만 올릴 수 있으므로 유의합니다.

그 다음에 있는 **hidden** 타입은 무엇을 의미할까요? 결과 화면을 보면 아무것도 보이지 않는, 즉 **무언가가 숨겨져 있는 상태입니다.** 굳이 이런 방법을 쓰는 이유는 사용자로부터 받은 개인 정보나 사용자 본인이 알아서는 안 되는 등급 등의 정보 때문입니다. 〈form〉 태그 안에 hidden 타입의 〈input〉 태그를 넣은 다음 자바스크립트 등을 통해 그 값의 value로 값을 지정해 놓으면 결과 화면과 같이 숨겨진 상태로 아무것도 뜨지 않게 됩니다. 물론 다른 값과 함께 전송되긴 하지만 사용자에게 공개되면 안 되는 정보라면 이 방법을 사용하는 것이 안전합니다.

> hidden

email 타입은 기본적으로는 text 타입과 비슷하지만 **이메일 형식으로 텍스트를 입력하지 않으면 안내 메시지가 나타나도록 설정되어 있습니다.**

email
yalco

⚠ 이메일 주소에 '@'를 포함해 주세요. 'yalco'에 '@'가 없습니다.

이 또한 브라우저마다 설정 방식이 다릅니다. 그런데 아무 텍스트나 넣고 중간에 **@**만 넣어 줘도 정상적으로 제출이 되는 등 생각보다 정교한 방법은 아닙니다. 좀 더 꼼꼼하게 이메일 입력 체크를 하려면 자바스크립트 등으로 보다 섬세하게 지정할 수 있습니다.

〈input〉 태그 공통 속성

직접 해 보세요 앞서 배운 태그들을 종합하여 예제를 하나 만들어 봅시다.

Chapter 04/commoninputtag.html

```
...
<body>
  <h1>인풋 요소 공통(대부분) 속성</h1>
  <form action="#">
    <label for="valIp">value</label> <br>
    <input
      id="valIp"
      type="text"
      value="지정됨"
    >
    <br><br>
    <label for="afIp">autofocus</label> <br>
    <input
      id="afIp"
      type="text"
      placeholder="자동 포커스됨"
      autofocus
    >
    <br><br>
    <label for="roIp">readonly</label> <br>
    <input
      id="roIp"
```

```
      type="text"
      value="읽기만 가능, 전송됨"
      readonly
    >
    <br><br>
    <label for="daIp">disabled</label> <br>
    <input
      id="daIp"
      type="text"
      placeholder="입력 불가, 전송 안 됨"
      disabled
    >
    <br><br>
    <label for="rqIp">required</label> <br>
    <input
      id="rqIp"
      type="text"
      placeholder="필수 입력!"
      required
    >
    <br><br>
    <input
      type="radio"
      name="fruit"
      id="f_apple"
      value="apple"
      checked
    >
    <label for="f_apple">사과</label>
    <input
      type="radio"
      name="fruit"
      id="f_grape"
      value="grape"
    >
    <label for="f_grape">포도</label>
    <input
      type="radio"
      name="fruit"
      id="f_orange"
      value="orange"
```

```
      disabled
    >
    <label for="f_orange">오렌지(품절)</label>
    <br>
    <br><br>
    <button type="submit">제출</button>
  </form>
</body>
...
```

결과 화면은 다음과 같습니다.

인풋 요소 공통(대부분) 속성 _{실행결과}

value

지정됨

autofocus

자동 포커스됨

readonly

읽기만 가능, 전송됨

disabled

입력 불가, 전송 안 됨

required

필수 입력!

◉ 사과 ○ 포도 ○ 오렌지(품절)

제출

첫 번째 value에는 **지정됨**이라는 텍스트가 자체적으로 입력되어 있습니다. 웹사이트에서 사용자 계정 로그인을 할 때 이전에 입력한 내 아이디가 미리 떠 있는 것과 같은 원리입니다. 이것은 안내문을 미리 표시하는 placeholder 속성과는 달리 전송되는 값이 value 속성으로 미리 입력된 상태입니다. 입력된 내용을 수정하려면 커서를 올리고 직접 지워야 합니다. 이렇게 **어떤 default 값을 미리 생성하고 싶으면 value 속성으로 지정합니다.**

결과 화면을 새로 고침할 때마다 두 번째 입력 폼에만 마우스 커서가 깜빡이는 것이 보일 것입니다. 이처럼 **어떤 페이지가 떴을 때 클릭하지 않아도 자동으로 어떤 요소가 선택되도록 하는 것을 autofocus 한다라고 합니다.** 예제는 두 번째 입력 폼에 **autofocus** 속성을 지정한 것입니다. 예를 들어 로그인 페이지 아이디 입력 칸에 미리 커서가 떠 있는 것을 떠올리면 쉽습니다.

세 번째 입력 폼에는 **읽기만 가능, 전송됨**이라는 텍스트가 미리 입력되어 있습니다. 그런데 이 값은 아무리 지우려고 해도 지워지지 않고, 수정할 수도 없습니다. **readonly** 속성을 지정했기 때문입니다. 따라서 **읽기만 가능**하고 입력 **값은 결과로 전송됩니다.** 이것이 다음에 나올 disabled 속성과 가장 큰 차이점입니다.

나중에 자바스크립트나 스프링을 배우면 disabled 속성을 자동으로 제어할 수도 있습니다.

disabled 속성은 사용자가 값을 입력할 수도 없고 결과가 **전송되지도 않습니다.** 가장 아래에 있는 선택지에도 사과와 포도는 선택되는데 오렌지는 품절이니 선택되지 않습니다. 오렌지에만 disabled 처리를 한 것입니다.

required 속성은 반드시 **결괏값을 입력해야 하는 것을 뜻합니다.** 어떤 입력 폼에 required 속성을 추가하면 여기에 아무것도 입력하지 않고 제출할 경우 경고 메시지가 나타납니다. 예를 들어 회원 가입을 할 때 아이디나 전화 번호 등 필수 사항을 입력하지 않으면 다음으로 진행되지 않는 경우입니다. 어떤 값이든 입력을 해야 value 값이 정상적으로 전송됩니다.

지금까지 살펴본 속성들은 이번 장에서 배운 〈input〉 태그에 모두 공통으로 적용할 수 있는 내용입니다. 어떤 특성을 가지고 있는지 잘 알고 있으면 이후 HTML 파일을 작성할 때 적재적소에 활용할 수 있습니다.

기타 다른 태그 사용하기

학습 목표

자, 이제 사용자로부터 입력받는 태그의 마지막 LESSON입니다. CSS 파트로 넘어가기 전에 추가로 알고 넘어가면 좋을 몇 가지 태그를 더 소개하겠습니다. HTML의 모든 태그는 구글에서 태그 이름과 mdn을 함께 검색하면 공식 문서에서 사용법까지 모두 확인할 수 있습니다. 따라서 HTML을 공부할 때는 mdn 문서를 적극 활용하는 것이 좋습니다.

〈textarea〉 태그

〈textarea〉 태그는 긴 분량의 텍스트, 즉 텍스트 입력 영역이 페이지에서 여러 줄 이상을 차지하도록 할 때 사용하는 태그입니다. 너비와 줄 수를 각각 **cols** 속성(너비)과 **rows** 속성(줄 수)으로 지정해 **텍스트 영역의 크기를 결정합니다.**

직접 해 보세요 예제를 작성해 보겠습니다. 〈textarea〉 태그 안에 텍스트 영역의 **cols**를 **64**, **rows**를 **5**로 지정했습니다. 속성의 단위는 영어 알파벳 한 글자입니다. 즉, 한 줄에 64자로 5줄이 들어갈 수 있는 크기라는 것이죠. 물론 텍스트가 5줄이 넘어가면 화면에만 한 번에 보이지 않을 뿐이지 스크롤 바가 생기면서 계속해서 입력할 수 있습니다.

Chapter 04/textareatag.html

```
...
<body>
  <h1>textarea 태그</h1>
  <label for="message">메시지를 입력하세요.</label> <br>
  <textarea id="message" cols="64" rows="5"></textarea>
</body>
...
```

결과 화면을 보면 다음과 같이 텍스트 입력 상자가 생긴 것을 볼 수 있습니다. 오른쪽 하단에 있
는 작은 삼각형 모양을 드래그하면 마음껏 크기 조절도 가능합니다.

오른쪽 하단의 크기 조절 버튼은 PART 02에서 배울 CSS로 없앨 수 있습니다.

 textarea에 기본 입력값을 넣으려면 어떻게 해야 하나요? ··················

〈input〉 태그에 value 값을 넣어 기본 텍스트를 입력했던 것과 마찬가지로 〈textarea〉
태그에서도 같은 기능을 사용할 수 있습니다. 단, 이 경우에는 기본 텍스트를 value 속성
이 아닌 콘텐츠로 직접 입력해야 합니다.

```
<textarea id="message" cols="64" rows="5">메시지를 입력하세요.</textarea>
```

옵션 선택 관련 태그

직접 해 보세요 다음 예제 파일을 통해 세 가지 종류의 옵션 선택을 비교해 보겠습니다.

Chapter 04/optiontag.html

```
...
<body>
  <h1>옵션들을 사용하는 태그</h1>
  <h2>select, option 태그</h2>
  <label for="lang">언어</label> <br>
  <select id="lang">
    <option value="">-- 언어 선택 --</option>
    <option value="html">HTML</option>
    <option value="css">CSS</option>
    <option value="js">자바스크립트</option>
    <option value="ts">타입스크립트</option>
  </select>
```

```
    <br><br>
    <h2>optgroup 태그</h2>
    <label for="shopping">쇼핑 목록</label> <br>
    <select id="shopping">
      <optgroup label="과일">
        <option value="f_apl">사과</option>
        <option value="f_grp">포도</option>
        <option value="f_org">오렌지</option>ㅁ
      </optgroup>
      <optgroup label="채소">
        <option value="v_crt">당근</option>
        <option value="v_tmt">토마토</option>
        <option value="v_ept">가지</option>
      </optgroup>
      <optgroup label="육류">
        <option value="m_bef">소고기</option>
        <option value="m_prk">돼지고기</option>
        <option value="m_ckn">닭고기</option>
      </optgroup>
    </select>
    <br><br>
    <h2>datalist 태그</h2>
    <label for="job">현재 직업</label> <br>
    <input id="job" list="jobs">
    <datalist id="jobs">
      <option value="학생">
      <option value="디자이너">
      <option value="퍼블리셔">
      <option value="개발자">
    </datalist>
  </body>
...
```

결과 화면은 다음과 같습니다.

첫 번째는 〈select〉 태그와 〈option〉 태그를 함께 사용하는 것입니다. 코드를 보면 〈select〉 태그 안에 〈option〉 태그가 들어가 있는 모습이죠. 그리고 〈option〉 태그에는 사용자 눈에 보이는 **HTML, CSS, 자바스크립트, 타입스크립트**라는 텍스트와는 별개로 실제로 전송될 결괏값을 value 값으로 넣어 줘야 합니다. 따라서 아무것도 선택하지 않은 상태인 **—— 언어 선택 ——** 텍스트의 경우 value 값은 공백으로 남깁니다.

만약 그 다음에 있는 옵션인 HTML을 기본 선택 값으로 나타나게 하려면 어떻게 해야 할까요? radio 타입에서는 속성으로 checked를 추가했지만, 〈option〉 태그에는 **selected**를 추가합니다. 수정 후 페이지를 새로 고침하면 HTML이 선택되어 있는 것을 확인할 수 있습니다.

```
<option value="html" selected>HTML</option>
```

옵션을 여러 개 선택할 수도 있습니다. 이 경우에는 〈option〉 태그가 아닌 〈**select**〉 태그의 속성으로 **multiple**을 추가합니다. multiple 속성은 〈input〉 태그의 file 타입에서도 사용했던 것, 기억하시죠? 〈**select**〉 태그에 **multiple** 속성을 적용하면 옵션 창의 크기가 고정되어 스크롤 바가 생기는 것을 확인할 수 있습니다. 또한 오른쪽과 같이 옵션 창에서 Shift 키를 누른 채로 여러 개의 옵션을 한 번에 선택할 수도 있습니다.

```
<select id="lang" multiple>
  <option value="">-- 언어 선택 --</option>
  <option value="html">HTML</option>
  <option value="css">CSS</option>
  <option value="js">자바스크립트</option>
  <option value="ts">타입스크립트</option>
</select>
```

CSS를 활용하면 옵션 창의 높이를 키워 스크롤이 필요 없게 조절할 수 있습니다.

Shift 키로 다중 선택이 가능하다는 것은 별도의 설명을 하지 않으면 사용자가 눈치채기 어렵습니다. 때문에 이러한 방식은 실무에서 거의 사용되지 않으며, 대신 〈input〉 태그의 checkbox 방식이 널리 쓰입니다.

옵션 안에 있는 내용들을 그룹화할 수도 있습니다. 오른쪽 화면을 보면 쇼핑할 목록이 카테고리별로 분류되어 있는 것을 볼 수 있습니다. **과일**, **채소**, **육류**라는 카테고리명은 선택할 수 없습니다.

코드를 자세히 보면 **〈select〉 태그** 안에 있는 **〈option〉 태그**들을 카테고리별로 **〈optgroup〉 태그로 한 번 더 묶어 준 것**을 볼 수 있습니다. 앞서 말한 카테고리명은 〈optgroup〉 태그의 **label** 속성으로 넣어 줬고요. 이렇게 〈select〉 태그를 좀 더 세련된 방법으로 사용할 수 있습니다.

마지막으로 배울 태그는 **〈datalist〉 태그**입니다. 생긴 모습은 평범한 〈input〉 태그이지만 입력 칸에 마우스를 클릭해 보면 **학생**, **디자이너**, **퍼블리셔**, **개발자**가 추천하는 선택지로 나타납니다. 이것은 **〈input〉 태그 안에 〈datalist〉 태그로 추천 답안을 미리 넣어 준 것입니다.** 이때 〈datalist〉 속성의 list 값과 〈input〉 태그 속성의 id 값이 같아야 서로 연결이 된다는 것도 잊지 마세요. 물론 선택지에 원하는 답이 없다면 직접 입력해서 제출하는 것도 가능합니다.

```
<input id="job" list="jobs">
<datalist id="jobs">
  <option value="학생">
  <option value="디자이너">
  <option value="퍼블리셔">
  <option value="개발자">
</datalist>
```

서로 같아야 기능이 연결됩니다.

정도를 표현하는 태그

사용자로부터 어떤 입력을 받는 태그는 아니지만, 그와 유사하게 데이터의 정도를 바bar 형태로
표현하는 두 가지 태그를 알아보겠습니다. 먼저 **〈meter〉 태그**부터 알아보겠습니다.

직접 해 보세요 다음 예제를 살펴보겠습니다.

Chapter 04/metertag.html

```
...
<body>
  <h1>정도를 표현하는 태그</h1>
  <h2>progress 태그</h2>
  <progress
    id="progressBar"
    max="100">
    50%
  </progress>
  <button id="prgStartBtn" type="button">시작</button>
  <br><br>
  <h2>meter 태그</h2>
  <meter
    min="0" max="100"
    low="33" high="67"
    optimum="50" value="20">
    20달러
  </meter>
  <meter
    min="0" max="100"
    low="33" high="67"
```

```
    optimum="50" value="50">
    50달러
  </meter>
  <meter
    min="0" max="100"
    low="33" high="67"
    optimum="50" value="80">
    80달러
  </meter>
  <br>
  <meter
    min="0" max="100"
    low="33" high="67"
    optimum="10" value="20">
    20달러
  </meter>
  <meter
    min="0" max="100"
    low="33" high="67"
    optimum="10" value="50">
    50달러
  </meter>
  <meter
    min="0" max="100"
    low="33" high="67"
    optimum="10" value="80">
    80달러
  </meter>
  <br>
  <meter
    min="0" max="100"
    low="33" high="67"
    optimum="90" value="20">
    20달러
  </meter>
  <meter
    min="0" max="100"
    low="33" high="67"
    optimum="90" value="50">
    50달러
```

```
  </meter>
  <meter
    min="0" max="100"
    low="33" high="67"
    optimum="90" value="80">
    80달러
  </meter>
</body>
...
```

결과 화면에서 **progress 태그**에 있는 **시작** 버튼을 클릭하면 바 표시가 처음부터 끝까지 쭉 진행되는 모습을 볼 수 있습니다. 아마 온라인에서 어떤 파일을 다운로드받거나 로딩 시간을 기다릴 때 본 기억이 있을 것입니다. 이렇게 **시작** 버튼을 클릭했을 때 왼쪽에서 오른쪽으로 진행되는 모습은 자바스크립트로 별도 효과를 넣은 것입니다.

〈progress〉 태그만 떼어 자세히 살펴보면 **max**라는 속성이 있습니다. 기본값은 1이며, max는 100이 최대치입니다. 여기에 value 값을 **0, 50, 70, 100** 등으로 바꿔 보면 바의 진행 정도가 수치에 따라 달리 표시되는 것을 볼 수 있습니다. 이렇게 간단하게 표시만 한다면 뒤에 나올 〈meter〉 태그와 다를 게 없습니다. 〈progress〉 태그의 특출난 비밀은 그 다음에 넣은 **시작** 버튼에 있습니다.

progress는 말 그대로 무엇을 '진행하다', '앞으로 나아가다'라는 뜻입니다. 진행 바가 왼쪽에서 오른쪽으로 나아가는 것처럼 어떤 '변화'를 나타낼 때 자바스크립트와 함께 사용하면 그 진가를 발휘합니다.

```
<progress
  id="progressBar"
  max="100"
  value="50">
  50%    ◄─── 스크린 리더에 적용하기 위함
</progress>
<button id="prgStartBtn" type="button">시작</button>
```

반면 **〈meter〉 태그**는 어떤 변화도 없는 고정된 진행 상태를 나타내는 데 **효과적입니다.** 게임을 할 때 어떤 캐릭터의 능력치가 얼만큼인지 보여줄 때 사용하기 좋죠. 예제에는 총 아홉 개의 〈meter〉 태그가 있는데, 하나만 가져와서 좀 더 자세히 살펴보겠습니다.

```
<meter
  min="0" max="100"
  low="33" high="67"
  optimum="50" value="20">
  20달러   ◄─── 스크린 리더에 적용하기 위함
</meter>
```

〈progress〉 태그와 가장 큰 차이점은 속성에 **min** 값이 있다는 것입니다. 〈progress〉 태그의 경우 최소값이 0이기 때문에 당연히 min 속성을 입력할 필요가 없습니다. 〈meter〉 태그는 최소값을 상황에 따라 원하는 값으로 지정할 수 있으며, 마이너스 값으로 지정해도 됩니다. 따라서 〈meter〉 태그에는 min과 max 속성 둘 다 명시하는 것이 좋습니다.

다음에 있는 속성인 **low**와 **high**는 **상대적인 기준**이라고 생각하면 쉽습니다. 그런데 결과 화면을 보면 각 줄에 있는 value 값은 규칙적으로 동일한데 왜 색깔이 서로 다르게 표시되어 있는 걸까요? 초록색은 긍정적인 느낌인데 노란색과 빨간색은 부정적인 느낌을 줍니다.

색깔의 비밀은 바로 **optimum** 속성에 있습니다. 진행 바 전체가 0~100까지의 값이고 이것을 3등분했다고 합시다. 그럼 첫 번째 커팅된 값은 약 33, 두 번째 커팅된 값은 약 67입니다. **low** 속성값이 **33**이고 **high** 속성값이 **67**인 이유입니다.

이 상태에서 **optimum**, 즉 **이상적인 값을 하나 속성으로 지정해 줍니다.** 그렇다면 **optimum**이 **50**일 경우에는 value가 20이면 좋지 않은 수치, 50이면 이상적인 수치, 80이면 다시 좋지 않은 수치겠죠? 그래서 첫 번째 세트의 색깔이 순서대로 **노란색, 초록색, 노란색**인 것입니다.

그럼 두 번째 세트의 **optimum** 값이 **10**이면 어떨까요? value가 20이면 10과 가까우니 이상적인 수치, 50이면 좋지 않은 수치, 90이면 매우 좋지 않은 수치겠죠. 두 번째 세트의 색깔이 순서대로 **초록색, 노란색, 빨간색**인 이유입니다. 다음 세트의 **optimum** 값은 **90**이니 이와 반대라고 이해하면 됩니다.

이처럼 〈meter〉 태그를 활용하면 어떤 수치의 좋고 나쁨을 시각적으로 보여 주기에 좋습니다. 〈meter〉 태그도 브라우저마다 보여지는 방식이 다르니 참고하세요!

〈pre〉 태그

웹 서핑을 하다 보면 간혹 다음과 같은 워드 아트를 본 적이 있을 겁니다. 마우스로 드래그하면 블록으로 지정되는 걸 보니 분명 코드로 입력한 것 같은데, 어떻게 이렇게 복잡한 모양을 완성할 수 있었을까요?

```
    ,d888a                            ,d88888888888ba.  ,88``l)    d
  a88`]8i                            a88".8"8)    `"8888:88  " _a8'
 .d8P' PP                           .d8P'.8  d)       "8:88:baad8P'
 ,d8P' ,ama,    .aa,   .ama.g ,mmm  d8P' 8 .8'         88):888P'
 ,d88' d8[ "8..a8"88 ,8l"88[ l88' d88   ]lal"          d8[
 a88' dP "bm8mP8'(8'.8l  8[        d88'    `"            .88
 ,88l ]8'  .d'.8   88' ,8'l [  ,88P ,ama   ,ama,  d8[ .ama.g
 [88  l8, .d' ]8, ,88B ,d8 al  (88',88"8)  d8[ "8. 88 ,8l"88[
 ]88 `888P' `8888" "88P"8m"   l88 88[ 8[ dP "bm8m88[.8l  8[
 ]88.        _,,aaaaaa,_       l88 8" 8 ]P'  .d' 88 88' ,8' l[
 `888a,. ,aadd88888888888bma.  )88. ,]l l8, .d' )88a8B ,d8 al
  "888888PP"'        `8"""""8  "888PP'  `888P'  `88P"88P"8m"
```

이것은 〈pre〉 **태그**를 이용한 것입니다. 이렇게 **텍스트와 특수 문자만을 조합하여 사진이나 그림을 흉내내는 것**을 **아스키 아트**Ascii art라고 합니다.

직접 해 보세요 예제를 통해 살펴봅시다.

Chapter 4/pretag.html

```
...
<body>
<h1>pre 태그</h1>
<pre>
pre 태그에 텍스트를 작성하면 스페이스, 탭, 엔터 등
모든 공백 요소들이 이와 같이 화면에 그대로 적용됩니다.

때문에 pre 태그는 아래의 아스키 아트(Ascii art)들처럼
공백 요소들을 적극 활용해야 하는 경우 유용하게 사용될 수 있습니다.

하지만 스크린 리더는 pre 태그의 내용을 읽지 않으므로
접근성을 위해 추가적인 조치가 필요하죠.
이 부분은 HTML 심화편에서 다루겠습니다.
</pre>
</body>
...
```

결과 화면을 보면 코드에서 〈br〉 태그를 입력하지 않았는데도 원본 텍스트에서 줄바꿈한 것처럼 그대로 적용되어 있습니다. 텍스트에 공백이나 줄바꿈을 더 추가해도 똑같이 반영됩니다.

pre 태그

실행결과

pre 태그에 텍스트를 작성하면 스페이스, 탭, 엔터 등
모든 공백 요소들이 이와 같이 화면에 그대로 적용됩니다.

때문에 pre 태그는 아래의 아스키 아트(Ascii art)들처럼
공백 요소들을 적극 활용해야 하는 경우 유용하게 사용될 수 있습니다.

하지만 스크린 리더는 pre 태그의 내용을 읽지 않으므로
접근성을 위해 추가적인 조치가 필요하죠.
이 부분은 HTML 심화편에서 다루겠습니다.

이처럼 〈pre〉 태그 안에 텍스트를 작성하면 공백이나 탭, 줄바꿈 등의 모든 공백 요소가 화면에 그대로 적용됩니다. 이렇게 편리한데 왜 그동안 〈p〉 태그와 〈br〉을 열심히 작성했던 걸까요?

정작 웹 개발에서는 이 〈pre〉 태그를 잘 사용하지 않습니다. 스크린 리더가 〈pre〉 태그 안에 있는 내용을 건너뛰기도 하고, 웹에서 활용할 수 있는 여러 CSS 효과를 적용하기도 어렵기 때문입니다. 또한 코드에서 공백을 띄운 그대로 화면에도 적용하기 때문에 들여쓰기를 못해 코드 전체가 지저분해지는 단점 등이 있습니다.

미로의 참:견

〈pre〉 태그는 워드 아트를 만드는 등 아주 특별한 경우를 제외하고는 거의 쓰지 않습니다.

〈iframe〉 태그

〈iframe〉 태그도 굉장히 독특하게 특별한 경우에만 사용되는 태그 중 하나입니다. 저자가 운영하는 사이트인 얄코 홈페이지의 HTML&CSS 강좌 또한 이 〈iframe〉 태그를 활용하고 있습니다.

URL https://www.yalco.kr/lectures/html-css

직접 해 보세요 다음 예제는 유튜브에 있는 영상 링크를 가져와 웹 페이지 안에 넣는 구조입니다.

Chapter 04/iframetag.html

```
...
<body>
<h1>iframe 태그</h1>
  <iframe width="560" height="315" src="https://www.youtube.com/embed/
  ffENjt7aEdc" title="YouTube video player" frameborder="0" allow="accelerometer;
  autoplay; clipboard-write; encrypted-media; gyroscope; picture-in-picture"
  allowfullscreen>
  </iframe>
</body>
...
```

결과 화면을 보면 웹 페이지 안에 〈iframe〉 태그 속성으로 넣은 **width**(넓이)와 **height**(높이)의 크기대로 영상이 들어가 있는 것을 볼 수 있습니다.

iframe 태그

그런데 〈iframe〉 태그 역시 이렇게 특별한 경우가 아니고는 사용을 권장하지 않습니다. 여기에는 네 가지 대표적인 이유가 있습니다.

첫째, 보안상 위험이 있습니다.

누군가가 자신의 웹 페이지 안에 나의 웹사이트를 풀 화면으로 넣는다면 내 사이트에서 아이디나 패스워드를 입력하는 것까지 눈속임으로 가로채서 사용할 위험이 있는 것이죠. 이것을 **클릭재킹**clickjacking이라고 합니다. 그러므로 다른 웹사이트에서 내 웹사이트를 〈iframe〉으로 열지 못하도록 조치해야 합니다. 구글과 같은 메이저 기업에서는 다음과 같이 자신들의 웹사이트를 〈iframe〉으로 접근하지 못하도록 막아 놓은 것을 볼 수 있습니다.

둘째, 사용성이 저하됩니다.

해당 사이트에 직접 접속한 것이 아니기 때문에 사용자는 브라우저의 뒤로 가기 기능 등이 적용되지 않아 헷갈릴 수 있습니다.

셋째, 검색에 최적화된 상태가 아닙니다.

사이트의 내용이 직접 들어가 있는 것이 아니기 때문에 〈iframe〉 안에 있는 내용을 검색할 수 없어 구글 같은 플랫폼에서의 접근도 제한됩니다.

넷째, 브라우저에 무리가 갑니다.

한 화면에서 여러 웹사이트를 끌어오기 때문에 브라우저에도 과부하가 걸릴 수 있습니다.

이처럼 〈iframe〉 태그는 장점도 있지만 단점이 더 많기 때문에 특별한 상황을 제외하고는 사용하지 않는 것을 권장합니다.

알아두면 좋은 태그들

사실 지금까지 배운 내용 외에도 HTML에서 사용하는 태그는 굉장히 많습니다. 이번에는 크게 중요하지는 않지만 추가적으로 알아둘 만한 태그 세 개를 추가로 배워 보겠습니다.

직접 해 보세요 다음 예제를 살펴보겠습니다.

Chapter 04/etctag.html

```
...
<body>
  <h1>알아두면 좋은 태그들</h1>
  <p> kbd 태그는 <kbd>Ctrl</kbd> + <kbd>C</kbd> 와 같이 키보드 입력을 나타낼 때 사용
  합니다.</p>
  <p> <dfn>dfn 태그</dfn>는 특정 맥락에서 정의, 설명하고 있는 용어를 나타낼 때 사용합
  니다.</p>
  <p> small 태그는 <small>이와 같이 텍스트를 작게</small> 표시하는 데 사용합니다.</p>
</body>
...
```

결과 화면은 다음과 같습니다.

알아두면 좋은 태그들

kbd 태그는 Ctrl + C 와 같이 키보드 입력을 나타낼 때 사용합니다.

*dfn 태그*는 특정 맥락에서 정의, 설명하고 있는 용어를 나타낼 때 사용합니다.

small 태그는 이와 같이 텍스트를 작게 표시하는 데 사용합니다.

〈kbd〉 **태그**는 keyboard의 줄임말로, **키보드로 입력하는 내용을 나타낼 때 사용합니다.** 시각적으로는 브라우저의 기본 서체로 표현됩니다. 이 또한 CSS를 사용하면 더욱 다양한 효과를 얻을 수 있습니다.

〈dfn〉 **태그**는 definition의 줄임말로 어떤 맥락, 즉 〈p〉 **태그 안에서 설명하고 있는 특정 용어를 나타낼 때 사용합니다.** 물론 〈b〉 태그나 〈em〉 태그를 사용해 강조해도 됩니다. 사용자가 어떻게 맥락을 구성하는지에 달려 있습니다. 모든 맥락이 이 용어를 정의하고 있다고 분명하게 표시하고 싶을 때 하나의 대안으로 사용할 수 있습니다.

〈small〉 **태그**는 반대로 **특정 텍스트를 작게 표시하는 데 사용합니다.** 그런데 이렇게 기본 HTML 태그로만 디자인적인 요소를 결정하려면 한계가 있습니다. 브라우저의 기본 설정을 따르기 때문에 원하는 만큼 크기를 작게 할 수 없는 등의 문제가 있죠. 이 또한 태그를 먼저 설정한 후 CSS로 조절하면 훨씬 더 효과적입니다. 굳이 〈small〉 태그를 사용하지 않아도 가능하죠.

지금까지 살펴본 태그들은 굳이 사용하지 않아도 되는데 그럼 왜 설명했을까요? 웹사이트를 정석에 맞게 작성하면 HTML 요소만 보고도 어떤 구조인지 바로 파악할 수 있게끔 만들 때 유용하기 때문입니다.

미로의 참:견

구조를 신경 쓴 태그를 사용하면 굉장히 모범적인 웹사이트를 만들 수 있겠죠.

아무것도 하지 않는 태그

지금까지 살펴본 태그들은 모두 각각의 역할이 있었는데, 아무것도 하지 않는 태그는 또 무슨 말일까요? 그런데 자세히 살펴보면 이 태그는 우리가 지금껏 작성한 페이지 소스 코드에서도 가장 많이 눈에 띈 것들입니다. 바로 **〈span〉 태그**와 **〈div〉 태그**입니다. 그 자체로는 화면에 아무런 변화도 일으키지 않지만 이후 CSS를 적용하는 등에 있어 매우 유용합니다.

직접 해 보세요 다음 예제를 살펴보겠습니다.

Chapter 4/spandivtag.html

```
...
<body>
  <h1>아무것도 하지 않는 두 태그</h1>
  <span>span 태그 1</span>
  <span>span 태그 2</span>
  <span>span 태그 3</span>
  <span>span 태그 4</span>
  <span>span 태그 5</span>
  <br><br>
  <div>div 태그 1</div>
  <div>div 태그 2</div>
  <div>div 태그 3</div>
  <div>div 태그 4</div>
  <div>div 태그 5</div>
</body>
...
```

결과 화면을 보면 일반 텍스트 외에 크게 다른 특징은 보이지 않습니다. 단, 똑같은 구조로 태그를 넣었지만 〈span〉 태그는 텍스트가 가로로 쭉 이어서 나열되어 있고 〈div〉 태그는 텍스트가 줄바꿈되어 있습니다.

아무것도 하지 않는 두 태그

span 태그 1 span 태그 2 span 태그 3 span 태그 4 span 태그 5

div 태그 1
div 태그 2
div 태그 3
div 태그 4
div 태그 5

이처럼 〈span〉 태그와 〈div〉 태그는 기능적으로는 아무것도 하지 않습니다. 단지 그 안에 들어 있는 내용을 화면에 보여 주기만 할 뿐입니다. 다시 말하면 특별한 기능이 없는 콘텐츠 주머니인데, 주머니의 모양과 차지하는 공간만 다르다고 이해하면 쉽습니다.

〈span〉 태그는 텍스트 내용이 들어간 부분만큼만 영역을 차지하고, 〈div〉 태그는 한 줄 너비 전체를 차지해 버립니다. 전자를 **인라인**inline이라 하고, 후자를 **블록**block이라고 합니다. 이 상태에서 여러 가지 기능을 추가하면 앞에서 배운 태그가 되는 것입니다.

⟨span⟩ 태그에 텍스트를 굵게 하거나 중요한 정보라고 표시하는 기능을 추가하면 ⟨strong⟩, ⟨em⟩, ⟨a⟩ 등의 태그가 되고, ⟨div⟩ 태그에 제목별로 텍스트를 굵게 만들거나 여러 방법으로 배치하면 ⟨h1⟩~⟨h6⟩, ⟨p⟩, ⟨ul⟩ 등의 태그가 됩니다. 이처럼 갖가지 기능을 가지고 있는 태그에서 그 기능을 뺀 두 원형이 바로 ⟨span⟩ 태그와 ⟨div⟩ 태그입니다.

이 두 태그를 더 잘 이해하려면 CSS를 배워야 하기 때문에 PART 01의 마지막에서 소개해 드렸습니다.

미로의 참:견

PART 02에서 CSS를 배우면 HTML이 훨씬 더 재미있어질 거예요!

얄코의 친절한 HTML 노트

① 입력받는 태그

태그	설명	비고
⟨form⟩	사용자로부터 입력받은 정보를 제출하기 위한 태그들을 포함	자동 완성 여부는 autocomplete 속성에서 on/off로 조절합니다.
⟨input⟩	사용자로부터 입력을 받는 요소	입력받는 요소가 나타낼 형식을 type 속성으로 명시합니다.
⟨label⟩	인풋 요소마다의 라벨	for 속성값으로 인풋 요소의 id값과 연결해 인풋의 클릭 영역을 확장합니다.
⟨button⟩	버튼	type 속성값으로 submit(제출), reset(초기화), button(기본 동작 없음)을 지정합니다.
⟨fieldset⟩	⟨form⟩ 태그 내 입력 요소와 라벨들을 그룹화	disabled 속성을 추가하면 이 속성이 포함된 입력 요소는 비활성화됩니다.
⟨legend⟩	⟨fieldset⟩ 요소의 제목 또는 설명	

② ⟨input⟩ 태그 속성

태그 속성	설명	비고
placeholder	기본 상태인 빈 칸에서 미리 보이는 안내 메시지	
maxlength / minlength	인풋 박스의 최대 길이 / 최소 길이	위반 시 submit(제출)이 거부됩니다.
min / max	최소값 / 최대값	date 등 타입마다 형식이 다릅니다.
step	간격	
checked	체크 박스, 라디오	첫 화면에서의 체크 여부를 표시합니다.
name	라디오(기타 다른 타입에서도 사용)	선택지를 그룹화하는 데 사용합니다.
value	라디오(기타 다른 타입에서도 사용)	각 선택지마다 실제로 넘겨질 값을 설정합니다.
accept	받아들일 수 있는 파일 형식	mdn 관련 문서 참조
multiple	여러 파일 업로드 가능 여부	

얄코의 친절한 HTML 노트

③ 〈textarea〉 태그 속성

태그 속성	설명	비고
cols	글자 수 단위의 너비	기본값은 20입니다.
rows	표시되는 줄 수	지정한 줄 수를 넘어가면 스크롤 바가 생깁니다.
multiple	〈select〉	옵션 다중 선택 가능합니다. 드롭다운 방식 대신 상자로 표시합니다.
selected	〈option〉	미리 선택된 상태로 만듭니다(checkbox 타입, radio 타입 속성의 checked와 유사).
value	〈option〉	실제로 전송될 값입니다.
list	〈input〉	연결할 〈datalist〉의 ID값과 같아야 합니다.

④ 〈progress〉 태그 속성

태그 속성	설명	비고
max	최대값	기본값은 1입니다.
value	진행 수치	자바스크립트를 활용해 변경할 수 있습니다.

⑤ 〈meter〉 태그 속성

태그 속성	설명	비고
min, max	최소값과 최대값	
low, high	전체 범위를 3등분하는 두 수치	
optimum	이상적인 값	3개로 나눈 구간 중 한 곳에 위치합니다.
value	실제 값	

PART 02

꾸미는 CSS

HTML로만 웹 페이지를 만드는 것도 물론 가능하지만 무언가 부족한 느낌을 지울 수 없습니다.

CSS는 문서의 모양을 예쁘고 보기 좋게 만드는 데 결정적인 역할을 합니다. PART 01에서

HTML 태그로만 만든 투박한 결과물을 봤다면, PART 02에서는 CSS의 다양한 스타일 기능을

활용하여 훨씬 재미있는 결과물을 만들어 보겠습니다.

이렇게까지
설명한다고?

CHAPTER
05

CSS 기본 지식 알기

CSS 적용 방법과 선택자

학습 목표

앞에서 배운 HTML 요소만으로도 웹 페이지를 만들 수 있지만 기본 형태만 갖춰진 상태이기 때문에 시각적으로 눈에 잘 들어오지는 않습니다. CSS는 다양한 디자인적인 요소를 가지고 웹 페이지를 예쁘게 만드는 실질적인 역할을 합니다. 지금부터 CSS를 사용해 웹 페이지를 예쁘게 꾸미고 보기 좋게 장식하는 방법에 대해 알아보겠습니다.

CSS를 적용하는 세 가지 방법

HTML에 CSS를 적용하는 방법에는 세 가지가 있습니다. 앞으로 웹 페이지를 만들 때 어떤 방법을 사용할 것인지 유념해서 살펴보기 바랍니다.

첫 번째는 인라인 스타일inline style **방식입니다.**

HTML 문서의 태그가 있는 라인마다 style 속성으로 CSS 코드를 일일이 넣어 준다고 해서 붙여진 이름입니다. 그러나 여러 요소에 공통 속성을 부여할 수 없다는 치명적인 단점이 있고, HTML 코드와 CSS 코드가 분리되지 않기 때문에 특별한 경우를 제외하고는 거의 사용되지 않습니다.

두 번째는 내부 스타일 시트internal style sheet **방식입니다.**

HTML 문서의 〈head〉 태그 안에 〈style〉 태그를 두고 그 안에 CSS 코드를 작성합니다. 인라인 스타일과 달리 공통 속성을 부여할 CSS를 일괄적으로 정리할 수 있어서 편리합니다. 이 방식은 HTML과 CSS의 전체 코드 양이 많지 않거나 CSS가 해당 HTML에만 적용될 경우 유용하게 사용할 수 있습니다.

세 번째는 링킹 스타일 시트linking style sheet **방식입니다.**

HTML 문서와 CSS 파일을 각각 분리해서 작성한 후 서로 연결link하여 사용합니다. 따라서 HTML과 CSS의 코드를 분리할 수 있고, 한 번 작성한 CSS 코드를 여러 HTML 파일에서도 공통으로 사용할 수 있어 가장 널리 사용됩니다.

직접 해 보세요 지금 배운 세 가지 방법으로 파일을 직접 작성해 보겠습니다. 이제는 HTML뿐만 아니라 CSS 파일도 추가로 작성할 필요가 있습니다.

Chapter 05/cssstyle.html

```html
<!DOCTYPE html>
<html lang="ko">
<head>
  <meta charset="UTF-8">
  <meta http-equiv="X-UA-Compatible" content="IE=edge">
  <meta name="viewport" content="width=device-width, initial-scale=1.0">
  <title>HTML & CSS</title>
  <style>
    .style-1 {
    color: olivedrab;                    ❷
    }
  </style>
  <link rel="stylesheet" href="./cssstyle.css">    ❸
</head>
<body>
  <h1>CSS를 적용하는 세 가지 방법</h1>
  <p>
    <b style="color: tomato;">인라인 스타일(inline style)</b>    ❶
  </p>
  <p>
    <b class="style-1">내부 스타일 시트(internal style sheet)</b>
  </p>
  <p>
    <b class="style-2">링킹 스타일 시트(linking style sheet)</b>
  </p>
</body>
</html>
```

Chapter 05/cssstyle.css

```css
.style-2 {
  color: slateblue;
}
```

결과 화면은 다음과 같습니다.

> ## CSS를 적용하는 세 가지 방법 _{실행결과}
>
> 인라인 스타일(inline style)
>
> 내부 스타일 시트(internal style sheet)
>
> 링킹 스타일 시트(linking style sheet)

앞서 설명한 것과 같이 텍스트에 토마토색을 넣은 **인라인 스타일**은 〈b〉 태그의 color 속성(❶)으로, 올리브색을 넣은 **내부 스타일 시트**는 〈head〉 태그 안에 작성한 〈style〉 태그(❷)로, 파란색을 넣은 **링킹 스타일 시트**는 외부로 분리된 CSS 파일에서 스타일을 설정(**cssstyle.css**)한 대로 결과가 나오는 것을 확인할 수 있습니다.

링킹 스타일 시트의 경우 HTML 문서와 CSS 파일은 서로 어떻게 연결할까요?

서로 분리된 두 파일을 연결하려면 먼저 HTML 문서의 〈head〉 태그 안에 〈link〉 태그를 하나 생성(❸)해야 합니다. VS Code에서는 **link**만 입력해도 팝업으로 다양한 자동 완성 문구가 나타나는데, 여기에서 **link:css**를 클릭하면 다음과 같은 코드가 자동으로 생성됩니다. 이때 href 속성값에서 자동으로 뜨는 style.css 파일명을 우리가 연결할 실제 CSS의 파일명으로 바꿔 주면 됩니다.

미로의 참:견

링킹 스타일 시트 방법을 가장 많이 사용합니다!

```
<link rel="stylesheet" href="./cssstyle.css">
```

기본 선택자

CSS로 HTML 문서의 어떤 요소를 꾸미려면 꾸밀 대상을 올바로 지정할 수 있어야겠죠. 이때 알아 두어야 할 것이 **선택자**selector입니다. 선택자란 말 그대로 '선택'을 해 주는 요소로, **CSS가 특정 요소를 선택해 스타일을 적용**하게 하는 중요한 역할을 합니다. 선택자에는 다양한 종류가 있는데, 하나씩 실습하면서 익혀 보겠습니다.

직접 해 보세요 먼저 다음 HTML 문서를 살펴봅시다.

```
...
<body>
  <span>span 요소</span>
  <p>p 요소</p>
  <p>p 요소, class는 blue</p>
  <span>span 요소, class는 blue</span>
  <p>p 요소, class는 blue와 dark</p>
  <p>p 요소, class는 blue, id는 red</p>
</body>
...
```

결과 화면을 보면 오른쪽과 같이 아무 스타일이 들어가지 않은 형태입니다.

그렇다면 이제부터 링킹 스타일 시트 방식으로 CSS를 하나씩 넣어 보겠습니다. HTML 문서와 같은 폴더에 **selector.css** 파일을 만들고, HTML 문서의 〈head〉 태그 안에 다음과 같은 〈link〉 태그를 추가합니다.

실행결과
span 요소
p 요소
p 요소, class는 blue
span 요소, class는 blue
p 요소, class는 blue와 dark
p 요소, class는 blue, id는 red

```
<link rel="stylesheet" href="./selector.css">
```

그리고 새로 생성한 **selector.css** 파일을 다음과 같이 작성합니다. 이제 HTML 문서와 CSS 파일이 서로 연결되어 효과를 발휘할 것입니다.

```
/* 모든 요소 선택 */
* {
  font-weight: bold;
  color: darkorange;
}
```

🐁 CSS 파일에서 주석은 /* ~ */ 형태로 작성합니다.

결과 화면을 보면 HTML 문서의 텍스트 색이 모두 앞에서 지정한 **darkorange**로 바뀐 것을 볼 수 있습니다. CSS 파일에서 **별표(*)는 페이지 안에 있는 모든 요소**라는 의미이므로 모든 요소에 해당 스타일이 전체 적용된 것이죠.

이어서 CSS 파일에 다음 코드를 추가하겠습니다. 먼저 넣었던 코드와 똑같이 **별표(*) 선택자**를 사용해 페이지 안에 있는 모든 요소의 색을 **plum**으로 바꾸는 코드입니다.

Chapter 05/selector.css

```
...
/* 같은 선택자의 경우 뒤에 오는 것이 우선순위 높음 */
* {
  color: plum;
}
```

결과 화면을 보면 오렌지색이었던 텍스트가 분홍색으로 모두 바뀌었습니다. 이렇게 **이어지는 코드 두 개의 선택자가 같을 경우에는 뒤에 오는 코드가 더 우선순위를 가집니다.** 똑같은 별표(*) 선택자를 가진 코드이기 때문에 뒤에 오는 분홍색이 적용된 것입니다. 단, 오렌지색 코드에서 지정한 볼드체(**bold**)는 뒤의 코드에서는 따로 언급하지 않기 때문에 처음에 있는 코드대로 적용됩니다.

태그 선택자

다음은 **태그 선택자**입니다. 이것은 굉장히 간단합니다. HTML 문서에서 작성했던 〈p〉, 〈span〉, 〈h1〉, 〈em〉, 〈a〉 등의 태그를 그대로 적어주기만 하면 됩니다. 여기서는 **selector.html** 파일에 있는 〈p〉 태그에만 **olivedrab** 색을 적용하겠습니다. CSS 파일에 다음 코드를 추가합니다.

Chapter 05/selector.css

```
...
/* 태그 선택자 */
p {
  color: olivedrab;
}
```

<p> 태그에만 적용하는 것

결과 화면을 보면 이처럼 앞서 〈p〉 태그로 작성한 부분만 올리브색으로 텍스트가 바뀌어 있는 것을 확인할 수 있습니다.

태그 선택자는 앞서 별표(*)로 작성한 모든 요소 선택자보다 우선순위를 가집니다. 좀 더 구체적으로 요소를 지정할수록 우선순위를 갖는다고 보면 됩니다.

실행결과

span 요소
p 요소
p 요소, class는 blue
span 요소, class는 blue
p 요소, class는 blue와 dark
p 요소, class는 blue, id는 red

클래스 선택자

그렇다면 태그 선택자보다 더 구체적인 요소는 무엇이 있을까요? 앞서 작성한 HTML 문서를 보면 다음과 같이 태그 안에 클래스(class)를 명시한 경우가 있습니다. 얼핏 보면 아이디(id)와 비슷한 역할을 하지만, **클래스 선택자는 페이지의 여러 곳에 중복으로 사용할 수 있다는 점이 조금 다릅니다.** 또한 클래스명을 **blue**, **dark** 두 개 다 지정하고 싶다면 하나의 클래스명을 작성한 뒤 공백을 한 칸 띄우고 다음 클래스명을 작성하면 됩니다.

직접 해 보세요 앞서 작성한 HTML 파일의 〈body〉 태그를 다음과 같이 수정합니다.

Chapter 05/selector.html

```
...
<head>
...
  <link rel="stylesheet" href="./selector.css">
<head>
<body>
  <span>span 요소</span>
  <p>p 요소</p>
  <p class="blue">p 요소, class는 blue</p>
  <span class="blue">span 요소, class는 blue</span>
  <p class="blue dark">p 요소, class는 blue와 dark</p>
  <p id="red">p 요소, class는 blue, id는 red</p>
</body>
...
```

이렇게 명시한 클래스를 CSS로 불러올 때는 **마침표(.)**를 먼저 입력한 후 똑같은 클래스명을 붙여 줍니다. CSS 파일에 다음 코드를 추가합니다.

Chapter 05/selector.css

```
...
/* 클래스 선택자 */
/* 태그보다 우선순위 높음 */
/* 페이지 상의 여러 요소가 같은 class를 가질 수 있음 */
.blue {
  color: lightblue;
}
```

blue라는 클래스를 가진 요소들의 색을 **lightblue**로 바꾸니 오른쪽과 같은 화면이 되었습니다. 〈p〉 태그든 〈span〉 태그든 클래스명이 **blue**이면 전부 적용된 것이죠. 따라서 **클래스 선택자**는 태그 선택자보다 우선순위를 가지는 것을 알 수 있습니다.

> **실행결과**
>
> span 요소
>
> **p 요소**
>
> p 요소, class는 blue
>
> span 요소, class는 blue
>
> p 요소, class는 blue와 dark
>
> **p 요소, class는 blue, id는 red**

클래스 선택자의 또 한 가지 특징은 다른 선택자에 이어붙일 수 있다는 것입니다. 이 경우에는 태그 선택자에 띄어쓰기 없이 **마침표(.)**를 입력한 후 바로 클래스명을 붙여 주면 됩니다. 이렇게 하면 전보다 더 구체적으로 요소를 지정한 것이므로 당연히 우선순위가 높겠죠? CSS 파일에 다음 코드를 추가합니다.

Chapter 05/selector.css

```
...
/* 다른 선택자에 이어붙일 수 있음(태그, 클래스 등...) */
/* 선택자는 구체적일수록 우선순위 높음 */
p.blue {          ←  ❶
  color: slateblue;
}

.blue.dark {      ←  ❷
  color: mediumblue;
}

p.blue.dark {     ←  ❸
  color: darkblue;
}
```

하나씩 살펴봅시다. ❶ ⟨p⟩ 태그이면서 클래스명이 blue인 것, ❷ 모든 태그에서 클래스명이 blue이면서 dark인 것, ❸ ⟨p⟩ 태그이면서 클래스명이 blue이면서 dark인 것에 지정한 색깔을 각각 적용하겠다는 뜻입니다.

❸번의 경우는 해당하는 요소가 하나밖에 없지만, 모든 요소(*)에서 **mediumblue**를 지정한 것과 ⟨p⟩ 태그(**p.**)에서 **darkblue**를 지정한 것 중 우선순위를 가리기 위해 넣어 본 것입니다. 당연히 구체적으로 지정한 것이 우선순위가 높겠죠? 따라서 다섯 번째 줄 텍스트는 미디엄블루가 아닌 다크블루로 적용됩니다.

span 요소

p 요소

p 요소, class는 blue

span 요소, class는 blue

p 요소, class는 blue와 dark

p 요소, class는 blue, id는 red

id 선택자

마지막으로 배울 선택자는 **id 선택자**입니다. 한 페이지에서 여러 요소를 공유해서 사용할 수 있는 클래스와 달리 **id는 딱 한 가지 요소에만 고유하게 사용할 수 있다**고 했습니다. 앞서 작성한 HTML 문서에서 id로 지정한 것은 다음 한 요소밖에 없었습니다.

```
<p id="red">p 요소, class는 blue, id는 red</p>
```

id명을 CSS 파일에서 불러오려면 마침표가 아닌 **샵(#)**으로 구분합니다. 따라서 red라는 이름의 id 값을 가진 요소를 CSS에서 불러오려면 **#red** 형태로 작성합니다.

직접 해 보세요 CSS 파일에 다음 코드를 추가합니다.

Chapter 05/selector.css

```
...
/* id 선택자 */
/* class보다 우선순위 높음 */
/* id는 페이지 상에서 요소마다 고유해야 함 */
#red {
  color: tomato;
}
```

결과 화면은 어떻게 될까요? id는 고유한 값이니 당연히 클래스보다 더 구체적으로 명시하는 것이 됩니다. 따라서 본문 마지막 줄도 CSS 파일에서 지정한 대로 토마토색이 됩니다.

실행 결과

span 요소

p 요소

p 요소, class는 blue

span 요소, class는 blue

p 요소, class는 blue와 dark

p 요소, class는 blue, id는 red

그룹 선택자

마지막으로 배울 선택자는 **그룹 선택자**입니다. **여러 요소를 한꺼번에 선택하고 싶을 때는 쉼표(,)로 원하는 요소를 쭉 이어서 작성**하면 됩니다.

직접 해 보세요 CSS 파일에 다음 코드를 추가합니다.

```
...
/* 그룹 선택자 */
span, .dark, #red {
  text-decoration: underline;
}
```

HTML 문서의 모든 〈span〉 태그와 클래스명이 **dark**인 요소, id명이 **red**인 요소에 모두 밑줄
을 넣으면 다음과 같은 결과 화면이 완성됩니다. 이번 단계의 최종 화면입니다.

<u>span 요소</u>

p 요소

p 요소, class는 blue

<u>span 요소, class는 blue</u>

<u>p 요소, class는 blue와 dark</u>

<u>p 요소, class는 blue, id는 red</u>

실행결과

지금까지 작성한 전체 CSS 파일은 예제 폴더에 있는 Chapter 05 〉 selector.css 파일에서 확인할 수 있습니다.

CSS 선택자는 좀 더 구체적으로 요소를 지정할수록, 그리고 나중
에 작성할수록 우선순위를 갖습니다.
id 선택자 〉 클래스 선택자 〉 태그 선택자 〉 기본 선택자

결합자와 가상 클래스

섬세한 스타일을 위해서는 기본 선택자와 그룹 선택자보다 훨씬 더 정교하고 복잡한 선택자가 필요합니다. 이번에는 복잡한 계층 구조 속에서 특정 조건을 만족하는 요소를 선택하는 결합자 및 가상 클래스를 이용해 CSS를 적용하는 좀 더 복합적인 방법을 알아보겠습니다. 다소 복잡할 수 있으니 하나씩 차분하게 익히면서 따라와 보세요.

자손 결합자

직접 해 보세요 다음과 같은 HTML 문서를 CSS로 하나하나 꾸며 보겠습니다.

Chapter 05/pseudoclass.html

```
...
<head>
...
  <link rel="stylesheet" href="./pseudoclass.css">
</head>
<body>
  <ul class="outer">
    <li>육류</li>
    <li>채소</li>
    <li>유제품</li>
    <li>과일
      <ul>
        <li>사과</li>
        <li>포도</li>
        <li>딸기</li>
        <li>키위</li>
      </ul>
    </li>
  </ul>
```

```
    <ol>
        <li>한놈</li>
        <li>두시기</li>
        <li class="starter">석삼</li>
        <li>너구리</li>
        <li>다섯놈</li>
        <li>육개장</li>
        <li>칠푼이</li>
        <li>팔보채</li>
        <li>구공탄</li>
    </ol>
</body>
...
```

HTML 문서와 CSS 파일 연결은 이제 거뜬히 할 수 있겠죠? 같은 폴더에 **pseudoclass.css** 파일을 하나 만들고 HTML 문서의 〈head〉 태그 안에 〈link〉 태그를 하나 추가합니다.

```
<link rel="stylesheet" href="./pseudoclass.css">
```

새로 생성한 **pseudoclass.css** 파일을 열고 가장 먼저 실습할 것은 **자손 결합자**입니다.

Chapter 05/pseudoclass.css

```
/* 자손 결합자 */
.outer li {
    color: olivedrab;
}
```

outer 다음에 공백, 그리고 **li**가 적혀 있으니 outer라는 클래스명 요소 안에 있는 모든 〈li〉 태그에 올리브색을 적용하라는 뜻입니다. **자손 이라는 것은 일촌 자식뿐만 아니라 손주, 손녀, 증손주, 증손녀 등을 모두 포함하는 개념입니다.** 따라서 결과 화면을 보면 outer 클래스에 들어 있는 모든 요소가 올리브색으로 바뀐 것이 보입니다.

실행 결과

- 육류
- 채소
- 유제품
- 과일
  - 사과
  - 포도
  - 딸기
  - 키위

1. 한놈
2. 두시기
3. 석삼
4. 너구리
5. 다섯놈
6. 육개장
7. 칠푼이
8. 팔보채
9. 구공탄

만약 모든 자손 대신 일촌 자식만 변경하고 싶다면 어떻게 해야 할까요? 모든 자손을 선택할 때는 공백 한 칸만 띄었지만 일촌 자식은 **일촌 자식 결합자**인 **홑화살괄호(>)**를 하나 추가해 한 번 더 지명해 줍니다. **outer**의 일촌 자식의 자손을 선택하고 싶으면 일촌 자식 li 다음에 공백을 넣고 또 li를 적으면 되겠죠.

Chapter 05/pseudoclass.css

```
...
/*자식(1촌 자손) 결합자 */
.outer > li {
  color: dodgerblue;
}
.outer > li li {
  text-decoration: underline;
}
```

결과 화면을 보면 outer 클래스의 일촌 자식에는 파란색이, 일촌 자식의 자손에는 CSS에서 지정한 대로 밑줄이 표시된 것을 볼 수 있습니다. 이런 식으로 다층 구조를 활용해 각 요소별로 CSS를 지정해 놓으면 추후에 수정하기도 쉽습니다.

- 육류
- 채소
- 유제품
- 과일
  - 사과
  - 포도
  - 딸기
  - 키위

1. 한놈
2. 두시기
3. 석삼
4. 너구리
5. 다섯놈
6. 육개장
7. 칠푼이
8. 팔보채
9. 구공탄

실행결과

일촌 선택자인데 그 밑으로도 적용되는데요?

앞의 CSS 문서에서 .outer li 부분(color: olivedrab;)을 없애면 .outer > li에 지정한 dodgerblue 색이 그 아래 \<li\>에도 적용되는 것을 볼 수 있습니다. 이는 서체나 텍스트 관련 등 CSS의 일부 속성들이 자식들에게 자동 상속되기 때문입니다. 즉, 일촌 자식 결합자라도 여기에 적용한 속성이 상속되는 속성이라면 이를 덮어쓰는 다른 선택자와 속성을 지정하지 않는 한 그 아래의 자식들도 해당 속성을 물려받습니다.

상속에 대해서는 LESSON 30에서 자세히 배웁니다.

동생 결합자

자손 결합자와는 약간 다른 성격의 **동생 결합자**도 있습니다. **물결 표시(~)는 뒤따르는 동생들을 의미합니다.** HTML 문서를 보면 〈ol〉 태그 안에 클래스명이 starter인 〈li〉 태그가 하나 있습니다. 이 클래스명 **뒤에 물결 표시(~)**를 하고 **li**를 적으면 starter 클래스명을 뒤따르는 같은 레벨의 형제들을 모두 선택하겠다는 의미입니다.

Chapter 05/pseudoclass.css

```
...
/* 뒤따르는 모든 동생들 결합자 */
.starter ~ li {
  font-style: italic;
}
```

실행결과
- 육류
- 채소
- 유제품
- 과일
  - 사과
  - 포도
  - 딸기
  - 키위

1. 한놈
2. *두시기*
3. *석삼*
4. *너구리*
5. *다섯놈*
6. *육개장*
7. *칠푼이*
8. *팔보채*
9. *구공탄*

결과를 보면 starter 클래스명으로 지정한 **석삼** 다음에 있는 텍스트부터 모두 동생 결합자로 지정한 이탤릭체가 적용되어 있는 것을 볼 수 있습니다.

그런데 여기서 모든 동생들 말고 **바로 다음에 오는 동생 한 명만 선택하고 싶습니다.** 그럴 때는 물결 표시(~) 대신 **플러스 기호(+)**를 넣으면 됩니다.

Chapter 05/pseudoclass.css

```
...
/* 뒤따르는 바로 다음 동생 결합자 */
.starter + li {
  font-weight: bold;
}
```

실행결과
- 육류
- 채소
- 유제품
- 과일
  - 사과
  - 포도
  - 딸기
  - 키위

1. 한놈
2. 두시기
3. 석삼
4. **너구리**
5. 다섯놈
6. 육개장
7. 칠푼이
8. 팔보채
9. 구공탄

그럼 석삼 다음에 오는 바로 아래 동생, 즉 **너구리**에만 볼드체가 적용된 것을 볼 수 있습니다.

가상 클래스

지금까지 한 것은 특정 id나 특정 클래스를 선택해서 스타일을 적용하는 것이었지만, **가상 클래스**는 이와 달리 특정 상황을 가정하고 이름을 붙인다고 해서 **수도 클래스**pseudo class라고도 부릅니다. 작성 방법은 태그 뒤에 **콜론(:)**을 붙이면 됩니다.

Chapter 05/pseudoclass.css

```
...
/* 첫 번째, 마지막 요소 가상 클래스 */
ol li:first-child,
ol li:last-child {
  color: yellowgreen;
}
```

코드를 보면 ⟨ol⟩ 태그 안에 있는 ⟨li⟩ 태그의 첫 번째 요소(**first-child**), 그리고 ⟨ol⟩ 태그 안에 있는 ⟨li⟩ 태그의 마지막 요소(**last-child**)를 지정하고 있습니다. 따라서 결과 화면은 ⟨ol⟩ 태그의 첫 번째에 있는 **한놈**과 마지막에 있는 **구공탄**만 설정한 옐로그린색을 띠고 있습니다.

특정 요소를 제외한 요소를 지정할 수도 있습니다. 가상 클래스인 **콜론(:)**과 부정하는 의미의 **not**을 사용해 다른 요소를 결합하면 됩니다.

> **실행 결과**
> - 육류
> - 채소
> - 유제품
> - 과일
>   - 사과
>   - 포도
>   - 딸기
>   - 키위
>
> 1. 한놈
> 2. **두시기**
> 3. **석삼**
> 4. **너구리**
> 5. **다섯놈**
> 6. **육개장**
> 7. **칠푼이**
> 8. **팔보채**
> 9. 구공탄

Chapter 05/pseudoclass.css

```
...
/* ~가 아닌 요소 가상 클래스 */
.outer > li:not(:last-child) {  ←─❶
  text-decoration: line-through;
}

ul:not(.outer) li {  ←─❷
  font-weight: bold;
}
```

❶번을 해석하면 outer 클래스의 직계 자식(〈〉)인 〈li〉 태그 중에 마지막 요소(last-child)가 아닌 것을 골라 취소선(line-through)을 표시하라는 것입니다. 그렇다면 직계 자식 육류, 채소, 유제품, 과일 중에서 마지막 과일을 뺀 나머지 세 개에만 취소선이 표시됩니다.

❷번도 해석해 봅시다. 〈ul〉 태그 중 outer 클래스가 아닌 것을 골라 그 안에 있는 〈li〉 태그에만 볼드체(bold)로 표시하라는 것입니다. 두 개의 〈ul〉 태그 중 과일 항목 아래에 있는 〈ul〉 태그는 outer 클래스가 아니니 여기에만 볼드체가 표시됩니다. 따라서 결과 화면은 다음과 같습니다.

요소에서 몇 번째에 해당하는 요소만 선택하기도 합니다. **nth child()** 형태로 작성하고 괄호 안에 해당 순서의 숫자를 써 주면 됩니다. 따라서 다음 코드를 해석하면 〈ol〉 태그의 자손인 〈li〉 태그의 세 번째 요소만 선택하라는 뜻입니다.

Chapter 05/pseudoclass.css

```
...
/* ~번째 요소 가상 클래스 */
/* #, #n, #n+#, odd, even 등 시도해 보기 */
ol li:nth-child(3) {
  font-weight: bold;
  color: deeppink;
}
```

결과 화면을 보면 세 번째에 있는 **석삼**에만 핑크색이 적용된 것을 볼 수 있습니다. **nth child( )**의 괄호 안에는 **#**(숫자 n), **#n**(n번째마다), **#n+#**(n번째마다+숫자 n), **odd**(홀수), **even**(짝수) 등의 조건을 다양하게 넣을 수 있습니다. 예제 안의 코드를 바꿔가며 여러 조건으로 학습해 보세요.

마지막으로 굉장히 많이 쓰는 가상 클래스 중에 **마우스 오버(:hover)**가 있습니다. **지정한 요소에 마우스 오버를 할 때마다 효과를 적용하**는 것이죠. 웹사이트에서 흔히 볼 수 있는 기능입니다.

Chapter 05/pseudoclass.css

```
...
/* 마우스 오버 가상 클래스 */
li:hover {
  font-weight: bold;
  color: blue;
}
```

마우스 오버를 해야 나타나는 기능이기 때문에 오른쪽 결과 화면에서 100% 표현할 수는 없지만 마우스를 움직일 때마다 텍스트가 파란색 볼드체로 변하는 것을 볼 수 있습니다. 단, 구체적으로 명시한 요소들은 우선순위가 높기 때문에 적용이 안 되는 것들도 있습니다.

얄코의 친절한 CSS 노트

① CSS를 적용하는 세 가지 방법

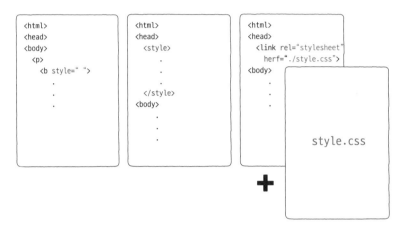

```
<html>
<head>
<body>
 <p>
  <b style=" ">
    .
    .
    .
```

```
<html>
<head>
  <style>
     .
     .
     .
  </style>
<body>
  .
  .
  .
```

```
<html>
<head>
  <link rel="stylesheet"
   herf="./style.css">
<body>
  .
  .
  .
```

```
style.css
```

+

② 선택자

선택자 종류	선택자 형식	설명
기본 선택자	*	페이지 안에 있는 모든 요소에 해당
태그 선택자	태그명	HTML 문서에 작성한 〈p〉, 〈span〉, 〈h1〉, 〈em〉, 〈a〉 등의 태그에 해당
클래스 선택자	.클래스명	HTML 문서에서 클래스를 부여한 태그에 해당하며 페이지 여러 곳에 중복 사용 가능
id 선택자	#id명	HTML 문서에서 id를 부여한 태그에 해당하며 한 가지 요소에만 고유하게 사용 가능
그룹 선택자	,(쉼표)	여러 요소를 한꺼번에 선택하고 싶을 때 이어서 작성

선택자 우선 순위: id 선택자 〉 클래스 선택자 〉 태그 선택자 〉 기본 선택자

얄코의 친절한 CSS 노트

③ 결합자

결합자 종류	결합자 형식	설명
자손 결합자	선택자A 선택자B	공백 한 칸으로 모든 하위 요소를 선택
일촌 자식 결합자	선택자A 〉 선택자B	공백 한 칸에 홑화살괄호()를 하나 추가해 한 번 더 지명
동생 결합자	선택자A ~ 선택자B	공백 한 칸에 물결 표시(~)를 하나 추가해 뒤따르는 같은 레벨의 동생들을 모두 선택
동생 한 명 결합자	선택자A + 선택자B	공백 한 칸에 플러스 기호(+)를 하나 추가해 다음에 오는 동생 한 명만 선택

④ 가상 클래스

가상 클래스 형식	설명
:first-child	첫 번째 자식 요소 선택
:last-child	마지막 자식 요소 선택
:not(선택자)	특정 요소를 제외한 반대 요소 지정
nth child(선택자)	특정 요소의 몇 번째 해당하는 요소만 선택
:hover	지정한 요소에 마우스 오버할 때마다 효과 적용

다음 사이트를 방문하면 총 32개의 CSS 문제를 애니메이션과 함께 재미있게 학습할 수 있습니다. 1~18번 문제까지는 지금까지 배운 내용으로 충분히 해결할 수 있지만, 그 다음 문제부터는 CSS 심화편을 공부한 후 도전해 보세요.
URL https://flukeout.github.io

CHAPTER
06

글자와 텍스트 스타일 적용하기

14 글자 스타일

학습
목표

이번 CHAPTER부터는 CSS의 기본 문법을 본격적으로 살펴보겠습니다. 지난 시간에 선택자의 개념을 이해했다면, 이제 그것을 활용해 스타일 속성을 지정할 차례입니다. 먼저 웹 페이지의 글자와 텍스트 속성을 지정하는 문법부터 알아보겠습니다. 글자와 관련된 속성은 종류가 매우 많지만, 하나하나 실습해 보면 그리 어렵지 않은 것을 느낄 수 있습니다.

기울임과 굵기

CSS 플레이그라운드 `URL` https://showcases.yalco.kr/html-css/02-02/01.html

먼저 CSS 기본 문법의 큰 틀부터 복습하고 넘어가겠습니다. CSS 문법은 모두 다음과 같은 형식으로 구성되어 있습니다. HTML 문서 안에서 어떤 요소를 고를 것인지 선택자로 먼저 지정하고, 중괄호 { } 안에 각 속성과 그에 따른 값들을 넣어 주면 됩니다. 구분은 **세미콜론(;)**으로 합니다.

```
선택자 {
  속성1: 값;
  속성2: 값;
  /* ... */
}
```

웹에서 사용할 서체를 설정한다고 하면 가장 먼저 서체 종류를 정하는 것부터 시작합니다. 그러나 웹사이트에서 사용하는 서체는 웹 폰트를 먼저 배워야 제대로 활용할 수 있는 부분이 많습니다. 따라서 서체를 결정하는 font-family에 관해서는 PART 04에서 본격적으로 알아보도록 하고, 여기서는 넘어가겠습니다.

font-style 속성

먼저 글자를 기울일 때에는 **font-style** 속성을 사용하고, 그 값으로는 **italic**과 **oblique**가 있습니다. 둘 다 LESSON 04에서 스타일 강조를 위해 사용했던 〈i〉 태그, 〈em〉 태그와 같은 역할을 한다고 보면 됩니다.

> ### i 태그 vs. em 태그
>
> *i* 요소와 *i* 요소 역시 같아 보이지만 다른 태그입니다.
> 둘 다 글자를 기울이지만, i 태그와 달리 em 태그는 강조하는 역할을 합니다.
> 글자의 기울임 역시 디자인 요소이므로 CSS로 지정해 주는 것이 좋습니다.

그렇다면 italic과 oblique의 차이는 무엇일까요? **italic이 글자를 기울인 서체로 다시 쓴 것이라면, oblique는 종이를 비틀듯 기존 글자에도 각도를 넣어 기울인 것입니다.** 서체에 따라 어떤 서체는 italic만 가지고 있고, 어떤 서체는 oblique만 가지고 있는 경우가 있습니다. 어차피 둘 중 하나만 가지고 있어도 상호 교차되기 때문에 기울임을 표현하는 데 큰 차이는 없습니다. 따라서 이 두 설정은 이론적으로만 미세한 차이가 있을 뿐 역할은 같다고 기억하세요.

미로의 참:견

italic과 oblique는 사실 큰 차이가 없어요!

font-weight 속성

글자의 굵기를 변경하려면 **font-weight** 속성을 사용해 조절합니다. **서체의 원래 굵기를 표현하려면 normal, 서체를 굵게 표현하려면 bold로 지정합니다.** 마치 LESSON 04에서 볼드체로 강조했던 〈b〉 태그, 〈strong〉 태그와 같은 역할을 한다고 보면 됩니다. 이 역시 서체에 따라 normal과 bold 보유 여부도 다르고, 심지어 100~900 사이의 숫자로 가중치를 두어 굵기를 미세하게 조절할 수 있는 서체도 있으므로 각 서체의 특징에 따라 조절해서 사용합니다.

YALCO 서체 속성은 HTML에서도 지정했는데, CSS에서 또 해야 하나요?
물론 HTML 문서에서도 〈i〉 태그나 〈em〉 태그로 서체의 기울임을, 〈b〉 태그나 〈strong〉 태그로 서체의 굵기를 조절할 수 있습니다. 그러나 실제 표현되는 방식은 큰 차이가 없더라도 HTML 각 요소에 따라 CSS로 속성을 설정하는 것이 모범적인 코딩입니다. 일반적으로 브라우저에서 해당 태그들에 기본으로 기울임이나 굵기 효과를 부여하기 때문입니다.

직접 해 보세요 HTML 문서와 CSS 파일을 작성한 후 링킹 스타일 시트 방법으로 테스트합니다.

Chapter 06/fontstyle.html

```
...
<head>
...
  <link rel="stylesheet" href="./fontstyle.css">
</head>
<body>
  <p>서체 스타일과 굵기</p>
</body>
...
```

Chapter 06/fontstyle.css

```
p {
  /* normal, italic, oblique */
  font-style: normal;

  /* normal, bold, 100~900 */
  font-weight: normal;
}
```

이와 같이 작성한 후 CSS 파일의 **font-style** 속성을 **italic**, **oblique**로 바꾸거나 **font-weight**을 **bold**, **100**, **200**, **600** 등으로 바꾸면서 테스트합니다. 만약 **font-weight**을 600에서 **900**으로 바꿔도 딱히 변화가 없다면 오류가 아니라 그 서체 자체가 제공하는 설정이 그 정도인 것입니다.

실행결과

```
font-style: italic;      font-style: italic;
font-weight: 100;        font-weight: 600;
```

글자 크기

CSS 플레이그라운드 URL https://showcases.yalco.kr/html-css/02-02/02.html

웹 페이지에서 글자 크기를 지정하는 방식에는 여러 가지가 있고, 크기를 표현하는 단위도 다양합니다. 고정된 크기의 종이에 인쇄하는 것이 아니라 유동적으로 크기가 변하는 화면에서 사용하다 보니 그 값을 지정하는 데에는 절대적인 길이를 지정하는 단위도 있고 상대적인 길이를 지정하는 단위도 있습니다.

font-size 속성

CSS에서 가장 많이 작성하는 서체 관련 속성은 **글자 크기를 결정하는 font-size** 속성으로, 속성값으로는 여러 단위를 사용할 수 있습니다. 픽셀(px)이나 포인트(pt) 같이 절대값을 사용할 수 있고, 퍼센트(%)나 em, rem을 이용해 상대값으로 사용할 수도 있습니다.

여기서 **상대값인 퍼센트(%)와 em, rem은 부모 요소의 크기에 비례해서 나타납니다.** 부모 안에 자식이 있는 구조에서 자식에게 100%의 font-size 속성을 지정하면 부모와 같은 크기, 120%를 지정하면 부모의 1.2배 크기, 90%를 지정하면 부모의 0.9배 크기가 되는 식입니다. 이러한 100%, 120%, 90% 속성을 100으로 나눠 소수점으로 표현한 것이 em입니다. 즉, 1em, 1.2em, 0.9em이 되겠죠. 다음은 120% 또는 1.2em 속성값으로 글자 크기 변화를 준 예입니다.

```
html { font-size: 14px; }
div { font-size: 1.2em; }
```

div 바깥에 있는 텍스트입니다.

맨 바깥쪽 div의 텍스트입니다.

중간 div의 텍스트입니다.

font-size 속성은 말 그대로 글자의 크기를 지정합니다.
단위로는 *px*과 *%, em, rem*이 사용되죠.

*px*는 절대값으로서 픽셀 단위입니다.
*100%*는 *1em*으로, 이들은 부모 요소와의 상대적 크기를 나타내죠.
*rem*은 html 요소와의 상대적 크기를 가지므로, 요소의 중첩에 영향을 받지 않습니다.
*pt*는 1인치/72로, 프린트할 컨텐츠에 사용됩니다.

그런데 em의 경우 부모 자식 구조가 여러 단계로 중첩됐을 때 연쇄적으로 영향을 받기 때문에 원하는 만큼 크기를 조절하는 것이 오히려 더 어려울 수도 있습니다. 이때 사용하는 것이 **rem**입니다. **rem은 가장 상위 부모, 즉 가장 바깥쪽에 있는 HTML 요소를 기준으로 크기를 조절하는데, 중첩된 요소는 모두 동일한 크기가 적용되는 것입니다.** 예를 들어 가장 상위 요소에 1.2rem을 적용하면 여러 요소가 중첩되어 있어도 가장 상위 요소의 1.2배의 크기가 하위 중첩된 모든 요소에 동일하게 적용됩니다. 이는 하위 요소를 하나의 크기로 통일할 때 유용하게 사용됩니다.

```
html { font-size: 14px; }
div { font-size: 1.2rem; }
```

div 바깥에 있는 텍스트입니다.

맨 바깥쪽 div의 텍스트입니다.

중간 div의 텍스트입니다.

font-size 속성은 말 그대로 글자의 크기를 지정합니다.
단위로는 *px*과 %, *em*, *rem*이 사용되죠.

*px*는 절대값으로서 픽셀 단위입니다.
*100%*는 *1em*으로, 이들은 부모 요소와의 상대적 크기를 나타내죠.
*rem*은 html 요소와의 상대적 크기를 가지므로, 요소의 중첩에 영향을 받지 않습니다.
*pt*는 1인치/72로, 프린트할 컨텐츠에 사용됩니다.

pt는 웹사이트를 종이로 인쇄할 경우 결과물의 크기를 결정하는 단위입니다. 사실 우리가 만드는 것은 화면으로 보는 웹사이트이기 때문에 반드시 인쇄를 해야 하는 상황이 아니라면 사용할 일은 거의 없습니다.

미로의 참:견

약 72pt가 1인치입니다.

직접 해 보세요 예제로 직접 확인해 봅시다.

Chapter 06/fontsize.css

```css
html { font-size: 14px; }
div { font-size: 2em; }
```

Chapter 06/fontsize.html

```html
...
<head>
...
  <link rel="stylesheet" href="./fontsize.css">
</head>
<body>
  바깥
  <div>중간
    <div>안쪽</div>
  </div>
</body>
...
```

간단 입력 팁 {바깥}+div{중간}>div{안쪽} `Tab`

결과 화면은 위와 같습니다. CSS는 부모 요소에 어떤 속성이 지정되어 있다면 그 자식과 그 자식
의 자식 또한 별도로 속성을 지정하지 않는 이상 부모의 속성을 그대로 물려받습니다(물론 자손
에게 상속되지 않는 position 등의 속성들도 있습니다). 따라서 구조의 가장 바깥쪽에 있는 텍스
트는 HTML 전체를 지정한 CSS의 지정을 받아 먼저 **14px**로 고정되었습니다. 그리고 〈div〉 구
조 안에 중첩되어 있는 텍스트는 안으로 들어갈수록 차례로 **2em**씩, 즉 2배 크기인 28px, 56px
로 텍스트 크기가 커지겠죠.

> 이와 같이 서체 크기는 필요에 따라 절대값 또는 상대값으로 표현
> 할 수 있습니다. 그 외에 또 다른 서체 표현 방법은 LESSON 32
> 에서 더 알아보겠습니다.

글자 꾸미기

CSS 플레이그라운드 URL https://showcases.yalco.kr/html-css/02-02/03.html

CSS에는 HTML 태그로만 표현하는 것보다 훨씬 다양한 모양을 지정할 수 있는 기능이 있습니다. 효과의 정도나 더욱 상세한 옵션을 사용자의 입맛대로 지정할 수 있으므로 가급적이면 꾸미기 기능은 CSS를 사용하여 표현하는 것이 좋습니다.

text-decoration 속성

이번에는 **text-decoration 속성으로 글자를 다양하게 꾸며 주는 방법**을 알아보겠습니다. HTML 문서에서 〈u〉 태그로 그었던 **밑줄은 underline**을, 〈s〉 태그로 가능했던 **취소선은 line-through**를 사용합니다. 그리고 밑줄의 반대인 **윗줄은 overline**을 사용합니다. underline과 line-through, overline을 함께 써 주면 세 가지 줄을 동시에 적용할 수 있습니다.

<u>밑줄 속성으로 글을 꾸며 줍니다.</u>

text-decoration: underline;

~~취소선 속성으로 글을 꾸며 줍니다.~~

text-decoration: line-through;

윗줄 속성으로 글을 꾸며 줍니다.

text-decoration: overline;

밑줄, 취소선, 윗줄을 동시에 사용하는 것도 가능합니다.

text-decoration: underline line-through overline;

CSS를 사용하면 선의 형태나 색, 굵기 등도 얼마든지 지정할 수 있습니다. LESSON 04에서 〈u〉 태그와 CSS를 결합해서 철자 오류를 표시하는 방법, 기억하시죠? CSS 속성에서 **물결선은 wavy**, **점선은 dotted**, **파선은 dashed**를 사용해 표현하면 됩니다. 또한 원하는 색 이름을 지정하여 선 색을 변경할 수도 있고, 픽셀 단위로 숫자를 지정하여 굵기를 조절할 수도 있습니다.

선의 형태, 색, 굵기 등 디테일을 지정할 수 있습니다.

text-decoration: wavy underline tomato;

선의 형태, 색, 굵기 등 디테일을 지정할 수 있습니다.

text-decoration: dotted underline overline #008000 4px;

선의 형태, 색, 굵기 등 디테일을 지정할 수 있습니다.

text-decoration: dashed line-through deeppink 2px;

text-transform 속성

다음은 한글로 된 문서에는 의미가 없지만, **영문 알파벳 대소문자 표시에 사용되는 text-transform** 속성입니다. **none**일 때는 입력한 그대로 표시하고, **capitalize**는 각 단어의 첫 글자만 대문자로 바꿔 표시합니다. 단, 처음부터 모두 대문자로 작성된 텍스트는 이에 영향을 받지 않습니다. **uppercase**는 말 그대로 전부 대문자로 바꿔 주고, **lowercase**는 반대로 전부 소문자로 바꿔 줍니다.

> text-transform 속성은 알파벳의 대소문자 표시에 사용됩니다.

`text-transform: none;`

> Text-Transform 속성은 알파벳의 대소문자 표시에 사용됩니다.

`text-transform: capitalize;`

> TEXT-TRANSFORM 속성은 알파벳의 대소문자 표시에 사용됩니다.

`text-transform: uppercase;`

YALCO 처음부터 대소문자를 구분해서 쓰면 되지 않을까요?

처음부터 대소문자를 구분해서 써 주면 되지 왜 CSS로 복잡하게 작성하는 걸까요? 사실 실전에서는 웹 페이지에 나타날 텍스트가 HTML 문서에서 작성되는 것이 아니라 서버로부터 들어오는 경우가 많습니다. 어떤 텍스트를 전달받을지 알 수 없기 때문에 원하는 형식으로 정확하게 표현하기 위해 CSS가 필요한 것입니다.

직접 해 보세요 CSS의 text-decoration과 text-transform 속성을 여러 가지 값으로 조절하면서 결과 화면이 어떻게 바뀌는지 직접 확인해 보세요.

Chapter 06/textdecoration.html

```
...
<head>
...
  <link rel="stylesheet" href="./textdecoration.css">
</head>
<body>
  <p>HTML & CSS Programming is fun!</p>
</body>
...
```

간단 입력 팁 p{HTML & CSS Programming is fun!} [Tab]

Chapter 06/textdecoration.css

```css
p {
  text-decoration: blue wavy overline 5px;

  /* capitalize, uppercase, lowercase */
  text-transform: capitalize;
}
```

text-shadow 속성

[CSS 플레이그라운드] [URL] https://showcases.yalco.kr/html-css/02-02/04.html

마지막으로 재미있는 속성 하나를 더 배우겠습니다. 글자에 그림자를 주는 **text-shadow 속성**입니다. 그림자 지정 형식은 **X좌표, Y좌표, (흐림), 색**입니다. 흐림 효과는 없어도 되는 선택 사항으로, 색을 어느 정도로 흐리게 퍼지게 표현할지를 결정합니다.

text-shadow를 사용하면 텍스트에 그림자를 줄 수 있습니다.

text-shadow: 2px 2px lightgrey;

text-shadow를 사용하면 텍스트에 그림자를 줄 수 있습니다.

text-shadow: 3px -3px 4px blue;

text-shadow를 사용하면 텍스트에 그림자를 줄 수 있습니다.

text-shadow: 0 1px red, 0 -1px red, 1px 0 red, -1px 0 red;

미로의 참·견

흐림 효과는 포토샵에서 흐림의 정도를 표현하는 Feather 값과 유사합니다.

그림자는 쉼표(,)로 구분해서 여러 개 넣을 수도 있습니다. 위에서 세 번째 예시는 텍스트 그림자를 상하좌우 네 개를 넣어 마치 테두리를 넣은 것처럼 효과를 준 것입니다.

Chapter 06/textshadow.html

```
...
<head>
...
  <link rel="stylesheet" href="./textshadow.css">
</head>
<body>
  <p>이런 것도 가능합니다.</p>
</body>
...
```

간단 입력 팁 p{이런 것도 가능합니다.} [Tab]

Chapter 06/textshadow.css

```
p {
  text-shadow:
    /* 안쪽 흰색 그림자 */  ←——①
    1px 0 white, -1px 0 white, 0 1px white, 0 -1px white,
    1px 1px white, 1px -1px white, -1px 1px white, -1px -1px white,

    /* 바깥쪽 미국자두색 그림자 */  ←——②
    2px 0 plum, -2px 0 plum, 0 2px plum, 0 -2px plum,
    2px 1px plum, -2px 1px plum, 1px 2px plum, 1px -2px plum,
    2px -1px plum, -2px -1px plum, -1px 2px plum, -1px -2px plum,
    2px 2px plum, 2px -2px plum, -2px 2px plum, -2px -2px plum;
}
```

결과 화면은 다음과 같습니다. 검은색 텍스트에 미국자두색 테두리가 있고 안쪽에 흰색 빈 공간
도 보입니다. 어떻게 한 것일까요?

이런 것도 가능합니다. 실행결과

❶ 먼저 검은색 텍스트에 흰색 그림자를 1px씩 둘러쌉니다. 상하좌우, 대각선까지 합해 총 8개의 그림자가 생겼습니다.

❷ 이번에는 흰색 그림자를 미국자두색으로 2px 둘러쌉니다. 마찬가지로 상하좌우, 대각선까지 감싸야 하기 때문에 총 16개의 그림자가 추가로 생겼습니다.

이렇게 그림자를 활용하면 다양한 모습의 텍스트를 만드는 것도 가능합니다.

크롬 개발자 도구로 CSS 미리 보기

크롬이나 엣지 같은 크롬 기반의 브라우저는 사용자가 개발을 더 쉽게 할 수 있도록 돕는 **개발자 도구**를 제공합니다. 아래 단축키를 참고해 **개발자 도구**를 열고 상단 왼쪽의 아이콘(🖾)을 클릭하면 왼쪽 웹 페이지의 요소에 마우스를 갖다 댈 때마다 오른쪽 코드에서 해당 요소를 쉽게 찾을 수 있습니다.

• 윈도우에서 브라우저 개발자 도구 열기 - Ctrl + Shift + i
• 맥에서 브라우저 개발자 도구 열기 - Cmd + Option + i

또한 **스타일**에 나와 있는 속성값을 다르게 변경하면서 화면상에서 바뀐 모습을 바로 확인할 수도 있습니다. 물론 이것은 현재 보고 있는 화면상에서만 바뀌는 것일 뿐, 실제 웹사이트가 바뀌는 것은 아닙니다.

이렇게 개발자 도구를 이용해 내가 원하는 모습이 구현될 때까지 테스트해 본 후 실제로 바꿔도 되겠다 싶은 코드를 복사해서 자신의 코드에 붙여 넣는 방식을 이용하면 CSS 작성이 굉장히 편리합니다.

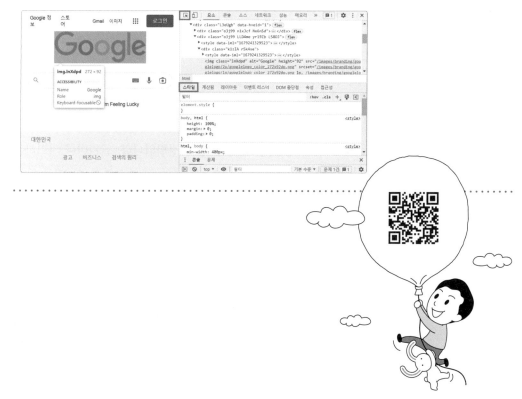

문단과 목록 스타일

학습
목표

이번에는 한정된 공간에서 텍스트를 여러 줄로 나타내는 문단과 HTML 문서에서도 잠깐 살펴봤던 목록 스타일을 CSS로 작성하는 방법에 대해 알아보겠습니다. 태그만으로도 문단과 목록을 표현하는 게 가능하지만 보다 세밀한 조정과 다양한 효과를 표현하기에는 CSS만한 기능이 없습니다.

정렬과 간격

CSS 플레이그라운드   URL https://showcases.yalco.kr/html-css/02-03/01.html

텍스트를 왼쪽, 오른쪽, 가운데로 정렬하거나 자간이나 줄 높이, 들여쓰기 등을 지정하면 사용자의 의도에 맞는 보다 정렬되고 깔끔한 표현이 가능합니다.

text-align 속성

상자 스타일의 한정된 공간 안에 텍스트가 여러 줄 들어갈 때는 **text-align 속성을 사용해 텍스트 및 인라인 요소의 정렬 방식을 지정합니다.** 직관적인 이름에서 알 수 있듯 **left**는 **왼쪽 정렬, right**는 **오른쪽 정렬, center**는 **가운데 정렬, justify**는 **양쪽 정렬입니다.** 글자마다 차지하는 간격 차이 때문에 left는 각 줄의 끝 부분이 고르지 않지만, justify는 마지막 줄을 제외하고는 각 줄의 끝 부분이 고르게 떨어지도록 맞춰 줍니다.

정렬과 간격

text-align 속성은 텍스트의 정렬 방식을 지정합니다. 직관적으로 알 수 있듯, 기본값인 *left*는 왼쪽, *center*는 가운데, *right*은 오른쪽으로 텍스트(및 인라인 요소들)을 정렬하죠. *justify*는 왼쪽으로 정렬하면서, 텍스트가 여러 줄이 될 때 마지막 줄을 제외한 줄들의 오른쪽이 나란히 되도록 각 줄의 공간을 조절합니다.

letter-spacing으로는 자간, **word-spacing**으로는 단어 간격, **line-height**으로는 줄 높이를 조절할 수 있습니다.

`text-align: left;`

정렬과 간격

text-align 속성은 텍스트의 정렬 방식을 지정합니다. 직관적으로 알 수 있듯, 기본값인 *left*는 왼쪽, *center*는 가운데, *right*은 오른쪽으로 텍스트(및 인라인 요소들)을 정렬하죠. *justify*는 왼쪽으로 정렬하면서, 텍스트가 여러 줄이 될 때 마지막 줄을 제외한 줄들의 오른쪽이 나란히 되도록 각 줄의 공간을 조절합니다.

letter-spacing으로는 자간, **word-spacing**으로는 단어 간격, **line-height**으로는 줄 높이를 조절할 수 있습니다.

`text-align: right;`

정렬과 간격

text-align 속성은 텍스트의 정렬 방식을 지정합니다. 직관적으로 알 수 있듯, 기본값인 *left*는 왼쪽, *center*는 가운데, *right*은 오른쪽으로 텍스트(및 인라인 요소들)을 정렬하죠. *justify*는 왼쪽으로 정렬하면서, 텍스트가 여러 줄이 될 때 마지막 줄을 제외한 줄들의 오른쪽이 나란히 되도록 각 줄의 공간을 조절합니다.

letter-spacing으로는 자간, **word-spacing**으로는 단어 간격, **line-height**으로는 줄 높이를 조절할 수 있습니다.

`text-align: center;`

정렬과 간격

text-align 속성은 텍스트의 정렬 방식을 지정합니다. 직관적으로 알 수 있듯, 기본값인 *left*는 왼쪽, *center*는 가운데, *right*은 오른쪽으로 텍스트(및 인라인 요소들)을 정렬하죠. *justify*는 왼쪽으로 정렬하면서, 텍스트가 여러 줄이 될 때 마지막 줄을 제외한 줄들의 오른쪽이 나란히 되도록 각 줄의 공간을 조절합니다.

letter-spacing으로는 자간, **word-spacing**으로는 단어 간격, **line-height**으로는 줄 높이를 조절할 수 있습니다.

`text-align: justify;`

미로의 참:견

left와 justify는 언뜻 보면 비슷해 보이지만 각 줄의 끝 부분을 보면 차이를 확인할 수 있습니다!

letter-spacing과 word-spacing 속성

letter-spacing은 말 그대로 자간입니다. 픽셀이나 em 단위 등을 넣어 글자 간격을 인위적으로 조절할 때 사용합니다. **word-spacing은 단어 간의 간격, 즉 띄어쓰기 공백의 간격을 조절합니다.** 이렇게 문단 세부 요소의 간격을 조절할 때에는 고정되어 있는 절대값인 픽셀보다는 상대값인 em을 사용하는 것을 권장합니다. 그 이유는 각 서체에 따라 글자 간격이 상대적으로 크거나 작아지기 때문에 일관된 형태를 유지하려면 상대값이 훨씬 유리하기 때문입니다.

`letter-spacing: 0.5em;`

정 렬 과 간 격

t e x t - a l i g n 속 성 은   텍 스 트 의   정 렬 방 식 을   지 정 합 니 다 .   직 관 적 으 로   알   수 있 듯 ,   기 본 값 인   *l e f t*는   왼 쪽 , *c e n t e r*는   가 운 데 ,   *r i g h t*은   오 른 쪽 으 로   텍 스 트 (및   인 라 인   요 소 들) 을   정 렬 하 죠 .   *j u s t i f y*는   왼 쪽 으 로   정 렬 하 면 서 ,   텍 스 트 가   여 러   줄 이   될   때   마 지 막   줄 을   제 외 한   줄 들 의   오 른 쪽 이   나 란 히   되 도 록   각   줄 의   공 간 을   조 절 합 니 다 .

l e t t e r - s p a c i n g으 로 는   자 간 , **w o r d - s p a c i n g**으 로 는   단 어   간 격 , **l i n e - h e i g h t**으 로 는   줄   높 이 를   조 절   할   수   있 습 니 다 .

`letter-spacing: -2px;`

정렬과 간격

text-align 속성은 텍스트의 정렬 방식을 지정합니다. 직관적으로 알 수 있듯, 기본값인 *left*는 왼쪽, *center*는 가운데, *right*은 오른쪽으로 텍스트(및 인라인 요소들)을 정렬하죠. *justify*는 왼쪽으로 정렬하면서, 텍스트가 여러 줄이 될 때 마지막 줄을 제외한 줄들의 오른쪽이 나란히 되도록 각 줄의 공간을 조절합니다.

letter-spacing으로는 자간, **word-spacing**으로는 단어간격, **line-height**으로는 줄높이를 조절할 수 있습니다.

`word-spacing: 0.5em;`

정렬과 간격

text-align 속성은 텍스트의 정렬 방식을 지정합니다. 직관적으로 알 수 있듯, 기본값인 *left*는 왼쪽, *center*는 가운데, *right*은 오른쪽으로 텍스트(및 인라인 요소들)을 정렬하죠. *justify*는 왼쪽으로 정렬하면서, 텍스트가 여러 줄이 될 때 마지막 줄을 제외한 줄들의 오른쪽이 나란히 되도록 각 줄의 공간을 조절합니다.

letter-spacing으로는 자간, **word-spacing**으로는 단어 간격, **line-height**으로는 줄 높이를 조절할 수 있습니다.

`word-spacing: -2px;`

정렬과 간격

text-align 속성은 텍스트의 정렬 방식을 지정합니다. 직관적으로 알 수 있듯, 기본값인 *left*는 왼쪽, *center*는 가운데, *right*은 오른쪽으로 텍스트(및 인라인 요소들)을 정렬하죠. *justify*는 왼쪽으로 정렬하면서, 텍스트가 여러 줄이 될 때 마지막 줄을 제외한 줄들의 오른쪽이 나란히 되도록 각 줄의 공간을 조절합니다.

letter-spacing으로는 자간, **word-spacing**으로는 단어 간격, **line-height**으로는 줄 높이를 조절할 수 있습니다.

line-height 속성

line-height 속성은 줄 높이를 조절합니다. 일반적으로는 글자 크기의 1.5배, 즉 1.5em의 줄 높이를 많이 사용합니다. 숫자를 줄이면 당연히 행간이 좁아지고 2em 정도로 높이면 행간이 넓어지겠죠.

```
line-height: 1em;
```

정렬과 간격

text-align 속성은 텍스트의 정렬 방식을 지정합니다. 직관적으로 알 수 있듯, 기본값인 *left*는 왼쪽, *center*는 가운데, *right*은 오른쪽으로 텍스트(및 인라인 요소들)을 정렬하죠. *justify*는 왼쪽으로 정렬하면서, 텍스트가 여러 줄이 될 때 마지막 줄을 제외한 줄들의 오른쪽이 나란히 되도록 각 줄의 공간을 조절합니다.

letter-spacing으로는 자간, **word-spacing**으로는 단어 간격, **line-height**으로는 줄 높이를 조절할 수 있습니다.

```
line-height: 2em;
```

정렬과 간격

text-align 속성은 텍스트의 정렬 방식을 지정합니다. 직관적으로 알 수 있듯, 기본값인 *left*는 왼쪽, *center*는 가운데, *right*은 오른쪽으로 텍스트(및 인라인 요소들)을 정렬하죠. *justify*는 왼쪽으로 정렬하면서, 텍스트가 여러 줄이 될 때 마지막 줄을 제외한 줄들의 오른쪽이 나란히 되도록 각 줄의 공간을 조절합니다.

letter-spacing으로는 자간, **word-spacing**으로는 단어 간격, **line-height**으로는 줄 높이를 조절할 수 있습니다.

직접 해 보세요 다음은 황순원 작가의 소설 『소나기』의 시작 부분입니다. CSS 파일에서 앞에서 배운 여러 속성을 바꾸면서 나타나는 모습을 관찰해 보세요.

Chapter 06/textalign.html

```
...
<head>
...
  <link rel="stylesheet" href="./textalign.css">
</head>
<body>
  <p>
    소년은 개울가에서 소녀를 보자 곧 윤 초시네 증손녀(曾孫女)딸이라는 걸 알 수 있었다. 소
    녀는 개울에다 손을 잠그고 물장난을 하고 있는 것이다. 서울서는 이런 개울물을 보지 못하
    기나 한 듯이. 벌써 며칠째 소녀는, 학교에서 돌아오는 길에 물장난이었다. 그런데, 어제까
    지 개울 기슭에서 하더니, 오늘은 징검다리 한가운데 앉아서 하고 있다. 소년은 개울둑에 앉
    아 버렸다. 소녀가 비키기를 기다리자는 것이다.
  </p>
</body>
...
```

```
p {
  /* left, center, right, justify */
  text-align: left;
  letter-spacing: 0;
  word-spacing: 0;
  line-height: 1.5em;
}
```

> 소년은 개울가에서 소녀를 보자 곧 윤 초시네 증손녀(曾孫女)딸이라는 걸 알 수 있
> 었다. 소녀는 개울에다 손을 잠그고 물장난을 하고 있는 것이다. 서울서는 이런 개울
> 물을 보지 못하기나 한 듯이. 벌써 며칠째 소녀는, 학교에서 돌아오는 길에 물장난이
> 었다. 그런데, 어제까지 개울 기슭에서 하더니, 오늘은 징검다리 한가운데 앉아서 하
> 고 있다. 소년은 개울둑에 앉아 버렸다. 소녀가 비키기를 기다리자는 것이다.

실행결과

🐰 결과는 브라우저 창 크기에 따라 다르게 보일 수 있습니다.

text-indent 속성

(CSS 플레이그라운드) URL https://showcases.yalco.kr/html-css/02-03/02.html

각 문단의 시작 부분을 들여쓰기할 때 쓰는 속성은 **text-indent**입니다. 문단에 사용한 글자 크
기에 비례해서 들여쓰기하고 싶은 비율만큼 em 단위로 지정하면 됩니다. 그럼 마이너스(−) 값을
넣으면 어떻게 될까요? 들여쓰기의 반대인 내어쓰기 형태로 보이겠죠?

> **text-indent** 속성으로는 들여쓰기를 조절할 수 있습니다. 값
> 으로 입력한 수치만큼 첫 줄이 안쪽으로 들어가죠. 글자크기와 같
> 이 px, %, em 등의 단위들을 사용할 수 있고, 음수를 넣어서 내
> 어쓰기를 할 수도 있습니다.

text-indent: 1em;

> **text-indent** 속성으로는 들여쓰기를 조절할 수 있습니다. 값으로
> 입력한 수치만큼 첫 줄이 안쪽으로 들어가죠. 글자크기와 같이
> px, %, em 등의 단위들을 사용할 수 있고, 음수를 넣어서 내어쓰
> 기를 할 수도 있습니다.

text-indent: -1em;

(직접 해 보세요) 앞에서 작성했던 HTML 문서에 CSS 속성을 추가해 결과를 확인해 보세요.

```
...
p {
  text-indent: 0.8em;
}
```

> 　소년은 개울가에서 소녀를 보자 곧 윤 초시네 증손녀(曾孫女)딸이라는 걸 알 수
> 있었다. 소녀는 개울에다 손을 잠그고 물장난을 하고 있는 것이다. 서울서는 이런 개
> 울물을 보지 못하기나 한 듯이. 벌써 며칠째 소녀는, 학교에서 돌아오는 길에 물장난
> 이었다. 그런데, 어제까지 개울 기슭에서 하더니, 오늘은 징검다리 한가운데 앉아서
> 하고 있다. 소년은 개울둑에 앉아 버렸다. 소녀가 비키기를 기다리자는 것이다.

실행결과

🐰 결과는 브라우저 창 크기에 따라 다르게 보일 수 있습니다.

목록 스타일

(CSS 플레이그라운드) [URL] `https://showcases.yalco.kr/html-css/02-03/03.html`

LESSON 05에서 어떤 정보들을 나열하는 목록을 작성할 때 〈ul〉 태그, 〈ol〉 태그, 〈li〉 태그 등을 사용한다고 배웠습니다. CSS에서는 **list-style 속성**으로 이러한 목록의 불릿 모양이나 숫자 **스타일을 세부적으로 지정할 수 있습니다.** 또한 〈ul〉, 〈ol〉 여부와 관계없이 기호, 이모지Emoji, 서수, 심지어 내가 원하는 이미지까지 사용할 수 있습니다.

목록 스타일	속성값	목록 스타일	속성값
●	disc	1. 2. 3.	decimal
○	circle	a. b. c	lower-alpha
■	square	A. B. C	upper-alpha
—	"—" (사용자 지정 기호)	i. ii. iii.	lower-roman
👉	"👉"	I. II. III.	upper-roman
😀	url(이미지 경로)	α. β. γ.	lower-greek

| 목록 스타일의 종류

> 속성값으로 none을 넣으면 어떻게 될까요? **말 그대로 아무것도 표시되지 않습니다.** 그러나 목록 스타일이 있던 자리만큼 들여쓰기는 되어 있겠죠. 이것도 표시하지 않으려면 추후에 배울 padding 속성을 사용해 아예 없앨 수도 있습니다.

[직접 해 보세요] 실제로 목록을 작성하면서 실습해 봅시다.

Chapter 06/liststyle.html

```
...
<head>
...
<link rel="stylesheet" href="./liststyle.css">
</head>
<body>
  <ul>
    <li>ul 아이템 1</li>
```

```
    <li>ul 아이템 2</li>
    <li>ul 아이템 3</li>
  </ul>
  <ol>
    <li>li 아이템 1</li>
    <li>li 아이템 2</li>
    <li>li 아이템 3</li>
  </ol>
</body>
...
```

간단 입력 팁 ul>li{ul 아이템 $}*3^ol>li{li 아이템 $}*3 `Tab`

Chapter 06/liststyle.css

```
ul {
  list-style: circle;
}

/* li별로 지정하는 것도 가능 */
ul > li:first-child {
  list-style: "▶"    ◄── 사용자가 원하는 텍스트나 기호는
}                         따옴표("") 안에 작성합니다.

ol {
  list-style: lower-alpha;
}
```

기본적인 〈ul〉 태그 목록은 circle 형태로 되어 있지만, 〈li〉 목록별로 모양을 지정하는 것도 가능합니다. 예제에서는 **ul > li:first-child** 형태를 사용해 〈ul〉 목록 안에 있는 〈li〉 태그의 첫 번째(first-child) 자식 목록을 깃발 모양으로 넣으라고 지정하고 있습니다.

실행결과

▶ ul 아이템 1
○ ul 아이템 2
○ ul 아이템 3

a. li 아이템 1
b. li 아이템 2
c. li 아이템 3

얄코의 친절한 CSS 노트

① 글자 스타일

italic　*obilique*　　————————→ font-style 속성

normal　**bold**　　　　————————→ font-weight 속성

바깥

중간　　　　　　　　　————————→ font-size 속성

안쪽

<u>underline</u>　~~line-through~~　　overline ——→ text-decoration 속성

<u>wavy</u>　<u>dotted</u>　<u>dashed</u>

Capitalize　UPPERCASE　lowercase ———→ text-transform 속성

② 문단과 목록 스타일

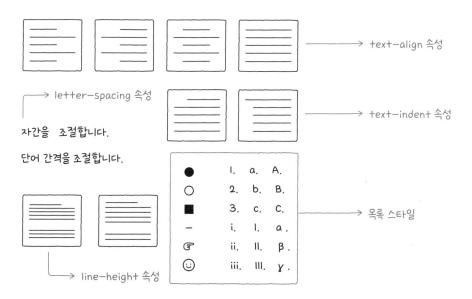

————→ text-align 속성

——→ letter-spacing 속성

자간을　조절합니다.

단어 간격을 조절합니다.

————→ text-indent 속성

————→ 목록 스타일

——→ line-height 속성

CHAPTER

07

인라인과 블록 및
박스 모델 이해하기

LESSON 16 인라인 요소와 블록 요소

학습 목표

이번 LESSON에서 배울 내용은 CSS를 배울 때 반드시 이해하고 넘어가야 할 가장 중요한 부분입니다. 인라인 요소와 블록 요소는 웹 페이지의 공간을 구성하는 기본 방식입니다. 이 두 개념을 확실히 이해하고 넘어가야 앞으로 웹사이트를 만드는 과정 또한 수월할 것입니다.

기본 너비와 개념

CSS 플레이그라운드 URL https://showcases.yalco.kr/html-css/02-05/01.html

HTML을 배울 때 LESSON 11에서 잠깐 언급했던 내용을 기억하나요? 갖가지 기능을 가지고 있는 여러 태그에서 기능을 빼면 〈span〉 태그와 〈div〉 태그만 남는다고 했습니다. 두 태그의 차이는 **블록**block **요소**인지, **인라인**inline **요소**인지의 여부입니다. 아래 그림에서 색상으로 표시한 영역을 설명 텍스트와 함께 읽어 보면 이해하기 쉽습니다. 블록 요소와 인라인 요소는 CSS의 **display** 속성값으로 명시할 수 있습니다.

> **블록 요소**는 딱딱한 상자와도 같습니다.
> 이 파란색 상자처럼 사각형의 형태를 갖고 있으며 너비와 높이, 안팎의 간격을 부여받을 수 있죠.

> 반면 **인라인 요소**는 비닐이나 랩 안에 내용물을 넣은 것과도 같습니다. 이 텍스트처럼, 일정한 바깥 형태나 껍데기 없이 페이지의 흐름에 따라 다른 텍스트나 컨텐츠와 어우러져 배치되죠. 위의 노란 부분이 인라인 요소입니다.

실제 화면을 통해 확인해 봅시다. 아래 그림에서 **span 요소**는 말 그대로 〈span〉 태그로 지정한 **요소**이고, **div 요소**는 〈div〉 태그로 지정한 요소입니다. 이전 그림과 비교해 보면 〈span〉 태그는 인라인 요소이고, 〈div〉 태그는 블록 요소인 것을 알 수 있습니다.

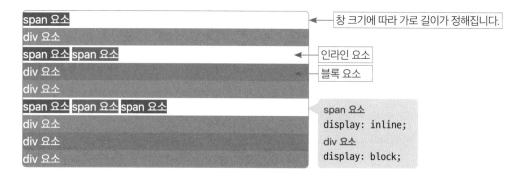

하지만 CSS의 display 속성을 통해 인라인 요소와 블록 요소를 서로 다른 형식으로 바꿀 수도 있습니다. 그만큼 CSS는 필요에 따라 레이아웃에 변화를 주는 유연함을 제공합니다.

또한 인라인 요소와 블록 요소를 절충한 **인라인 블록**inline-block **요소**도 있습니다. **기본적으로 인라인 요소의 속성을 따르면서 너비와 높이를 조절할 수 있는 것이죠.** 이전 구조에서 span 요소와 div 요소의 **display** 속성을 모두 **inline-block**으로 지정하면 다음과 같은 모습으로 바뀝니다.

> 미토의 참:견
>
> 인라인 요소를 블록 요소로, 블록 요소를 인라인 요소로 바꾸는 것이 가능하다는 말이죠.

원래 **인라인** 요소였던 보라색 span 요소는 콘텐츠, 즉 글자가 차지하는 만큼의 너비를 차지하고 있었습니다. 반면 **블록** 요소였던 빨간색 div 요소는 부모의 너비만큼, 정확히 말하자면 **부모 안에서 가능한 최대 너비를 꽉 채우고** 있었죠. 하지만 두 요소에 모두 **인라인 블록** 속성을 지정했더니 세부 콘텐츠가 차지하는 만큼 너비를 차지하면서 빈 공간 없이 요소가 꽉 채워지는 것을 볼 수 있습니다.

너비와 높이 조절하기

이번에는 인라인 요소와 블록 요소의 크기를 조절해 보겠습니다. 206쪽 예시에서 각 요소의 너비를 **width** 속성을 통해 **240px**로 지정하면 다음과 같습니다.

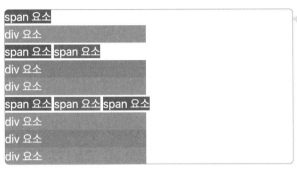

줄 영역 전체를 차지하던 블록 요소인 div 요소의 너비가 240픽셀만큼 줄어들었습니다. 반면 인라인 요소인 span 요소는 변화없이 그대로입니다. 즉, 인라인 요소는 CSS의 너비와 높이 속성을 무시한다는 것을 알 수 있습니다.

그렇다면 span 요소의 **display** 속성을 inline이 아닌 **inline-block**으로 바꾸면 어떻게 될까요? 240픽셀의 너비가 잘 적용됩니다.

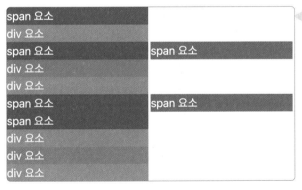

여기서 div 요소의 **display** 속성을 block에서 **inline**으로 바꾸면 어떻게 될까요? 인라인 요소의 너비는 콘텐츠만큼 설정되므로 240픽셀 너비가 적용되지 않았습니다.

이제 높이를 바꿔 볼까요? div 요소의 **display** 속성을 다시 **block**으로 되돌린 다음 **height** 속성을 **36px**로 지정하면 207쪽의 그림보다 각 영역의 높이가 늘어난 것을 볼 수 있습니다.

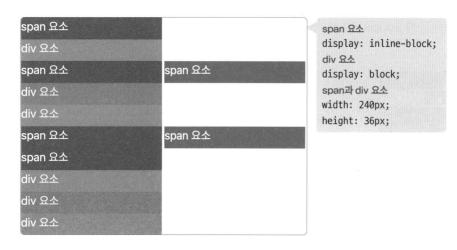

여기서 span 요소의 **display** 속성을 다시 **inline**으로 바꾸면 콘텐츠 영역만큼 너비가 또 줄어든 것을 볼 수 있겠죠. 그런데 이 모습 어디선가 본 것 같지 않나요? 맞습니다. 207쪽에서 너비를 적용했을 때와 같은 모습입니다. 따라서 인라인 요소는 너비와 높이를 아무리 설정해도 크기를 조절할 수 없다는 것을 알 수 있습니다.

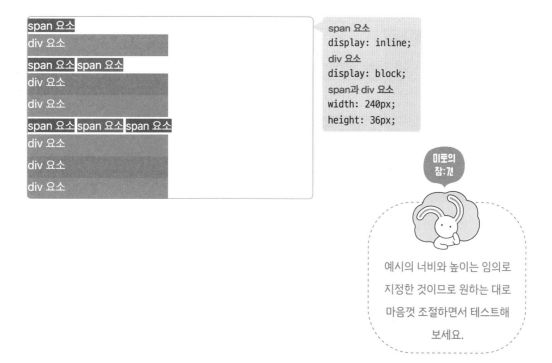

미로의 참:견

예시의 너비와 높이는 임의로 지정한 것이므로 원하는 대로 마음껏 조절하면서 테스트해 보세요.

가로 공간 차지하기

지금까지 배운 내용을 통해 너비를 지정하지 않을 경우 인라인 요소는 콘텐츠 너비만큼만, 블록 요소는 줄 전체 공간을 모두 차지한다는 것을 알았습니다. 너비를 지정할 경우 인라인 요소는 이를 무시하고 콘텐츠 너비만큼만 자리를 차지합니다. 블록 요소는 주어진 값만큼의 너비를 갖지만 나머지 가로 공간을 다른 요소에 내어주지 않고 빈 상태로 남겨 둡니다. 이러한 상태를 **블록 요소가 가로 공간을 독점한다**고 표현하겠습니다.

그렇다면 이렇게 가로 공간을 독점하는 블록 요소를 인라인 블록 요소로 바꾸면 어떻게 될까요? 다음과 같이 블록 요소가 다른 요소에 공간을 내어주는 것을 볼 수 있습니다.

즉, 블록 요소는 실제 크기가 얼마든지 상관없이 자신 옆으로는 아무것도 오지 못하도록 막습니다. 이것이 블록 요소와 인라인 블록 요소의 가장 큰 차이입니다.

이 상태에서 높이를 지정하면 어떻게 될까요? **height**를 **50px**로 지정한 만큼 인라인 블록 요소만 높이가 적용된 것을 볼 수 있습니다. 인라인 요소는 역시 꿈쩍도 하지 않네요.

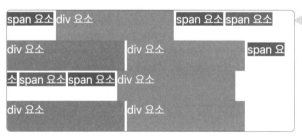

인라인 요소 역시 인라인 블록으로 바꾸면 드디어 너비와 높이가 맞춰집니다.

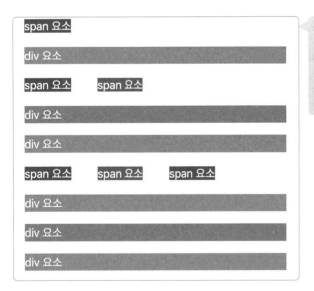

```
span 요소
display: inline-block;
div 요소
display: inline-block;
span과 div 요소
width: 200px;
height: 50px;
```

여백 적용하기

어떤 요소의 바깥쪽 여백을 적용할 때는 **margin** 속성을, 안쪽 여백을 적용할 때는 **padding** 속성을 사용합니다. LESSON 17에서 더 자세히 배우겠지만 여기에서는 인라인 요소와 블록 요소에서 여백이 어떻게 적용되는지 간단하게 살펴보고 넘어가겠습니다.

먼저 206쪽의 예시 그림에서 CSS로 **margin**을 **20px** 적용해 보겠습니다. 원래 있던 요소에서 바깥 여백이 20픽셀만큼 생겼습니다.

```
span 요소
display: inline;
div 요소
display: block;
span과 div 요소
margin: 20px;
```

개발자 도구를 열고(Ctrl + Shift + i) 살펴보면 주황색으로 표시된 공간이 여백입니다. 블록 요소는 상하좌우에, 인라인 요소는 좌우에만 여백만 생긴 것을 볼 수 있습니다.

이번에는 반대로 **padding**을 **20px** 적용해 보겠습니다. 원래 있던 블록 요소와 인라인 요소 모두 글자를 기준으로 안쪽 여백이 20픽셀만큼 생겼습니다. 두 여백의 차이점이 보이나요?

그런데 인라인 요소와 블록 요소가 섞여 있는 상태에서 모두 **padding**을 적용하면 다음과 같이 요소가 서로 겹치는 현상이 발생합니다. 얼핏 보면 span 요소에도 안쪽 패딩이 전부 적용된 것 같지만 상하 공간은 다른 요소를 밀어내지 않기 때문입니다. 이처럼 인라인 요소에는 여백이 불완전하게 적용됩니다.

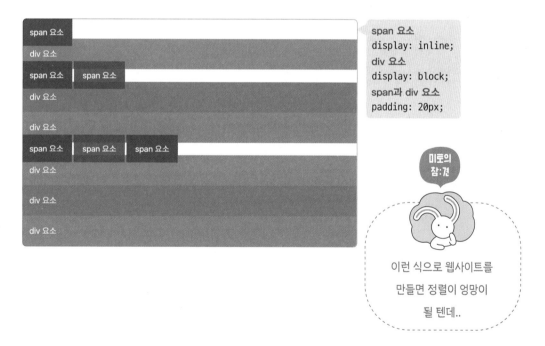

따라서 여백을 적용할 때는 인라인 요소의 display 속성을 인라인 블록 요소로 바꾸는 것이 좋습니다. 결과를 보면 어떤가요? 훨씬 깔끔해졌죠?

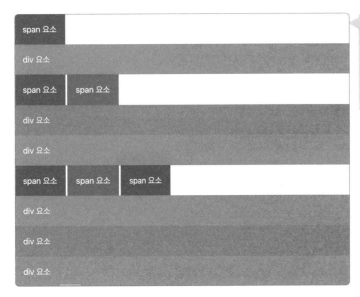

span 요소
display: inline-block;
div 요소
display: block;
span과 div 요소
padding: 20px;

CSS의 display 속성은 기본적으로 inline 값을 갖지만 브라우저는 div 태그 등 블록 요소로 구분되는 요소들의 display 속성값을 block으로 기본 지정합니다. 이와 관련해서는 LESSON 30에서 더 자세히 알아볼게요.

직접 해 보세요 웹사이트의 상단에서 흔히 볼 수 있는 메뉴 모양을 만드는 실습을 하겠습니다.

Chapter 07/inlineblock1.html

```
...
<head>
...
  <link rel="stylesheet" href="./inlineblock1.css">
</head>
<body>
  <ul>
    <li>홈</li>
    <li>회사 소개</li>
```

```
    <li>제품 소개</li>
    <li>고객센터</li>
    <li>커뮤니티</li>
  </ul>
</body>
...
```

간단 입력 팁 ul>li{홈}+li{회사 소개}+li{제품 소개}+li{고객센터}+li{커뮤니티} `Tab`

Chapter 07/inlineblock1.css

```
ul > li {
  margin-right: 2em;
}
```

실행하면 다음과 같은 목록 형태를 확인할 수 있습니다. 여기서 〈li〉 태그는
블록 요소이기 때문에 메뉴가 아래로 쭉 나열되어 있습니다.

- 홈
- 회사소개
- 제품소개
- 고객센터
- 커뮤니티

실행결과

이 메뉴를 옆으로 길게 나열하고 싶으면 어떻게 할까요? **display** 속성을
inline 또는 **inline-block**으로 변경하는 코드를 추가하면 됩니다.

Chapter 07/inlineblock1.css

```
ul > li {
  margin-right: 2em;
  display: inline-block;
}
```

| 홈   회사소개   제품소개   고객센터   커뮤니티 | 실행결과 |

직접 해 보세요 한 가지 실습을 더 하겠습니다. 애국가 가사를 1절부터 4절까지 〈p〉 태그로 작성
합니다.

Chapter 07/inlineblock2.html

```
...
<head>
...
  <link rel="stylesheet" href="./inlineblock2.css">
</head>
<body>
  <h1>애국가</h1>
  <p>
    동해물과 백두산이 마르고 닳도록<br>
    하느님이 보우하사 우리나라 만세<br>
    무궁화 삼천리 화려 강산<br>
    대한 사람 대한으로 길이 보전하세
  </p>
  <p>
    남산 위에 저 소나무 철갑을 두른 듯<br>
    바람 서리 불변함은 우리 기상일세<br>
    무궁화 삼천리 화려 강산<br>
    대한 사람 대한으로 길이 보전하세
  </p>
  <p>
    가을 하늘 공활한데 높고 구름 없이<br>
    밝은 달은 우리 가슴 일편단심일세<br>
    무궁화 삼천리 화려 강산<br>
    대한 사람 대한으로 길이 보전하세
  </p>
  <p>
    이 기상과 이 맘으로 충성을 다하여<br>
    괴로우나 즐거우나 나라 사랑하세<br>
    무궁화 삼천리 화려 강산<br>
    대한 사람 대한으로 길이 보전하세
  </p>
</body>
...
```

Chapter 07/inlineblock2.css

```
p {
  margin: 8px;
}
```

결과 화면을 보면 오른쪽에 빈 공간이 너무 많이 남습니다. 애국가 가사를 감싼 〈p〉 태그가 블록 요소라 해당 줄 전체를 차지하고 있기 때문입니다.

애국가

동해물과 백두산이 마르고 닳도록
하느님이 보우하사 우리나라 만세
무궁화 삼천리 화려 강산
대한 사람 대한으로 길이 보전하세

남산 위에 저 소나무 철갑을 두른 듯
바람 서리 불변함은 우리 기상일세
무궁화 삼천리 화려 강산
대한 사람 대한으로 길이 보전하세

가을 하늘 공활한데 높고 구름 없이
밝은 달은 우리 가슴 일편단심일세
무궁화 삼천리 화려 강산
대한 사람 대한으로 길이 보전하세

이 기상과 이 맘으로 충성을 다하여
괴로우나 즐거우나 나라 사랑하세
무궁화 삼천리 화려 강산
대한 사람 대한으로 길이 보전하세

그렇다면 오른쪽 빈 공간 없이 가사가 한 절씩 잘 구분되어 보이도록 하려면 어떻게 해야 할까요? 마찬가지로 **display** 속성을 **inline-block**으로 바꿔 주면 됩니다. 인라인 요소로 지정해도 오른쪽 빈 공간은 채워지지만 〈br〉 태그로 줄바꿈하지 않은 줄 모양이 그대로 남기 때문에 인라인보다는 인라인 블록 요소로 지정하는 것이 좋습니다.

Chapter 07/inlineblock2.css

```
p {
  margin: 8px;
  display: inline-block;
}
```

애국가

동해물과 백두산이 마르고 닳도록
하느님이 보우하사 우리나라 만세
무궁화 삼천리 화려 강산
대한 사람 대한으로 길이 보전하세

남산 위에 저 소나무 철갑을 두른 듯
바람 서리 불변함은 우리 기상일세
무궁화 삼천리 화려 강산
대한 사람 대한으로 길이 보전하세

가을 하늘 공활한데 높고 구름 없이
밝은 달은 우리 가슴 일편단심일세
무궁화 삼천리 화려 강산
대한 사람 대한으로 길이 보전하세

이 기상과 이 맘으로 충성을 다하여
괴로우나 즐거우나 나라 사랑하세
무궁화 삼천리 화려 강산
대한 사람 대한으로 길이 보전하세

박스 모델

학습 목표

인라인 요소는 크기를 조절할 수 없지만 블록 요소와 인라인 블록 요소는 CSS로 너비와 높이를 조절할 수 있습니다. 이렇게 어떤 요소의 크기를 조절할 때는 픽셀 단위로 지정할 수도 있지만, 상대값이나 다른 여러 단위도 사용할 수 있습니다. 이번에는 블록 요소와 인라인 블록 요소의 크기를 조절하는 방법을 알아보겠습니다.

요소의 크기

CSS 플레이그라운드   URL https://showcases.yalco.kr/html-css/02-06/01.html

블록 요소와 인라인 블록 요소는 기본적으로 width와 height 속성으로 크기를 조절할 수 있습니다. 고정값 크기는 보통 픽셀을 사용하는데, 사실 웹사이트는 브라우저나 각 디바이스에 따라 화면의 크기가 유동적으로 변합니다. 따라서 어떤 요소의 크기를 고정해 버리면 오히려 사용자가 보기에 불편한 상황이 발생합니다.

이때 **상대값으로 퍼센트(%)를 사용하면 그 요소는 부모 크기에 비례한 길이가 됩니다.** 예를 들어 width 속성을 100%로 줬다면 부모 크기에 맞춘 크기가 되기 때문에 창의 크기를 어떻게 조절해도 너비가 꽉 찬 상태를 유지합니다. height 역시 같은 원리로 작동합니다.

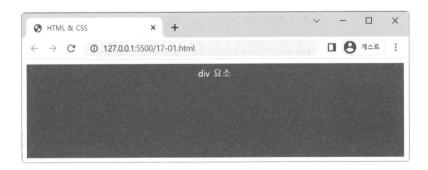

이렇게 **디바이스에 따라 유동적으로 크기를 조절할 때 유용한 기능이 바로 뷰포트**viewport**입니다.** 간단하게 생각하면 **실제 창(브라우저)의 크기**라고 생각하면 됩니다. 또한 **뷰포트 너비와 높이의 1/100 단위로 vw와 vh가 있습니다.** 즉, 어떤 요소의 너비를 50vw로 지정했다면 그 요소는 전체 화면의 절반 크기를 계속해서 유지하는 것이죠. 높이를 설정하는 vh도 마찬가지입니다.

똑같은 웹사이트를 PC 화면에서 볼 때와 스마트폰 화면에서 보는 경우를 생각해 봅시다. PC 화면에서 보는 창은 보통 가로가 세로보다 길고, 스마트폰에서 보는 창은 가로보다 세로가 깁니다. 심지어 태블릿 PC는 기기의 각도에 따라 화면의 가로가 길어질 수도, 세로가 길어질 수도 있습니다. 이렇게 유동적으로 창의 크기가 변하는 경우 또한 유용하게 사용할 수 있는 단위가 바로 vmax와 vmin입니다.

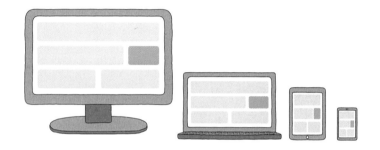

vmax는 상대적으로 길이가 긴 쪽, vmin은 상대적으로 길이가 짧은 쪽의 1/100 단위를 의미합니다. 따라서 width 속성을 20vmax로 지정한다는 것은 가로 세로 상관없이 길이가 긴 쪽을 기준으로 너비를 20으로 유지한다는 뜻입니다. 반대로 width 속성을 20vmin으로 지정하면 길이가 짧은 쪽을 기준으로 하겠죠.

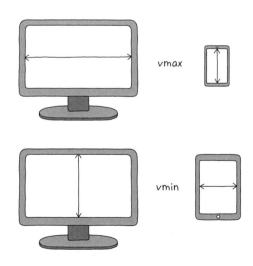

vw와 vh는 텍스트 크기를 설정하는 데에도 사용할 수 있습니다. 예를 들어 font-size 속성을 10vmin으로 지정하면 어떤 화면에서 길이가 짧은 쪽의 1/10 정도의 크기로 텍스트가 설정되는 것이죠. 이런 식으로 화면 크기에 따라 텍스트 크기 또한 동적으로 변해야 할 때는 font-size 속성도 v로 시작하는 수치로 쓸 수 있습니다. 이러한 단위들은 대다수의 CSS 속성에서 공통적으로 사용합니다.

텍스트를 요소 가운데에 넣고 싶어요!

버튼 등의 기능을 만들 경우 다음 그림과 같이 텍스트를 영역 가운데로 배치할 경우가 종종 있습니다. 이럴 땐 영역의 height와 div 요소라는 텍스트의 line-height 픽셀을 똑같은 값으로 설정하면 텍스트가 정확히 영역 가운데에 위치하는 효과를 줄 수 있습니다. 단, 이 방법은 텍스트가 한 줄일 때만 적용하는 것이 좋습니다.

마지막으로는 **calc()** 함수를 사용해 크기를 조절하는 방법이 있습니다. calc는 calculate(계산하다)의 약자로, **매개변수를 이용해 CSS에서 특정한 수치를 계산하는 함수입니다.** 예를 들어 width에 **calc(100% + 100px)** 값을 넣으면 상대값 100%의 수치에 100픽셀 더 많도록 나타내는 식이죠. 상대값으로 %뿐만 아니라 vw, vh도 당연히 사용 가능합니다.

calc() 함수는 주로 요소 안쪽에 여백(padding)이 적용되어 있을 때 사용합니다. 예를 들어 어떤 요소 안쪽에 24픽셀의 padding이 잡혀 있다면 원하는 상대값에서 24px을 두 번 뺀 **calc(100% − 48px)**로 넣어야 정확히 원하는 길이가 나옵니다. 이에 관해서는 이어서 더 자세히 살펴보겠습니다.

바깥쪽 여백과 안쪽 여백

여백은 박스 모델링의 핵심입니다. 다음 그림에서 빨간색 테두리 안쪽이 우리가 만드는 콘텐츠이고, 부모 콘텐츠 영역이 가장 바깥쪽에 있는 주황색 박스의 테두리만큼이라고 합시다. 그렇다면 **margin**은 빨간색 테두리 바깥쪽에 있는 주황색 여백, **padding**은 빨간색 테두리와 글자가 있는 파란색 박스 사이의 여백인 초록색 여백입니다.

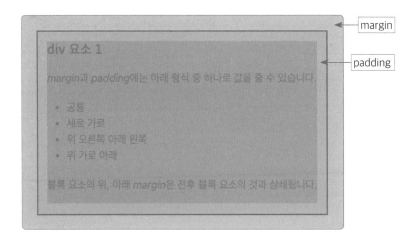

개발자 도구(Ctrl+Shift+i)를 열고 해당 영역을 클릭해 보면 CSS 가장 하단에 다음과 같은 그림이 함께 표시됩니다. 콘텐츠 요소의 여백을 이해하기에 아주 편리한 도구이죠.

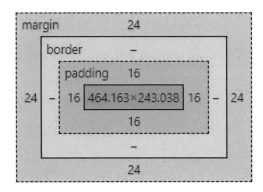

margin 속성

(CSS 플레이그라운드) URL https://showcases.yalco.kr/html-css/02-06/02.html

그렇다면 각 요소마다 콘텐츠의 바깥쪽 여백, 즉 margin은 어떻게 지정하는 걸까요? 크게 네 가지 방식이 있습니다.

첫째, margin 값을 하나로 지정하는 경우입니다.

기본적으로 여백은 모든 부분에 공통적으로 적용됩니다. 예를 들어 **margin**을 **24px**로 지정하면 콘텐츠 요소의 상하좌우 모든 방향에 24픽셀의 margin 영역이 생기는 것이죠. em 단위로 지정하는 경우도 마찬가지입니다. 만약 바깥 여백을 지정하고 싶지 않으면 0으로 지정합니다. 이때 0에는 특정 단위를 붙이지 않아도 됩니다.

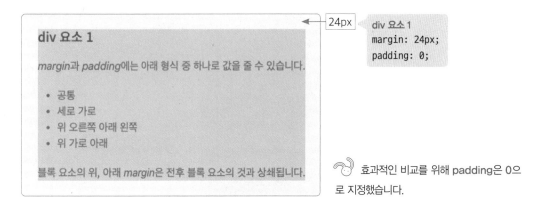

div 요소 1
margin: 24px;
padding: 0;

효과적인 비교를 위해 padding은 0으로 지정했습니다.

둘째, margin 값을 두 개로 지정하는 경우입니다.

첫 번째 값은 콘텐츠의 세로 영역, 즉 위쪽과 아래쪽에만 적용되고 두 번째 값은 콘텐츠의 가로 영역, 즉 왼쪽과 오른쪽에 적용됩니다.

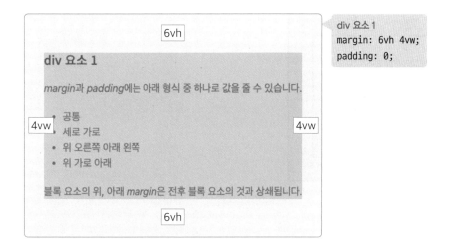

div 요소 1
margin: 6vh 4vw;
padding: 0;

셋째, margin 값을 네 개로 지정하는 경우입니다.

여기서 네 개의 값은 차례대로 위쪽에서부터 시계 방향으로 보여지는 크기입니다.

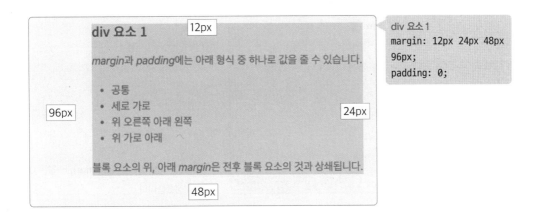

넷째, margin 값을 세 개로 지정하는 경우입니다.

첫 번째 값은 콘텐츠의 위쪽 영역, 두 번째 값은 콘텐츠의 왼쪽 및 오른쪽의 가로 영역, 세 번째 값은 콘텐츠의 아래쪽 영역을 지정합니다.

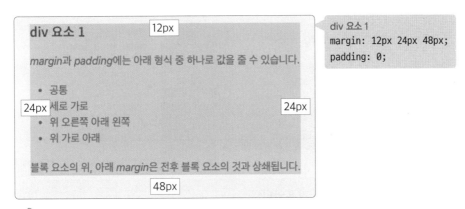

🐛 margin-top, margin-bottom, margin-left, margin-right와 같이 특정 방향을 명시해서 값을 지정할 수도 있습니다.

padding 속성

콘텐츠의 안쪽 여백, 즉 padding 값을 지정하는 방법도 margin과 동일합니다. 화면을 보면서 margin과 어떻게 다른지 주의깊게 살펴봅시다.

첫째, padding 값을 하나로 지정하는 경우입니다.

여백은 모든 부분에 공통적으로 적용됩니다.

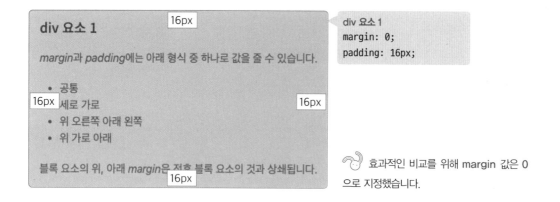

둘째, padding 값을 두 개로 지정하는 경우입니다.

첫 번째 값은 콘텐츠의 세로 영역, 즉 위쪽과 아래쪽에만 적용되고 두 번째 값은 콘텐츠의 가로 영역, 즉 왼쪽과 오른쪽에 적용됩니다.

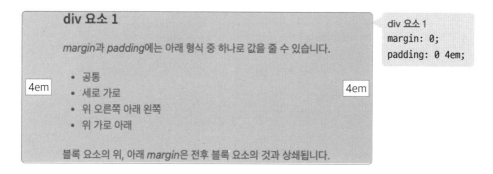

셋째, padding 값을 네 개로 지정하는 경우입니다.

여기서 네 개의 값은 차례대로 위쪽에서부터 시계 방향으로 보여지는 크기입니다.

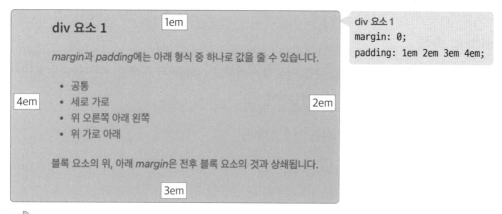

🐾 padding-top, padding-bottom, padding-left, padding-right와 같이 특정 방향을 명시해서 값을 지정할 수 도 있습니다.

넷째, padding 값을 세 개로 지정하는 경우입니다.

첫 번째 값은 콘텐츠의 위쪽 영역, 두 번째 값은 콘텐츠의 왼쪽 및 오른쪽인 가로 영역, 세 번째 값은 콘텐츠의 아래쪽 영역을 지정합니다.

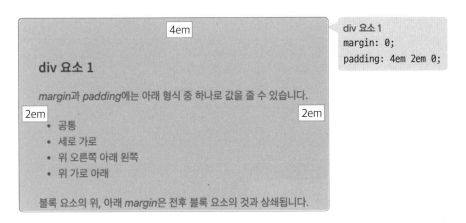

다음 예를 하나 더 봅시다. 블록 요소가 파란색, 빨간색 두 개 연속해서 이어져 있고 각 블록마다 **margin**이 **24px** 적용되어 있습니다. 앞에서 배운 원리대로라면 파란색 박스의 여백 24px와 빨간색 박스의 여백 24px가 합쳐져서 파란색 박스와 빨간색 박스 사이의 여백이 48px가 되어야 할 것 같은데 실제로는 그렇지 않습니다. 왜 24px의 여백만 들어가 있는 것일까요?

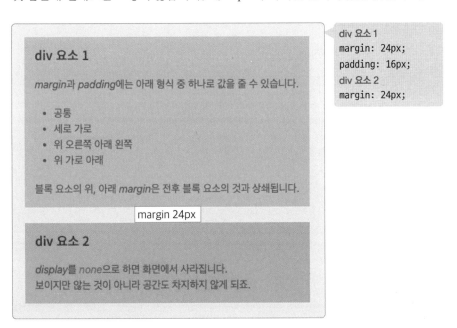

이는 블록 요소의 위, 아래 margin은 전후 블록 요소의 것과 상쇄된다는 특징 때문입니다. 앞의 예시에서는 margin을 동일한 값으로 줬지만, 어떤 요소가 더 긴 margin 값을 갖고 있다면 이 값

의 margin으로 적용되어 여백이 서로 겹쳐집니다.

직접 해 보세요 태그로 작성된 블록 요소를 두 개 작성하고, 두 번째 블록에는 special이라는 클래스명을 지정했습니다. 이 special 블록의 값을 조절하면서 두 블록의 여백을 비교해 보세요.

Chapter 07/marginpadding.html

```
...
<head>
...
  <link rel="stylesheet" href="./marginpadding.css">
</head>
<body>
  <p>margin과 padding은 -top, -bottom, -left, -right을 속성명에 붙여 따로 지정해줄
수 있습니다.</p>
  <p class="special">이를테면 이런 상황에서 유용하죠.</p>
</body>
...
```

간단 입력 팁 p{margin과 padding은 -top, -bottom, -left, -right을 속성명에 붙여 따로 지정해줄 수 있습니다.}+p.special{이를테면 이런 상황에서 유용하죠.} `Tab`

Chapter 07/marginpadding.css

```
p {
  background-color: lightblue;
  margin: 24px;
  padding: 24px;
}

p.special {
  /* margin-top: */
  /* margin-bottom: */
  /* margin-left: */
  /* margin-right: */

                          ←─ 여러 방식으로 조절해 보세요.

  /* padding-top */
  /* padding-bottom */
  /* padding-left */
  /* padding-right */
}
```

🐣 주석을 코드로 활성화시키려면 해당 줄에 커서를 갖다 놓은 후 `Ctrl`+`/`(맥에서는 `Cmd`+`/`) 키를 누릅니다.

결과 화면을 보면 첫 번째 블록 요소에는 margin이 24픽셀, padding이 24픽셀로 지정되어 있지만 두 번째 블록 요소에는 margin에 대시(−)를 붙여 위(top), 아래(bottom), 왼쪽(left), 오른쪽(right)의 여백을 각각 지정해 보도록 했습니다. 어떤 요소의 특정 방향에만 여백을 주고 싶으면 margin과 padding 모두 이 방법을 사용하면 됩니다.

margin과 padding은 -top, -bottom, -left, -right을 속성명에 붙여 따로 지정해줄 수 있습니다.

이를테면 이런 상황에서 유용하죠.

실행 결과는 기본 화면이지만 다양한 설정값을 지정해서 모양을 변화시켜 보세요.

YALCO 브라우저로 확인하는데 지정하지 않은 여백이 들어가 있어요!

앞에서 배운대로 원하는 부분에만 margin을 지정했는데 브라우저 개발자 도구에서 확인하면 지정하지 않은 부분에 여백이 들어가 있어 당황하는 일이 종종 있습니다. 이것은 브라우저 자체에서 기본으로 지정하는 여백입니다. 개발자 도구의 사용자 에이전트 스타일시트를 확인하면 브라우저 자체에서 지정하는 여백값을 확인할 수 있습니다. 따라서 브라우저의 기본 여백을 없애고 싶다면 여기에서 확인한 여백의 속성값을 CSS에서 0으로 지정하면 됩니다.

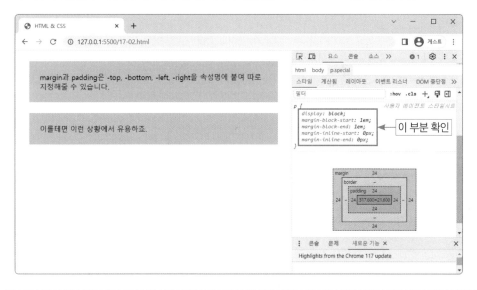

CSS 플레이그라운드 URL https://showcases.yalco.kr/html-css/02-06/03.html

여백 설정에서 또 한 가지 굉장히 유용한 팁은 바로 **auto** 값입니다. 이것은 **너비가 지정된 블록 요소의 가로 방향에서 남은 공간을 자동으로 채우는 방식**으로, 다음 그림과 같이 어떤 블록 요소를 가운데로 정렬할 때 사용하면 좋습니다. 단, 위 아래는 적용되지 않습니다.

> margin에서 *auto* 값은 너비가 지정된 블록 요소의 가로 방향에서 남은 공간을 채웁니다.
>
> 이 방법은 컨텐츠 섹션을 화면 가운데로 배치하는데 널리 사용되었죠.
>
> 오늘날에는 이후 배울 **flex** 방식으로 많이 대체되었습니다.

div 요소
margin: 0 auto;

그렇다면 margin 값을 **24px 24px 0 auto** 네 개로 지정하면 어떨까요? 위쪽과 오른쪽에 각각 24px의 여백, 그리고 아래쪽은 어차피 적용되지 않으며 왼쪽은 오른쪽에서 24픽셀이 들어가고 남은 영역을 꽉 채우니 다음과 같은 형태로 들어갑니다.

24px

auto

> margin에서 *auto* 값은 너비가 지정된 블록 요소의 가로 방향에서 남은 공간을 채웁니다.
>
> 이 방법은 컨텐츠 섹션을 화면 가운데로 배치하는데 널리 사용되었죠.
>
> 오늘날에는 이후 배울 **flex** 방식으로 많이 대체되었습니다.

24px

div 요소
margin: 24px 24px 0 auto;

> 오늘날에는 LESSON 21에서 배울 Flex 레이아웃 방식으로 많이 대체되긴 했지만, 가운데 정렬을 위해 auto 속성을 활용하는 방법은 콘텐츠 요소를 배치하는 데 지금도 매우 유용하게 사용되고 있습니다.

직접 해 보세요 auto 값과 관련해 실습해 보겠습니다.

Chapter 07/marginauto.html

```
...
<head>
...
  <link rel="stylesheet" href="./marginauto.css">
<head>
<body>
  <div></div>
</body>
...
```

Chapter 07/marginauto.css

```
div {
  /* display: inline-block; */
  width: 200px;
  height: 200px;
  background-color: orangered;
  margin: 0 auto;
}
```

결과 화면을 보면 다음과 같이 주황색 박스가 auto 값을 가지고 중앙에 위치해 있는 것을 알 수 있습니다. 〈div〉 태그가 기본적으로 블록 요소이기 때문입니다.

그런데 만약 〈div〉 태그에 블록이 아닌 인라인 블록 요소를 지정하면 어떻게 될까요?

Chapter 07/marginauto.css

```css
div {
  display: inline-block;
  width: 200px;
  height: 200px;
  background-color: orangered;
  margin: 0 auto;
}
```

margin에 auto로 설정한 값이 지정되지 않습니다. 이때는 〈div〉 태그의 부모 요소인 〈body〉 태그에 **text-align** 속성을 **center**로 지정하면 됩니다.

Chapter 07/marginauto.css

```css
body {
  text-align: center;
}

div {
  display: inline-block;
  width: 200px;
  height: 200px;
  background-color: orangered;
  margin: 0 auto;
}
```

따라서 인라인 블록 요소는 박스 형태를 유지하지만 인라인 요소처
럼 텍스트의 흐름을 따르기 때문에 그 부모 요소에 text-align으로
center 값을 지정해야 가운데로 위치할 수 있다는 점도 알아두면 좋
습니다.

테두리 속성

(CSS 플레이그라운드) URL https://showcases.yalco.kr/html-css/02-07/01.html

요소의 바깥쪽에 테두리를 그리면 해당 요소를 강조하거나 명확하게 표현할 때 좋습니다. 테두리
를 표현하는 방법을 세 가지 속성을 통해 직접 살펴보겠습니다.

border 속성

border는 **테두리, 즉 어떤 요소의 테두리 모양을 설정하는 CSS 기능**입니다. 속성을 지정할 때
는 테두리 선의 굵기와 스타일, 그리고 색을 차례대로 작성하면 됩니다. 예를 들어 두께가 **2px**인
검은색(**black**) 실선(**solid**)을 테두리로 지정하면 다음과 같은 모양이 됩니다.

border 속성을 사용하면 요소에 테두리를 줄 수 있습니다.
선의 굵기와 스타일, 그리고 색을 다양한 값으로 줄 수 있죠.

☞ 이 MDN 문서에서와 같이 따로따로 지정할 수도 있습니다.

box-sizing 속성은 너비와 높이 값에 *padding*과
border 값을 포함시킬지를 결정합니다.

border-radius 속성은 모서리를 둥글게 하는데 사용됩니다.

body 요소
```
border: 2px solid black;
width: 440px;
padding: 24px;
```

테두리를 실선이 아닌 절취선으로 하고 싶다면 **border** 속성을 **dashed**로 지정합니다.

border 속성을 사용하면 요소에 테두리를 줄 수 있습니다. 선의 굵기와 스타일, 그리고 색을 다양한 값으로 줄 수 있죠.

☞ 이 MDN 문서에서와 같이 따로따로 지정할 수도 있습니다.

box-sizing 속성은 너비와 높이 값에 *padding*과 *border* 값을 포함시킬지를 결정합니다.

border-radius 속성은 모서리를 둥글게 하는데 사용됩니다.

```
body 요소
border: 0.5em dashed #ccc;
width: 440px;
padding: 24px;
```

우리가 흔히 말하는 점선은 **border** 속성을 **dotted**로 지정합니다. 선 형태뿐만 아니라 두께나 색상도 다른 형태로 지정해 봤습니다.

border 속성을 사용하면 요소에 테두리를 줄 수 있습니다. 선의 굵기와 스타일, 그리고 색을 다양한 값으로 줄 수 있죠.

☞ 이 MDN 문서에서와 같이 따로따로 지정할 수도 있습니다.

box-sizing 속성은 너비와 높이 값에 *padding*과 *border* 값을 포함시킬지를 결정합니다.

border-radius 속성은 모서리를 둥글게 하는데 사용됩니다.

```
body 요소
border: 1.5vmin dotted
darkorange;
width: 440px;
padding: 24px;
```

이 밖에도 여러 가지 형태의 선이 있지만 주로 이 세 가지를 사용하기 때문에 여기까지만 살펴보겠습니다. 더 많은 선 형태를 보고 싶다면 구글에서 border 테두리 mdn을 검색해 보세요.

직접 해 보세요 이제 테두리를 적용하는 실습을 하겠습니다. 먼저 아이템 목록 다섯 개를 만들고, 그 사이사이에 실선이 들어가도록 만드세요. 각 아이템의 위나 아래에 실선을 지정한 뒤 마지막 필요 없는 선은 last-child를 제외하면 되겠죠.

Chapter 07/border.html

```
...
<head>
...
  <link rel="stylesheet" href="./border.css">
<head>
<body>
  <ul>
    <li>ul 아이템 1</li>
    <li>ul 아이템 2</li>
    <li>ul 아이템 3</li>
    <li>ul 아이템 4</li>
    <li>ul 아이템 5</li>
  </ul>
</body>
...
```

간단 입력 팁 ul>li{ul 아이템 $}*5 Tab

Chapter 07/border.css

```
ul > li:not(:last-child) {
  border-bottom: 1px solid black;
}
```

반대로 border-top으로 실선을 먼저 넣고 리스트 첫 번째 요소의 first-child를 제외시킬 수도 있습니다.

• ul 아이템 1
• ul 아이템 2
• ul 아이템 3
• ul 아이템 4
• ul 아이템 5

실행결과

box-sizing 속성

그 다음으로 알아볼 속성은 **box-sizing**입니다. 앞에서 실습한 결과에서 **box-sizing** 속성이 **content-box**, width 속성이 **440px**로 지정되어 있으면 아래 그림의 파란 영역과 같이 **실제 콘텐츠가 들어가는 박스 영역의 너비**가 440픽셀이라는 것을 의미합니다.

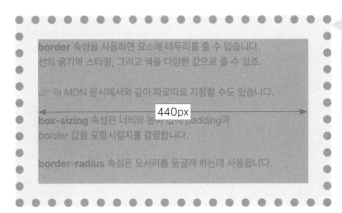

body 요소
border: 1.5vmin dotted darkorange;
width: 440px;
padding: 24px;
box-sizing: content-box;

🐛 border-top, border-bottom, border-left, border-right과 같이 특정 방향을 명시해서 값을 지정할 수도 있습니다.

그런데 이 상태에서 **box-sizing** 속성을 **border-box**로 변경하면 어떻게 될까요? **width** 속성이 같은 **440px**인데도 전체 너비가 줄어든 모습을 볼 수 있습니다. border-box의 width 속성은 실제 콘텐츠 영역 밖의 padding과 테두리 border 영역까지 모두 포함한 440px로 계산되어 크기가 조정되기 때문입니다.

body 요소
border: 1.5vmin dotted darkorange;
width: 440px;
padding: 24px;
box-sizing: border-box;

웹사이트를 만들 땐 화면에 여러 요소들을 너비와 높이를 계산해서 배치합니다. 그런데 padding 과 border 속성으로 인해 원래 의도했던 너비가 아닌 다른 크기로 변경되는 경우에는 box-sizing 속성을 border-box로 지정한 후 원래 의도했던 width 값을 너비로 지정합니다.

border-radius 속성

border-radius는 박스 모델의 모서리를 둥글게 지정할 때 사용합니다. 지정 방법은 margin 및 padding과 유사합니다.

첫째, border-radius 값을 하나로 지정하는 경우입니다.

이때는 네 군데 모서리에 모두 적용됩니다.

> **border** 속성을 사용하면 요소에 테두리를 줄 수 있습니다.
> 선의 굵기와 스타일, 그리고 색을 다양한 값으로 줄 수 있죠.
>
> ☞ 이 MDN 문서에서와 같이 따로따로 지정할 수도 있습니다.
>
> **box-sizing** 속성은 너비와 높이 값에 *padding*과
> *border* 값을 포함시킬지를 결정합니다.
>
> **border-radius** 속성은 모서리를 둥글게 하는데 사용됩니다.

```
body 요소
border: 2px solid black;
width: 440px;
padding: 24px;
border-radius: 2em;
```

퍼센트(%) 단위를 사용하면 요소의 가로와 세로 길이에 비례한 값으로 테두리를 지정합니다. 예를 들어 **50%**로 지정하면 모서리의 둥근 영역이 넓어져 원 모양이 됩니다. 다음 요소의 원래 모양이 직사각형이므로 테두리는 타원형이 됩니다.

> **border** 속성을 사용하면 요소에 테두리를 줄 수 있습니다.
> 선의 굵기와 스타일, 그리고 색을 다양한 값으로 줄 수 있죠.
>
> ☞ 이 MDN 문서에서와 같이 따로따로 지정할 수도 있습니다.
>
> **box-sizing** 속성은 너비와 높이 값에 *padding*과
> *border* 값을 포함시킬지를 결정합니다.
>
> **border-radius** 속성은 모서리를 둥글게 하는데 사용됩니다.

```
body 요소
border: 2px solid black;
width: 440px;
padding: 24px;
border-radius: 50%;
```

둘째, border-radius 값을 두 개로 지정하는 경우입니다.

첫 번째 값은 요소의 상단 왼쪽과 하단 오른쪽, 두 번째 값은 요소의 상단 오른쪽과 하단 왼쪽을 동시에 변형합니다.

border 속성을 사용하면 요소에 테두리를 줄 수 있습니다. 선의 굵기와 스타일, 그리고 색을 다양한 값으로 줄 수 있죠.

☞ 이 MDN 문서에서와 같이 따로따로 지정할 수도 있습니다.

box-sizing 속성은 너비와 높이 값에 *padding*과 *border* 값을 포함시킬지를 결정합니다.

border-radius 속성은 모서리를 둥글게 하는데 사용됩니다.

```
body 요소
border: 2px solid black;
width: 440px;
padding: 24px;
border-radius: 24px 0;
```

🐌 가로 길이와 세로 길이가 서로 다른 직사각형 모양의 박스 모서리는 퍼센트(%) 값으로 모서리를 지정하면 테두리가 한쪽으로 찌그러진 모양이 됩니다. 따라서 정사각형 박스가 아니라면 정확한 픽셀로 모서리를 지정하는 것이 훨씬 깔끔하고 보기 좋습니다.

셋째, border-radius 값을 네 개로 지정하는 경우입니다.

margin과 padding의 경우 위에서부터 시계 방향으로 여백이 지정된 것과 마찬가지로, border-radius 속성 역시 상단 왼쪽 모서리부터 시계 방향으로 차례로 값이 지정됩니다.

border 속성을 사용하면 요소에 테두리를 줄 수 있습니다. 선의 굵기와 스타일, 그리고 색을 다양한 값으로 줄 수 있죠.

☞ 이 MDN 문서에서와 같이 따로따로 지정할 수도 있습니다.

box-sizing 속성은 너비와 높이 값에 *padding*과 *border* 값을 포함시킬지를 결정합니다.

border-radius 속성은 모서리를 둥글게 하는데 사용됩니다.

```
body 요소
border: 2px solid black;
width: 440px;
padding: 24px;
border-radius: 12px 24px 48px
96px;
```

직접 해 보세요 테두리를 지정하는 실습을 하겠습니다. 〈div〉 태그로 박스 한 개를 만든 다음 파란색 테두리를 가진 원으로 바꾸어 보세요.

Chapter 07/borderradius.html

```
...
<head>
...
  <link rel="stylesheet" href="./borderradius.css">
<head>
<body>
  <div></div>
</body>
...
```

Chapter 07/borderradius.css

```
div {
  width: 200px; height: 200px;
  border: 5px solid blue;
  border-radius: 50%;
}
```

우선 박스 모델을 가로 세로 길이가 같은 정사각형으로 지정한 후 **border-radius** 속성을 **50%**로 지정하면 간단하게 파란색 원이 완성됩니다.

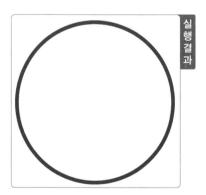

overflow 속성

(CSS 플레이그라운드) [URL] https://showcases.yalco.kr/html-css/02-07/02.html

overflow는 부모 요소보다 높이나 너비가 큰 자식 요소를 나타내는 방법을 지정하는 속성입니다. 말 그대로 '넘쳐흐른다'는 뜻이죠.

다음과 같은 박스 모델이 있다고 가정합시다. 부모 요소는 회색, 자식 요소는 주황색입니다.

overflow 속성으로는 부모 요소보다
높이나 너비값이 큰 자식 요소를 나타내는
방법을 지정할 수 있습니다.

*overflow*에 x축, y축 값을 함께 주거나
overflow-x, overflow-y 속성들로
따로 지정할 수도 있죠.

한 쪽만 *visible*이면 *auto*와 같이 동작합니다.

여기에서 **overflow** 속성의 기본값은 **auto**로 설정되어 있습니다. 이는 **자식 요소가 부모보다 큰 경우**(가로, 세로 모두 200%) 스크롤바를 자동으로 생성합니다.

overflow 속성으로는 부모 요소보다
높이나 너비값이 큰 자식 요소를 나타내는
방법을 지정할 수 있습니다.

*overflow*에 x축, y축 값을 함께 주거나
overflow-x, overflow-y 속성들로
따로 지정할 수도 있죠.

한 쪽만 *visible*이면 *auto*와 같이 동작합니다.

```
바깥쪽 요소
overflow: auto;
안쪽 요소
width: 200%;
height: 200%;
```

여기서 **overflow** 속성을 **visible**로 지정하면 **부모 영역을 벗어난 자식 요소를 그대로 보여 줍니다.** 이는 자식 요소가 부모 요소의 크기를 넘어서도 전체가 보일 수 있도록 허용하는 것입니다.

overflow 속성으로는 부모 요소보다
높이나 너비값이 큰 자식 요소를 나타내는
방법을 지정할 수 있습니다.

*overflow*에 x축, y축 값을 함께 주거나
overflow-x, overflow-y 속성들로
따로 지정할 수도 있죠.

한 쪽만 *visible*이면 *auto*와 같이 동작합니다.

바깥쪽 요소
overflow: visible;
안쪽 요소
width: 200%;
height: 200%;

visible 속성은 가로와 세로 모두 지정해야 합니다. 만약 한쪽만 visible 속성을 지정하면 auto를 지정한 것과 같은 상태로 동작합니다.

overflow 속성을 **hidden**으로 지정하면 말 그대로 **부모 영역을 벗어나는 부분은 아예 보이지 않게 숨겨 버립니다.**

overflow 속성으로는 부모 요소보다
높이나 너비값이 큰 자식 요소를 나타내는
방법을 지정할 수 있습니다.

*overflow*에 x축, y축 값을 함께 주거나
overflow-x, overflow-y 속성들로
따로 지정할 수도 있죠.

한 쪽만 *visible*이면 *auto*와 같이 동작합니다.

바깥쪽 요소
overflow: hidden;
안쪽 요소
width: 200%;
height: 200%;

숨김 속성에 대해서는 LESSON 22에서 한 번 더 설명하겠습니다.

overflow 속성을 **scroll**로 지정하면 기본값인 auto로 설정했을 때와 똑같이 **영역을 넘어가는 가로 세로 지점에 스크롤바를 생성합니다.** auto와 다른 점은 자식 요소가 부모 요소를 넘어가지 않더라도 일단 스크롤바 영역을 생성해 놓는다는 것입니다.

그럼 굳이 왜 scroll을 지정해야 할까요? scroll을 지정하지 않으면 자식 요소 크기에 따라 스크롤 바가 나타나기도, 혹은 나타나지 않을 수도 있으므로 페이지의 가로 너비가 유동적으로 왔다갔다 할 수 있습니다. 따라서 어떤 요소를 크기에 상관없이 한 곳에 고정시켜 일관적으로 보여 주고자 한다면 scroll 속성을 지정하여 무조건 스크롤바를 나타나게 하는 것이 좋습니다.

overflow 속성으로는 부모 요소보다 높이나 너비값이 큰 자식 요소를 나타내는 방법을 지정할 수 있습니다.

*overflow*에 x축, y축 값을 함께 주거나 *overflow-x*, *overflow-y* 속성들로 따로 지정할 수도 있죠.

한 쪽만 *visible*이면 *auto*와 같이 동작합니다.

바깥쪽 요소
overflow: scroll;
안쪽 요소
width: 80%;
height: 80%;

현재는 스크롤바가 가로 세로 모두 나타나 있지만 따로따로 표시할 수도 있습니다. **overflow** 속 성의 첫 번째 값은 가로 영역의 상태를, 두 번째 값은 세로 영역의 상태를 나타냅니다.

overflow 속성으로는 부모 요소보다 높이나 너비값이 큰 자식 요소를 나타내는 방법을 지정할 수 있습니다.

*overflow*에 x축, y축 값을 함께 주거나 *overflow-x*, *overflow-y* 속성들로 따로 지정할 수도 있죠.

한 쪽만 *visible*이면 *auto*와 같이 동작합니다.

overflow 속성으로는 부모 요소보다 높이나 너비값이 큰 자식 요소를 나타내는 방법을 지정할 수 있습니다.

*overflow*에 x축, y축 값을 함께 주거나 *overflow-x*, *overflow-y* 속성들로 따로 지정할 수도 있죠.

한 쪽만 *visible*이면 *auto*와 같이 동작합니다.

바깥쪽 요소
overflow: scroll hidden;
안쪽 요소
width: 80%;
height: 80%;

바깥쪽 요소
overflow: hidden scroll;
안쪽 요소
width: 80%;
height: 80%;

overflow-x, overflow-y와 같이 특정 방향을 명시해서 값을 지정할 수도 있습니다.

박스 그림자 속성

CSS 플레이그라운드 URL https://showcases.yalco.kr/html-css/02-07/03.html

텍스트에 그림자를 넣을 때 text-shadow 속성을 지정한 것을 기억하나요? **박스 모델 역시 box-shadow 속성을 사용해 그림자 효과를 넣을 수 있습니다.** 속성을 지정하는 순서는 다음과 같습니다. 괄호로 표현된 것은 반드시 넣지 않아도 되는 값입니다.

실제로 어떻게 적용되는지 살펴보겠습니다. 왼쪽 그림은 **X축 그림자의 두께를 4px, Y축 그림자의 두께를 4px, 그림자의 색을 회색(gray)으로** 지정한 것입니다. 여기에 X축과 Y축 다음에 값을 하나씩 더 추가하면 오른쪽 그림과 같이 마치 text-shadow처럼 흐리게 퍼지는 **blur-radius** 효과가 적용됩니다. 박스 주위로 **12px**의 흐림 효과가 더해졌습니다.

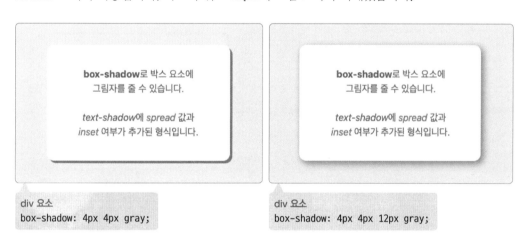

여기에 정수 값을 하나 더 추가하면 **그림자 영역의 크기를 지정하는 spread-radius** 효과가 생깁니다. 기존 그림자가 4px, 4px씩 있는 데도 **8px** 값을 추가하니 그림자의 영역이 넓어져 그림자가 보이지 않았던 상자 위쪽과 왼쪽에도 그림자가 살짝 엿보이는 것을 알 수 있습니다(다음 페이지 왼쪽 그림). 반대로 **spread-radius를 마이너스(-) 값으로 지정하면** 그림자의 크기가 상자보다 작아져 오른쪽 그림과 같은 모습이 됩니다. 보통 이런 방식으로 그림자의 모양을 조절합니다.

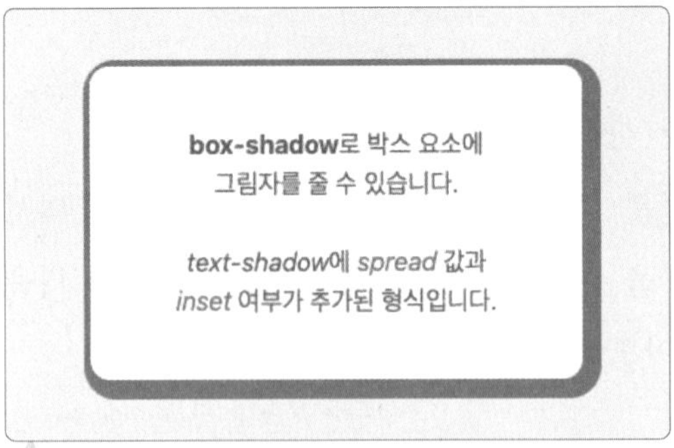

box-shadow: 4px 4px 0 8px gray;

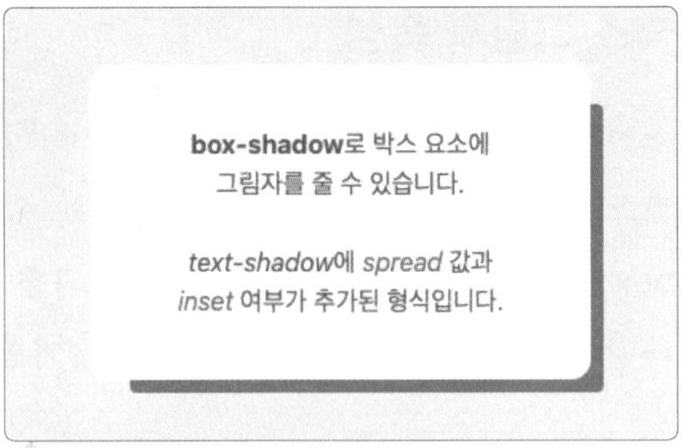

box-shadow: 16px 16px 0 -8px gray;

inset 여부를 제외한 다섯 개의 값을 넣으면 어떻게 될까요? X축과 Y축의 두께, 퍼짐 효과 크기, 그림자의 크기, 색이 모두 지정되었습니다(왼쪽 그림). **inset은 쉽게 말해서 박스의 안쪽에 그림자를 만드는 효과**입니다. 똑같은 값에 **inset**만 추가해도 239쪽에서 살펴본 그림자의 모습과 상반되게 나타나는 모습을 볼 수 있습니다(오른쪽 그림).

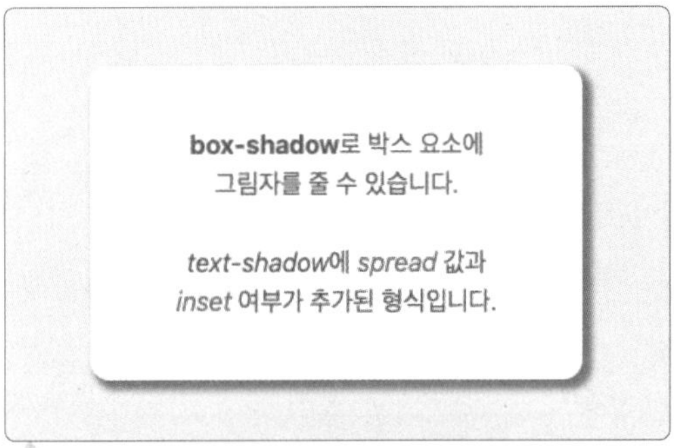

box-shadow: 4px 4px 4px 2px gray;

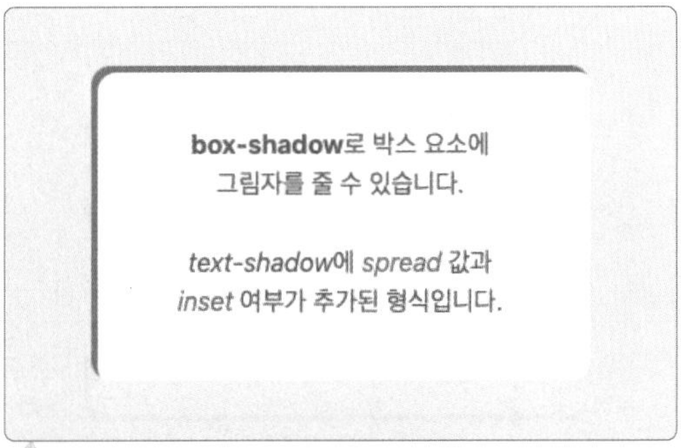

box-shadow: inset 4px 4px gray;

여기에 **blur-radius** 효과를 추가하면 **어떤 영역에 종이가 잘려서 들어간 듯한 모습**이 됩니다(왼쪽 그림). 다섯 개 그림자 속성값을 모두 지정하면 그림자 크기가 추가됩니다(오른쪽 그림).

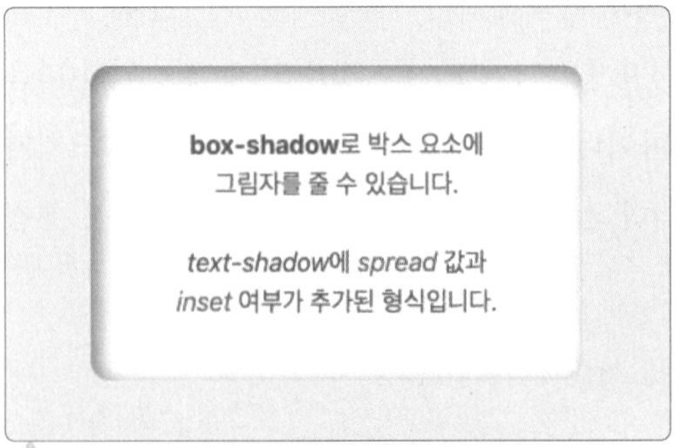

box-shadow: inset 4px 4px 12px gray;

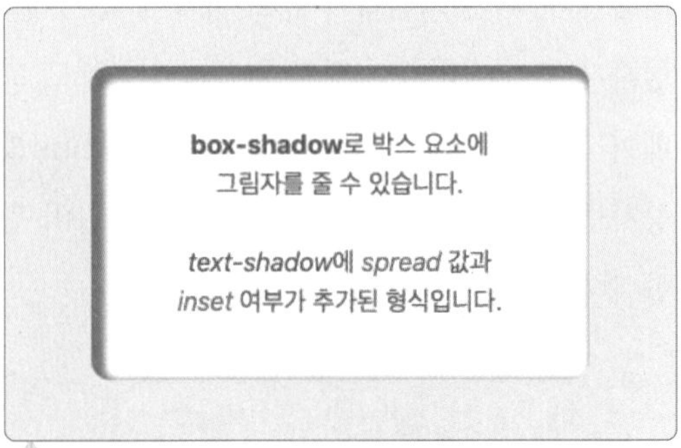

box-shadow: inset 4px 4px 4px 4px gray;

이와 같이 box-shadow의 설정값 앞에 inset을 붙이는지의 여부, 그리고 숫자로 몇 개의 값을 지정하는지에 따라 그림자의 크기를 원하는 만큼 얼마든지 조절하여 표현할 수 있습니다.

직접 해 보세요 박스 그림자 속성을 간단하게 연습할 수 있는 예제 파일을 만들어 보겠습니다.

Chapter 07/boxshadow.html

```
...
<head>
...
  <link rel="stylesheet" href="./boxshadow.css">
<head>
<body>
  <div></div>
</body>
...
```

Chapter 07/boxshadow.css

```
div {
  margin: 24px auto;
  width: 240px;
  height: 160px;
  border-radius: 24px;
  box-shadow: 0 0 black;
}
```

이렇게 작성한 파일을 브라우저에서 연 뒤 개발자 도구를 열어 보면 box-shadow 속성 옆에 조그마한 아이콘(▣)이 하나 보일 것입니다. 이것을 클릭하면 나타나는 팝업창에서 여러 속성을 조절하면서 그림자 모양을 설정할 수도 있습니다.

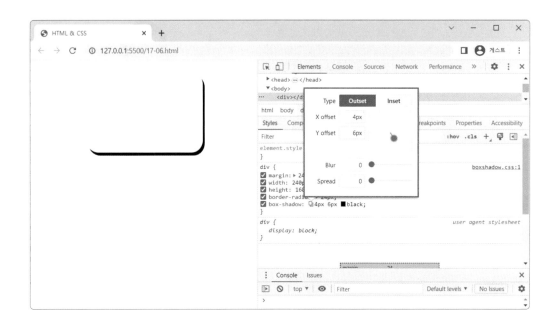

그림자 효과를 설정하는 사이트 이용하기 ···

다음 사이트는 그림자를 여러 모양으로 조절할 수 있는 도구를 제공합니다. 마우스로 박스 영역의 그림자를 조절하는 수치에 따라 그에 해당하는 CSS 코드를 알려주기 때문에 굉장히 편리합니다.

URL https://shadows.brumm.af

또한 구글에 **css shadow generator**를 검색해도 관련 사이트들이 많이 나오니 다양한 방법으로 활용해 보세요.

···

얄코의 친절한 CSS 노트

1 인라인 요소와 블록 요소, 인라인 블록 요소의 차이점

구분	인라인	블록	인라인 블록
기본 너비	콘텐츠만큼	부모의 너비만큼	콘텐츠만큼
width, height 속성	무시	적용	적용
가로 공간 차지	공유	독점	공유
margin 속성 (바깥쪽 여백)	좌우만 적용	상하좌우 모두 적용 (상하 상쇄)	상하좌우 모두 적용
padding 속성 (안쪽 여백)	좌우만 적용, 상하는 배경색만	상하좌우 모두 적용	상하좌우 모두 적용

2 바깥쪽 여백과 안쪽 여백

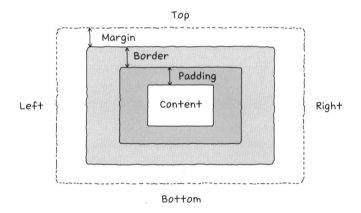

3 테두리 속성

solid　　　　dashed　　　　dotted

4 box-sizing 속성

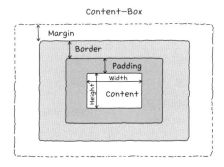 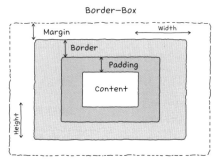

5 border-radius 속성

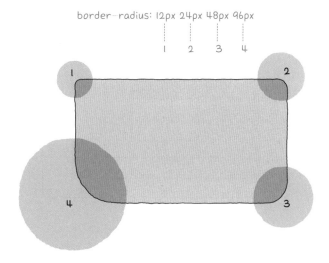

얄코의 친절한 CSS 노트

6 overflow 속성

```
I. overflow : auto

I. 동해물과 백두산이 마르고 닳도록 하느님이 보우하사
   우리나라 만세 무궁화 삼천리 화려 강산
```

```
I. overflow : visible

I. 동해물과 백두산이 마르고 닳도록 하느님이 보우하사
   우리나라 만세 무궁화 삼천리 화려 강산
     대한 사람 대한으로 길이 보전하세
```

```
I. overflow : hidden

I. 동해물과 백두산이 마르고 닳도록 하느님이 보우하사
   우리나라 만세 무궁화 삼천리 화려 강산
```

```
I. overflow : scroll

I. 동해물과 백두산이 마르고 닳도록 하느님이 보우하사
   우리나라 만세 무궁화 삼천리 화려 강산
```

7 box-shadow 속성

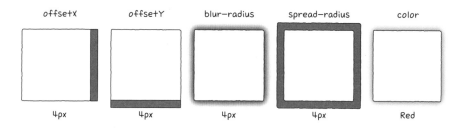

offsetX	offsetY	blur-radius	spread-radius	color
4px	4px	4px	4px	Red

CHAPTER
08

색과 이미지로
웹 페이지 꾸미기

색 표현하기

학습목표 웹 페이지에서 색은 어떻게 표현할까요? 우리가 흔히 알고 있는 색 이름으로 바로 명시할 수도 있지만, 세상에 존재하는 수많은 색을 전부 이름으로 표현할 수는 없기에 CSS는 색을 표현하는 다양한 방법을 제공합니다. 한번 익숙해지고 나면 자신의 상황에 따라 원하는 색을 지정할 때 매우 편리할 것입니다.

색을 표현하는 네 가지 방법

CSS 플레이그라운드 URL https://showcases.yalco.kr/html-css/02-04/01.html

웹사이트에 들어가는 색을 표현하는 방법에는 크게 네 가지가 있습니다. CSS로 어떻게 여러 가지 색을 표현할 수 있는지 하나씩 살펴보겠습니다.

Keyword

Keyword는 특정 색상의 이름을 키워드로 입력하는 방법입니다. white, blue, red 등 떠올리기 쉬운 이름뿐만 아니라 darkorange, deeppink, coral, tomato 등 수많은 이름이 존재합니다. 키워드 방식은 복잡한 코드나 숫자를 사용하지 않고도 원하는 색을 간편하게 입력할 때 좋습니다. 대표적인 색 이름은 **css color mdn**으로 검색하면 나오는 페이지에서 확인하세요.

URL https://developer.mozilla.org/ko/docs/Web/CSS/color_value

키워드	RGB 16진수값	미리보기	키워드	RGB 16진수값	미리보기
black	#000000		green	#008000	
gray	#C0C0C0		yellow	#FFFF00	
white	#FFFFFF		blue	#0000FF	
red	#FF0000		aqua	#00FFFF	
purple	#800080				

| mdn 문서에서 제공하는 색상 키워드 목록(일부)

RGB와 RGB(A)

RGB는 빛의 3원색인 빨강, 초록, 파랑을 조합해 색을 나타내는 방법으로, 각 색의 수치를 숫자나 퍼센트(%)로 표시하여 사용합니다. 각 수치는 0~255까지 있으며, 255는 100%와 같은 값이라고 생각하면 됩니다. 즉, rgb(255, 255, 255)는 rgb(100%, 100%, 100%)와 같은 흰색인 거죠. 또한 세 개의 값이 모두 동일하게 들어가면 흰색과 검은색 사이의 무채색 계열로 표현된다는 것도 알아두면 좋습니다.

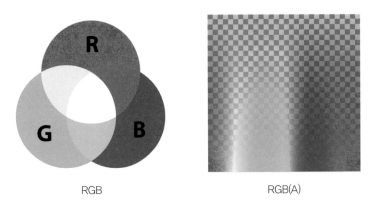

RGB   RGB(A)

그렇다면 **RGB(A)**는 무엇일까요? **괄호 안에 있는 A는 알파값(Alpha), 즉 불투명도를 나타냅니다.** 만약 검은색인 rgb(0, 0, 0)에 알파값을 더해 rgba(0, 0, 0, 0.25)를 붙이면 약 25%의 불투명도가 더해져 육안으로는 옅은 회색으로 보입니다. 알파값의 수치가 높을수록 불투명도가 높아져 짙게 보이고, 반대로 수치가 낮을수록 투명하게 보입니다. 따라서 어떤 색의 불투명도를 조절하려면 이와 같이 A 수치를 뒤에 하나 더 붙이면 됩니다.

HEX

HEX로 색을 표현하려면 16진수 개념에 대한 이해가 필요합니다. 우리가 흔히 사용하는 10진수가 열 개의 숫자로 구성되어 있다면 16진수는 뒤에 알파벳 여섯 개가 더 추가되어 총 열여섯 개로 구성됩니다. **알파벳 두 자리씩이 하나의 숫자, 즉 RGB를 나타낸다고 보면 됩니다.**

따라서 #FFFFFF는 16진수에서 가장 큰 수를 나열한 것이므로 rgb(255, 255, 255)와 같은 값입니다. 이 색이 어떤 색인지 기억하나요? 네, 바로 흰색입니다. 이제 247쪽의 표를 다시 한번 살펴봅시다. 어떤 뜻인지 이해가 되겠죠?

HEX 역시 RGB와 마찬가지로 세 개의 값이 모두 동일하게 들어가면 흰색과 검은색 사이의 무채색 계열로 표현됩니다.
또한 RGB(A)와 마찬가지로 마지막에 불투명도를 00~99 사이의 두 자리 숫자로 지정하면 투명도 역시 적용됩니다. 색을 표현하는 원리는 모두 비슷합니다.

16×16=255로 기억하는 방법도 좋습니다.

색상에서 키워드로 투명한 색을 입히려면 어떻게 해야 하나요?

키워드는 색상의 이름으로 색을 지정한다고 했습니다. 따라서 완전히 투명한 색은 영어 뜻 그대로 transparent라고 입력하면 됩니다. 물론 rgba(0, 0, 0, 0), #00000000으로 입력해도 결과는 같습니다.

HSL(A)

HSL(A)은 색상, 채도, 명도값과 알파값을 차례로 조합하여 색을 나타냅니다. 채도는 색이 얼마나 분명하게 나타나는지를, 명도는 색의 밝은 정도를 조절하는 것입니다. 따라서 hsl(0, 100%, 100%)은 명도가 완전히 밝은 100%이니까 흰색이 되겠죠. 반대로 hsl(0, 100%, 0%)은 검은색이고요. 채도는 가운데 숫자로 조절하는데, 채도가 100%이면 지정한 색이 완전히 선명하게 나타나고 0%이면 완전한 무채색이 됩니다. RGB에서 세 개의 숫자를 모두 같은 색으로 넣었을 때와 같은 효과입니다.

그렇다면 HSL의 첫 번째 숫자인 색상은 어떻게 조절할까요? 색상값을 0으로 바꿔 보면 빨간색인 것을 알 수 있습니다. 그리고 가장 높은 숫자인 360을 입력해도 역시 빨간색입니다. HSL에서 색상을 나타내는 수치인 0~360은 마치 무지개색처럼 빨주노초파남보 색을 거쳐 다시 빨간색으로 마무리됩니다. 이 번호를 전부 기억할 필요는 없고, 이러한 원리로 HSL 색상을 표현한다는 것만 알아두면 됩니다. 마지막에 알파값을 추가해서 불투명도를 조절하는 것도 같은 원리입니다.

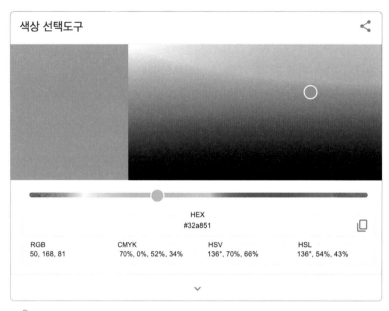

구글에서 color picker를 검색하고 원하는 색을 자유롭게 클릭하면 HEX, RGB, HSL 등의 색상값을 한번에 알 수 있어 편리합니다.

직접 해 보세요 이제 색을 표현하는 방법을 실습해 보겠습니다. CSS 파일에서 글자색은 **color**, 배경색은 **background-color** 속성을 사용해 작성합니다.

Chapter 08/csscolor.html

```
...
<head>
...
  <link rel="stylesheet" href="./csscolor.css">
<head>
<body>
  <p>
    글자와 배경에 색상을 적용해 보세요!
  </p>
</body>
...
```

간단 입력 팁 p{글자와 배경에 색상을 적용해 보세요!} `Tab`

Chapter 08/csscolor.css

```css
p {
  /* 글자색 */
  color: yellow;

  /* 배경색 */
  background-color: #333;
}
```

HEX 색상값에서 #FFFFFF처럼 같은 알파벳이나 숫자가 여섯 자리 모두 동일하게 들어갈 경우에는 #FFF와 같이 세 자리만 작성해도 같은 색이라고 인식합니다.

결과 화면을 보면서 글자와 배경에 다양한 색상값을 넣어 원하는 색으로 꾸며 보세요.

글자와 배경에 색상을 적용해 보세요!　실행결과

그런데 여기서 질문이 하나 있습니다. 예제에서 〈p〉 태그에 배경색을 설정했는데 글자가 있는 줄 전체에 배경색이 설정되었습니다. 왜 그런 것일까요? LESSON 16에서 배웠던 인라인 요소와 블록 요소의 차이 때문이라는 것을 눈치챘다면 여러분은 학습 내용을 잘 따라오고 있는 것입니다!

19 배경 꾸미기

학습 목표

웹 페이지에 배경을 꾸미는 방법은 여러 가지가 있습니다. 원하는 색을 직접 지정하거나 넣고자 하는 이미지를 원하는 방법대로 배치하는 것도 얼마든지 가능합니다. 배경과 관련된 속성은 모두 background- 라는 이름으로 시작하므로 기억하기 쉬울 것입니다.

이미지를 배경에 사용하기

CSS 플레이그라운드   URL https://showcases.yalco.kr/html-css/02-08/01.html

배경은 넣고자 하는 이미지 파일을 그대로 삽입하거나 해당 이미지에 CSS로 다양한 효과를 더할 수 있습니다. 그 속성을 하나씩 살펴보겠습니다.

background-image 속성

배경에 색상을 지정하는 대신 **특정 이미지 파일을 넣고 싶다면 background-image 속성에 해당 이미지가 있는 절대적 주소 또는 상대적 주소를 URL 값으로 지정합니다.** 예를 들어 어떤 배경 이미지의 너비가 **464px**, 높이가 **328px**로 지정된 상태에서 가로 세로가 120px인 정사각형 이미지 파일(**orange-tile.png**)을 배경에 넣으면 다음과 같은 결과가 됩니다.

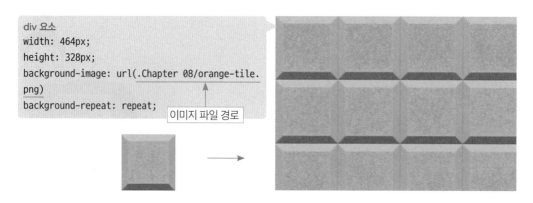

```
div 요소
width: 464px;
height: 328px;
background-image: url(.Chapter 08/orange-tile.
png)
background-repeat: repeat;
```
이미지 파일 경로

background-repeat 속성

background-repeat 속성은 배경 크기가 삽입한 이미지
보다 큰 경우 **삽입한 이미지를 종횡으로 반복해서 나타나게
하는 것입니다.** repeat이 **기본 설정**이기 때문에 특정한 값
을 지정하지 않으면 화면에 배경 이미지가 반복해서 꽉 차게
됩니다.

미로의 참:견

repeat이 기본 설정이므로 당황하지 마세요!

그렇다면 이미지를 반복하지 않으려면 어떻게 해야 할까요? 배경 전체에 해당 이미지가 한 번만
들어가게 하려면 **background-repeat** 속성을 **no-repeat**으로 지정합니다.

div 요소
background-repeat: no-repeat;

만약 해당 이미지를 가로축으로만 반복하고 싶다면 **background-repeat** 속성을 **repeat-x**,
세로축으로만 반복하고 싶으면 **repeat-y**로 지정합니다.

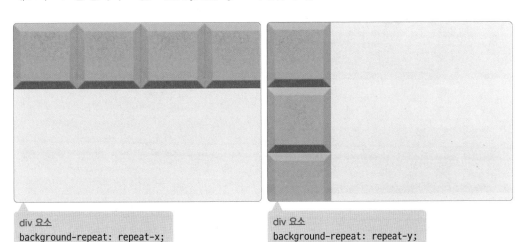

div 요소
background-repeat: repeat-x;

div 요소
background-repeat: repeat-y;

잘 쓰이지는 않지만 **background-repeat** 속성에 **space**
를 지정하면 각 배경의 모서리에 이미지를 먼저 배치한 다음
남는 공간을 비례해서 채웁니다. 또한 **round**를 지정하면 배
경의 최대 너비와 높이에 맞추어 가장 적절한 수만큼 이미지
를 반복하여 딱 맞게 채웁니다. 언뜻 보면 repeat와 비슷한
것 같지만 **repeat**는 넘쳐나는 이미지가 잘리는 반면 **round**
는 이미지가 잘리지 않습니다.

미로의
참:견

round로 완벽한 초콜릿
이미지를 만들 수 있습니다.

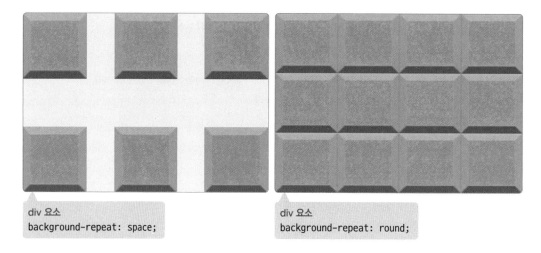

div 요소
background-repeat: space;

div 요소
background-repeat: round;

또한 우리가 margin과 padding에서 했던 것처럼 값을 두 개로 지정할 수도 있습니다. 즉, **첫 번
째 값은 X축의 설정, 두 번째 값은 Y축의 설정을 각각 지정할 수 있는 것이죠.**

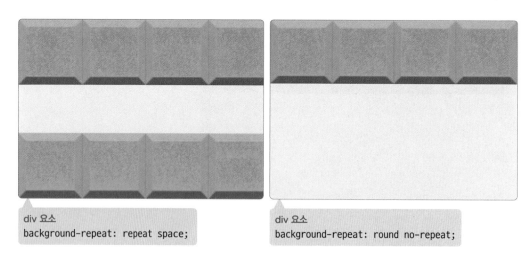

div 요소
background-repeat: repeat space;

div 요소
background-repeat: round no-repeat;

background-position 속성

기본적으로 이미지는 253쪽에서 no-repeat을 지정하며 확인했듯 배경의 위쪽에 붙어 있습니다. **background-position** 속성을 사용하면 이것을 상하좌우, 그리고 가운데로 설정할 수 있습니다. 또한 두 개의 값을 조합해서 사용할 수도 있습니다.

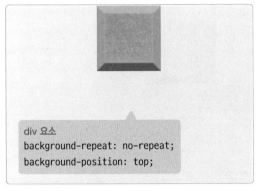

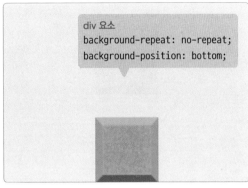

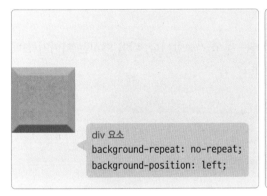

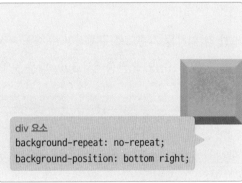

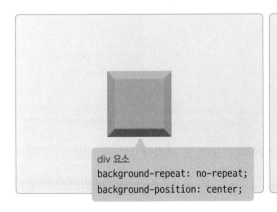

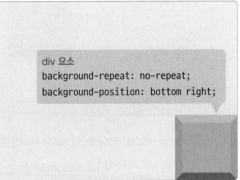

퍼센트(%)로 background-position 속성을 지정하면 이미지의 중심 축이 배경의 어느 지점에 위치해야 할지를 결정할 수 있습니다. 만약 **50% 50%**로 지정하면 이미지의 중심 축이 가로와 세로의 중간 지점에 있으므로 center로 지정한 것과 같은 효과입니다.

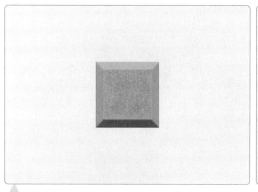

div 요소
background-repeat: no-repeat;
background-position: 50% 50%;

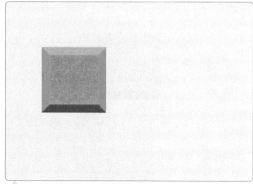

div 요소
background-repeat: no-repeat;
background-position: 20% 40%;

또한 각 위치를 기준으로 구체적인 수치를 지정하는 것도 가능합니다. 다음 예시는 이미지를 배경 바닥에서 **10px**, 오른쪽에서 **3vw** 띄운 것입니다.

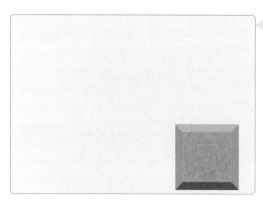

div 요소
background-repeat: no-repeat;
background-position:
bottom 10px right 3rw;

background-size 속성

background-size 속성은 말 그대로 **배경 이미지의 크기를 지정합니다.** 이해를 돕기 위해 배경보다 훨씬 큰 이미지(**landscope.jpg**)를 가져온 다음 **background-position** 속성을 **center**로 지정한 상태의 예시가 있다고 가정하겠습니다. 여기에 **background-size** 속성이 **auto**이면 이미지의 원래 크기대로 표시합니다. 따라서 화분 이미지는 배경보다 크기가 많이 큰 상태이므로 가운데를 기준으로 많은 부분이 잘려 보입니다.

원본 이미지

div 요소
```
width: 464px;
height: 328px;
background-image: url(.Chapter 08/landscope.jpg)
background-repeat: no-repeat;
background-position: center;
background-size: auto;
```

background-size 속성에 **퍼센트(%)** 값을 지정하면 **기본 이미지에 비례하여 크기가 조정됩니다.** 왼쪽 화면을 보면 **10%**로 지정하였더니 화분 이미지의 크기가 1/10로 줄어들었습니다. 만약 배경 크기에 맞춰 화분 이미지를 알맞게 채우려면 **background-size** 속성을 **100%**로 지정하면 되겠죠.

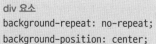

div 요소
```
background-repeat: no-repeat;
background-position: center;
background-size: 10%;
```

div 요소
```
background-repeat: no-repeat;
background-position: center;
background-size: 100%;
```

고정된 픽셀값을 지정해서 인위적으로 크기를 조절할 수도 있습니다. **background-size** 속성에서 이미지의 가로를 **100px**, 세로를 **150px**로 고정하면 다음과 같이 이미지가 찌그러지겠죠. 만약 이미지의 한쪽은 픽셀을 지정하고 다른 쪽은 **auto**를 지정하면 어떻게 될까요? **지정한 픽셀 값은 유지하면서 그 비율을 유지한 채로 이미지 크기가 조정되는 것을** 볼 수 있습니다.

auto는 이미지 비율이 이상하게 찌그러지는 일은 없겠죠.

div 요소
background-repeat: no-repeat;
background-position: center;
background-size: 100px 150px;

div 요소
background-repeat: no-repeat;
background-position: center;
background-size: 200px auto;

자, 지금부터가 정말 중요합니다. **background-size** 속성을 **contain**으로 지정하면 **전체 배경 영역에서 이미지의 어느 한쪽 긴 부분을 자동으로 맞춥니다.** 여기에 **background-repeat** 속성을 **no-repeat**, **background-position** 속성을 **center**로 지정하면 가운데에 한 개의 이미지가 고정된 모습이 되어 여러 방면에서 굉장히 유용하게 사용할 수 있습니다.

div 요소
background-repeat: no-repeat;
background-position: center;
background-size: contain;

이 방식은 슬라이드 쇼로 활용하기에도 좋습니다.

세로로 긴 이미지도 마찬가지입니다. 동일한 방법으로 속성을 설정하면 이미지의 세로 길이에 맞춘 상태로 배경의 한가운데에 딱 맞게 배치됩니다. 따라서 **background-size** 속성에 **contain**을 지정하면 이미지의 비례와 상관없이 자연스럽게 배경에 맞춰 이미지를 나타낼 수 있어 효과적입니다.

div 요소
```
background-position: center;
background-size: contain;
```

만약 여백 공간을 남기지 않고 해당 이미지로만 전체 배경을 꽉 채우고 싶다면 **background-size** 속성으로 **cover**를 지정하면 됩니다. 이렇게 하면 **background-repeat** 속성은 지정할 필요가 없겠죠. 물론 이미지가 잘리는 것은 감안해야 합니다.

div 요소
```
background-position: center;
background-size: cover;
```

직접 해 보세요 가로 세로 모두 **200px**인 박스 모델 안에 예제 폴더에 있는 모나리자 이미지 (**mona-lisa.jpg**)를 들어가게 한 후 모나리자의 얼굴이 가운데에 보이도록 위치를 조정합니다. 그리고 박스 모델을 동그란 형태로 변형하여 마치 프로필 사진 형태로 완성하겠습니다.

Chapter 08/background.html

```
...
<head>
...
  <link rel="stylesheet" href="./background.css">
<head>
<body>
  <div class="outer">
    <div class="with-bg"></div>
  </div>
</body>
...
```

간단 입력 팁 div.outer>div.with-bg `Tab`

Chapter 08/background.css

```
.outer {
  width: 200px; height: 200px;
  background-color: #eee;
  border-radius: 50%;
  overflow: hidden;
}
.with-bg {
  height: 100%;
  background-image: url(./Chapter 08/mona-lisa.jpg);
  background-size: cover;
}
```

배경에 그라데이션 넣기

CSS 플레이그라운드 URL https://showcases.yalco.kr/html-css/02-08/02.html

그라데이션은 두 가지 이상의 색을 사용하여 두 색을 점점 변화시켜 가며 채색하는 방법입니다. CSS에서는 다양한 방식의 그라데이션 효과를 넣을 수 있습니다. 사실 그라데이션은 디자인에 특별히 공을 들이는 웹사이트가 아닌 이상 흔히 사용되지는 않습니다. 따라서 색을 표현하는 데 이러한 방법도 있다는 것을 알아두는 정도로만 이해하고 넘어가도 좋습니다.

linear-gradient로 두 가지 색 지정하기

배경에 단색이 아닌 그라데이션 색을 넣는 원리는 쉽습니다. **background** 속성 안에 **linear-gradient()**를 지정하고 괄호 안에 여러 가지 옵션을 넣는 방식입니다. 그라데이션 방향은 기본적으로 위에서 아래로 향하며, 출발하는 색과 도착하는 색을 중간에 쉼표(,)를 사용해 지정합니다. 다음은 금색으로 시작해 토마토색으로 도착하는 기본 그라데이션을 지정한 것입니다.

div 요소
background: linear-gradient(gold, tomato);

그라데이션 방향을 바꾸고 싶으면 색상을 지정하기 전에 먼저 방향을 각도 단위(**deg**)로 입력합니다. 다음은 그라데이션 방향이 **45도**이고, **skyblue** 색으로 시작해 **slateblue** 색으로 도착하는 사선 그라데이션을 지정한 것입니다.

div 요소
background: linear-gradient(45deg, skyblue, slateblue);

만약 그라데이션을 왼쪽에서 오른쪽 방향으로 주려면 각도를 **90도**로 지정하면 되겠죠.

div 요소
background: linear-gradient(90deg,
deeppink, indigo);

이 상태에서 색깔의 영역을 조절해 봅시다. 처음 나오는 deeppink 색의 영역을 줄이고 싶다면 전체 너비를 100%으로 봤을 때 **deeppink** 색의 영역이 **25%** 정도에서 끝나도록 색 사이에 지정값을 추가하면 됩니다. 반대로 딥핑크 영역을 더 늘리고 싶으면 퍼센트값이 **75%**에서 끝나도록 퍼센트값을 높이면 되겠죠.

div 요소
background: linear-gradient(90deg, deeppink,
25%, indigo);

div 요소
background: linear-gradient(90deg, deeppink,
75%, indigo);

linear-gradient로 세 가지 색 지정하기

세 가지 색의 그라데이션도 물론 가능합니다. 다음 예시는 빨간색, 흰색, 파란색 순서대로 그라데이션 색을 넣은 것입니다. 배경 영역이 위에서부터 아래로 3등분되어 그 지점을 중심으로 색이 퍼지는 모습을 볼 수 있습니다.

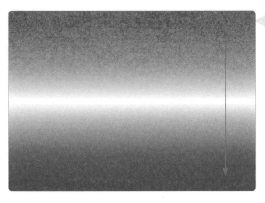

div 요소
background: linear-gradient(red, white, blue);

3등분한 영역 역시 위치 조절이 가능합니다. 만약 흰색의 시작 부분을 좀 더 위쪽으로 올리고 싶으면 흰색이 세로의 약 **40%** 지점에서 시작하도록 퍼센트값을 지정하면 됩니다. 또한 빨간색 영역이 **20%** 지점 이상을 완전히 빨간색으로 표현하고 싶다면 첫 번째 빨간색에도 퍼센트값을 줍니다. 아랫부분의 파란색 영역도 마찬가지입니다.

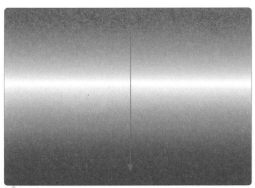

div 요소
background: linear-gradient(red 0%, white 40%, blue 100%);

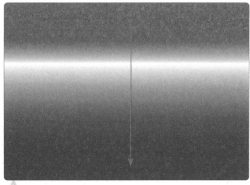

div 요소
background: linear-gradient(red 20%, white 33%, blue 80%);

심지어 그라데이션 같아 보이지 않는 이미지도 그라데이션으로 표현이 가능합니다. 앞에서 살펴본 세 가지 색 조합 그라데이션에서 **33% 영역**까지는 완전히 빨간색, **그 다음 33% 영역**까지는 완전히 흰색, **그 다음 마지막 영역**까지를 완전히 파란색으로 지정하려면 색의 경계 부분마다 퍼센트 값을 순서대로 지정합니다. 자, 이렇게 네덜란드 국기가 완성되었습니다.

div 요소
background: linear-gradient(red 33%, white 33%,, white 67%, blue 67%);

CSS를 속성을 응용하면 그라데이션만으로도 이렇게 다양한 효과를 줄 수 있습니다.

직접 해 보세요 이번에는 실습을 통해 재미있는 활용 방법을 하나 더 알아보겠습니다. 〈div〉 태그 영역에 **background** 영역을 세 가지 색으로 넣고 투명도를 **70%**로 지정하면 세 가지 색이 적절히 경계를 이루며 섞여 있는 모습을 볼 수 있습니다.

Chapter 08/gradient.html

```
...
<head>
...
  <link rel="stylesheet" href="./gradient.css">
<head>
<body>
  <div></div>
</body>
...
```

Chapter 08/gradient.css

```
div {
  width: 200px; height: 200px;
  background:
    linear-gradient(217deg, red, transparent 70%),
    linear-gradient(127deg, lime, transparent 70%),
    linear-gradient(336deg, blue, transparent 70%);
}
```

실행결과

책에서 언급한 것 외에도 다양한 그라데이션 효과가 아주 많습니다. 자세한 내용은 mdn 문서를 참조하며 직접 실습해 보기 바랍니다.

얄코의 친절한 CSS 노트

① 색 표현하기

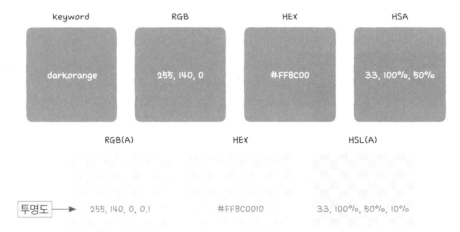

Keyword	RGB	HEX	HSA
darkorange	255, 140, 0	#FF8C00	33, 100%, 50%
RGB(A)		HEX	HSL(A)

투명도 ⟶ 255, 140, 0, 0.1   #FF8C0010   33, 100%, 50%, 10%

② background-repeat 속성

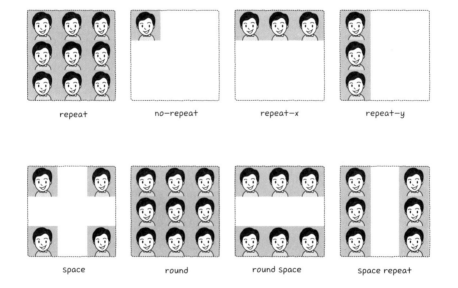

repeat   no-repeat   repeat-x   repeat-y

space   round   round space   space repeat

얄코의 친절한 CSS 노트

3 background-position 속성

top bottom center

left right

4 background-size 속성

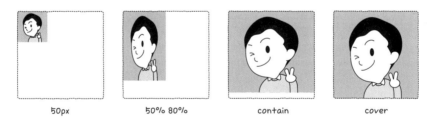

50px 50% 80% contain cover

5 linear-gradient() 함수로 배경 그라데이션 넣기

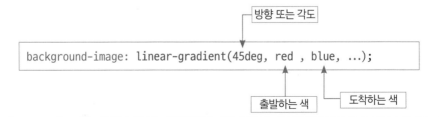

방향 또는 각도

```
background-image: linear-gradient(45deg, red , blue, ...);
```

출발하는 색 도착하는 색

CHAPTER
09

포지셔닝과 레이아웃

20 포지셔닝

학습
목표

HTML로 만든 웹 페이지는 하나의 기기로만 여는 것이 아니기 때문에 위치값이 상대적입니다. 따라서 요소의 상대적인 위치를 잡는 데 포지셔닝이 중요한 역할을 합니다. 처음에는 인라인 요소와 블록 요소처럼 다소 어렵게 느껴지겠지만 CSS에서 굉장히 중요한 개념이기 때문에 끝까지 집중해서 학습하기 바랍니다.

position 속성

CSS 플레이그라운드 URL https://showcases.yalco.kr/html-css/02-09/01.html

다음 그림은 하나의 큰 〈div〉 태그 안에 9개의 〈div〉 태그가 정사각형 모양으로 나열되어 있는 형태입니다. 기본적으로 블록 요소인 〈div〉 태그가 이런 형태로 나열되어 있다는 것은 display 속성을 inline-block으로 지정했기 때문이겠죠? 이제 이 정도는 바로 이해할 수 있어야 합니다.

가운데 노란색 〈div〉 태그 안에는 또 다른 빨간색 〈div〉 태그가 하나 더 들어 있습니다. 지금부터 이 노란색과 빨간색 상자의 위치를 기준으로 포지셔닝의 개념을 확실히 이해해 보겠습니다.

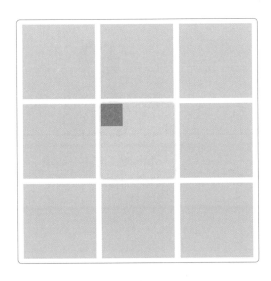

미로의
참:견

노란색 상자와 빨간색
상자가 어떻게 움직이는지에
주목하세요!

position 속성은 특정 HTML 요소들이 해당 페이지에서 어떻게 배치될지를 정하는 데 사용합니다. 이때 중요한 것은 **position** 속성은 부모 요소의 것이 자식 요소에게 대물림되지 않는다는 것입니다. 앞에서 배운 font-size 속성에서 특정 값을 픽셀로 지정해 주지 않으면 자식 요소가 부모 요소를 기준으로 상대적인 값(em, rem)을 가졌던 것을 기억하나요? 그러나 position 속성은 이와 같이 속성을 물려받지 않는다는 것을 꼭 기억해야 합니다.

| font-size 속성의 부모 요소 대물림

static

position 속성의 세부 지정 값을 하나씩 알아보겠습니다. 앞의 기본 모양에서 노란색 상자와 빨간색 상자를 **top 30px, left 30px** 위치로 이동합니다. 이때 **position** 속성의 기본값으로 설정되는 **static**은 원래 존재하던 페이지 요소의 흐름을 그대로 따르며 top, bottom, left, right, z-index 등의 위치 속성을 지정해도 이에 영향받지 않습니다. 따라서 노란색 상자는 원래 모습 그대로를 유지합니다. 한마디로 평온한 상태죠.

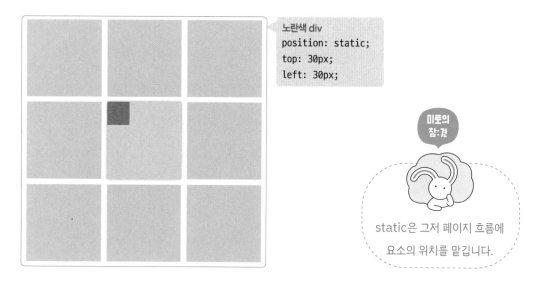

relative

이번에는 앞에서 노란색 상자와 빨간색 상자를 **top 30px, left 30px** 위치로 이동시킨 그대로 **position** 속성을 **relative**로 지정합니다.

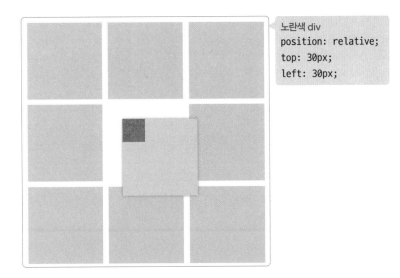

노란색 div
position: relative;
top: 30px;
left: 30px;

relative는 원래 있던 위치를 기준으로 top, bottom, left, right, z-index 속성값이 적용되도록 합니다. 단, 요소의 위치는 이동하지만 **요소가 차지하는 공백의 위치는 그대로 유지합니다.** 말하자면 어떤 사람이 의자에 앉아있다가 의자는 그대로 두고 사람만 일어나서 슬쩍 이동한 셈입니다. 따라서 회색 상자인 다른 사람들의 의자도 움직이거나 밀려나지 않고 그 자리에 그대로 있죠.

absolute

position 속성에서 **absolute**는 static이 아닌 **첫 부모 요소를 기준으로 top, bottom, left, right, z-index 속성값을 이용하여 위치를 조정할 수 있습니다.** 여기서 첫 부모는 가장 바깥에 있는 태그가 아닌 바로 윗 단계의 태그를 말합니다.

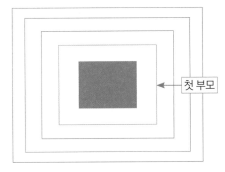

첫 부모

| 중첩 태그에서 첫 부모의 의미

노란색 상자의 첫 부모는 가장 큰 컨테이너, 즉 회색 상자 모두를 감싸고 있는 요소입니다. 따라서 그 부모 요소를 기준으로 노란색 상자의 위치를 이동하면 다음과 같은 상태가 됩니다.

노란색 div
position: absolute;
top: 30px;
left: 30px;

 position 속성에 지정한 값을 해지하면 어떻게 되나요? ·······················

position 속성에 absolute를 지정한 다음과 같은 상태에서 개발자 도구를 열어(Ctrl+Shift+i) 보면 9개의 작은 상자 전체를 감싸고 있는 큰 div 요소의 position 속성이 relative인 것을 볼 수 있습니다. 그렇기 때문에 노란색 상자는 큰 상자를 기준으로 top 30px, left 30px 위치가 적용되었습니다. 개발자 도구 스타일에서 position 속성의 relative를 해지하면 오른쪽과 같이 노란색 상자가 이동합니다. 그 이유는 HTML 요소는 기본적으로 position 속성이 static이기 때문에 relative로 지정한 값을 해지하면 기본값인 static으로 돌아가기 때문입니다.

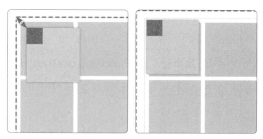

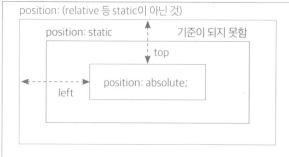

따라서 static은 어떤 요소의 이동에 대한 기준이 되지 못하므로 position 속성에 absolute를 지정할 경우 그 기준은 다음과 같이 static(주황색 테두리)이 아닌 첫 부모 요소(파란색 테두리)를 기준으로 삼는다는 것을 잊지 마세요.

absolute의 또 다른 속성은 자리를 차지하지 않는다는 것입니다. 다시 처음으로 돌아가 노란색 상자의 위치를 이동하지 않은 채로 **position** 속성을 static에서 **absolute**로만 바꾸면 오른쪽과 같이 마지막 회색 상자 한 개가 사라집니다. 왜 그럴까요?

사실 이것은 사라진 것이 아니라 원래 노란색 상자가 차지하던 영역이 absolute로 지정되면서 자리를 차지하지 않게 되어 그 뒤에 있는 상자들이 하나씩 앞으로 전진한 것입니다. 마치 노란색 상자가 공중에 붕 떠 있는 것과 같습니다. 이와 같이 absolute로 지정한 요소는 페이지의 문서 흐름에서 벗어나 자리를 차지하지 않는 특성이 있습니다.

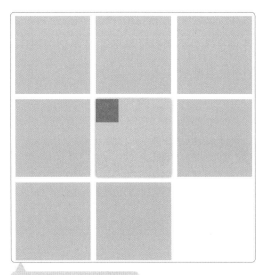

노란색 div
position: absolute;

이해를 돕기 위해 이번에는 빨간색 상자의 **position** 속성에 **absolute**를 지정하고 **top 60px**, **left 60px**로 위치를 이동하겠습니다. 물론 노란색 상자의 position 속성은 다시 **static** 상태입니다. 그럼 빨간색 상자가 공중으로 붕 뜨면서 첫 부모 요소를 기준으로 오른쪽 그림과 같이 이동합니다.

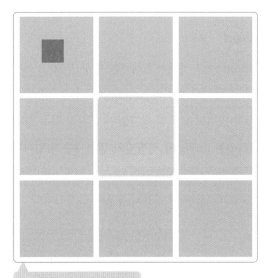

노란색 div
position: static;
빨간색 div
position: absolute;
top: 60px;
left: 60px;

여기서 노란색 상자의 **position** 속성을 다시 **absolute**로 바꾸면 어떻게 될까요? static이 아니기 때문에 다시 빨간색 부모의 첫 부모 자격을 얻게 되어 빨간색 상자가 노란색 상자를 기준으로 위치를 잡게 됩니다.

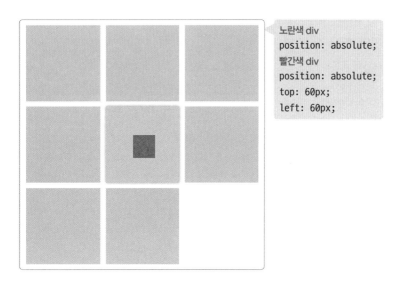

fixed

position 속성에서 **fixed**는 항상 부모 요소가 아닌 뷰포트viewport를 기준으로 위치를 지정합니다. 빨간색 상자의 **position** 속성으로 **fixed**를 지정하고 **top 60px, left 60px**로 위치를 이동하면 부모 요소와 상관없이 화면의 좌측 상단을 기준으로 자리를 잡습니다. 또 다른 특이점은 **fixed는 스크롤에 영향받지 않는다는 점입니다.** 따라서 아무리 스크롤을 내려도 고정된 위치에서 요소가 절대 움직이지 않습니다. 웹사이트에서 어떤 팝업 창을 띄운 후 스크롤과 상관없이 한 곳에 고정시킬 때 굉장히 유용한 속성입니다.

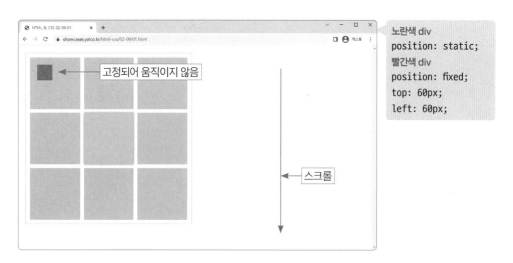

sticky

position 속성에서 **sticky**는 어떤 요소가 스크롤로 이동할 수 있는 공간을 top, bottom, left, right, z-index 속성값을 이용하여 지정합니다. 웹사이트 상단에 있는 메뉴바가 어느 지점을 지나면 스크롤을 아무리 내려도 그 위치에 고정되는 형태를 본 적이 있을 겁니다. 바로 이럴 때 사용합니다.

sticky의 또 다른 특징은 부모 요소의 여백 등에도 영향을 받는다는 것입니다. 자식 요소의 위치를 고정해도 스크롤하면서 부모 요소의 위치를 벗어난다면 자식 요소는 그 이상 움직이지 못합니다. 따라서 sticky는 부모 요소의 안쪽이 아닌 동등하거나 바깥쪽에 있는 요소에 지정하는 것이 좋습니다.

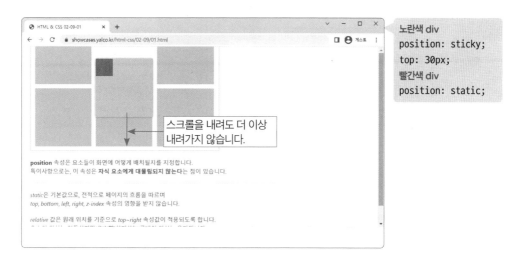

노란색 div
position: sticky;
top: 30px;
빨간색 div
position: static;

z-index 속성

(CSS 플레이그라운드) **URL** https://showcases.yalco.kr/html-css/02-09/02.html

이번에는 고정되어 있는 static이 아닌 다른 모든 경우에서 각 요소들간에 배치를 효율적으로 하기 위한 **z-index** 속성에 대해 알아보겠습니다.

다음 그림과 같이 위치값이 다른 여러 태그가 겹쳐져 있는 상태가 있다고 가정하겠습니다. 빨간색 상자 태그가 가장 먼저 작성된 것이며 그 다음으로 파란색 상자 태그, 노란색 상자 태그가 작성되었습니다. 즉, 나중에 작성된 태그는 기본적으로 그 앞에 있는 태그를 덮습니다.

이렇게 **겹쳐지는 순서를 인위적으로 바꾸려고 할 때 z-index 속성을 사용합니다.** z-index 속성값이 0이면 가장 아래에 있는 것이고 숫자가 높아질수록 한 층씩 더 올라온다고 생각하면 됩니다. 또한 z-index 속성의 기본 속성값은 **auto**인데, 이것은 **0**과 같습니다.

그렇다면 겹쳐져 있는 순서를 파란색 상자, 노란색 상자, 빨간색 상자 순으로 바꾸려면 어떻게 해야 할까요? 오른쪽과 같이 가장 위에 있는 파란색 상자의 값을 **3**, 그 다음 노란색 상자의 값을 **2**, 빨간색 상자의 값을 **1**로 지정하면 됩니다. 단, 이것은 단지 숫자값의 한 예일뿐 마이너스값으로 위치를 지정해도 상관없습니다.

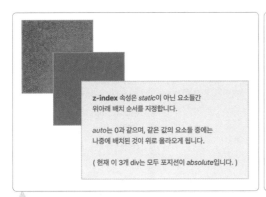

빨간색 div
z-index: auto;
파랑색 div
z-index: auto;
노란색 div
z-index: auto;

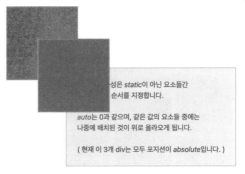

빨간색 div
z-index: 1;
파랑색 div
z-index: 3;
노란색 div
z-index: 2;

직접 해 보세요 상자 요소를 하나 만든 다음 지금까지 배운 방법을 사용하여 화면 가운데에 배치해 보세요.

Chapter 09/zindex.html

```
...
<head>
...
  <link rel="stylesheet" href="./zindex.css">
<head>
<body>
  <div>이 요소를 화면 가운데에 배치해 보세요!</div>
</body>
...
```

간단 입력 팁 {div{이 요소를 화면 가운데에 배치해 보세요!} [Tab]

Chapter 09/zindex.css

```css
body { margin: 0; }
div {
  width: 300px;
  height: 80px;
  line-height: 80px;
  text-align: center;
  background-color: skyblue;
  position: fixed;
  top: calc(50% - 40px);
  left: calc(50% - 150px);
}
```

화면 정가운데에 배치하는 것이니 **position** 속성을 **fixed**로 지정하고 상자의 위치를 **top**과 **left** 속성으로 조절하면 되겠죠? 이때 위치를 상대값으로 단순히 50%로 지정하면 상자가 오른쪽 아래로 치우쳐 보입니다. 중앙값이 상자의 상단 왼쪽 꼭지점으로 맞춰져 있기 때문입니다. 이때는 지정된 상자의 픽셀을 계산하여 **calc()** 함수로 설정하면 됩니다.

실행결과: 이 요소를 화면 가운데에 배치해보세요!

실행결과: 이 요소를 화면 가운데에 배치해보세요!

지금까지 배운 포지셔닝 방법은 CSS에서도 굉장히 중요한 파트이기 때문에 여러 번 복습하고 많이 연습하는 것을 권장합니다. 구글에서 **mdn position**을 검색하면 나오는 사이트에서도 직접 해볼 수 있으니 확인해 보세요.

Flex 레이아웃

학습 목표

모든 웹사이트는 큰 레이아웃 형태의 구조로 되어 있고, 이 레이아웃을 만드는 방법은 다양합니다. Flex 레이아웃이 없던 시절에는 HTML의 테이블 구조와 블록 요소만을 조합해서 사이트 구조를 만드는, 소위 '노가다' 작업을 많이 했습니다. 그러나 Flex 레이아웃이 등장하자 지금은 각종 CSS 기능을 굉장히 유용하게 활용할 수 있게 되었습니다.

부모에 적용하는 Flex

(CSS 플레이그라운드) `URL` https://showcases.yalco.kr/html-css/02-11/01.html

Flex 레이아웃은 부모 요소에 적용하는 속성과 자식 요소에 적용하는 속성으로 구분되는데, 먼저 부모에게 적용하는 경우부터 알아보겠습니다.

다음 그림에서 회색 상자로 표현된 부모 요소(container) 안에 보라색 상자로 표현된 자식 요소(item)가 세 개 들어 있다고 가정하겠습니다. 부모 요소와 자식 요소 모두 〈div〉 태그로 작성하면 기본 속성이 블록 요소이기 때문에 웹 페이지에서 다음과 같이 표현됩니다.

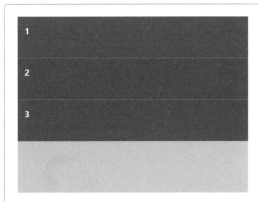

바깥쪽 div
`display: block;`

내부의 div들은 *min-width*와 *min-height*을 각각 *48px*씩 갖고 있습니다.

이 상태에서 **display** 속성을 **flex**로 지정하면 내부 요소가 다음과 같이 수평으로 배치됩니다.

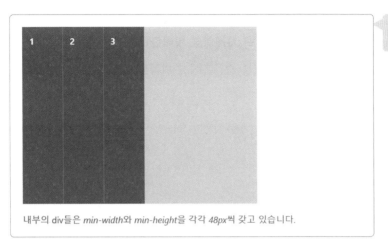

바깥쪽 div
display: flex;

내부의 div들은 *min-width*와 *min-height*을 각각 *48px*씩 갖고 있습니다.

여기에서 **display** 속성을 **inline-flex**로 지정하면 부모 자신이 인라인 블록 상태가 된 채 자식들을 flex 방식으로 배치합니다. 상자 아래에 있던 텍스트가 상자 모델 오른쪽으로 올라와 나란히 나열된 것이 보이나요? 이처럼 **해당 부모 요소를 인라인으로 만드는 것이 flex와 inline-flex의 차이점입니다.**

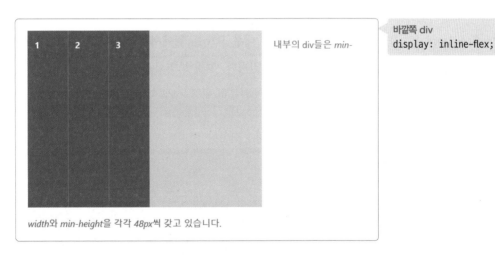

바깥쪽 div
display: inline-flex;

내부의 div들은 *min-*

*width*와 *min-height*을 각각 *48px*씩 갖고 있습니다.

이제부터는 flex 레이아웃을 사용한다는 것을 전제로 추가로 조절할 수 있는 다양한 CSS 속성을 알아보겠습니다. flex-direction, flex wrap, justify-content, align-items, align-content 등의 속성은 하나의 flex 부모 요소 안에 있는 세부 아이템을 배치하는 방법을 정의합니다.

flex-direction

flex-direction 속성은 내부 자식 요소(item)를 어느 축을 기준으로 정렬할지 결정합니다. 이 속성의 기본값은 **row**로, 내부 요소를 왼쪽부터 차례대로 정렬합니다. 즉 메인 축이 X좌표 방향, 수직 축이 Y좌표 방향입니다. 반대로 순서를 오른쪽에서 왼쪽으로 가도록 하려면 **flex-direction** 속성을 **row-reverse**로 지정합니다.

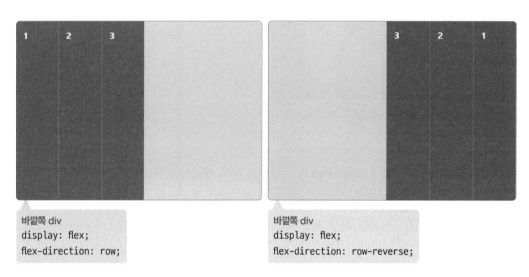

바깥쪽 div
display: flex;
flex-direction: row;

바깥쪽 div
display: flex;
flex-direction: row-reverse;

flex-direction 속성을 **column**으로 지정하면 **내부 요소를 위에서부터 아래로 정렬합니다.** 즉 **메인 축이 Y좌표 방향, 수직 축이 X좌표 방향입니다.** 얼핏 보면 display 속성을 블록으로 했을 때와 똑같아 보입니다. 이것 역시 순서를 아래에서부터 위로 가게 하려면 **flex-direction** 속성을 **column-reverse**로 지정합니다.

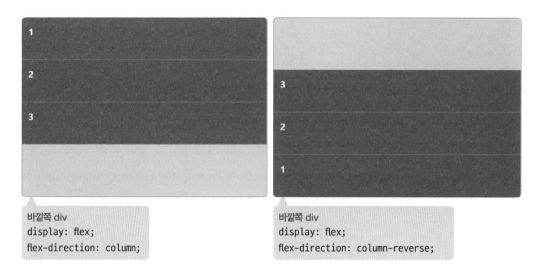

바깥쪽 div
display: flex;
flex-direction: column;

바깥쪽 div
display: flex;
flex-direction: column-reverse;

이와 같이 flex-direction 속성에서 축의 방향을 어떻게 지정하느냐에 따라 justify-content, align-items, align-content 등의 속성이 작용할 방향이 결정됩니다. 무슨 말인지 이어서 하나씩 살펴보겠습니다.

justify-content

justify-content 속성은 메인 축에서 내부 요소를 정렬하는 방식을 결정합니다. **flex-direction** 속성이 **row**인 상태에서 **justify-content** 속성이 **flex-start**이면 메인 축의 시작 부분인 왼쪽으로 내부 요소가 정렬됩니다. 이와 달리 **justify-content** 속성이 **center**이면 마치 텍스트를 중앙정렬한 것처럼 내부 요소가 가운데로 정렬됩니다.

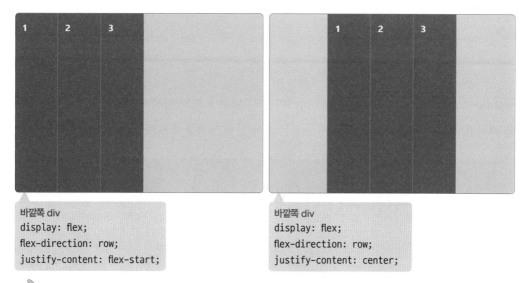

바깥쪽 div
display: flex;
flex-direction: row;
justify-content: flex-start;

바깥쪽 div
display: flex;
flex-direction: row;
justify-content: center;

justify-content 속성을 flex-start가 아닌 start로 지정해도 상관없지만 flex 레이아웃의 reverse 기능을 더 잘 활용하려면 속성값 앞에 flex-를 붙이는 것이 좋습니다.

justify-content 속성이 **flex-end**이면 메인 축의 끝 부분인 오른쪽으로 내부 요소가 정렬됩니다. 또한 **justify-content** 속성이 **space-between**인 경우, 내부의 양쪽 요소를 처음과 시작 부분인 끝으로 보낸 다음 그 가운데에 빈 공간을 넣어 줍니다.

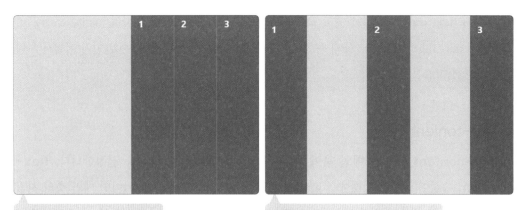

바깥쪽 div
display: flex;
flex-direction: row;
justify-content: flex-end;

바깥쪽 div
display: flex;
flex-direction: row;
justify-content: space-between;

🐷 justify-content 속성을 flex-end가 아닌 end로 지정해도 상관없지만 flex의 reverse 기능을 더 잘 활용하려면 속성값 앞에 flex-를 붙이는 것이 좋습니다.

justify-content 속성이 space-around이면 각 내부 요소의 양쪽에 일정한 크기의 빈 공간을 배치합니다. 또한 space-evenly는 모든 빈 공간의 크기를 고르게 지정합니다.

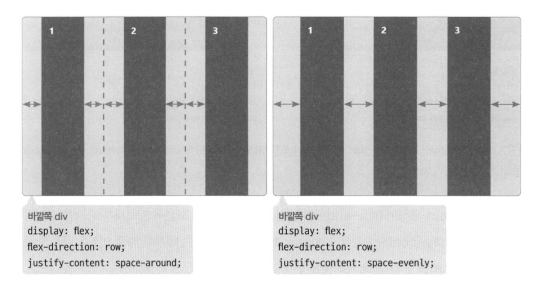

바깥쪽 div
display: flex;
flex-direction: row;
justify-content: space-around;

바깥쪽 div
display: flex;
flex-direction: row;
justify-content: space-evenly;

지금까지 살펴본 예시는 모두 flex-direction 속성이 row 상태인 경우에서 지정할 수 있는 방법이었습니다. flex-direction 속성을 column으로 바꾸면 같은 justify-content 속성이 모두 수직 방향인 채로 설정됩니다. 직접 실습하며 방향이 달라진 모습을 확인해 보세요!

align-items

align-items 속성은 flex의 수직 축(메인 축의 반대)에서 내부 요소를 정렬할 방식을 정합니다. 기본값으로 **stretch**가 지정되어 있는데, 이는 **수직 축 방향을 꽉 채운다**는 뜻입니다. 이것을 **flex-start**로 지정하면 수직 축의 시작 부분, 즉 **Y축 상단**으로 내부 요소를 갖다 붙입니다.

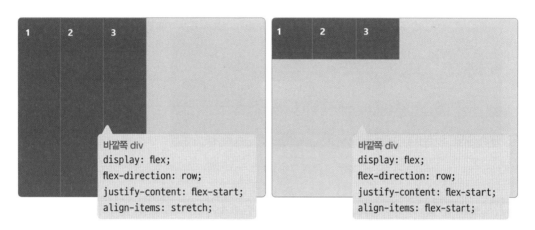

align-items 속성이 **center**이면 **중앙 정렬**, **flex-end**이면 수직 축의 끝 부분인 **아래로 정렬**됩니다. 285쪽에서 언급할 **align-content** 속성 역시 **flex-direction** 속성을 **column**으로 바꾸면 모두 수직 방향인 채로 설정됩니다. 직접 실습하며 방향이 달라진 모습을 확인해 보세요!

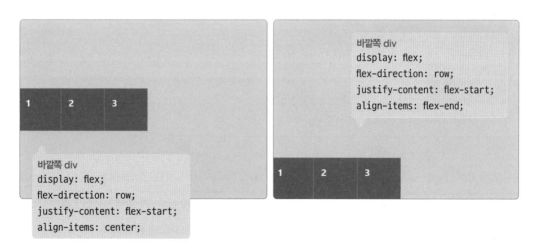

🖐️ 이처럼 flex 레이아웃은 컨테이너 안에 있는 내부 요소를 어느 방향으로 어떻게 배치하냐에 따라 flex-direction, justify-content, align-items 속성을 적절히 조합해서 사용합니다.

flex-wrap

이번에는 내부 요소가 부모 요소의 영역을 넘어갈 정도로 많을 경우의 배치 방법을 살펴보겠습니다. 다음 그림을 보면 지금까지는 하나의 컨테이너 안에 보라색인 내부 요소가 3개였는데, 12개로 개수가 늘어난 상태입니다.

바깥쪽 div
```
display: flex;
flex-direction: row;
justify-content: flex-start;
```

내부의 div들은 *min-width*와 *min-height*을 각각 *48px*씩 갖고 있습니다.

여기서 **flat-wrap** 속성을 **wrap**으로 지정하면 **내부 요소가 부모 요소를 넘어가지 않도록 줄바꿈을 합니다.** 주로 콘텐츠가 한 줄이 아니고 여러 줄일 때 적용합니다.

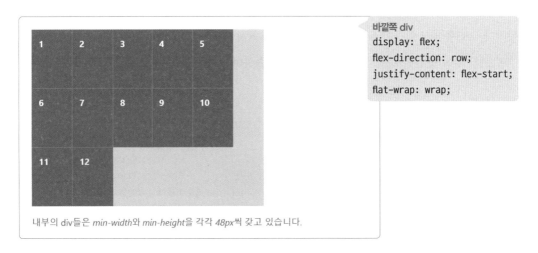

바깥쪽 div
```
display: flex;
flex-direction: row;
justify-content: flex-start;
flat-wrap: wrap;
```

내부의 div들은 *min-width*와 *min-height*을 각각 *48px*씩 갖고 있습니다.

이 상태에서 align-items 속성과 align-content 속성의 차이를 알아보겠습니다. **align-items** 속성을 각각 **flex-start, center, flex-end**로 지정하면 다음과 같이 **가운데 여백이 같은 크기의 공백으로 나눠진 상태에서 내부 요소가 위쪽, 가운데, 아래쪽으로 정렬됩니다.**

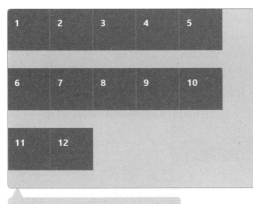

바깥쪽 div
display: flex;
flex-direction: row;
justify-content: flex-start;
flat-wrap: wrap;
align-items: flex-start;

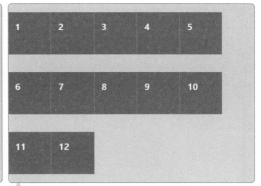

바깥쪽 div
display: flex;
flex-direction: row;
justify-content: flex-start;
flat-wrap: wrap;
align-items: center;

바깥쪽 div
display: flex;
flex-direction: row;
justify-content: flex-start;
flat-wrap: wrap;
align-items: flex-end;

align-content

내부 요소가 부모 요소의 영역을 넘어갈 정도로 많을 경우의 속성을 알아보았습니다. 이때 사용할 수 있는 또 다른 속성이 바로 **align-content**입니다. **flat-wrap** 속성이 **wrap**인 상태에서 **align-content** 속성을 각각 **flex-start, center, flex-end**로 지정하면 **내부 요소 전체가 공백 없이 위쪽, 가운데, 아래쪽으로 붙는 것**을 볼 수 있습니다.

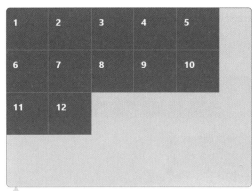

바깥쪽 div
display: flex;
flex-direction: row;
justify-content: flex-start;
flat-wrap: wrap;
align-content: flex-start;

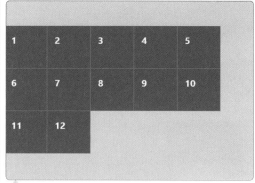

바깥쪽 div
display: flex;
flex-direction: row;
justify-content: flex-start;
flat-wrap: wrap;
align-content: center;

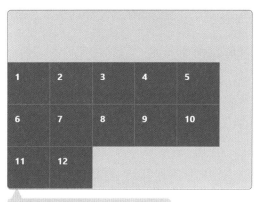

바깥쪽 div
display: flex;
flex-direction: row;
justify-content: flex-start;
flat-wrap: wrap;
align-content: flex-end;

이 또한 justify-content 속성처럼 **space-between**, **space-around**, **space-evenly**를
지정해 **간격 조절**이 가능합니다.

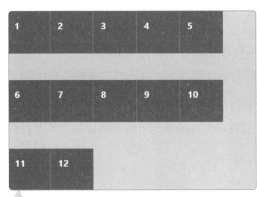

바깥쪽 div
display: flex;
flex-direction: row;
justify-content: flex-start;
flat-wrap: wrap;
align-content: space-between;

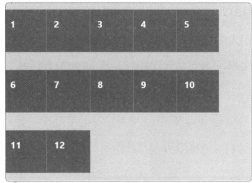

바깥쪽 div
display: flex;
flex-direction: row;
justify-content: flex-start;
flat-wrap: wrap;
align-content: space-around;

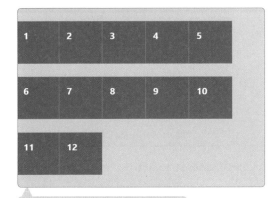

바깥쪽 div
display: flex;
flex-direction: row;
justify-content: flex-start;
flat-wrap: wrap;
align-content: space-evenly;

지금까지 살펴본 예시는 모두 **flex-direction** 속성이 **row** 상태인 경우였습니다. 이것을 **column**으로 바꾸면 **align-items, align-content** 속성이 모두 수직 방향인 채로 설정됩니다. 직접 실습하며 방향이 달라진 모습을 확인해 보세요!

gap

마지막으로 알아볼 속성은 **gap**입니다. 이것은 **내부 요소들 사이에 들어가는 공백의 크기를 지정하는 것으로, 단위는 em을 사용합니다.** 두 개의 값을 지정해서 가로와 세로 공백을 따로 지정할 수도 있겠죠. 이처럼 gab을 지정한 상태에서 앞에서 살펴본 속성들을 다양하게 바꾸면 앞에서 봤던 것과 또 다른 배치들이 풍부하게 나올 수 있습니다. gap의 크기를 원하는 만큼 조절하면서 다양하게 바꿔 보세요!

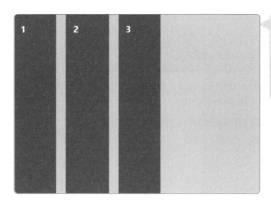

바깥쪽 div
```
display: flex;
flex-direction: row;
justify-content: flex-start;
gap: 1em;
```

자식에 적용하는 Flex

CSS 플레이그라운드 URL https://showcases.yalco.kr/html-css/02-11/02.html

이번에는 Flex 레이아웃에서 회색 상자로 표현된 부모 요소(container) 안에 주황색, 파란색 상자로 표현된 자식 요소(item)에게 적용되는 속성들을 알아보겠습니다.

다음은 부모 요소인 회색 상자 안에 **padding**을 사용한 안쪽 여백이 들어가 있는 상태입니다. 그리고 그 안에 있는 내부 요소인 주황색, 파란색 상자에는 **display** 속성으로 **flex**가 지정되어 있습니다. 또한 **flex-direction** 속성을 별도로 지정하지 않으면 기본 상태인 **row**입니다.

주황색 상자
```
display: flex;
flex-direction: row;
```

이번 설정값의 display 속성과 flex-direction 속성은 계속 같은 값이므로 지금부터는 반복해서 언급하지 않겠습니다.

flex-basis와 flex-shrink

먼저 주황색 상자에 **flex-basis** 속성을 지정해 보겠습니다. 이것은 **메인 축의 길이**(flex-direction 속성이 row 상태이면 X축, column 상태이면 Y축이 되겠죠)를 지정합니다. 예를 들어 **flex-basis** 속성으로 **300px**을 지정하면 다음과 같이 주황색 상자의 가로 길이가 늘어납니다. 만약 안에 들어 있는 텍스트로 인해 padding 값이 지정되어 있다면 그 여백의 길이까지 포함한 것이 주황색 상자의 최종 길이가 됩니다.

주황색 상자
flex-basis: 300px;

🐰 flex-basis 속성의 기본값은 auto입니다.

그런데 flex-basis 속성값을 부모 요소보다 길게 지정했더니 내부 요소가 부모 요소 밖으로 뚫고 나가버렸습니다. 그럼 각 요소의 픽셀을 일일이 계산해서 부모 요소의 길이를 늘려야 할까요?

🐰 픽셀값은 예시를 보여 주기 위해 임의로 설정한 것이므로 참고만 하기 바랍니다.

주황색 상자
flex-basis: 600px;
flex-shrink: 0;

그럴 필요 전혀 없습니다. **flex-shrink** 속성을 **1**로 지정하면 부모 요소 안에서 가능한 최대 길이만큼 내부 요소의 너비와 높이를 자동으로 조절해 줍니다. 즉 **flex-shrink 속성은 전체 공간이 부족할 경우 해당 내부 요소의 크기가 콘텐츠의 너비 또는 flex-basis로 지정한 값보다 작아질 수 있을지를 지정합니다.** 기본값은 1이며, 내부 요소의 길이가 증가할수록 길이 또한 많이 줄어들게끔 자동으로 조절합니다.

주황색 상자
flex-basis: 600px;
flex-shrink: 1;

다시 288쪽의 처음 상태로 돌아가 같은 줄에 있는 파란색 상자의 텍스트가 두 줄 이상일 경우는 어떨까요? 주황색 상자의 상하 너비도 이에 맞춰 너비가 넓어져 다음과 같은 모습이 됩니다.

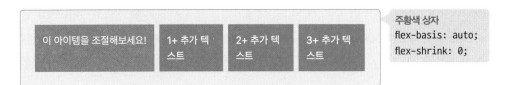

여기서 **flex-shrink** 속성이 **1**이라면 부모 요소 안에 있는 내부 요소들의 길이를 모두 적당한 비율로 줄여 다음과 같이 고르게 배치되게끔 만들 수 있습니다. 어떤 컨테이너 요소를 벗어나지 않는 한도 내에서 내부 요소를 줄여도 되는 상황이라면 이런 방식으로 사용하는 것이 편리합니다.

flex-shrink 속성의 기본값은 1이지만 숫자를 더 증가시키면 내부 요소의 길이를 그만큼 많이 줄이면서 비율을 맞추는 것도 가능합니다.

flex-grow

이번에 배울 속성은 **flex-grow**입니다. 다시 288쪽의 처음 상태로 돌아가 봅시다. **flex-grow** 속성은 내부 요소에 빈 공간이 있을 경우 그 공간을 채우는지의 여부를 결정하고, 빈 공간을 채울 경우에는 다른 내부 요소들의 속성값에 비례해서 공백을 나눠갖습니다.

이와 같이 빈 공간이 있는 상태에서 주황색 상자의 **flex-grow** 속성을 **1**로 지정하면 빈 공간 없이 회색 상자의 나머지 공간을 채웁니다.

🐌 flex-grow 속성의 기본값은 0입니다.

이번에는 주황색 상자 옵션값을 **flex-basis**는 **auto**, **flex-grow**는 **0**으로 설정한 후 파란색 상자의 속성값에 따른 변화를 살펴보겠습니다. 파란색 1번 상자에 **flex-grow** 속성을 **1**로 지정하면 다음과 같이 파란색 1번 상자의 영역이 빈 공간을 채운 만큼 비례해서 넓어집니다.

이어서 파란색 2번 상자에도 **flex-grow** 속성에 **1**을 지정해 봅시다. 파란색 1번 상자와 2번 상자의 영역이 빈 공간을 채운 만큼 비례해서 넓어졌습니다.

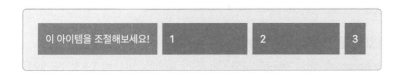

나머지 파란색 3번 상자에도 **flex-grow** 속성에 **1**을 지정합니다. 모든 파란색 상자에 flex-grow 속성이 들어가니 세 개의 크기가 동등해졌습니다.

그런데 여기에서 파란색 2번 상자의 **flex-grow** 속성만 **2**로 늘리면 어떻게 될까요? **1**을 갖는 다른 두 상자보다 길이가 늘어난 채로 빈 공간을 차지합니다.

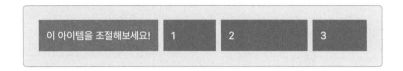

2번 상자에 질 수 없으니 이번엔 파란색 3번 상자의 **flex-grow** 속성을 **3**으로 늘려봅시다. 다음과 같은 형태가 완성되었습니다.

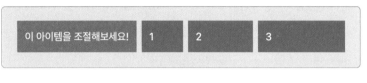

이와 같이 **flex-grow** 속성이 공간이 넉넉한 상태에서 빈 공간을 얼마나 더 가져갈지를 정하는 것이라면, **flex-shrink** 속성은 전체 공간이 부족한 상태에서 요소마다 크기를 얼마나 나눠줄지를 정하는 것이라고 이해하면 쉽습니다.

미로의 참:견

이런 식으로 얼마든지 내부 요소의 길이를 조절하는 것이 가능합니다.

YALCO flex에 여러 개의 값을 입력할 수도 있나요?

flex 레이아웃을 사용할 때는 flex-basis, flex-grow, flex-shrink와 같이 각각의 속성값을 하나하나 지정할 수도 있지만, 다음과 같이 하나의 **flex** 속성에 여러 개의 값을 작성해 CSS 코드 한 줄만으로도 나타낼 수 있습니다.

```
flex: (flex-grow 값);
flex: (flex-grow 값) (flex-basis 값);
flex: (flex-grow 값) (flex-basis 값) (flex-basis 값);
```

order

[CSS 플레이그라운드] URL https://showcases.yalco.kr/html-css/02-11/04.html

이번에는 참고로 알아두면 좋을 속성 하나를 더 배우겠습니다. 부모 컨테이너 안에 여러 개의 내부 요소가 있다면 이들은 **order 속성을 사용해 그 순서를 임의로 변경할 수 있습니다.** 숫자가 특정되어 있지 않다면(기본값이 0인 경우) 코드에 작성된 순서대로 나열됩니다.

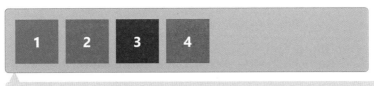

파란색 상자 order: 1; 초록색 상자 order: 2; 보라색 상자 order: 3; 주황색 상자 order: 4;

파란색 상자 order: 3; 초록색 상자 order: 2; 보라색 상자 order: 4; 주황색 상자 order: 1;

직접 해 보세요 지금까지 부모에게 적용하는 flex 속성과 자식에게 적용하는 flex 속성을 배웠습니다. 이제는 배운 내용을 조합해서 스스로 레이아웃을 만들 수 있어야 합니다. 다소 쉽지 않은 주제이지만, 실습을 통해 확인해 보겠습니다.

Chapter 09/flex.html

```
...
<head>
...
  <link rel="stylesheet" href="./flex.css">
<head>
<body>
  <div id="container">
    <div id="header">
      <div>로고</div>
      <div>메뉴들</div>
    </div>
    <div id="main">
      <div id="content">
         부모의 한가운데 배치
      </div>
    </div>
    <div id="footer">
    </div>
  </div>
</body>
...
```

```css
body {
  margin: 0;
}

#container {
  display: flex;
  flex-direction: column;
  height: 100vh;
}

#header {
  display: flex;
  flex-basis: 100px;
  align-items: flex-end;
  padding: 12px;
  background-color: dodgerblue;
  gap: 12px;
}

#header > * {
  background-color: yellow;
  padding: 12px 0;
  text-align: center;
}

#header > *:first-child {
  flex-basis: 100px;
}

#header > *:last-child {
  flex-grow: 1;
}

#main {
  display: flex;
  justify-content: center;
  align-items: center;
  flex-grow: 1;
}
```

```
#content {
  padding: 24px;
  background-color: skyblue;
}

#footer {
  flex-basis: 60px;
  background-color: tomato;
}
```

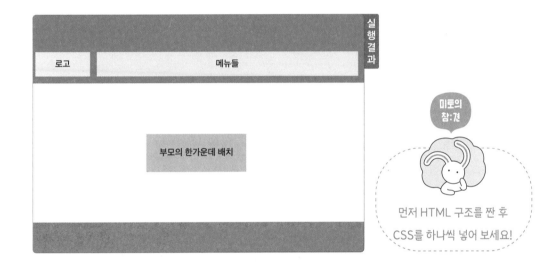

먼저 HTML 구조를 짠 후
CSS를 하나씩 넣어 보세요!

상단에는 로고와 메뉴가 들어가는 영역이 있고 그 다음에는 메인 화면을 차지하는 뷰포트, 그리고 하단에는 기업 정보나 연락처가 들어가는 푸터 영역이 있는 기본적인 레이아웃 형태입니다. **이와 같은 형태가 웹 개발에서 가장 널리 쓰이는 표준이라고 생각하면 됩니다.**

요소를 감추는 방법들

학습
목표

웹 페이지에서는 필요에 따라 특정 요소를 보이거나 감춰야 할 때가 있습니다. 원래 보이던 요소를 투명하게 조절할 수도 있고, 요소가 보이지 않으면서 그에 적용된 기능 또한 없애야 할 수도 있습니다. 각 상황에 맞게 적절하게 요소를 감추는 방법을 사용하여 보다 세련된 웹 페이지를 만드는 유용한 방법을 익혀봅시다.

CSS에서 요소를 숨기는 세 가지 방법

CSS 플레이그라운드 URL https://showcases.yalco.kr/html-css/02-10/02.html

다음과 같이 네 개의 서로 다른 색깔의 상자를 예를 들어 보겠습니다. 회색 상자를 제외한 나머지 주황색 상자와 초록색 상자, 그리고 파란색 상자를 하나씩 숨겨 볼 것입니다.

주황색 상자
opacity: 1;
초록색 상자
visibility: visible;
파란색 상자
display: inline-block;

opacity 속성 활용 방법

opacity는 요소의 불투명도를 조절하는 속성으로 **0~1 사이의 값**을 지정하는 방식으로 사용합니다. 1이면 요소가 100% 보이는 상태, 0.5이면 50% 투명도가 50%, 0이면 아무것도 보이지 않는 상태입니다. 주황색 상자의 **opacity** 속성을 **0.5**로 지정해 50%의 투명도를 주었습니다.

단, **opacity** 속성은 해당 요소를 투명하게 만들 뿐 마우스 오버 효과나 스크린 리더 기능 등은 그대로 살아있다는 것을 염두에 두어야 합니다. 특히 스크린 리더 기능의 경우 사이트 설정에 따라 적용 여부가 다르기 때문에 반드시 스크린 리더로 읽어야 한다면 opacity 속성 사용은 지양하는 편이 좋습니다.

주황색 상자
opacity: 0.5;
초록색 상자
visibility: visible;
파란색 상자
display: inline-block;

visibility 속성 활용 방법

요소를 보이게 하려면 **visibility** 속성을 **visible**, 감추려면 **hidden**으로 지정합니다. 다음과 같이 hidden으로 초록색 상자를 감추면 opacity 속성과 달리 마우스 오버 효과나 포커스, 클릭, 스크린 리더 기능 등도 전부 무효화됩니다. **hidden은 요소를 단순히 보이지만 않게 하는 것이 아니라 기존에 가지고 있던 기능까지 전부 해제한다**고 이해하면 됩니다.

주황색 상자
opacity: 1;
초록색 상자
visibility: hidden;
파란색 상자
display: inline-block;

display 속성 활용 방법

파란색 상자에 **display** 속성을 **none**으로 지정했더니 오른쪽에 있던 회색 상자가 기존 파란색 상자의 자리를 차지했습니다. 이 방법은 position 속성에서 absolute 값을 사용했던 것과 비슷한 원리입니다. **인라인 또는 인라인 블록 요소로 이루어져 있을 때 display 속성을 none으로 사용하면 기존 요소가 차지하고 있던 자리마저 차지하지 않게 됩니다.** 아예 흔적 자체를 지우는 것이죠. 따라서 이 경우에는 마우스 오버나 클릭 등과 같은 기능도 당연히 적용되지 않습니다.

주황색 상자
opacity: 1;
초록색 상자
visibility: visible;
파란색 상자
display: none;

마우스 커서 모양 바꾸기

CSS 플레이그라운드 URL https://showcases.yalco.kr/html-css/02-10/01.html

페이지 요소의 특성에 따라 마우스 커서의 모양을 바꿔야 하는 경우가 있습니다. 예를 들어 어떤 버튼 위에 마우스를 올렸을 때 기본 화살표가 아닌 손 모양이 나타나면 이것을 클릭해야 한다는 느낌을 줄 수 있겠죠. 또한 확대/축소나 클릭 금지 등을 마우스 커서로 나타내기도 합니다. 자주 사용하는 마우스 커서 속성을 정리하면 다음과 같습니다.

CSS 속성	속성값	역할
cursor	auto	기본 설정값(화살표). 브라우저 설정에 따라 따름
	default	무조건 화살표 모양으로 유지
	none	표시하지 않음
	pointer	손 모양으로 클릭 여부 표시
	zoom in/zoom out	확대(+) 및 축소(−) 표시
	not-allowed	클릭 금지 표시

| 마우스 커서 속성의 종류

직접 해 보세요 〈div〉 태그로 작성한 박스 요소를 앞에서 배운 세 가지 방법으로 각각 감춰보고, 마우스 커서 또한 어떻게 변하는지 잘 살펴보세요.

Chapter 09/invisible.html

```
...
<head>
...
  <link rel="stylesheet" href="./invisible.css">
<head>
<body>
  <div>이 요소에 적용해 보세요!</div>
  <p>다음 요소</p>
</body>
...
```

간단 입력 팁 div{이 요소에 적용해 보세요!}+p{다음 요소} Tab

```
div {
  padding: 24px;
  background-color: skyblue;

  /* cursor: */
  /* opacity: */
  /* visibility: */
  /* display: */
}
```

실행결과
이 요소에 적용해 보세요!

다음 요소

그런데 요소를 감출거면 HTML 문서에서 아예 없애버리면 되지 왜 굳이 요소를 감추는 방법을 사용할까요? 이는 나중에 배울 자바스크립트와도 연관이 있습니다. 화면에서 일시적 또는 영구적으로 어떤 요소를 사라지게 하는 방법을 알아두면 추후에 복잡한 웹사이트를 만드는 데 큰 도움이 됩니다.

이렇게 CSS 기본 파트의 마지막 시간이 끝났습니다. 이어서 배울 CSS 심화편에도 재미있는 기능이 많이 있으니 지치지 말고 잘 따라오시기 바랍니다!

얄코의 친절한 CSS 노트

1 position 속성

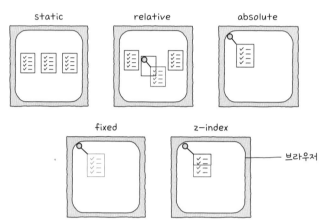

static   relative   absolute

fixed   z-index   ——— 브라우저

2 z-index 속성

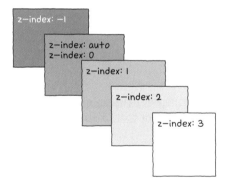

z-index: -1
z-index: auto
z-index: 0
z-index: 1
z-index: 2
z-index: 3

3 Flex 레이아웃

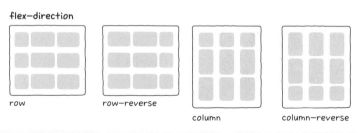

flex-direction

row   row-reverse   column   column-reverse

얄코의 친절한 CSS 노트

align-items

stretch

flex-start

center

flex-end

justify-content

flex-start

center

flex-end

space-between

space-around

space-evenly

align-content

flex-start

center

flex-end

space-between

space-around

space-evenly

flex-warp

original size

nowrap
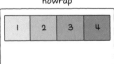

wrap

wrap-reverse

PART 03

HTML 더 깊이 알아보기

지금부터는 HTML 심화편으로, 더 깊이 있게 배울 수 있는 HTML의 추가 기능을 알아봅니다.

물론 앞서 PART 01에서 배운 내용만으로도 충분히 웹 페이지 구조를 만들 수 있습니다.

하지만 PART 03의 내용까지 익혀 놓으면 머릿속에서 HTML 구조의 뼈대까지 완벽히 이해할

수 있는 힘이 생기며, 더 수준 높은 웹사이트를 구성하는 데 반드시 도움이 될 것입니다.

이렇게까지
설명한다고?

CHAPTER
10

용도에 따른 태그 사용하기

23 상단의 태그들

**학습
목표**

우리가 PART 01에서 처음 HTML을 배울 때는 주요하게 사용하는 태그를 위주로 학습했습니다. 그런데 코드 상단에 붙는 여러 태그는 그냥 넘어갔던 것 기억하나요? 이번 LESSON에서는 이렇게 코드 상단에 있는 태그의 의미와 활용법에 대해 알아보겠습니다. 각 태그마다 어떤 의미가 있고 정확히 어떤 경우에 사용하는지 확실히 짚고 넘어가세요.

VS Code에서 HTML 문서를 처음 작성할 때 60쪽에서 배운 것처럼 코드 입력 창에 ! Tab 키를 눌러 에밋 기능을 사용하던 것을 기억하나요? 지금부터 그 태그에 들어가는 내용을 하나씩 살펴볼 것입니다.

```
1    <!DOCTYPE html>
2    <html lang="en">
3    <head>
4        <meta charset="UTF-8">
5        <meta http-equiv="X-UA-Compatible" content="IE=edge">
6        <meta name="viewport" content="width=device-width, initial-scale=1.0">
7        <title>Document</title>
8    </head>
9    <body>
10
11   </body>
12   </html>
13
```

DOCTYPE

DOCTYPE은 우리가 작성하는 HTML 문서가 어떤 형식과 버전으로 되었는지를 명시합니다. 즉, **〈!DOCTYPE html〉**과 같이 작성하면 이 문서가 최신 형식인 HTML5로 작성됐다는 것을 뜻합니다. 그럼 브라우저는 이 선언을 보고 가장 최신 표준안인 HTML5 방식으로 문서를 읽습니다.

```
<!-- 오늘날 사용되는 버전(HTML5) -->
<!DOCTYPE html>

<!-- 이전에 사용되던 버전과 모드 -->
<!DOCTYPE HTML PUBLIC "-//W3C//DTD HTML 4.01//EN" "http://www.w3.org/TR/html4/
strict.dtd">
<!DOCTYPE HTML PUBLIC "-//W3C//DTD HTML 4.01 Transitional//EN" "http://www.
w3.org/TR/html4/loose.dtd">
<!DOCTYPE HTML PUBLIC "-//W3C//DTD HTML 4.01 Frameset//EN" "http://www.w3.org/
TR/html4/frameset.dtd">
```

DOCTYPE 앞에 느낌표(!)를 붙여 주는 것도 잊지 마세요.

만약 이 선언을 빠뜨리면 **퀵스 모드**quirks mode로 읽게 되는데, 이는 인터넷 익스플로러나 넷스케이프의 내비게이터 등 지금은 사용하지 않는 옛날 브라우저를 흉내내 HTML 문서를 읽는 것을 말합니다. 그럴 경우 오늘날의 표준과 다른 방식으로 HTML과 CSS, 자바스크립트를 읽어들이기 때문에 이로 인한 문제들이 발생할 수 있습니다. 따라서 반드시 브라우저가 최신 HTML5 형식으로 문서를 읽도록 선언해야 합니다.

〈head〉 태그

〈head〉 태그 안에는 해당 문서의 메타 데이터, 즉 우리가 웹사이트에서 눈으로 볼 수는 없지만 컴퓨터가 읽어 낼 문서의 정보와 사양이 담겨 있습니다.

```
<head>
  <meta charset="UTF-8">
  <meta http-equiv="X-UA-Compatible" content="IE=edge">
  <meta name="viewport" content="width=device-width, initial-scale=1.0">
  <title>Document</title>
  <style></style>
  <link rel="stylesheet" href=".css">
</head>
```

여기에는 **페이지의 정보**, **파비콘**(브라우저의 상단 탭 제목 옆에 들어가는 조그마한 아이콘 표시), 그 외 여러 **메타 정보**, **CSS와 자바스크립트 등의 코드 및 링크**가 들어갑니다. LESSON

12의 CSS를 적용하는 세 가지 방법 중 〈head〉 태그 안에 〈style〉 태그 코드를 작성하거나 외부에 있는 스타일 시트를 링크할 때 배운 내용입니다(165쪽 참고).

미로의 참:견

파비콘(favicon)이란 즐겨찾기(favorites)와 아이콘(icon)의 합성어입니다.

〈title〉 태그

〈head〉 태그 중에서 가장 중요한 것 중 하나가 바로 **〈title〉 태그**입니다.

```
<title>Document</title>
```

〈title〉 ~ 〈/title〉 안에 **Document**라고 적혀 있습니다. 이는 **브라우저 상단 탭에 나타나는 사이트 제목이기 때문에 어떻게 설정하느냐가 굉장히 중요합니다.** 페이지를 대표하는 이름이기도 하고, 브라우저에서 페이지 즐겨찾기를 했을 때 저장되는 이름이기 때문입니다. 또한 구글과 같은 검색 엔진에서 나타나는 검색 결과에 표시되는 제목이기도 합니다.

미로의 참:견

〈title〉 태그 내용은 문서 제목이기 때문에 웹 페이지 본문에는 나타나지 않습니다.

| 얄코 홈 | 얄코라는 〈title〉 태그가 들어간 얄코 홈페이지 `URL` https://www.yalco.kr

〈meta〉 태그

〈meta〉 태그에도 프로그래밍을 할 때 굉장히 중요한 문서의 상세 정보가 담겨 있습니다.

charset

먼저 **charset**(캐릭터셋)입니다. 〈meta〉 태그를 보면 **UTF-8**이라는 값으로 속성이 지정된 것을 볼 수 있는데, 이는 **해당 페이지에 사용된 문자들을 어떤 방식으로 읽을지를 명시합니다.** 이것을 지정하지 않으면 글자, 특히 한글이 깨지는 현상이 종종 발생하므로 반드시 UTF-8로 지정해야 합니다.

```
<meta charset="UTF-8">

<!-- 과거 형식 -->
<meta http-equiv="content-type" content="text/html; charset=UTF-8">
```

또한 〈meta〉 태그에 명시했어도 문서를 저장하는 형식 또한 UTF-8로 맞추지 않으면 여전히 글자가 깨지는 현상이 발생할 수 있으므로 웹 페이지에서 어떤 오류가 발생했다면 이 두 부분을 우선 확인하는 것이 좋습니다.

그런데 여기서 **〈html lang="ko"〉**와 어떤 점이 다른지 의문이 생길 수 있습니다. **lang="ko"**는 **검색 엔진이나 스크린 리더에 이 웹사이트가 어떤 언어인지를 알려 주는 역할**이고, **"UTF-8"**은 그와 별개로 **문자 인코딩 방식이 어떤 것인지를 지정하는 역할**이므로 두 개념을 혼동하지 않도록 주의합니다.

문자 인코딩, 유니코드, UTF-8이 뭔가요? ·····················

텍스트 에디터에서 코드를 열심히 입력했는데 브라우저에 띄우면 한글로 입력한 내용이 모두 이상한 문자로 깨져 있던 경험이 한두 번씩은 있을 겁니다. 특히 한국인 개발자들이 이런 경험을 종종 하곤 하지요.

컴퓨터가 정보를 저장하는 방식은 0과 1로 이루어진 **바이너리**(binary) **방식**입니다. 따라서 우리가 사용하는 문자 또한 컴퓨터가 읽을 수 있도록 바이너리로 입력해야 합니다. 그런데 0과 1로 이루어진 숫자를 일일이 다 입력하는 것은 불가능한 일입니다. 이때 각각의 문자에 대응하는 숫자를 매겨 그 숫자를 입력하는 방식을 사용합니다.

예를 들어 대문자 A는 65, 대문자 B는 66인데 이를 이진법으로 작성하면 1000001과 1000010로 나타낼 수 있겠죠. 이렇게 사용하는 모든 글자에 각각 숫자를 대응한 **문자열 셋**(character set)이 생겨나게 됩니다. 그리고 사람의 문자를 컴퓨터가 이해할 수 있도록 바이너리 신호로 바꾸는 것을 **문자 인코딩**(character encoding)이라고 합니다.

앞서 한글이 깨지는 이유는 이 문자열 셋이 입력한 언어와 통일되지 않았기 때문입니다. 가장 초창기에 만들어진 문자열 셋은 미국에서 만들어진 **아스키**(ASCII)로, 미국에서 사용되는 알파벳과 숫자 등만 정의되어 있었기 때문에 한글이나 한자 등의 다른 문자 체계는 물론 유럽 등에서 사용되는 확장자 등도 표현할 수 없었습니다. 그러자 각 나라마다 문자열 셋을 만들기 시작했는데, 이것도 여러 형태에 따라 통합되지 않아 문자열 셋의 춘추전국시대가 펼쳐져 버립니다.

이러한 혼란을 방지하기 위해 탄생한 것이 **유니코드**(Unicode)입니다. '하나'를 뜻하는 'Uni'에서 알 수 있듯 모든 문자를 하나의 문자열 셋에 포함시킨 것입니다. 그 결과 한글뿐만 아니라 여러 나라의 각종 문자, 심지어 이모티콘까지 유니코드로 나타낼 수 있게 되었습니다. 이것을 UTF-8로 **인코딩**(encoding)하여 사용하는 것이죠. 여기서 인코딩이랑 어떤 것을 다른 형식으로 바꿔준다는 뜻입니다.

유니코드 인코딩 방식으로는 UCS-2, UCS-4, UTF-32, UTF-16 등 여러 가지가 있는데, 다른 방식들보다 일반적으로 적은 용량만 쓰면서도 호환 문제도 가장 덜 발생하는 **UTF-8**이 전 세계적으로 가장 널리 사용됩니다.

··

IE 관련 호환 정보

다음은 IE 관련 호환 정보를 나타내는 태그입니다.

```
<meta http-equiv="X-UA-Compatible" content="IE=edge">
```

사실 이것은 필수로 명시해야 하는 코드는 아닙니다. 단지 IE(인터넷 익스플로러)에서 웹사이트를 열었을 때 어떤 모드로 실행할 것인지를 브라우저에 알려 주는 역할이기 때문입니다. 현재는 가장 최신 형식인 엣지를 사용하고 있으므로 **IE=edge**로 명시하고 있습니다. 물론 IE가 전부 사라지는 시대가 온다면 이 코드도 사용할 일이 없어지겠죠.

뷰포트 관련 정보

다음은 뷰포트 관련 정보입니다. **뷰포트**viewport란 브라우저의 창, 즉 **화면에 보여지고 있는 영역**이라고 배웠던 것 기억하죠?

```
<meta name="viewport" content="width=device-width, initial-scale=1.0">
```

모바일에서는 사람 눈에 보이는 **시각적 뷰포트**visual viewport와 실제 브라우저가 웹 페이지를 표시하는 영역인 **레이아웃 뷰포트**layout viewport가 대체로 동일합니다. 그런데 웹사이트에서 어떤 입력 창을 클릭해 아래로부터 키패드가 올라오면 원래 있던 페이지가 키패드에 의해 밀려 올라가면서 눈에 보이는 시각적 뷰포트가 실제보다 작아지는 경우가 생깁니다. 실제 레이아웃 뷰포트가 위로 올라가 버려 두 뷰포트가 달라지는 일이 발생하는 것이죠.

뷰포트 관련 태그는 이런 경우가 발생해도 웹사이트의 내용이 흐트러지지 않고 가독성을 유지하도록 합니다. 특히 요즘은 컴퓨터보다 모바일로 웹 페이지를 더 많이 보는 시대이니 필수로 넣어야 하겠죠.

〈meta〉 태그의 contents 속성으로 지정하는 세부 내용은 아래와 같으니 참고만 하기 바랍니다.

항목	설명	비고
width	뷰포트의 너비	device-width: 기기의 화면 너비에 딱 맞춤
initial-scale	페이지가 처음 로드될 때의 줌 레벨	기본 1.0
maximum-scale	최대 줌 레벨	비추천
minimum-scale	최소 줌 레벨	비추천
user-scalable	사용자가 핀치로 줌 인, 줌 아웃 가능 여부	no로 비활성화, 비추천

| 〈meta〉 태그의 contents 속성

Open Graph 정보

다음은 기본 〈head〉 태그에는 없지만 웹사이트가 다른 곳에 많이 공유될 필요가 있을 때 매우 유용한 **Open Graph 정보**입니다. 메타(구 페이스북)에서 만든 프로토콜로, **웹 페이지의 주소를 복사해서 페이스북이나 카카오톡 등의 SNS 계정으로 공유할 때 보여지는 웹사이트 제목과 섬네일 등의 기본 정보**를 다음과 같은 태그로 설정할 수 있습니다.

```
<meta property="og:title" content="얄코의 HTML & CSS 강좌">
<meta property="og:description" content="얄코의 최신 강좌! 웹 개발을 위한 HTML과 CSS
지식들을 '떠먹여'드립니다.">
<meta property="og:image" content="https://showcases.yalco.kr/html-css-
scoop/03-01/yalco.png">
```

| Open Graph를 적용한 페이지를 SNS에서 공유한 모습

favicon

마지막으로 **favicon**(파비콘)입니다. 이것 역시 〈head〉 태그의 기본 세팅에는 없지만 다음 태그를 추가하면 **브라우저의 상단 탭 제목 옆에 원하는 이미지를 넣을 수 있습니다.** 이미지 파일 형식은 png, jpg, gif 등이 가능합니다.

```
<link rel="shortcut icon" href="./favicon.png" type="image/x-icon">
```

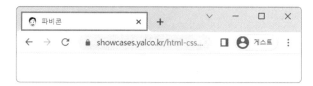

24 시맨틱 태그

학습
목표

〈div〉 태그만 사용해도 얼마든지 웹 페이지를 만들 수 있지만 그렇게 하면 페이지가 어떤
용도로 구성되어 있는지 분석하기 매우 어려운 불편한 사이트가 됩니다. 이때 사용하는 것
이 시맨틱 태그입니다. 이번 LESSON에서는 시맨틱 태그의 의미와 장점 및 실제 사용 모
습을 알아보면서 좀 더 좋은 웹사이트를 만들기 위한 방법을 연구해 보겠습니다.

시맨틱 태그 사용의 장점

시맨틱 태그semantic tag란 **의미 있는 태그**라는 뜻으로 좋은 웹사이트를 만들기 위한 방법 중 하나
입니다. 특히 HTML5에서는 이 시맨틱 태그를 적극적으로 활용해 웹사이트를 구성합니다.

시맨틱 태그의 기능은 사실 〈div〉와 똑같습니다. 특별한 기능이 추가되어 있지 않다는 말이죠.
그럼에도 불구하고 시맨틱 태그 사용을 권장하는 이유는 그 자체로 의미를 가지고 있기 때문입니
다. 예를 들어 〈header〉 태그는 사이트 위쪽에 있는 제목 영역을 의미한다는 것을 컴퓨터나 개발
자가 바로 알 수 있도록 코드를 작성하는 것입니다. 그렇다면 시맨틱 태그를 이용하면 어떤 장점
이 있을까요?

첫째, 웹 접근성을 개선할 수 있습니다.

시맨틱 태그로 작성한 코드는 컴퓨터 화면을 음성으로 읽어
주는 스크린 리더로 페이지를 보는 사람들이 필요한 정보를
보다 수월하게 찾는 데 도움이 됩니다.

둘째, 검색 엔진 최적화에 좋습니다.

우리가 구글 등의 홈페이지에서 어떤 키워드를 검색하면 각
사이트의 내용을 간략하게 보여 줍니다. 이것은 검색 엔진이
태그만 보고도 사이트 내용을 분석하여 카테고리화한 정보를

미토의
참:견

웹 접근성에 대해서는
LESSON 26에서 더 자세히
배웁니다.

보여 주기 때문입니다. 이는 결국 이용자가 적극적으로 웹사이트에 접속하고 이용하는 데 도움을 줍니다. 이것을 **SEO**Search Engine Optimization라고도 합니다.

셋째, 유지 보수와 가독성에 유리합니다.

웹사이트는 한 번 만들고 나면 끝나는 것이 아니라 계속해서 변경 내용 업데이트와 오류 수정을 해야 합니다. 그런데 모든 태그들이 〈div〉 태그로 구성되어 있으면 각 태그가 어떤 역할을 하는지 구분하기 힘들겠죠. 시맨틱 태그로 각각 용도에 맞게 설계되어 있으면 직접 웹사이트를 구축한 사람뿐만 아니라 이후에 접근할 개발자들에게도 매우 도움이 될 것입니다.

다음은 시맨틱 태그가 어떤 것인지를 보여 주기 위한 용도로 제작한 웹사이트입니다. 브라우저에서 다음 주소로 접속한 후 개발자 도구를 열어 사이트의 이곳저곳을 눌러 보세요. 페이지의 각 요소가 어떤 태그와 형식으로 만들어졌는지 살펴보면 많은 도움이 될 것입니다.

URL https://showcases.yalco.kr/html-css-scoop/03-03/01.html#main

시맨틱 태그의 종류

이번 장에서 중점적으로 살펴볼 시맨틱 태그는 다음과 같습니다.

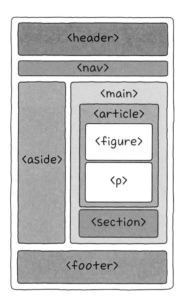

〈header〉

페이지나 구획의 최상단에서 제목 역할을 하는 요소를 두는 데 사용됩니다. 주로 웹 페이지의 제목, 로고, 검색 창 등을 포함합니다. 반드시 웹 페이지 전체를 대상으로 하지 않아도 되며, 사이트 내 어떤 구획의 요소라도 필요하면 사용할 수 있습니다.

〈nav〉

링크로 이동하는 요소를 포함합니다. 페이지의 메뉴나 색인 등 하이퍼링크가 있는 부분에 사용됩니다. 페이지 내에 id로 지정된 요소가 있다면 그 요소로 바로 이동할 때 사용하기도 합니다.

〈footer〉

〈header〉와 반대로 페이지나 구획의 최하단에 보여지는 요소를 두는 데 사용됩니다. 주로 회사의 연락처 정보나 저작권 문구 등을 작성하는 공간이기도 합니다. 〈footer〉 역시 사이트 내 어떤 구획의 요소라도 필요하면 사용할 수 있습니다.

⟨main⟩

페이지의 가장 중요한 부분으로 주요 내용이 들어가는 메인 영역에 사용됩니다. 단, 페이지마다 반드시 한 개만 존재해야 합니다. 한 페이지에 ⟨main⟩ 태그가 여러 개 들어가면 안 되며, 그 페이지의 유일한 주 콘텐츠 공간으로만 작용해야 합니다.

⟨aside⟩

⟨main⟩ 태그와 어느 정도 간접적으로 연관된 콘텐츠를 포함하는 데 사용됩니다. 주로 사이드 바 등으로 활용합니다.

⟨section⟩

페이지의 콘텐츠를 주제나 성격에 따라 일정 단위의 구획으로 나누는 데 사용됩니다. 만약 이보다 더 작은 단위로 나눠야 한다면 그때 ⟨div⟩ 태그를 사용합니다. 이 역시 사이트 내 여러 군데에서 사용될 수 있으며, 각 섹션마다 id를 지정하면 링크로 연결해서 사용하기에도 수월합니다.

⟨article⟩

페이지 내에서 여러 번 재사용되거나 페이지로부터 독립적인, 즉 다른 페이지에서도 사용될 수 있는 콘텐츠에 주로 사용합니다. 주로 페이지 내의 카드 요소, 기사나 블로그 포스트, 댓글 등이 이에 해당합니다.

⟨figure⟩

주로 이미지를 넣는 ⟨img⟩ 태그와 그 이미지를 설명하는 캡션을 넣는 ⟨figcaption⟩ 태그를 묶어 놓을 때 사용됩니다.

> 지금까지 말한 태그뿐만 아니라 제목 태그인 ⟨h1⟩ 등을 사용해 각 요소의 제목을 별도로 지정하는 방법도 있습니다. 이 역시 웹 접근성을 높이는 데 큰 도움이 되겠죠. 이처럼 웹사이트를 만들 때는 각 요소에 따른 적절한 시맨틱 태그로 구조를 만드는 연습을 하는 것이 좋습니다.

기타 미디어 삽입하기

PART 01에서는 이미지 태그를 이용해 HTML 문서에 이미지를 첨부하는 방법을 배웠습니다. 이번 LESSON에서는 픽셀 이미지 외에도 다른 파일 형식의 이미지를 넣는 방법을 알아보고, 오디오와 비디오 등의 기타 미디어를 넣어 웹 페이지를 풍성하게 만드는 방법에 대해서도 알아보겠습니다.

SVG 이미지

SVGScalable Vector Graphics는 조금 다른 형식의 이미지 파일입니다. 흔히 jpg나 png로 된 이미지를 픽셀 이미지라고 하는데, **픽셀 이미지**는 확대할수록 픽셀 단위가 커지면서 해상도가 떨어지는 현상이 있습니다(왼쪽). 그러나 SVG 이미지는 아무리 확대해도 이미지가 깨지지 않고 깔끔하게 유지됩니다(오른쪽). 이는 **SVG가 픽셀 이미지가 아닌 벡터 이미지이기 때문입니다.**

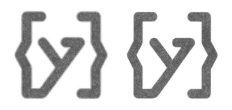

픽셀 이미지가 네모난 픽셀이 모자이크처럼 이루어진 형태의 이미지라면, SVG는 선과 면의 공식으로 만들어진 이미지입니다.

HTML로 SVG 이미지를 삽입하는 방법은 두 가지가 있습니다.

첫째, 이미지 파일 경로를 삽입하는 방법입니다.

넣고자 하는 SVG 이미지 파일이 있다면 **〈img〉 태그**의 **src** 속성에 소스 파일 형식이 **.svg**로 끝나는 이미지 파일의 경로를 넣습니다.

```
<img src="https://showcases.yalco.kr/html-css-scoop/03-05/yalco-y.svg" alt="얄코
이니셜 로고>
```

둘째, SVG 소스를 불러오는 방법입니다.

웹 상에 올려져 있는 SVG 이미지를 불러올 경우 해당 이미지 위에서 마우스 오른쪽 버튼을 클릭해 **이미지를 다른 이름으로 저장**을 선택해 저장합니다. 그리고 이것을 VS Code의 탐색기 창으로 불러오면 이미지가 복잡한 소스 코드 형태로 되어 있는 것을 알 수 있습니다. **〈svg〉 태그** 안에는 **〈style〉 태그** 및 수많은 좌표와 공식을 가진 **〈path〉 태그**가 있습니다.

```
<svg version="1.1" id="layer_1" xmlns="http://www.w3.org/2000/svg"
xmlns:xlink="http://www.w3.org/1999/xlink" x="0px" y="0px" viewBox="0 0 400 400"
style="enable-background:new 0 0 400 400;" xml:space="preserve">
<style type="text/css">
  .st0{fill:#FF4E00;}
</style>
<g>
  <path class="st0" d="M295.77,139.85c-3.3-6.59-10.03-10.75-17.4-10.75h-
  60.52c-10.74,0-19.45,8.71-19.45,19.45 c0,10.74,8.71,19.45,19.45,19.45h21.
  62l-38.9,51.87l-62.25-82.99c-6.45-8.59-18.63-10.34-27.23-3.89 c-8.59,6.45-
  10.34,18.64-3.89,27.23l69.06,92.07l-65.1,86.79h-36.2V253.9c0-3.24-
  0.81-6.43-2.36-9.27l-23.99-44.21l23.99-44.2 c1.55-2.85,2.36-6.04,2.36-
  9.28V61.75h41.13c10.74,0,19.45-8.71,19.45-19.45s-8.71-19.45-19.45-
  19.45H55.5 c-10.74,0-19.45,8.71-19.45,19.45V142L9.39,191.14c-3.14,5.79-
  3.14,12.77,0,18.55l26.66,49.15v99.7c0,10.74,8.71,19.45,19.45,19.45
  h60.58c3.71,0,7.13-1.09,10.08-2.89c4.68-0.84,9.07-3.29,12:15-7.39l155.62-
  207.49C298.35,154.32,299.06,146.44,295.77,139.85z"/>
  <path class="st0" d="M391.29,191.14L364.63,142V42.3c0-10.74-8.71-19.45-19.45-
  19.45H284.6c-10.74,0-19.45,8.71-19.45,19.45 s8.71,19.45,19.45,19.45h41.13v85
  .19c0,3.24,0.81,6.43,2.36,9.27l23.98,44.2l-23.98,44.21c-1.55,2.85-2.36,6.03-
  2.36,9.27v85.18 H284.6c-10.74,0-19.45,8.71-19.45,19.45c0,10.74,8.71,19.45,19.4
  5,19.45h60.58c10.74,0,19.45-8.71,19.45-19.45v-99.7l26.66-49.15 C394.43,203.91,
  394.43,196.92,391.29,191.14z"/>
</g>
</svg>
```

🐛 코드를 보면 두 개의 〈path〉 태그를 볼 수 있는데, 상대적으로 긴 첫 번째 〈path〉 태그가 로고 디자인의 왼쪽 부분, 상대적으로 짧은 두 번째 〈path〉 태그가 로고 디자인의 오른쪽 부분이라는 것을 유추할 수 있습니다.

이렇게 생긴 SVG 이미지 소스 코드를 붙여 넣을 때는 **〈figure〉 태그** 안에 넣어서 사용합니다. 이때 웹 접근성을 위해 반드시 **〈figcaption〉 태그**를 사용해서 해당 SVG 이미지에 대한 설명을 넣는 것도 잊지 마세요.

이 코드를 복사해서 HTML 문서의 〈body〉 태그 안에 붙여 넣으면 소스 코드로 가져온 이미지가 브라우저에 그대로 나타나는 것을 볼 수 있습니다. 크기를 조절하고 싶으면 〈svg〉 태그 자체에 크기 등의 스타일을 지정하면 됩니다.

 유용한 SVG 이미지 제작 사이트 ·····························

간단한 SVG 이미지를 만들고 싶으면 다음 사이트를 이용하세요. 원하는 대로 모양을 조절하면서 웹사이트 배경 등의 SVG 이미지를 직접 제작한 후 전체 소스 코드를 복사하거나 다운로드해 사용할 수 있습니다.

- Shape Divider `URL` `https://www.shapedivider.app`
- Haikei `URL` `https://app.haikei.app`

사실 전문 디자이너가 아닌 이상 SVG 이미지 소스 코드를 직접 만들 일은 거의 없습니다. 색이나 구성이 복잡한 이미지일수록 소스 코드 용량이 커지기 때문에 완성된 이미지 파일을 불러와 사용하는 것이 훨씬 간편합니다. 단, 색이 단순한 도형이나 그래픽, 로고 같은 경우라면 SVG 이미지 소스 코드로 표현하는 편이 같은 이미지 파일을 계속 첨부하는 것보다 훨씬 가볍고 용량 면에서도 유리하겠죠.

오디오와 동영상

웹사이트에 오디오와 동영상을 추가하는 방법은 두 가지가 있습니다. 하나씩 알아보겠습니다.

첫째, 〈audio〉 태그나 〈video〉 태그에 src 속성을 사용해 링크하는 방법입니다.

다음은 오디오와 이미지 태그를 넣는 예시입니다. 함께 살펴보겠습니다.

```
<body>
  <figure>
    <figcaption class="sr-only">
      얄코 영상 오디오
    </figcaption>
    <audio src="https://showcases.yalco.kr/html-css-scoop/03-05/audio.mp3"
    controls>
    </audio>
  </figure>
  <br>
  <figure>
    <figcaption class="sr-only">
    얄코 영상 비디오
    </figcaption>
    <video src="https://showcases.yalco.kr/html-css-scoop/03-05/video.mp4"
    controls>
    </video>
  </figure>
</body>
```

〈audio〉 태그에는 〈img〉 태그처럼 **src** 속성에 **오디오 파일의 경로**를 넣습니다. 그 다음에 있는 **controls** 속성은 제어 인터페이스로 **미디어의 재생, 멈춤, 진행 등을 나타내는 콘트롤러를 표시하는 것입니다.** controls 속성이 없다면 페이지에 콘트롤러가 뜨지 않아 미디어를 재생할 수 없습니다.

예시에는 나와 있지 않지만 **autoplay** 속성은 **자동 재생, loop**는 **반복 재생**을 위한 속성입니다. 그러나 요즘은 브라우저마다 자동 재생 기능을 일부러 막아 놓았기 때문에 autoplay 속성을 사용할 일은 잘 없을 것입니다. 사용자 경험으로 미루어 봤을 때 페이지를 열자마자 미디어가 자동 재생되는 것은 그리 좋은 접근 방법은 아니기 때문입니다.

둘째, 〈source〉 태그를 사용해 링크하는 방법입니다.

다음 예시를 보면 〈audio〉와 〈video〉 태그 안에 src 속성으로 미디어 파일이 바로 연결되어 있지 않고 그 안에 있는 **〈source〉 태그** 안에 **src** 속성으로 파일이 연결되어 있습니다.

```
<body>
  <figure>
    <figcaption class="sr-only">
      얄코 영상 오디오
    </figcaption>
    <audio controls>
      <source src="https://showcases.yalco.kr/html-css-scoop/03-05/audio.mp3"
      type="audio/mpeg">
      <source src="https://showcases.yalco.kr/html-css-scoop/03-05/audio.wav"
      type="audio/wav">
      <p>이 브라우저에서 오디오 태그가 지원되지 않습니다.</p>
    </audio>
  </figure>
  <br>
  <figure>
    <figcaption class="sr-only">
      얄코 영상 비디오
    </figcaption>
    <video controls>
      <source src="https://showcases.yalco.kr/html-css-scoop/03-05/video.mov"
      type="video/quicktime">
      <source src="https://showcases.yalco.kr/html-css-scoop/03-05/video.mp4"
      type="video/mp4">
      <source src="https://showcases.yalco.kr/html-css-scoop/03-05/video.webm"
      type="video/webm">
      <p>이 브라우저에서 비디오 태그가 지원되지 않습니다.</p>
    </video>
  </figure>
</body>
```

오디오 파일로 사용되는 mp3와 wav 파일은 모두 음악이나 소리 등을 오디오 형식으로 저장하는 파일입니다. 비디오에는 mov, mp4, webm 파일 형식이 있습니다.

그런데 왜 이렇게 같은 파일을 다른 형식으로 여러 번 지정했을까요? 여기서 만약 mov 파일이 있는 태그를 빼고 브라우저에서 다시 열면 잘 재생되던 비디오가 갑자기 재생되지 않습니다. 이는 윈도우 버전의 엣지나 맥 PC에서는 mov 형식

미로의 참견

어떤 환경에서도 동영상 파일이 잘 열리도록 하려면 〈source〉 태그 방식이 좋습니다!

을 지원하지 않기 때문입니다.

이처럼 기기의 환경과 브라우저의 종류에 따라 지원하는 오디오와 비디오 파일 형식이 다르기 때문에 어떤 환경에서도 파일이 열리도록 하려면 대안을 다양하게 마련해 줘야 합니다. 이것이 여러 개의 소스 파일을 넣어 다양한 파일 형식 옵션을 제공하는 이유입니다.

브라우저에 따라 파일 재생 여부는 어떻게 알 수 있나요? ·····················

다음 사이트에 접속하면 브라우저에 따라 어떤 태그나 파일 형식이 사용 가능한지를 쉽게 확인할 수 있습니다.

URL https://caniuse.com

앞의 소스 코드를 다시 한번 보겠습니다. 〈p〉 태그에 **이 브라우저에서 오디오 태그가 지원되지 않습니다.**와 같은 경고 문구가 적혀 있는 것을 볼 수 있습니다. 이는 오래된 인터넷 익스플로러나 기타 브라우저에서 〈audio〉나 〈video〉 태그가 아예 기능하지 않는 경우 사용자에게 대신 보여 주는 메시지입니다. 최신 브라우저에서는 〈audio〉나 〈video〉 태그를 알아서 해석하지만, 오래된 브라우저의 경우 자체적으로 태그를 읽을 줄 모르기 때문에 대신 〈p〉 태그 문구가 보여지게끔 한 것입니다. 〈p〉 태그 내용에 경고 메시지 대신 최신 브라우저를 다운받을 수 있도록 유도하는 것도 좋은 방법이겠죠.

얄코의 친절한 HTML 노트

① HTML 상단 태그

DOCTYPE

- 문서가 어떤 형식과 버전으로 작성되었는지를 명시
- 선언 시 스탠다드 모드(standard mode)라는 최신 형식으로 문서 실행
- 선언하지 않을 경우 퀵스 모드(quirks mode, 인터넷 익스플로러, 내비게이터 등 옛날 브라우저를 모방)로 문서 실행

〈head〉 태그에 담기는 내용

- 페이지 제목
- 파비콘
- 기타 메타 정보
- CSS, 자바스크립트 등의 코드 및 링크

〈title〉 태그의 역할

- 브라우저의 탭에 표시
- 브라우저 즐겨찾기의 제목으로 표시
- 검색 엔진 검색 결과의 제목으로 표시

〈meta〉 태그에 담기는 내용

- charset 정보
- IE 관련 호환 정보
- Open Graph 정보
- 파비콘

얄코의 친절한 HTML 노트

② 시맨틱 태그

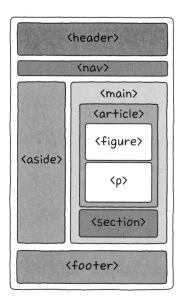

③ 미디어 태그 속성

속성	설명	비고
src	미디어 파일 위치	〈source〉 태그로 대체 가능합니다.
controls	제어 인터페이스	
autoplay	자동 재생	일반적으로 브라우저에서 막아 놓습니다.
loop	반복 재생	

CHAPTER
11

모두가 이용할 수 있는
웹사이트 만들기

웹 접근성

학습목표

웹사이트를 아무리 잘 만들어도 일부 사용자들이 불편함이나 어려움을 느끼면 그것은 좋은 웹사이트가 아닙니다. 장애 유무나 연령에 상관없이 모든 사용자가 동등하게 웹사이트에 접근하고 활용하기 위해서는 웹 접근성을 지켜야 합니다. 이번 LESSON에서는 효과적인 웹 접근성을 위해 어떤 설정이 필요한지 알아보겠습니다.

웹 접근성web accessibility이란 웹 페이지를 눈으로 보는 것뿐만 아니라 소리 또는 점자 등으로 읽어야 하는 사용자를 대상으로 사이트 이용에 어려움이 없도록 취하는 조치를 말합니다. 여러분이 만든 웹사이트가 폭 넓은 사용자들을 대상으로 공신력을 갖추기 위해서는 웹 접근성을 반드시 지켜야 합니다.

그렇다면 지금부터 웹 접근성을 지키기 위해 고려해야 할 사항들을 하나씩 알아보겠습니다.

alt 속성으로 이미지 설명하기

LESSON 06에서 이미지 태그에 속성값을 넣었던 것을 기억하나요? 예를 들어 오른쪽과 같이 웹 페이지에 별도 텍스트가 없는 이미지의 경우 **스크린 리더로 읽는 사용자를 위해 alt 속성값을 넣어 줍니다.** 따라서 다음과 같이 〈img〉 **태그**의 **alt** 속성으로 **홈으로**라는 텍스트를 추가합니다.

```
<img src="house-shape.png" alt="홈으로">
```

그런데 이미 **장바구니에 담기**라는 텍스트가 있다면 alt 속성에 똑같은 내용을 넣을 필요가 없다고 생각하기 쉽습니다.

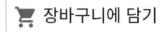

그러나 아무 텍스트 설명도 넣지 않으면 스크린 리더기가 이미지 파일명을 읽게 됩니다. 따라서

HTML 심화

텍스트 설명이 있는 이미지에도 마찬가지로 alt 속성을 넣어 줘야 하는데, 이때는 공백을 넣는 것을 권장합니다.

```
<img src="shopping-cart.png" alt="">
장바구니에 담기
```

이미지 설명이 굳이 필요 없어 보이는 불릿이나 배경 이미지도 마찬가지입니다. 내용 여부와 상관없이 alt 속성은 반드시 입력값이 필요하다는 것을 기억하기 바랍니다.

숨겨 놓은 요소 설명하기

어느 웹 쇼핑몰에서 코딩 스티커를 판매한다고 가정하겠습니다. 그림과 함께 있는 내용이 이미지를 대표하는 텍스트입니다. 그런데 **코딩을 배우면 아마 굶지는 않을 거랬어**라는 텍스트는 alt 속성값으로 넣기에는 다소 깁니다.

이처럼 길고 복잡한 내용을 표시하려면 alt 속성이 아닌 다른 태그에 입력하는 것이 좋습니다. 이 경우에는 이미지 태그의 alt 속성값을 넣는 대신 〈p〉 태그 안에 넣었습니다. 그런데 이렇게 하면 이미지 밑으로 해당 텍스트가 그대로 노출된다는 단점이 있습니다.

```
<img src="./sr-only.png" alt="">
<p class="sr-only">
  노트북으로 뭔가 공부하고 있는 아이의 독백: 코딩을 배우면 아마 굶지는 않을 거랬어.
</p>
```

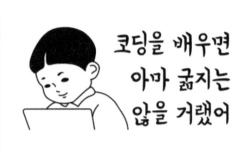

노트북으로 뭔가 공부하고 있는 아이의 독백: 코딩을 배우면 아마 굶지는 않을 거랬어.

프로그래밍 | 스티커 | 얄코 | 2023

이를 해결하기 위해 해당 〈p〉 태그에 스크린 리더기만 읽으라는 뜻으로 클래스명을 **sr-only**로 부여한 다음 앞에서 배운 내용을 활용해 CSS 파일을 작성했습니다. 이렇게 하면 **노트북으로 뭔가 ~**라는 텍스트는 눈에 보이지 않아도 스크린 리더기는 정상적으로 읽어 낼 수 있습니다.

```
.sr-only {
  position: absolute;
  width: 1px;
  height: 1px;
  padding: 0;
  margin: -1px;
  overflow: hidden;
  clip: rect(0, 0, 0, 0);
  white-space: nowrap;
  border-width: 0;
}
```

이미지의 너비(width)와 높이(height)를 0px로 지정해도 되지만 스크린 리더기에 따라 읽지 않을 수도 있기 때문에 1px씩 지정하는 대신 margin을 −1px로 지정해 0px로 지정한 것과 같은 효과를 주었습니다.

또한 스티커 밑에 있는 **프로그래밍 | 스티커 | 얄코 | 2023**이라는 텍스트는 스크린 리더기에도 이것이 무엇인지 설명해 주어야 합니다. 따라서 다음과 같이 눈에 보이지 않아야 할 내용은 **〈dt〉 태그**에 **sr-only**라는 클래스명을 붙여 앞서 스티커의 설명 텍스트를 숨겼던 것과 똑같이 처리하고 실제 눈에 보여야 할 내용은 **〈dd〉 태그**로 작성하였습니다.

```
<dl>
  <dt class="sr-only">분야</dt>
  <dd>프로그래밍</dd>
  <dt class="sr-only">종류</dt>
  <dd>스티커</dd>
  <dt class="sr-only">디자이너</dt>
  <dd>얄코</dd>
  <dt class="sr-only">제작년도</dt>
  <dd>2021</dd>
</dl>
```

aria-label 속성

웹 페이지의 게시판이나 검색 결과 하단에서 다음과 같은 모습을 본 적이 있을 겁니다. 이것을 스크린 리더기로 '왼쪽 삼각형, 1, 2, 3, 4, 5, 오른쪽 삼각형'으로 읽으면 사용자가 어떤 내용인지 바로 인식할 수 있을까요? 직관적으로 인식하기에는 다소 어렵겠죠.

이러한 경우도 해당 〈div〉 태그에 페이지 번호를 표시하는 버튼이라는 뜻의 **page-buttons**라는 클래스명을 지정한 다음, 〈button〉 태그의 **aria-label** 속성에 세부 내용을 작성합니다. '현재 페이지'라는 부가 설명을 넣어도 좋고요.

```
<div class="page-buttons">
<button aria-label="이전 페이지로">◄</button>
  <button aria-label="1번째 페이지로 (현재 페이지)" class="current">1</button>
  <button aria-label="2번째 페이지로">2</button>
  <button aria-label="3번째 페이지로">3</button>
  <button aria-label="4번째 페이지로">4</button>
  <button aria-label="5번째 페이지로">5</button>
  <button aria-label="다음 페이지로">►</button>
</div>
```

aria-hidden 속성과 role 속성

다음과 같이 본문 텍스트에 웃는 얼굴 이모지emoji가 들어 있다면 이것도 스크린 리더기에서 굳이 '웃는 얼굴'로 읽어 줄 필요가 있을까요? 그럴 필요는 없습니다.

😀 **반갑습니다!**

이렇게 이모지나 SVG 파일 요소 등을 스크린 리더기에만 감추고 싶다면 **⟨span⟩ 태그**의 **aria-hidden** 속성을 **true**로 지정하면 됩니다.

```
<div class="example">
  <span aria-hidden="true">😀</span> 반갑습니다!
</div>
```

이번에는 다음 그림의 문구를 읽어 봅시다. '아이 러브 코딩'으로 읽게 되죠. 이렇게 하트 모양 이미지에 love라는 뜻이 내포되어 있기 때문에 이것을 스크린 리더로 읽게 하기 위해서는 앞에서 했듯이 aria-hidden 속성으로 감춰서는 안됩니다. 대신 **role** 속성에 이미지 역할을 한다는 것을 명시하고 **aria-label** 속성에 스크린 리더가 읽어야 할 텍스트 **love**를 넣습니다. 이렇게 하면 스크린 리더도 **I love coding**이라고 정상적으로 읽게 됩니다.

```
<div class="example">
  I <span role="img" aria-label="love">♥</span> CODING!
</div>
```

〈figure〉 태그와 〈figcaption〉 태그

그밖에도 최근 널리 사용되는 방식 중에는 〈figure〉 태그와 〈figcaption〉 태그를 활용하는 방식이 있습니다. 문서 내용과 연관성이 있지만 문서의 주요 흐름에는 영향을 주지 않는 이미지나다이어그램, 오디오, 동영상 등의 미디어를 통틀어 정의할 때 사용합니다.

앞서 살펴본 코딩 스티커를 예로 들겠습니다. 다음과 같이 **〈figure〉 태그**로 이미지를 먼저 삽입한 다음 alt 속성값은 비운 채로 **〈figcaption〉 태그**로 보충 설명을 넣으면 됩니다.

```
<figure>
  <img src="./sr-only.png" alt="">
  <figcaption class="sr-only">
    노트북으로 뭔가 공부하고 있는 아이의 독백: 코딩을 배우면 아마 굶지는 않을 거랬어.
  </figcaption>
</figure>
```

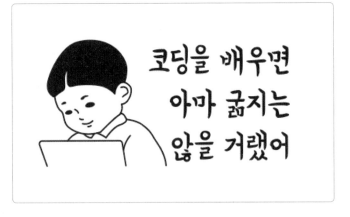

이 방법을 사용하면 〈pre〉 태그를 사용한 아스키 아트도 설명 가능합니다.

```
<figure>
  <pre>
    ,d888a                        ,d88888888888ba.  ,88"I)   d
  a88']8i                        a88".8"8)  `"8888:88 " _a8'
.d8P' PP                        .d8P'.8  d)     "8:88:baad8P'
,d8P' ,ama,    .aa,  .ama.g ,mmm d8P' 8 .8'       88):888P'
,d88' d8[ "8..a8"88 ,8I"88[ I88' d88   ]IaI"       d8[
a88' dP "bm8mP8'(8'.8I  8[      d88'     `"        .88
,88I ]8' .d'.8   88' ,8' I[  ,88P ,ama    ,ama, d8[ .ama.g
[88' I8, .d' ]8,  ,88B ,d8 aI  (88',88"8) d8[ "8. 88 ,8I"88[
]88  `888P' `8888" "88P"8m   I88 88[ 8[ dP "bm8m88[.8I  8[
]88,          _,,aaaaaa,_    I88 8" 8 ]P' .d' 88 88' ,8' I[
`888a,. ,aadd88888888888bma.  )88,  ,]I I8, .d' )88a8B ,d8 aI
"888888PP"'        `8"""""""8  "888PP' `888P' `88P"88P"8m"
  </pre>
  <figcaption class="sr-only">
    코카콜라 로고를 표현한 아스키 아트
  </figcaption>
</figure>
```

이처럼 웹 개발을 할 때는 페이지에 들어가는 각 요소마다 스크린 리더로만 웹사이트를 읽을 사
용자들에게 어떻게 들릴까를 항상 고려해야 합니다. 어떤 사용자들이라도 불편함 없이 웹사이트
를 이용할 수 있도록 배려 있게 코드를 작성하는 것이 웹 접근성의 중요한 포인트입니다.

 웹 접근성 체험 및 교육 사이트 ·······························

웹 접근성에 대해 더 자세히 알고 싶다면 다음 사이트를 참고하기 바랍니다.

• W3C URL https://www.w3.org/WAI/fundamentals/accessibility-intro/ko

• NULI : 무료 강좌 수강 및 체험 URL https://nuli.navercorp.com

27 가독성을 위한 이름 짓기

학습 목표

이번 LESSON에서는 HTML 문서로 작성한 요소를 CSS와 자바스크립트에서 가져와 활용하기 위해 필요한 네이밍, 즉 이름 짓기에 대해 중점적으로 살펴보겠습니다. 이름을 짓는 방법에는 일반적인 태그 위주로 짓는 방법, 클래스 위주로 짓는 방법, 그리고 BEM 방법 등이 있습니다. 이름은 좋은 웹사이트를 만드는 데 굉장히 중요합니다.

태그 위주로 이름 짓기

어떤 쇼핑몰 웹사이트에 다음과 같은 구조로 제품이 들어가 있다고 가정하겠습니다. 올려져 있는 상품이 여러 개니 이러한 구조가 여러 번 반복되어 들어가겠죠.

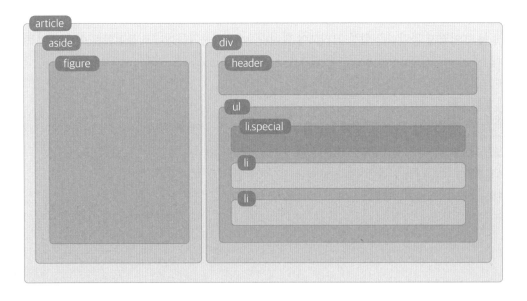

LESSON 24에서 같은 형식으로 여러 번 재사용되는 콘텐츠는 시맨틱 태그인 **〈article〉 태그**를 사용한다고 배웠습니다. 왼쪽의 **〈aside〉 태그**에는 제품을 대표하는 이미지나 설명이 없는 이미지를 사용할 때 쓰는 **〈figure〉 태그**를 넣습니다. 상황에 따라 〈figure〉 태그는 사용하지 않는 경우도 있습니다.

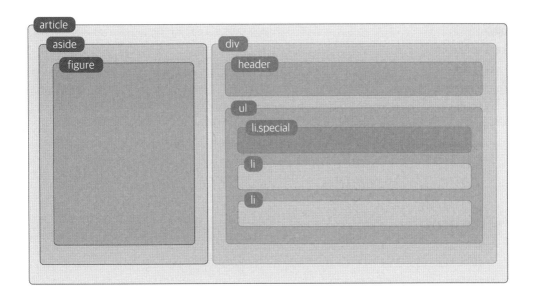

오른쪽에는 〈div〉 태그로 제품 설명을 넣습니다. 〈header〉 태그에는 제품명, 〈ul〉 태그에는 제품의 기능이나 사양 등을 리스트 형태로 넣었습니다. 리스트의 첫 번째 요소는 다른 요소들과 차별화를 두기 위해 **special**이라는 클래스를 사용해 별도로 지정했습니다.

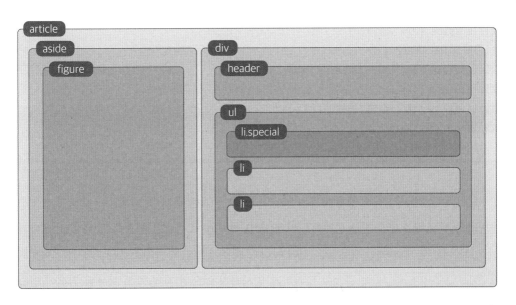

이와 같은 구조를 HTML 문서로 나타내면 다음과 같습니다.

```
<body>
  <article>
    <aside>
      <figure></figure>
    </aside>
    <div>
      <header></header>
      <ul>
        <li class="special"></li>
        <li></li>
        <li></li>
      </ul>
    </div>
  </article>
</body>
```

이에 따라 CSS에서 속성을 지정하려면 다음과 같은 선택자를 사용할 것입니다.

```
article { /* ... */ }
article aside { /* ... */ }
article aside figure { /* ... */ }
article div header { /* ... */ }
article ul li { /* ... */ }
article div ul li { /* ... */ }
article div ul li.special { /* ... */ }
/* ... */
```

어떤가요? CSS 선택자가 길고 장황해지는 느낌이 듭니다. 예를 들어 두 번째 〈li〉 요소를 선택하려면 바깥쪽 부모 요소까지 전부 명시하느라 **article div ul li** 등으로 굉장히 길어지죠. 게다가 〈article〉도 어느 한 부분에만 사용하는 것이 아니기 때문에 일일이 클래스명을 지정해서 사용해야 할 수도 있습니다. 즉, 종속 관계를 명확하게 명시하지 않으면 자칫 중복 사용될 위험이 있습니다.

또한 훗날 코드를 수정할 필요가 생길 경우 그 요소가 사이트의 어느 부분을 명시하는지 정확히 찾기 어렵습니다. 태그 이름만 보고는 해당 웹사이트에서 어떤 의미를 갖는지 파악하기 어렵기 때문이죠. 게다가 위치와 태그 이름이 같은데 종류가 다른 경우도 발생할 수 있습니다.

따라서 간단한 사이트라면 몰라도 페이지 구성이 복잡한 사이트라면 태그 위주로만 이름을 짓는 방법은 반드시 고민해 볼 필요가 있습니다.

클래스 위주로 이름 짓기

태그로만 이름을 짓는 방법에 한계가 있다면 **각 요소마다 클래스명을 지정하는 방법**도 있습니다. 이번에는 이전과 다르게 각 태그명 앞에 마침표(.)로 각각의 특징적인 태그명을 명시했습니다.

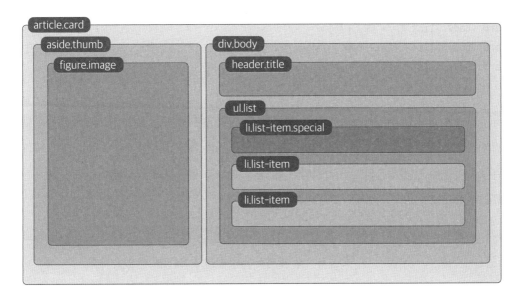

이와 같은 구조를 HTML 문서로 나타내면 다음과 같습니다.

```html
<article class="card">
  <aside class="thumb">
    <figure class="image"></figure>
  </aside>
  <div class="body">
    <header class="title"></header>
    <ul class="list">
      <li class="list-item special"></li>
      <li class="list-item"></li>
      <li class="list-item"></li>
    </ul>
  </div>
</article>
```

이제 차이점이 보이나요? 태그 위주로 이름을 짓는 방법보다 한 가지 명확히 개선된 것은 **card**, **thumb**, **image**, **title**, **list-item** 등의 클래스명을 통해 각 요소들이 어떤 역할과 의미를 갖는지 파악 가능해졌다는 것입니다.

이에 따라 CSS에서 속성을 지정하려면 다음과 같은 선택자를 사용할 것입니다.

```
.card { /* ... */ }
.card .thumb { /* ... */ }
.card .thumb .image { /* ... */ }
.card .body .title { /* ... */ }
.card .body .list { /* ... */ }
.card .body .list .list-item { /* ... */ }
.card .body .list .list-item.special { /* ... */ }
```

각 태그가 어떤 요소를 의미하는지에 대한 힌트는 더 많이 들어갔지만 장황한 느낌은 여전합니다. 오히려 CSS 선택자가 더 길어졌죠. 결국 바깥쪽 요소부터 하나하나 명시해야 하는 것은 태그를 위주로 이름을 짓는 경우와 마찬가지입니다. 종속 관계를 명확하게 명시하지 않으면 중복될 위험도 여전하고요.

따라서 클래스를 사용하면 HTML 태그만 가지고 선택을 하는 것보다 더 명확하게 사이트 내의 요소들을 선택할 수 있지만 보다 효율적이고 체계적인 방법을 찾을 필요가 있습니다.

BEM으로 이름 짓기

태그와 클래스를 이용한 명명 방법의 대안으로 **BEM**Block Element Modifier이라는 방식이 등장합니다. 이것은 **웹사이트에 있는 요소를 일정 부분의 컴포넌트로 나눈 후 그것을 블록으로 지정하는 방법**입니다.

방식은 간단합니다. 그림과 같이 전체 card 레이아웃을 하나의 블록이라고 보고, 같은 블록이라면 태그명 뒤에 마침표(.)와 해당 블록명을 통일하여 붙입니다. 그리고 블록 안의 요소를 특징적인 이름으로 각각 지은 다음 언더 바를 두 번(__) 입력하고 붙여 주면 됩니다.

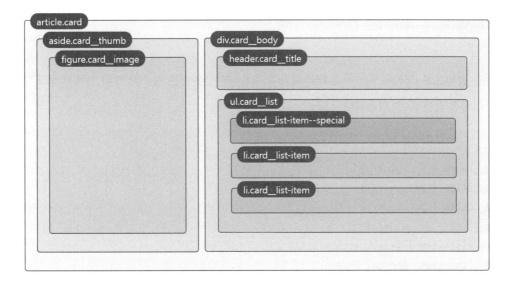

이와 같은 구조를 HTML 문서로 나타내면 다음과 같습니다.

```
<body>
  <article class="card">
    <aside class="card__thumb">
      <figure class="card__image"></figure>
    </aside>
    <div class="card__body">
      <header class="card__title"></header>
      <ul class="card__list">
        <li class="card__list-item--special"></li>
        <li class="card__list-item"></li>
        <li class="card__list-item"></li>
      </ul>
    </div>
  </article>
</body>
```

BEM의 CSS 선택자 작성법은 다음과 같습니다. 어떤 블록 안에 요소들이 들어 있다면 그것이 몇 단계 안으로 들어가는지와 상관없이 무조건 블록명(**BLOCK**)과 언더 바 두 개(**__**), 그리고 해당 요소 이름(**ELEMENT**)을 작성합니다. 또한 어떤 요소의 세부 속성을 명시해야 할 경우는 대시 두 번(**--**)에 해당 요소명(**MODIFIER**)을 적어 줍니다.

```
.BLOCK__ELEMENT--MODIFIER { /* ... */ }
```

이와 같은 방법으로 CSS 속성을 지정하면 다음과 같습니다. 앞서 본 경우와 달리 선택자 코드가
훨씬 간결해진 것을 볼 수 있습니다.

```
.card { /* ... */ }
.card__thumb { /* ... */ }
.card__image { /* ... */ }
.card__title { /* ... */ }
.card__list { /* ... */ }
.card__list-item { /* ... */ }
.card__list-item--special { /* ... */ }
```

따라서 BEM 방식을 사용하면 코드량이 줄어들 뿐만 아니라 명확한 선택자로 인해 요소명이 중
복되는 문제도 해소할 수 있습니다. 무엇보다 높은 가독성과 이해하기 쉬운 구조가 가장 큰 장점
입니다. 아무리 복잡한 웹사이트라도 이렇게 BEM 방식으로 표현하기에 적합한 단위로 컴포넌트
를 분리하면 얼마든지 간결하게 선택할 수 있습니다.

BEM 참고 사이트 안내 ··

BEM 방식에 대해 더 자세히 알고 싶다면 다음 사이트를 참고하면 좋습니다. 다양한 활용 예를 보며 사이트 요소 이름
짓는 방법을 풍부하게 배울 수 있습니다.

• bem.info URL https://en.bem.info
• BEM 차트 시트 URL https://bem-cheat-sheet.9elements.com

···

BEM 방식이라고 해서 항상 정답인 것은 아닙니다. 경우에 따라
다른 방식들을 적절히 섞어서 사용하는 것이 더 효율적일 때도
있습니다. 웹사이트를 직접 만들다 보면 지금까지 배운 세 가지
방법 중에 어떤 것이 가장 적합한지 감이 잡힐 것입니다.

얄코의 친절한 HTML 노트

1 웹 접근성 설정하기

- 이미지는 alt 속성에 설명을 넣을 것
- 의미 없거나 읽을 필요 없는 이미지에도 alt 속성에 공백을 넣을 것
- 숨겨진 요소에도 설명을 넣을 것
- aria−label 속성에 설명을 넣을 것
- aria−hidden 속성과 role 속성에 설명을 넣을 것
- 〈figure〉 태그와 〈figcaption〉 태그를 활용할 것

2 가독성을 위한 BEM 방식 이름 짓기

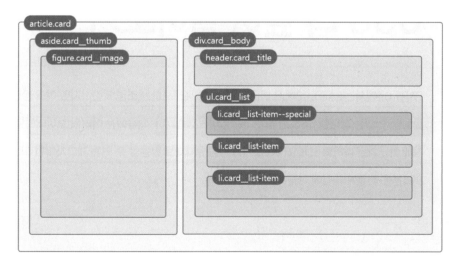

PART 04

CSS 더 깊이 알아보기

PART 04에서는 PART 02에서 배운 CSS 기본 내용보다는 조금 복잡하지만 여러 방면에서

활용할 수 있는 다양한 CSS 기능에 대해 알아보겠습니다. 처음에는 어려워 보이더라도 실습을

통해 차근차근 따라와 보세요! CSS 기능을 자유자재로 활용할 수 있는 개발자라면 이미

여러분은 전문가의 길에 성큼 다가선 것입니다.

이렇게까지
설명한다고?

CHAPTER
12

요소를 지정하는 세련된 방법

반복 및 공통되는 스타일

CSS를 사용하다 보면 여러 페이지에 같은 코드를 반복해서 사용하는 일이 굉장히 많습니다. 매번 이러한 코드를 계속해서 입력하는 것은 굉장히 번거로운 일입니다. 이번 LESSON에서는 CSS에서 공통적으로 사용되는 코드를 모듈화하여 다른 CSS 파일로 임포트하는 방법과 자주 사용하는 속성값을 변수로 지정하는 법에 대해 알아보겠습니다.

다른 CSS 파일 임포트하기

웹사이트를 만들다 보면 여러 페이지에 걸쳐 공통으로 사용할 수 있는 CSS 속성들이 있습니다. 이를 모아 한 개의 CSS 파일을 만든 다음 HTML 문서에서 그 파일을 링크하는 것을 **임포트**import 방식이라고 합니다. 작성 방법은 다음과 같습니다.

```
@import url(불러올 CSS 파일 경로)
```

@import를 사용하면 절대 경로 및 상대 경로를 사용해서 외부에 있는 CSS 파일 내용을 불러올 수 있습니다. 이렇게 하면 **여러 페이지에서 공통적으로 사용되는 스타일들을 특정 파일로 분리한 후 모듈화할 수 있습니다.** 실습을 통해 이해해 보겠습니다.

직접 해 보세요 간단한 임포트 파일을 만들겠습니다. 서로 연결되는 HTML 문서와 CSS 파일은 하나의 경로에 있어야 하기 때문에 폴더를 하나 만들고 진행하는 것이 좋습니다. 그리고 이번 실습에는 CSS 파일 두 개를 만든다는 것도 잊지 마세요.

Chapter 12/cssimport.html

```html
<!DOCTYPE html>
<html lang="ko">
<head>
  <meta charset="UTF-8">
  <meta http-equiv="X-UA-Compatible" content="IE=edge">
  <meta name="viewport" content="width=device-width, initial-scale=1.0">
  <link rel="stylesheet" href="./cssimport.css">
  <title>HTML & CSS</title>
</head>
<body>
  <h1>다른 CSS 파일 임포트하기</h1>
  <p>
    <strong>@import</strong>를 사용하면 절대 및 상대 경로를 사용해서 <br>
    다른 CSS 파일의 내용을 불러올 수 있습니다. <br>
  </p>
  <p>
    여러 페이지들에서 공통적으로 사용되는 스타일들을 특정 파일로 <br>
    분리하여 모듈화할 수 있죠.
  </p>
  <p class="sr-only">
    이 문단은 임포트된 <i>shared.css</i>의 코드로 숨김 처리되어 있습니다.
  </p>
</body>
</html>
```

Chapter 12/shared.css

```css
.sr-only {
  position: absolute;
  width: 1px;
  height: 1px;
  padding: 0;
  margin: -1px;
  overflow: hidden;
  clip: rect(0, 0, 0, 0);
  white-space: nowrap;
  border-width: 0;
}
```

```css
@import url(./shared.css);

body {
  margin: 0;
  padding: 24px;
}
```

결과 화면을 보면 HTML 문서에서 **sr-only**로 클래스명을 지정한 **〈p〉 태그** 내용이 보이지 않도록 숨겨져 있는 것을 알 수 있습니다. 이는 문단을 감추는 내용을 담은 **shared.css** 파일을 **@import**를 이용해 외부에서 가져왔기 때문입니다. **cssimport.css** 파일 첫째 줄이 바로 그 내용입니다. 여기서 **shared.css** 파일은 **cssimport.html** 파일과 같은 경로에 있어야 하며, 상대 경로로 가져옵니다.

실행결과

다른 CSS 파일 임포트하기

@import를 사용하면 절대 및 상대 경로를 사용해서 다른 CSS 파일의 내용을 불러올 수 있습니다.

여러 페이지들에서 공통적으로 사용되는 스타일들을 특정 파일로 분리하여 모듈화할 수 있죠.

이처럼 HTML 문서에 CSS를 적용할 때는 〈head〉 태그 안에 〈link〉 태그를 사용할 수도 있고, 실습과 같이 다른 곳에 작성된 내용을 **@import**로 불러와 사용할 수도 있습니다. 직접 코드를 작성하면서 자신의 상황에 가장 편리한 방법으로 사용하면 됩니다.

미토의 참:견

프로그램을 재사용 가능한 단위로 더 작게 나누는 것을 '모듈화'라고 합니다.

CSS 변수 사용하기

변수란 어떤 값에 이름을 붙이는 것을 말합니다. 자바스크립트 등의 프로그래밍 언어를 배웠다면 아마 익숙한 개념일 것입니다.

색을 지정하는 방법을 예로 들어보겠습니다. 색을 표현하는 여러 방법 중 HEX는 16진수를 사용한 알파벳 값으로 표현한다고 LESSON 18에서 배웠습니다. 그런데 자주 사용하는 색을

#FF4200, #865A55 등으로 매번 입력해야 한다면 기억하기도 어렵고 실수할 확률도 많겠죠. 이럴 때 원하는 색에 식별하기 쉬운 이름, 즉 변수를 붙이면 훨씬 편리합니다.

CSS에서 변수를 나타낼 때는 원하는 변수명을 지정하고 그 앞에 대시를 두 번(**--**) 입력하여 변수임을 표시합니다. 예를 들어 페이지의 메인 컬러를 변수로 지정하고 싶다면 **--color-main**, 가장 작은 텍스트의 크기를 지정하고 싶다면 **--font-small**로 작성하는 식입니다.

또한 변수를 선언할 때는 특정 요소에서만 사용하도록 할 수도 있고, 페이지의 모든 요소에서 사용하도록 할 수도 있습니다. 실습을 통해 이해해 보겠습니다.

직접 해 보세요 복잡한 색상값을 CSS 변수로 표현하는 실습입니다. 서로 연결되는 HTML 문서와 CSS 파일은 하나의 경로에 있어야 하기 때문에 폴더를 별도로 하나 만들고 진행하는 것이 좋습니다. **common.css** 파일에는 공통으로 사용할 색상이나 서체 크기 등을 변수로 지정해 두었습니다.

Chapter 12/cssvariable.html

```
...
<head>
...
  <link rel="stylesheet" href="./cssvariable.css">
</head>
<body>
  <p>
    <u class="not-good">안녕하쇼.</u>
    <u class="wrong">안녕하세연</u>
  </p>
  <p>
    <i class="not-good">안녕하쇼.</i>
    <b class="wrong">안녕하세연</b>
  </p>
</body>
...
```

Chapter 12/common.css

```
/* 특정 요소에서만 사용될 수 있는 변수 */
u {
  --not-good: wavy underline orange;
  --wrong: wavy underline red;
}
```

```css
.wrong {
  --warn: yellow;
}

/* 모든 요소에서 사용될 수 있는 변수 */
:root {
  --font-small: 8px;
  --font-normal: 16px;
  --font-large: 24px;
  --font-x-large: 32px;
  --font-xx-large: 40px;
  --font-xxx-large: 48px;

  --font-w-normal: 400;
  --font-w-bold: 600;
  --font-w-extrabold: 900;

  --color-main: #FF4200;
  --color-sub: #865A55;
  --color-text: #49281C;
}
```

Chapter 12/cssvariable.css

```css
@import url(./common.css);

body {
  margin: 0;
  padding: 24px;
}
.not-good {
  text-decoration: var(--not-good);
}
.wrong {
  text-decoration: var(--wrong);
}

/* 스코프에 지정된 변수가 없을 경우 대안 값을 넣을 수도 있습니다. */
u {
  background-color: var(--warn, lightblue);
}
```

```
h1 {
  font-size: var(--font-x-large);
}
p {
  font-size: var(--font-large);
  color: var(--color-text);
}
```

CSS 코드를 하나씩 살펴보겠습니다. 먼저 첫 번째 줄에 넣은 **안녕하쇼.**와 **안녕하세연**에는 각각 다른 색깔의 구불구불한 밑줄이 표시되어 있습니다. 느낌상 주황색 밑줄은 바른 말이 아님을, 빨간색 밑줄은 아예 철자가 틀렸다는 것을 나타내는 것 같습니다. HTML 문서를 보면 두 단어 모두 〈u〉 태그로 들어가 있고 각각 **not-good**과 **wrong**이라는 클래스명을 지정했습니다.

밑줄의 속성을 지정하기 위해 **common.css** 파일에서 〈u〉 태그 안에 각각의 속성(**wavy, underline, orange, red**)을 구분해 작성한 후, 클래스명을 변수로 지정하기 위해 앞에 대시를 두 번 (**――**) 붙여 주었습니다. 이렇게 〈u〉 태그 안에 변수를 지정하면 해당 변수들은 〈u〉 태그 안에서만 사용할 수 있습니다. 그리고 둘째 줄에 있는 **안녕하쇼.**와 **안녕하세연**에는 〈u〉 태그가 아닌 〈i〉 태그, 〈b〉 태그가 사용됐기 때문에 이 부분에는 적용되지 않습니다.

```
u {
  --not-good: wavy underline orange;
  --wrong: wavy underline red;
}
```

이렇게 **common.css** 파일에서 지정한 속성을 **cssvariable.css** 파일로 가져와 사용하겠습니다. CSS 파일에서 변수로 지정한 **――not-good**과 **――wrong**을 사용할 때는 **var(변수)** 형식으로 사용하는 것을 볼 수 있습니다.

```
.not-good {
  text-decoration: var(--not-good);
}
.wrong {
  text-decoration: var(--wrong);
}
```

그렇다면 **common.css** 파일에 있는 다음 속성은 어디에 적용될까요? 마침표(.)가 붙었으니 **wrong**이라는 클래스에 한정된 변수값일 것입니다. 즉, **안녕하세연**에 해당되겠죠.

```
.wrong {
  --warn: yellow;
}
```

그런데 **cssvariable.css** 파일의 〈u〉 태그 속성을 보면 **var()** 형식에 변수가 두 개 들어 있습니다. 이는 사용할 수 있는 warn 변수가 있으면 그것을 사용하고, 아니면 대안으로 **lightblue** 색을 사용하라는 뜻입니다. 따라서 결과 화면을 보면 **--warn** 변수를 쓸 수 있는 뒤쪽의 **안녕하세연**에만 노란색 배경색이 적용되어 있습니다. 그리고 **안녕하쇼.**는 사용할 수 없는 변수이기 때문에 그 대안인 **lightblue** 색이 들어갑니다.

```
u {
  background-color: var(--warn, lightblue);
}
```

지금까지의 방법은 특정 요소에서만 사용될 수 있는 변수를 지정하는 방법입니다.

반면 어떤 요소들은 특정 요소에만 한정되는 것이 아니라 페이지 전체에서 광범위하게 쓰일 수 있습니다. 이때는 **:root** 형태로 가상 클래스를 지정한 후 그 안에 공통으로 사용할 변수와 그 속성을 지정하면 자주 쓰이는 공통 요소를 한번에 정리할 수 있어 매우 편리합니다. 예를 들어 서체 크기의 경우 해당 사이트 내에서 사용될 크기들을 몇 가지 변수로 정리하여 지정해 두면 매우 편리하겠죠.

색 또한 마찬가지입니다. 우리에게 잘 알려진 웹사이트를 살펴보면 네이버는 초록색, 카카오는 노란색 등 저마다의 대표색을 가지고 있습니다. 이렇게 자주 사용되는 색이라면 요소에 색 이름을 일일이 지정하는 대신 **:root** 속성에 변수 이름을 **color-main**으로 저장해 두면 어떤 색인지 파악도 쉽고 적재적소에 갖다 쓰기에도 편리할 것입니다.

```
:root {
  --font-small: 8px;
  --font-normal: 16px;
  --font-large: 24px;
  --font-x-large: 32px;
  --font-xx-large: 40px;
  --font-xxx-large: 48px;

  --font-w-normal: 400;
  --font-w-bold: 600;
  --font-w-extrabold: 900;

  --color-main: #FF4200;
  --color-sub: #865A55;
  --color-text: #49281C;
}
```

이렇게 자주 사용하는 속성을 CSS 변수로 지정하고 이를 공통된 요소와 특정 요소로 나누어 작성하고 임포트하는 방식은 개발도 편리하고 다른 사람과의 협업에도 많은 도움이 됩니다.

웹사이트의 색 조합을 멋지게 하고 싶은데, 방법이 없을까요?

웹사이트를 보기 좋게 만들려면 메인 색상과 그에 어울리는 서브 색상이 조화를 잘 이루는 것도 매우 중요합니다. 그런데 디자이너가 아니거나 색 조합에 전혀 지식이 없다면 조금 힘들겠죠. 그럴 때 도움을 받을 수 있는 사이트를 소개합니다.

- Color Space URL https://mycolor.space
- Paletton URL http://paletton.com
- Color Hunt URL https://colorhunt.co
- Gradient Hung URL https://gradienthunt.com

선택자 심화

학습 목표

CSS 기본편 LESSON 12에서 CSS를 작성할 때 선택자를 지정하는 방법을 배웠던 것을 기억하나요? 이번에는 좀 더 심화된 내용으로, 보다 다양한 방법으로 선택자를 지정하는 방법에 대해 학습하겠습니다. 특성에 따라 요소를 선택하거나 가상 클래스를 통한 방법도 굉장히 많이 사용되므로 집중해서 학습하기 바랍니다.

특성 선택자

특성 선택자란 주어진 특성의 존재 여부나 그 값에 따라 요소를 선택하는 것을 말합니다. 태그 안의 속성을 직접 선택한다고 해서 **속성 선택자**라고 부르기도 합니다. 어떤 속성을 선택하느냐에 따라 여러 가지 방법이 있는데 하나씩 살펴보겠습니다.

속성값을 기준으로 선택하기

지금까지 배운 내용은 CSS에서 〈a〉 태그를 선택자로 사용해 속성을 지정하는 방법이었습니다. 그런데 모든 〈a〉 태그가 아닌 첫 번째 〈a〉 태그에만 속성을 지정하고 싶다면 어떻게 해야 할까요?

직접 해 보세요 만약 다음과 같은 〈a〉 태그 두 개가 있다고 가정합시다.

Chapter 12/selector.html

```
...
<head>
...
  <link rel="stylesheet" href="./selector.css">
</head>
<body>
  <a href="https://www.yalco.kr">얄코 사이트</a>
  <a href="https://easy-subtitle.com">Easy Subtitle</a>
</body>
...
```

CSS 파일에서 스타일을 적용할 대상을 지정할 때 a 다음에 대괄호 []를 사용해 해당 〈a〉 태그의
실제 주소를 입력합니다.

Chapter 12/selector.css

```css
/* 속성값을 기준으로 선택 */
a[href="https://www.yalco.kr"] {
  color: #ff4e00;
  font-weight: bold;
}
```

이렇게 입력하면 실제 주소로 속성을 선택한 **얄코 사이트** 링크에만 주황색 볼드체가 들어간 것을
볼 수 있습니다.

얄코 사이트 Easy Subtitle 　실행결과

특정 속성이 있는 요소 선택하기

반드시 어떤 속성에 값이 지정되어 있는 것이 아니라 disabled처럼 속성명만 들어가는 경우에도
선택자 지정이 가능합니다.

직접 해 보세요 　다음은 여러 개의 레이블이 지정되어 있는 **〈input〉 태그** 중 한 개의 〈input〉 태그
에만 **disabled** 속성을 지정한 경우입니다.

Chapter 12/disabled.html

```html
...
<head>
...
  <link rel="stylesheet" href="./disabled.css">
</head>
<body>
  <input type="checkbox" id="ch1">
  <label for="ch1">옵션 1</label>
  <input type="checkbox" id="ch2" disabled>
  <label for="ch2">옵션 2</label>
  <input type="checkbox" id="ch3">
  <label for="ch3">옵션 3</label>
</body>
...
```

이와 관련된 CSS 선택자를 보면 **input[disabled]**라고 지정한 것이 보이나요? 이어서 **+label**은 해당 태그를 뒤따르는 바로 다음 동생 결합자 **label**을 의미하는 것입니다.

Chapter 12/disabled.css

```css
/* 특정 속성이 있는 요소 선택 */
input[disabled]+label {
  color: lightgray;
  text-decoration: line-through;
}
```

결과 화면을 보면 **disabled** 속성이 지정된 **옵션 2**에만 회색과 취소선이 적용되어 있는 것을 볼 수 있습니다.

☐ **옵션 1** ☐ ~~옵션 2~~ ☐**옵션 3** `실행결과`

속성값이 특정 텍스트를 포함하는 요소 선택하기

속성값이 특정 텍스트로 지정되어 있는 경우에도 조건에 따라 선택자로 지정할 수 있습니다.

`직접 해 보세요` 다음과 같이 **〈span〉 태그**의 클래스명이 각각 다르게 지정되어 있다고 합시다.

Chapter 12/classname.html

```html
...
<head>
...
  <link rel="stylesheet" href="./classname.css">
</head>
<body>
  <span class="fruit-item-1">사과</span>
  <span class="fruit-item-2">딸기</span>
  <span class="fruit-item-3">포도</span>
  <span class="vege-item-1">오이</span>
  <span class="vege-item-2">당근</span>
  <span class="vege-item-3">가지</span>
</body>
...
```

이것을 클래스명이 무엇으로 시작하는지, 혹은 어떤 글자가 들어 있는지, 어떤 글자로 끝나는지 등의 세부 조건으로 선택자를 지정할 수 있습니다. 즉, 다음과 같이 **class** 다음에 ***=**이 오고 **"item"**이 오면 **클래스명에 item이 들어가는 모든 요소를 선택한다**는 뜻입니다.

Chapter 12/classname.css

```css
/* 속성값이 특정 텍스트를 포함하는 요소 */
span[class*="item"] {
  text-decoration: underline;
}
```

따라서 클래스명에 **item**을 포함하고 있는 모든 요소에 밑줄이 들어갑니다. 전체가 선택되었습니다.

사과 딸기 포도 오이 당근 가지 　실행결과

^=은 **어떤 텍스트로 시작하는 요소를 지정한다**는 뜻입니다. CSS 코드에 이어서 계속 작성하겠습니다.

Chapter 12/classname.css

```css
...
/* 속성값이 특정 텍스트로 시작하는 요소 */
span[class^="fruit"] {
  color: tomato;
}
span[class^="vege"] {
  color: olivedrab;
}
```

따라서 클래스명이 **fruit**로 시작하는 텍스트 요소에는 **tomato** 색이, 클래스명이 **vege**로 시작하는 텍스트 요소에는 **olivedrab** 색이 지정되었습니다. 과일과 채소가 구분되었습니다.

사과 딸기 포도 오이 당근 가지 　실행결과

어떤 텍스트로 끝나는 요소를 지정할 때는 **$=**을 사용합니다. CSS 코드에 이어서 계속 작성하겠습니다.

Chapter 12/classname.css

```
...
/* 속성값이 특정 텍스트로 끝나는 요소 */
span[class$="-1"] {
  font-weight: bold;
}
```

클래스명이 **-1**로 끝나는 **사과, 오이**만 볼드체가 되었습니다.

<u>**사과**</u> <u>딸기</u> <u>포도</u> <u>**오이**</u> <u>당근</u> <u>가지</u> 실행결과

특정 선택자에 대한 더 자세한 내용을 알고 싶다면 구글에서 **특성 선택자 mdn**을 검색하고 관련 문서를 참조하기 바랍니다.

가상 클래스

가상 클래스pseudo-class란 태그명이나 클래스명 같은 실제 있는 명칭으로 요소를 찾는 대신 **특정 조건을 만족하는 상황을 명시하는 가상의 필터를 적용해 스타일링할 요소를 수월하게 선택하기 위해 사용합니다.** 주로 선택자 앞에 콜론(:)이나 더블 콜론(::)을 추가해 사용합니다. 대표적인 가상 클래스 몇 가지에 대해 알아보겠습니다.

마우스 동작 관련 가상 클래스

:hover는 가장 대표적인 가상 클래스로, 해당 요소에 마우스 오버를 했을 때 들어갈 효과를 지정합니다. 마우스 오버했을 때의 속성을 변경하려면 **:hover**, 마우스를 클릭 중일 때의 속성을

변경하려면 **:active**로 선택자를 CSS에서 지정합니다. **:active**는 모바일 웹사이트를 만들 때 손으로 어떤 버튼을 누르고 그 손을 떼기 전까지의 색상을 표현하는 방식으로도 종종 사용합니다.

직접 해 보세요 마우스 오버했을 때와 마우스를 클릭 중일때의 속성을 변형하는 예제입니다.

Chapter 12/hover.html

```
...
<head>
...
  <link rel="stylesheet" href="./hover.css">
</head>
<body>
  <a href="#">마우스 오버 시와 클릭 중 배경색이 변합니다.</a>
</body>
...
```

Chapter 12/hover.css

```
/* 마우스 오버 */
a:hover {
  background-color: yellow;
}
/* 클릭 중 */
a:active {
  background-color: aqua;
}
```

마우스 오버 시와 클릭 중 배경색이 변합니다. **실행결과**

마우스 오버 시와 클릭 중 배경색이 변합니다. **실행결과**

마우스 오버 시와 클릭 중 배경색이 변합니다. **실행결과**

옵션 선택을 위한 가상 클래스

여러 개의 옵션 중 하나의 옵션을 선택하는 경우에도 가상 선택자를 사용합니다.

직접 해 보세요 타입이나 **checkbox** 타입에서 어떤 요소를 선택하는 경우 다음과 같이 선택했다는 표시를 나타내는 스타일을 지정하기도 합니다.

Chapter 12/option.html

```
...
<head>
...
  <link rel="stylesheet" href="./option.css">
</head>
<body>
  <input type="radio" name="r" id="cb1"><label for="cb1">옵션 1</label>
  <input type="radio" name="r" id="cb2"><label for="cb2">옵션 2</label>
  <input type="radio" name="r" id="cb3"><label for="cb3">옵션 3</label>
  <input type="radio" name="r" id="cb4" disabled><label for="cb4">옵션 4</label>
</body>
...
```

Chapter 12/option.css

```
/* 체크된 것 */
input[type=radio]:checked+label {
  color: tomato;
  font-weight: bold;
}
/* 활성화된 것 */
input[type=radio]:enabled+label {
  text-decoration: underline;
}
/* 비활성화된 것 */
input[type=radio]:disabled+label {
  color: lightgray;
  text-decoration: line-through;
}
```

◉ <u>**옵션 1**</u>　○ <u>**옵션 2**</u>　○ <u>**옵션 3**</u>　○ 옵션 4　**실행결과**

CSS를 살펴보면 가상 클래스를 체크된 것(**:checked**), 활성화된 것(**:enabled**), 비활성화된 것(**:disabled**)으로 나누고 각각의 스타일을 지정하여 사용한 것을 볼 수 있습니다.

checked 속성을 HTML 문서 코드에 넣고 CSS 선택자로 지정할 수도 있지만 예시의 경우는 고정된 값이 아닌 사용자 클릭에 따라 **옵션 1**, **옵션 2**, **옵션 3**을 선택하는 것이므로 가상 클래스로 상황에 따른 선택자를 별도로 지정하는 것이 좋습니다.

포커스 관련 가상 클래스

focus란 말 그대로 **원하는 요소에 포커스가 맞춰졌을 때의 상태를 가상 클래스로 지정하는 것**입니다. 다소 어려울 수 있으니 천천히 이해하면서 따라오기 바랍니다.

직접 해 보세요 다음과 같이 서로 특성이 다른 세 개의 입력 박스가 있고, 클릭하면 내용을 입력할 수 있는 마우스 커서가 뜬다고 합시다. 클릭한 상태에서 `Tab` 키를 입력하면 그 다음 입력 박스로 넘어갑니다.

Chapter 12/focus.html

```
...
<head>
...
  <link rel="stylesheet" href="./focus.css">
</head>
<body>
  <label for="ti-1">일반</label>
  <input type="text" id="ti-1">
  <br>
  <label for="ti-2">필수</label>
  <input type="text" id="ti-2" required>
  <br>
  <label for="ti-3">조건</label>
  <input type="email" placeholder="이메일 주소" id="ti-3">
</body>
...
```

키보드 입력을 받는 상태의 가상 클래스는 :focus를 사용합니다. CSS에 함께 지정되어 있는 **outline** 속성은 얼핏 보면 border와 똑같아 보이지만 **2px**로 지정한 굵기가 다른 요소들을 밀어내면서 공백을 차지하지는 않습니다. 즉, 다른 요소에 영향을 미치지 않고 테두리만 넣을 때 사용하는 특수한 경우이므로 LESSON 17에서 배운 박스 모델에는 포함되지 않습니다.

Chapter 12/focus.css

```css
/* 인풋 등이 클릭되어 포커스된(입력을 받는) 상태 */
input[type="text"]:focus {
  /* border 밖의 선(박스 요소가 아님) */
  outline: 2px solid dodgerblue;
}

/* 필수 입력 요소 */
input:required {
  border-color: orangered;
}

/* 값이 유효한 입력 요소 */
input[type="email"]:valid {
  border-color: green;
}

/* 값이 무효한 입력 요소 */
input[type="email"]:not(:valid) {
  border-color: purple;
}
```

따라서 **일반** 인풋 박스에 포커스가 되었을 때(**:focus**)의 상태는 다음과 같습니다. 파란색 아웃라인이 요소 바깥쪽으로 생겼고, Tab 키를 눌러 다음 박스로 이동해도 똑같이 적용됩니다. **필수** 인풋 박스에 지정된 **required** 속성 또한 고정된 것이 아니라 유동적으로 변하는 요소라면 CSS에 **:requred** 형식으로 가상 클래스를 지정하여 사용합니다.

조건 인풋 박스에는 **이메일 주소**라는 텍스트가 **placeholder**로 먼저 지정되어 있습니다. 즉, 이메일 주소 형식이 아니라면 값을 제출받지 않을 것이라는 뜻이죠. 여기에 값을 아직 입력하지 않았거나 유효한 이메일 주소 형식을 입력했다면 초록색 아웃라인을, 틀린 형식을 입력했다면 보라색 아웃라인을 표시합니다.

이처럼 올바른 유효한 값이 들어가 있는지 확인하는 가상 클래스로는 **:valid**를 사용합니다. 반대로 그 값이 들어가 있지 않은 경우라면 **:not(:valid)**를 사용합니다.

| 값을 입력하지 않은 경우

| 유효한 이메일 주소 형식을 입력한 경우

| 틀린 이메일 주소 형식을 입력한 경우

인풋 박스에 아무것도 입력되지 않은 상태이면 **:requred** 속성이 지정되어 있지 않으므로 옳은 값이라고 인식됩니다.

직접 해 보세요 이번에는 포커스를 표시하는 방법의 차이를 알아보겠습니다.

Chapter 12/focuscheck.html

```
...
<head>
...
  <link rel="stylesheet" href="./focuscheck.css">
</head>
<body>
  <button class="all-focus">클릭과 탭 모두 포커스 표시</button>
  <input type="checkbox" id="cb5" class="all-focus"><label for="cb5">체크</label>
  <br>
  <button class="no-focus">포커스를 표시하지 않음</button>
  <input type="checkbox" id="cb6" class="no-focus"><label for="cb6">체크</label>
  <br>
  <button class="tab-focus">탭으로 선택 시만 포커스 표시</button>
  <input type="checkbox" id="cb6" class="tab-focus"><label for="cb6">체크</label>
</body>
...
```

Chapter 12/focuscheck.css

```css
[class*="focus"]:focus {
  outline: 2px solid deeppink;
}

.tab-focus:focus,
.no-focus:focus {
  outline: none;
}

/* 탭으로 포커스된 요소에 적용 */
/* 브라우저 지원 확인 */
[class*="tab-focus"]:focus-visible {
  outline: 2px solid dodgerblue;
}
```

CSS를 보면 클래스명에 **focus**가 포함되어 있을 경우 아웃라인을 딥핑크색으로 나타나도록 설정했습니다.

그런데 클릭할 때마다 이렇게 아웃라인이 표시되면 깔끔해 보이지 않습니다. 따라서 포커스가 클래스명이 **tap-focus**와 **no-focus**인 요소에 가거나 체크하면 아웃라인이 보이지 않도록 **outline** 속성에 **none**을 지정했습니다.

대부분의 브라우저에서는 이와 같이 아웃라인이 표시되지 않도록 제어하고 있습니다.

그런데 문제가 하나 있습니다. 마우스로만 버튼을 선택한다면 상관없지만 키보드의 Tab 키를 누르면서 버튼을 이동할 경우 위와 같이 **none**으로 지정한 요소는 선택 여부를 시각적으로 알 수 없습니다. 키보드만 사용하는 사용자라면 내 현재 위치가 어디인지 알 수 없어 매우 불편하겠죠. 따라서 Tab 키로 포커스를 이동할 때만 아웃라인이 보이도록 하려면 **:focus-visible** 가상 클래스를 사용합니다. focus 관련 기능은 브라우저(특히 사파리)에 따라 제대로 지원되지 않기도 하기 때문에 사용 전 반드시 테스트해 보기 바랍니다.

```
탭으로 선택 시만 포커스 표시    ☑ 체크
```

이처럼 포커스에 아웃라인 표시를 하지 않더라도 키보드를 사용하는 사람을 배려해 Tab 키 사용 시에만 포커스를 표시하는 것은 웹 접근성을 높이는 데에도 매우 바람직한 방법입니다.

순서 선택을 위한 가상 클래스

이번에는 순서에 관한 가상 클래스를 배우겠습니다. LESSON 13에서 특정 순서에 있는 요소를 선택할 때 **nth child()** 형태의 가상 클래스를 사용한 기억이 있을 겁니다. 이에 관해 좀 더 자세히 알아보겠습니다.

직접 해 보세요 다음 HTML 문서 예시를 보면 두 개의 ⟨div⟩ 태그로 구성되어 있고 첫 번째 ⟨div⟩ 태그에는 ⟨i⟩ 태그, ⟨b⟩ 태그, ⟨em⟩ 태그 등이 섞여 있습니다.

Chapter 12/nthoftype.html

```
...
<head>
...
  <link rel="stylesheet" href="./nthoftype.css">
</head>
<body>
  <div>
    <i>i요소</i>
    <b>b요소</b>
    <b>b요소</b>
    <i>i요소</i>
    <em>em요소</em>
    <b>b요소</b>
```

```
        <i>i요소</i>
        <i>i요소</i>
        <b>b요소</b>
    </div>
    <div>
        <span>독자</span>
    </div>
</body>
...
```

Chapter 12/nthoftype.css

```
body { font-size: 1.2em; }
div { margin-bottom: 1em; }
div * { margin-right: 8px; }
b { color: dodgerblue; }
i { color: orangered; }

/* 부모 요소 내 첫 번째 ~요소 */
b:first-of-type {
  text-decoration: overline;
}
/* 부모 요소 내 마지막 ~요소 */
i:last-of-type {
  text-decoration: line-through;
}
```

i요소 b요소 b요소 i요소 em요소 b요소 i요소 i요소 b요소   실행결과

독자   b:first-of-type   i:last-of-type

CSS 속성을 보면 먼저 **:first-of-type**은 **한 부모 안에 여러 종류의 요소들이 있을 때 그중 특정 타입의 첫 번째 것을 고른다는 의미입니다.** 예를 들어 예시에서 〈b〉 태그의 첫 번째 요소는 앞에 서부터 두 번째에 있는 **b요소**이므로 그 위에 **text-decoration** 속성으로 **overline**이 지정된 것을 볼 수 있습니다. 반대로 **:last-of-type**은 〈i〉 태그의 마지막 요소가 되겠죠.

만약 여기서 가상 클래스 앞의 b 태그와 i 태그를 빼면 어떻게 될까요? 〈div〉 태그 안에 있는 모든 태그의 첫 번째 요소와 마지막 요소가 선택됩니다.

Chapter 12/nthoftype.css

```
...
/* 부모 요소 내 첫 번째 ~요소 */
:first-of-type {
  text-decoration: overline;
}
/* 부모 요소 내 마지막 ~요소 */
:last-of-type {
  text-decoration: line-through;
}
```

~~i요소~~ ~~b요소~~ ~~b요소~~ ~~i요소~~ ~~em요소~~ ~~b요소~~ ~~i요소~~ ~~i요소~~ ~~b요소~~

독자

마찬가지로 특정 타입의 **n번째 요소** 역시 **:nth-of-type(숫자)**로 선택할 수 있습니다. 〈b〉 태그 타입의 두 번째 요소를 선택해 밑줄을 그으면 다음과 같습니다.

Chapter 12/nthoftype.css

```
...
* 부모 요소 내 N번째 ~요소 */
b:nth-of-type(2) {
  text-decoration: underline;
}
```

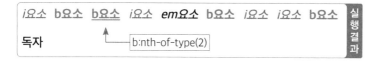

i요소 **b요소** b요소 _i요소_ **_em요소_** **b요소** _i요소_ _i요소_ **b요소**

독자　　　　　　 └─ b:nth-of-type(2)

부모 요소 안에 있는 유일한 요소를 골라 지정할 수도 있습니다. :only-of-type은 부모 안에 다른 요소들이 있더라도 같은 유형이 없는 타입인 경우에만 해당됩니다. 따라서 첫 번째 〈div〉 태그에서 유일한 존재인 〈em〉 태그가 해당되겠죠. 반면 **타입의 종류와 관계 없이 부모 안에서 홀로 존재할 경우에는 :only-child**로 지정합니다. 두 경우 모두 자식 요소이므로 부모 요소 다음에 공백 한 칸을 띄우고 작성하면 되겠죠.

```
...
/* 부모 요소 내 유일한 ~요소 */
div :only-of-type {
  text-decoration: overline line-through underline;
}
/* 부모 요소 내 종류 무관 유일한 요소(독자) */
div :only-child {
  text-decoration: wavy underline tomato;
}
```

지금까지 살펴본 내용 외에도 수많은 가상 클래스가 존재합니다. 더 학습하고 싶다면 mdn에서 의사 클래스 관련 내용을 찾아본 다음 183쪽에서 소개한 사이트(https://flukeout.github.io)에 있는 나머지 문제들을 전부 풀어 보세요.

가상 요소

가상 요소pseudo-elements란 CSS를 사용해 특정 의미를 지닌 요소를 문서에 추가하는 것입니다. 구체적으로 어떤 형식들이 있는지 하나씩 살펴보겠습니다.

직접 해 보세요 367쪽의 실행 결과 화면을 먼저 보겠습니다. 그런데 HTML 문서를 보면 목록 앞에 보이는 ✅와 **JavaScript** 뒤에 있는 다음 강좌 표시에 해당하는 내용이 보이지 않습니다. 어떻게 된 일일까요?

Chapter 12/pseudoelements.html

```
...
<head>
...
  <link rel="stylesheet" href="./pseudoelements.css">
</head>
<body>
  <ul>
    <li>HTML</li>
    <li>CSS</li>
    <li class="later">JavaScript</li>
  </ul>
</body>
...
```

Chapter 12/pseudoelements.css

```
body { font-size: 1.2em; }
ul {
  list-style: none;
  padding-left: 0;
}
p { width: 400px; }
input { font-size: 1.1em; }

/* 바로 뒤에 가상 요소 추가 */
li.later::after {
  content: '다음 강좌';
  margin-left: 0.6em;
  padding: 0.16em 0.36em;
  font-size: 0.72em;
  font-weight: bold;
  color: white;
  background-color: darkmagenta;
  border-radius: 0.2em;
}

/* 바로 앞에 가상 요소 추가 */
li::before {
  content: '';
```

```
  display: inline-block;
  margin: 0 0.4em;
  width: 0.8em;
  height: 0.8em;
  background-image: url(./check.png);
  background-size: contain;
}
```

CSS를 살펴보면 콜론 두 개(::)를 덧붙여 해당 요소 안쪽의 마지막(::after)과 해당 요소 안쪽의 첫 번째(::before)에 가상 요소를 추가한 것을 볼 수 있습니다. 이렇게 추가한 가상 요소에는 CSS를 사용하여 추가할 요소의 모양을 설정할 수 있습니다. 따라서 li.later::after는 later라는 클래스명을 가진 〈li〉 태그에 ::after에 해당하는 속성을 지정한 것입니다. 만약 목록 스타일을 내가 원하는 스타일로 꾸미고 싶면 li::before로 지정하면 되겠죠.

직접 해 보세요 이번에는 마우스로 선택한 영역을 가상 요소로 만들어 주는 방법을 알아보겠습니다. 〈p〉 태그가 다음과 같이 있을 때 〈span〉 태그를 이용한 요소를 두 개 만들고 각각 orange와 dark라는 클래스명을 지정했습니다.

Chapter 12/pseudodrag.html

```
...
<head>
...
  <link rel="stylesheet" href="./pseudodrag.css">
</head>
<body>
  <p>
  이 문단을 드래그해서 선택해 보세요. <span class="orange">이 부분은 오렌지색
  배경으로,</span> <span class="dark">이 부분은 다크한 테마로</span> 선택 영역에
  보여지게 될 것입니다.
  </p>
</body>
...
```

이 문단 전체를 마우스 드래그했을 때 특정 색상을 지정하려면 **::selection**이라는 가상 요소를 지정한 다음 그 속성을 설정하면 간단합니다. **background-color** 속성으로 배경색을 지정하거나 **color** 속성으로 드래그했을 때의 글자색도 지정할 수 있습니다.

Chapter 12/pseudodrag.css

```
/* 선택 영역 가상 요소 */
.orange::selection {
  background-color: orange;
}
.dark::selection {
  color: lightgreen;
  background-color: #222;
}
```

실행결과

이 문단을 드래그해서 선택해보세요. 이 부분은 오렌지색 배경으로, 이 부분은 다크한 테마로 선택영역에 보여지게 될 것입니다.

인풋 박스의 안내 메시지인 **placeholder**도 가상 요소를 통해 꾸밀 수 있습니다.

직접 해 보세요 다음 HTML 문서를 보면 **required**로 속성을 하나 지정해 두었습니다. 이 상태에서는 작성한 텍스트가 떠 있는 인풋 박스를 마우스로 클릭하면 **placeholder**가 사라지면서 텍스트를 입력할 수 있는 상태가 됩니다. 이를 위해 CSS에서 **required** 요소를 불러와 **::placeholder**로 가상 요소를 지정하고 그 안에 들어가는 글자색과 배경색을 설정해 주었습니다.

Chapter 12/pseudoplaceholder.html

```
...
<head>
...
  <link rel="stylesheet" href="./pseudoplaceholder.css">
</head>
<body>
  <input type="text" placeholder="이 칸을 비우지 마세요!" required>
</body>
...
```

Chapter 12/pseudoplaceholder.css

```css
/* 플레이스홀더 가상 요소 */
input:required::placeholder {
  color: darkred;
  background-color: yellow;
}
```

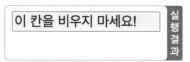

가상 요소를 사용하는 방법은 매우 간단하고 쉽습니다. 페이지 내에서 효과적으로 사용할 수 있는 부분이 있다면 적극 활용하기 바랍니다.

LESSON 30 상속과 리셋

학습 목표

부모 요소와 자식 요소 사이의 상속은 CSS의 정말 중요한 특성입니다. CSS의 C가 cascade, 즉 폭포처럼 흐른다는 뜻을 지닌 것처럼요. 그렇다고 해서 모든 속성들이 상속되는 것은 아닙니다. 이번 LESSON에서는 간단하면서도 복잡한 상속의 여러 특성에 대해 알아보고, 상속되는 속성과 상속되지 않는 속성의 특징을 살펴보겠습니다.

상속되는 속성, 상속되지 않는 속성

지금까지 배운 CSS 속성 중 상속이 되는 경우는 다음과 같습니다.

- color
- visibility
- line-height
- font 관련

- letter-spacing
- cursor
- word-spacing
- list-style 관련

- text-align
- text-decoration
- text-shadow

mdn 사이트에서는 CSS의 모든 속성을 알파벳 순으로 정리하는데, 사이트에 접속한 후 아무 속성이나 선택하고 Formal definition 부분을 찾아보면 상속(Inherited) 여부를 Yes 또는 No로 보여 줍니다. 이를 참조하면 각 속성을 자식 요소에게 물려줄 수 있는지 여부를 확인할 수 있습니다.

URL https://developer.mozilla.org/en-US/docs/Web/CSS/Reference#index

Initial value	`medium`
Applies to	all elements. It also applies to <u>`::first-letter`</u> and <u>`::first-line`</u> .
<u>Inherited</u>	yes
Percentages	refer to the parent element's font size
<u>Computed value</u>	as specified, but with relative lengths converted into absolute lengths

| font-size 속성의 상속 여부

예시를 통해 더 쉽게 이해해 보겠습니다.

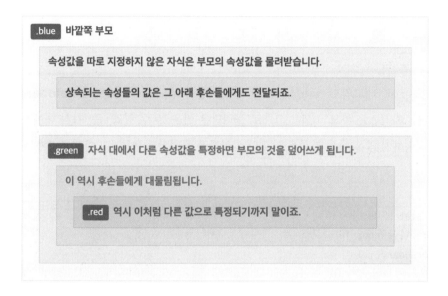

다음 HTML 문서를 보면 〈div〉 요소들이 중첩되어 들어 있습니다. 여기서 〈span〉 태그는 각 상자의 이름표 역할을 합니다.

```
<body>
  <div class="blue">
    <span class="class-label">.blue</span>
    바깥쪽 부모
    <div>
      속성값을 따로 지정하지 않은 자식은 부모의 속성값을 물려받습니다.
      <div>
        상속되는 속성들의 값은 그 아래 후손들에게도 전달되죠.
      </div>
    </div>
```

```
    </div>
    <div class="green">
      <span class="class-label">.green</span>
      자식 대에서 다른 속성값을 특정하면 부모의 것을 덮어쓰게 됩니다.
      <div>
        이 역시 후손들에게 대물림됩니다.
        <div class="red">
          <span class="class-label">.red</span>
          역시 이처럼 다른 값으로 특정되기까지 말이죠.
        </div>
      </div>
    </div>
  </div>
</body>
```

클래스명을 지정한 〈span〉 태그의 CSS 속성을 보면 가장 바깥쪽 부모 요소(**blue**)에 **slateblue** 색을 지정하였습니다. 자식들은 부모의 색을 그대로 물려받은 것을 볼 수 있죠. 즉, 자식 대에서 또 다른 속성값을 지정하지 않는 이상 자식은 부모의 속성값을 물려받고, 이는 그 아래 후손들에 게도 전달됩니다.

```
.blue { color: slateblue; }
.green { color: olivedrab; }
.red { color: orangered; }
```

여기서 두 명의 자식 중 두 번째 자식(**green**)에 **olivedrab** 색을 지정하면 부모의 것을 무효 화하고 해당 속성값을 가지게 됩니다. 이 또한 그 후손에게 그대로 대물림됩니다. 두 번째 자식 의 후손(**red**) 역시 원래는 그 부모의 속성값을 물려받지만 **orangered** 색이 지정되어 있으면 부모의 것을 무효화하고 자신의 속성을 덮어씁니다.

CSS에서 속성은 이런 방식으로 상속이 이루어집니다. 이제 부터 속성을 지정할 때 부모의 상속 여부를 조절할 수 있는 방 법에는 어떤 것이 있는지 하나씩 살펴보겠습니다.

미토의 참:견

후손에게 속성을 지정하면 부모의 것을 무효화합니다.

inherit

먼저 **inherit**은 속성이 아니라 지정값입니다. 다음 예시를 살펴봅시다.

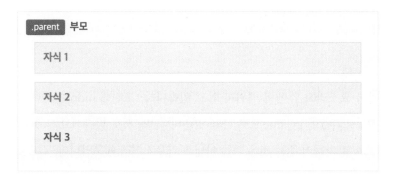

다음 HTML 문서를 보면 하나의 부모 요소 안에 자식 요소 세 개가 들어 있습니다.

```
<div class="parent">
  <span class="class-label">.parent</span> 부모
  <div>자식 1</div>
  <div>자식 2</div>
  <div>자식 3</div>
</div>
```

그리고 CSS로 부모 요소에 **slateblue** 색과 볼드체를 지정했습니다. 둘 다 상속되는 속성이기 때문에 자식들에게 물려줄 수 있지만, 자식 요소에는 **olivedrab** 색을 부여했습니다. 따라서 자식 요소는 자신의 색으로 부모의 것을 덮어써서 **olivedrab** 색을 갖게 되었지만 서체 굵기는 명시된 것이 없어 부모의 **bold**를 그대로 물려받습니다.

```
.parent {
  font-weight: bold;
  color: slateblue;
}
.parent > div { color: olivedrab; }
.parent > :last-child { color: inherit; }
```

그런데 마지막 자식 요소(**last-child**)에는 **inherit** 값을 부여했습니다. **inherit 키워드를 사용하면 부모 요소로부터 상속되는 속성값을 그대로 가져와 쓸 수 있습니다.** 따라서 자식 요소의 색으로 부여됐던 **olivedrab** 색을 포기하고 상속받은 부모의 값인 **slateblue** 색 볼드체를 다시 갖게 된 것입니다.

이와 같이 **inherit**은 어떤 요소들의 특정 값이 지정되어 있는 상태에서, 그 값을 지우고 원래 부모의 값을 유지하고 싶을 때 유용하게 사용됩니다.

initial

⟨div⟩ 태그나 ⟨p⟩ 태그는 블록 요소라고 앞에서 배워서 알고 있습니다. 그런데 mdn 문서에서 display 속성 내용을 찾아보면 초기값이 in-line으로 나와 있습니다. 왜 서로 다를까요? ⟨div⟩ 태그나 ⟨p⟩ 태그 등을 블록 요소로 만들어 주는 것은 다름 아닌 브라우저이기 때문입니다.

Formal definition

Initial value	inline
Applies to	all elements
Inherited	no

| display 속성의 초기값 inline

다음 예시를 보겠습니다.

```
<div>
  <p>
    <span class="class-label">p</span>
    브라우저가 기본적으로 제공하는 <b>p</b>의 <em>display</em> 속성은
    <strong>block</strong>이죠.
  </p>
  <p>
```

```
    <span class="class-label">p</span>
    그런데 속성값을 <em>initial</em>로 주게 되면
  </p>
  <p>
    <span class="class-label">p</span>
    이와 같이 <em>display</em> 속성의 초기값인
  </p>
  <p>
    <span class="class-label">p</span>
    <strong>inline</strong>으로 바뀌게 됩니다.
  </p>
</div>
```

개발자 도구에서 〈p〉 태그를 선택하면 그 문서에 연결된 CSS 파일 중 **사용자 에이전트 스타일시트**user agent stylesheet라는 영역을 볼 수 있습니다. 이것은 우리가 지정한 CSS가 아니라 브라우저에서 기본적으로 부여하는 속성입니다. 내용을 보면 **display** 속성이 **block**으로 되어 있는 것을 볼 수 있죠.

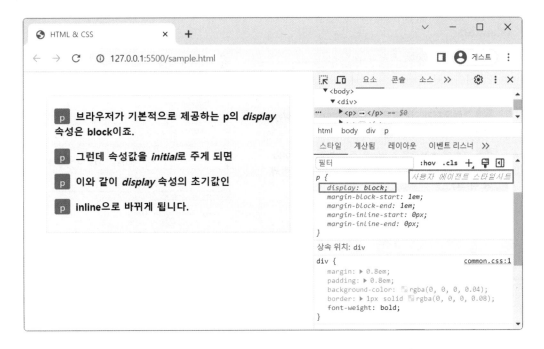

이처럼 브라우저는 블록 요소로 정의한 요소의 display 속성을 block으로 지정해 줍니다. 여기서 〈p〉 태그 중 첫 번째가 아닌 모든 요소들(**not(:first-child)**)에 **display** 속성을 **initial**로 지

정하면 어떻게 될까요?

```
p:not(:first-child) {
  display: initial;
}
```

다음과 같이 첫 번째 〈p〉 태그를 제외한 나머지 세 개의 〈p〉 태그들이 블록 요소가 아닌 인라인 요소로 바뀌어 한 줄로 들어와 버린 것을 알 수 있습니다.

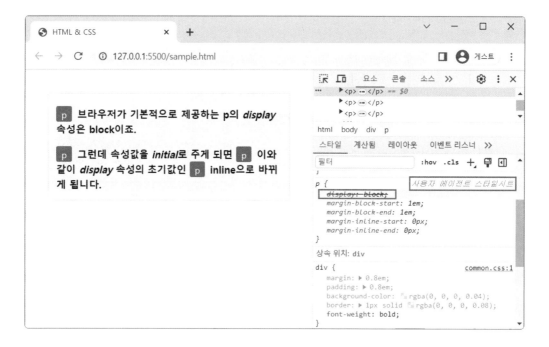

개발자 도구 화면에서 확인해도 원래 지정되어 있던 display의 block 요소가 지워져 버린 것을 확인할 수 있습니다. 이처럼 initial은 브라우저가 주는 속성을 없애고 완전한 초기 속성값을 지정합니다.

unset

unset은 상속된 값이 있으면 inherit처럼 작동하고, 상속된 값이 없으면 initial처럼 작동하는 독특한 속성입니다. 앞에서 살펴본 예시를 일부 가져와 비교해 보겠습니다.

```
<div class="parent">
  <span class="class-label">.parent</span> 부모 요소
  <div>자식 (기본)</div>
  <div>자식 (unset)</div>
</div>

<div>
  <p><span class="class-label">p</span> 문단 (기본)</p>
  <p><span class="class-label">p</span> 문단 (unset)</p>
  <p><span class="class-label">p</span> 문단 (unset)</p>
</div>
```

첫 번째 〈div〉 태그는 우리가 잘 아는 바와 같이 부모 요소의 속성을 자식 요소가 물려받습니다. 즉, 상속된 값이 있는 것이죠. 이 경우 CSS에서 **last-child**로 지정한 마지막 자식 요소에 **unset**을 지정하면 마치 inherit처럼 작동해 자식 요소 속성이 있어도 이를 무시하고 부모로부터 물려받은 속성(**slateblue**)을 그대로 갖습니다.

두 번째 〈div〉 태그도 마찬가지입니다. **display** 속성에 **unset**을 지정하면 브라우저가 지정하는 속성을 아예 없애버리는 initial과 같이 작동합니다. 따라서 결과 화면을 보면 블록 요소가 아닌 인라인 요소로 나타납니다.

```
.parent { color: slateblue; }
.parent > div { color: olivedrab; }
.parent :last-child { color: unset; }

p:not(:first-child) {
  display: unset;
}
```

revert

revert는 사실 unset과 비슷하지만 initial처럼 작동하지는 않습니다. 즉, **상속받지 않은 값을 완전히 초기값으로 되돌리는 역할은 하지 않습니다.** unset보다는 조금 덜 과격한 값이라고 보면 됩니다. 바로 앞의 예시보다 다른 점을 발견했나요? 바로 두 번째 문단의 모습이 조금 다릅니다.

```
<div class="parent">
  <span class="class-label">.parent</span> 부모 요소
  <div>자식 (기본)</div>
  <div>자식 (unset)</div>
</div>

<div>
  <p><span class="class-label">p</span> 문단 (기본)</p>
  <p><span class="class-label">p</span> 문단 (unset)</p>
  <p><span class="class-label">p</span> 문단 (unset)</p>
</div>
```

첫 번째 〈div〉 태그도 마찬가지로 부모 요소의 속성을 자식 요소가 물려받습니다. **last-child**로 지정한 마지막 자식 요소에 **revert**를 지정하면 마치 inherit처럼 작동해 부모로부터 물려받은 속성을 그대로 갖습니다.

하지만 두 번째 〈div〉 태그는 조금 다릅니다. **display** 속성에 **revert**를 적용하면 initial과 같이 완전 초기값으로 되돌리지는 않습니다. 이것이 바로 unset과 revert의 차이점입니다.

```
.parent { color: slateblue; }
.parent > div { color: olivedrab; }
.parent :last-child { color: revert; }

p:not(:first-child) {
  display: revert;
}
```

모든 속성 리셋하기

all 속성은 대부분의 CSS 속성을 앞에서 배운 **inherit**, **initial**, **unset**, **revert** 값으로 지정할 수 있습니다. 이는 브라우저에서 자동으로 지정하는 CSS 스타일을 원래 상태로 완전히 초기화한 다음 원하는 스타일을 지정하는 데 유용합니다.

다음 예시를 통해 살펴보겠습니다. 세 종류의 버튼이 차례로 들어 있는 간단한 구조입니다. 첫 번째 버튼은 우리가 브라우저에서 일반적으로 보는 버튼 모양이고, 두 번째 버튼과 세 번째 버튼은 CSS가 적용되어 있습니다.

개발자 도구에서 첫 번째 버튼(❶)을 클릭하면 **사용자 에이전트 스타일시트**에 꽤 복잡한 CSS 속성들이 있습니다. 이는 크롬, 사파리, 파이어폭스 등 각 브라우저에서 버튼 요소에 대한 속성을 임

의로 지정한 것입니다.

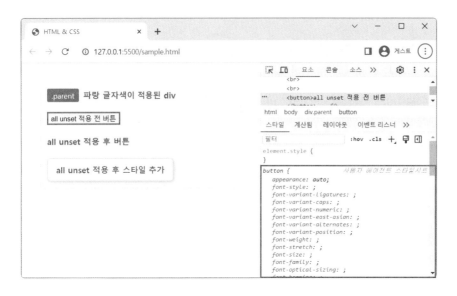

```
<div class="parent">
  <span class="class-label">.parent</span>
  파랑 글자색이 적용된 div
  <br><br>
  <button>all unset 적용 전 버튼</button>
  <br><br>
  <button>all unset 적용 후 버튼</button>
  <br><br>
  <button>all unset 적용 후 스타일 추가</button>
</div>
```

CSS 속성을 보면 첫 번째 버튼을 제외한 모든 버튼에 **all** 속성을 넣고 **unset**을 지정하였습니다. 따라서 두 번째 버튼(❷)에는 부모 요소의 속성인 파란색 글씨가 적용되었지만 **unset**이기 때문에 나머지 속성은 브라우저가 지정하는 속성을 아예 없애버리는 initial과 같이 작동해 첫 번째 버튼과 같이 버튼의 모양을 만들어 주는 속성이 전부 초기화되었습니다. 세 번째 버튼(❸)은 두 번째 버튼의 초기화 과정까지는 동일하게 진행되었지만 다음과 같이 CSS로 원하는 버튼 모양을 새로 스타일링한 새로운 버튼 형태입니다.

```
.parent { color: slateblue; }

button:not(:first-of-type) {
  all: unset;
}
button:last-child {
  padding: 0.6em 1em;
  background-color: white;
  border: 2px solid #ddd;
  border-radius: 0.4em;
  cursor: pointer;
  box-shadow: 2px 2px 6px rgba(0, 0, 0, 0.16);
}
```

따라서 브라우저에서 기본적으로 지정하는 속성을 완전히 무시하고 자신이 원하는 디자인으로 바꾸고 싶다면 **unset**을 먼저 적용해 기본 속성을 지워버린 다음 자신이 원하는 속성을 지정하면 됩니다.

처음 웹사이트를 만들면 이런 부분에서 종종 당황하게 됩니다. 분명히 따로 CSS를 지정해 주지 않았는데도 브라우저에서 보면 margin이나 button 스타일 등이 지정되어 있는 상태이기 때문입니다. 실제로 웹 개발을 할 때는 브라우저가 지정하는 속성 중 필요 없는 것들을 **initial**이나 **all: unset**으로 모두 초기화한 다음 자신이 원하는 디자인을 적용하는 순서로 진행합니다.

CSS를 초기화하기 위한 추천 라이브러리 코드

브라우저에 기본적으로 지정되어 있는 CSS를 초기화하려면 initial이나 all: unset을 사용해도 되지만, 이미 초기화 설정이 되어 있는 라이브러리를 그대로 가져오는 것도 시간을 절약하는 방법이 됩니다. 다음은 에릭 마이어 등의 개발자들이 CSS 초기화를 위한 라이브러리 코드를 제공하는 사이트입니다. 참고하면서 여러분이 원하는 웹사이트에 적합한 방법을 사용하기 바랍니다.

- Eric Meyer 2.0 URL https://meyerweb.com/eric/tools/css/reset
- Normalize.css URL https://necolas.github.io/normalize.css
- Elad Shechter URL https://elad.medium.com/the-new-css-reset-53f41f13282e

벤더 프리픽스

CSS가 계속해서 발전하면서 새로운 기능들이 끊임없이 등장하고 있지만 바로 실전에 적용하기에는 아직 실험적이고 표준화되지 않았기 때문에 불안한 것이 사실입니다. 이때 해당 기능을 미리 구현한 브라우저에서 활용하기 위해 사용하는 벤더 프리픽스에 대해 간단히 살펴보고 넘어가겠습니다.

벤더 프리픽스 사용하기

웹 개발을 해 봤거나 실전에서 CSS를 다뤄 본 경험이 있다면 이렇게 생긴 CSS 코드를 종종 본 적이 있을 겁니다.

```
.element {
  -webkit-transition: all 4s ease;
    -moz-transition: all 4s ease;
     -ms-transition: all 4s ease;
      -o-transition: all 4s ease;
         transition: all 4s ease;
}
```

자세히 보면 **transition**이라는 속성 앞에 **-webkit-**, **-moz-**, **-ms-**, **-o-** 등의 단어가 붙어 있습니다. 이것은 각 브라우저에 따라 사용하는 접두사입니다.

접두사	브라우저
-webkit-	사파리, 크롬, 오페라
-moz-	파이어폭스
-ms-	엣지, 익스플로러
-o-	구버전 오페라

이와 같이 아직 표준이 정립되지 않은 CSS 속성들을 각 브라우저가 구현하는 대로 사용하도록 하는 것을 **벤더 프리픽스**vender prefix라고 합니다. 관련 접두어에 해당하는 브라우저에서는 이후 지정될 표준과는 다를 수 있어도 해당 속성을 미리 사용해 볼 수 있는 것이죠.

예를 들어 **linear-gradient**라는 새로운 기능이 출시되었다고 합시다. 물론 현재는 세부 속성이 **(to bottom, white, black)**으로 표준화가 모두 끝난 상태이지만 이전 브라우저라면 이에 대한 속성이 정립되지 않은 상태일 것입니다. 따라서 속성명 앞에 벤더 프리픽스를 붙이면 사파리나 크롬 오페라에서는 **(linear, left top, left bottom, from(white), to(black))**을, 구버전 오페라에서는 **(top, white, black)** 속성을 우선 사용하도록 유도합니다.

```
.element {
  background: -webkit-gradient(linear, left top, left bottom, from(white),
  to(black));
  background: -o-linear-gradient(top, white, black);
  background: linear-gradient(to bottom, white, black);
}
```

접두사가 붙지 않은 속성은 맨 마지막 줄에 붙입니다.

따라서 **아직 표준화되지 않았거나 최신 기능이라 사용자의 브라우저가 구버전일 가능성이 있을 때 벤더 프리픽스를 먼저 붙여서 사용하고, 이것이 붙지 않은 공식 표준 속성은 반드시 맨 마지막에 작성합니다.** CSS는 가장 나중에 작성한 것이 앞에서 작성한 것을 덮어씌우기 때문입니다. 그러면 어떤 브라우저가 이 CSS 내용을 읽더라도 가장 나중에 작성한 것을 적용하므로 버전이 뒤집힐 확률도 없습니다.

벤더 프리픽스 활용을 위한 CSS 온라인 툴 ·

Autoprefixes 온라인 툴에 사용하고자 하는 CSS 코드를 입력하면 브라우저 버전에 따라 벤더 프리픽스 사용 여부를 결정해 보여 주므로 해당 코드를 복사하면 간단히 사용할 수 있습니다. 사실 요즘 브라우저들은 최신 CSS 기능을 빠르게 적용하기 때문에 무리하게 최신 기능을 사용할 것이 아니라면 여러분이 벤더 프리픽스를 마주칠 일은 거의 없습니다.

• Autoprefixes **URL** https://autoprefixer.github.io

얄코의 친절한 CSS 노트

① CSS 변수 선언과 사용 방법

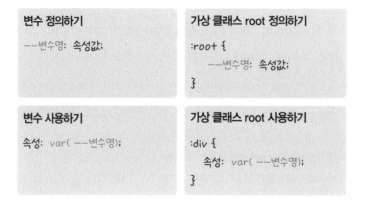

변수 정의하기	가상 클래스 root 정의하기

――변수명: 속성값;	:root {
	　　――변수명: 속성값;
	}

변수 사용하기
속성: var(――변수명);
	가상 클래스 root 사용하기
	:div {
	　　속성: var(――변수명);
	}

② 가상 클래스의 종류

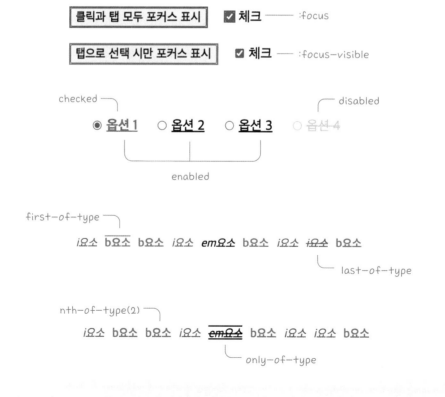

클릭과 탭 모두 포커스 표시　✔체크 ―― :focus

탭으로 선택 시만 포커스 표시　✔체크 ―― :focus-visible

checked ――

◉ 옵션 1　○ 옵션 2　○ 옵션 3　○ 옵션 4　―― disabled

enabled

first-of-type

*i*요소　b요소　b요소　*i*요소　*em*요소　b요소　*i*요소　*i*요소　b요소

last-of-type

nth-of-type(2)

*i*요소　b요소　b요소　*i*요소　*em*요소　b요소　*i*요소　*i*요소　b요소

only-of-type

얄코의 친절한 CSS 노트

3 상속과 리셋

.parent 부모 요소

자식 (기본)

자식 (unset) ——————— inherit / unset / revert

---

p 문단 (기본)

p 문단 (unset) p 문단 (unset) ——————— initial / unset

---

p 문단 (기본)

p 문단 (unset)
p 문단 (unset) ——————— initial / revert

CHAPTER
13

서체와 테이블 스타일링하기

32 서체와 웹 폰트

이번 LESSON에서는 웹 페이지에서 사용할 서체인 웹 폰트에 대해 알아보겠습니다. 우리가 흔히 아는 서체와 웹 폰트의 차이점은 무엇인지, 브라우저와 기기에 따라 각각 어떻게 적용할 수 있는지 등을 실습을 통해 배웁니다. CSS 활용의 실질적인 정점인 서체를 이번에 확실히 이해하고 넘어가도록 합시다.

font-family 속성

CSS 플레이그라운드   URL https://showcases.yalco.kr/html-css-scoop/04-05/01.html

엣지나 크롬 등의 브라우저에서 읽는 웹사이트의 서체는 웹 폰트를 별도로 지정하지 않는 이상 우리가 사용하는 컴퓨터나 기기에 설치된 기본 글꼴을 사용합니다. 윈도우 설정에서 **제어판 – 글꼴**을 열어 보면 다음과 같이 기본적으로 설치되어 있는 서체를 볼 수 있습니다.

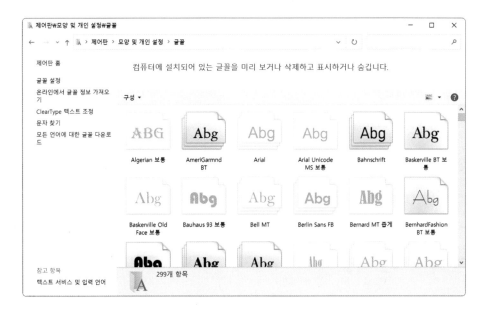

만약 CSS에서 어떤 서체를 지정했을 때 사용자의 컴퓨터에 해당 서체가 없다면 원하는 모습으로 적용되지 않는 일이 생깁니다.

따라서 웹사이트에서 서체를 사용할 때는 **font-family** 속성을 사용합니다. 다음 코드를 보면 **font-family** 속성 안에 값이 여러 개 들어 있는 것을 볼 수 있습니다. 이는 가장 앞에 있는 서체 인 **AppleSDGothicNeo-Regular**를 우선순위로 하되 그 서체가 없다면 **Malgun Gothic**, 이것도 없다면 **dotum** 등과 같이 순서대로 서체를 찾아 적용하도록 지정한 것입니다.

```
body {
  font-family: AppleSDGothicNeo-Regular,'Malgun Gothic','맑은 고딕',dotum,'돋
  움',sans-serif;
}
```

AppleSDGothicNeo-Regular은 맥에서만 사용되는 서체입니다. 맥 사용자에게는 이 서체를 보여 주되, 윈도우 사용자는 맑은 고딕을 사용하도록 추가로 지정했습니다. 또한 혹시나 적용이 안될 경우를 대비하여 한글과 영문 둘 다 표기하였습니다.

또한 코드의 맨 마지막을 보면 **sans-serif**라는 값이 있습니다. 이것은 **일종의 서체 카테고리**라고 보면 됩니다. 만약 **font-family** 속성에 다른 서체를 넣지 않고 sans-serif, serif, cursive 만 넣었다고 가정하겠습니다. 그 결과는 다음과 같습니다.

Sans-serif vs Serif

산세리프와 세리프 비교

`font-family: sans-serif;`

Sans-serif vs Serif

산세리프와 세리프 비교

`font-family: serif;`

Sans-serif vs Serif

산세리프와 세리프 비교

`font-family: cursive;`

sans-serif는 각 획의 끝이 곧게 뻗어 있는 고딕체 계열의 서체, serif는 획의 끝에 삐침이 있는 명조체 계열의 서체입니다. serif는 삐침, sans는 그것을 부정하는 접두어 느낌이죠. 마지막 cursive는 궁서체 계열의 서체입니다.

이와 같이 웹사이트에 사용할 서체들을 우선순위에 따라 나열하고 가장 마지막에 카테고리 서체를 지정하면 앞에서 지정한 서체를 보유하고 있지 않더라도 각 카테고리에 해당하는 서체로 대신 표현할 수 있습니다.

mdn 사이트의 font-family 항목에서는 다양한 카테고리로 분류되어 있는 서체를 확인할 수 있습니다. Georgia나 Gill-sans의 경우 한글이 없는 서체이므로 한국어로 된 사이트에는 적합하지 않고, system-ui는 해당 운영체제에 따라 사용자 인터페이스에 기본으로 사용되는 서체를 말한다는 등 각 서체 관련 정보를 얻을 수 있습니다.

웹 폰트 적용하기

웹 페이지에서 서체를 사용하는 데는 한계가 있습니다. 사용자의 컴퓨터에 있는 서체만 사용이 가능하기 때문에 아무리 예쁘고 신박한 서체를 적용한다 해도 웹 페이지를 보는 사용자의 컴퓨터에 해당 서체가 설치되어 있지 않으면 소용이 없기 때문입니다. 또한 각 운영체제에 따라 탑재된 서체가 서로 다르므로 사용자가 어떤 운영체제로 접속하느냐에 따라 사이트 모습도 조금씩 달라집니다. 결국 모든 사용자에게 일관성 있게 웹사이트를 보여 주는 것은 사실 어렵습니다.

이러한 문제를 해결하기 위해 등장한 것이 바로 **웹 폰트**WebFont입니다. 원리는 간단합니다. 사용자의 컴퓨터에 있는 서체를 사용하는 것이 아니라 온라인 서버에 저장된 서체를 사용자의 브라우저로 불러온 다음 해당 서체로 웹사이트를 보여 주는 방식입니다. 이렇게 하면 사용자가 어떤 컴퓨터, 어떤 운영체제로 접속하더라도 모두 동일한 서체로 보여 주기 때문에 일관성 있는 사이트 제작이 가능합니다.

대표적인 웹 폰트로는 구글 폰트와 눈누가 있습니다.

- 구글 폰트 URL https://fonts.google.com
- 눈누: 상업용 무료 한글 폰트 URL https://noonnu.cc

구글 폰트는 전 세계 모든 언어에서 사용하는 서체를 총집합한 곳인 만큼 다양한 문자 체계를 확인할 수 있습니다. 단, 한글 서체를 찾는다면 구글 폰트보다는 눈누 사이트를 이용하는 편이 좋습니다. 눈누에는 특히 상업적으로 무료로 이용할 수 있는 다양한 한글 서체가 많습니다.

이러한 웹 폰트를 웹사이트에 적용하는 방법은 크게 두 가지가 있습니다.

웹 폰트체 제공 서버에서 가져와 사용

구글 서버에서 직접 구글 폰트를 가져오는 방식입니다.

직접 해 보세요 다음과 같이 HTML 문서를 작성합니다.

Chapter 13/webfont.html

```
...
<body>
    <h1>구글 폰트의 서체 사용해 보기</h1>
    <p>구글 폰트에서 원하는 한글 서체를 찾아 이 페이지에 적용해 보세요!</p>
</body>
...
```

간단 입력 팁 h1{구글 폰트의 서체 사용해 보기}+p{구글 폰트에서 원하는 한글 서체를 찾아 이 페이지에 적용 해 보세요!} `Tab`

그리고 내부 스타일 시트 방식으로 다음과 같은 CSS 스타일을 〈head〉 태그 안에 추가합니다. 구글 폰트에 접속한 뒤 **Filters** 메뉴에 들어가 **Language**를 **Korean**으로 설정하면 나오는 다양한 한글 서체 중 하나를 가져오겠습니다. 사용하고 싶은 서체를 선택해서 들어간 뒤 **Select~** 버튼을 클릭하면 링크를

복사할 수 있는 팝업창이 오른쪽에 나타납니다. 〈link〉 **태그**에 있는 주소를 복사하거나 **@import**에 있는 태그를 복사해서 HTML 문서의 〈style〉 시트에 붙여 넣으면 됩니다.

여기서는 **@import**로 가져오는 방법을 사용하겠습니다.

Chapter 13/webfont.html

```
...
<head>
...
  <style>
    @import url('https://fonts.googleapis.com/css2?family=Hi+Melody&display=
    swap');
  </style>
</head>
...
```

페이지 스크롤을 내리면 해당 서체의 CSS 속성에서 **font-family**를 지정하는 코드가 있습니다. 이것을 복사한 다음 〈style〉 태그에 body 속성으로 추가합니다.

Chapter 13/webfont.html

```
...
<head>
...
  <style>
    ...
    body {
      font-family: 'Hi Melody', cursive;
    }
  </style>
</head>
...
```

서체가 적용된 화면입니다.

구글 폰트의 서체 사용해 보기

구글 폰트에서 원하는 한글 서체를 찾아 이 페이지에 적용해 보세요!

온라인에서 웹 폰트를 가져오는 방식은 자신의 웹사이트에 제공할 리소스를 다른 곳에서 가져오는 것이므로 불안의 소지도 있습니다. 만약 구글 폰트 사이트 서버에 갑자기 이상이 생기거나 트래픽이 초과된다면 서체를 불러오는 과정도 함께 불안해지기 때문입니다. 이런 경우에는 다른 방법을 사용해야겠죠.

서체를 자체 서버에 탑재하여 사용

웹 폰트를 적용하는 두 번째 방법은 자체 서버에서 서체도 함께 제공하는 것입니다.

직접 해 보세요 먼저 HTML 문서를 작성해 봅시다.

Chapter 13/webfontserver.html

```
<!DOCTYPE html>
<html lang="ko">
<head>
  <meta charset="UTF-8">
  <meta http-equiv="X-UA-Compatible" content="IE=edge">
  <meta name="viewport" content="width=device-width, initial-scale=1.0">
  <link rel="stylesheet" href="./webfontserver.css">
  <style>
    body{
      padding: 8px 24px;
      font-size: 1.4rem;
      font-family: 'MyNotoSans', 'sans-serif';
    }
  </style>
  <title>HTML & CSS</title>
</head>
<body>
  <h1>웹 폰트 파일 직접 배포</h1>
  <p>
    구글 폰트에서 <strong>Noto Sans Korean</strong>체를 다운받아 <br>
    <i>fonts</i> 폴더에 넣어 주세요.
  </p>
  <br>
  <h2>굵기별 비교</h2>
  <p>
    굵기별 <em>font-face</em>를 지정하지 않았을 때와 비교해 보세요.
  </p>
  <ul>
    <li style="font-weight: 100;">서체 굵기 100</li>
    <li style="font-weight: 300;">서체 굵기 300</li>
    <li style="font-weight: 400;">서체 굵기 400</li>
    <li style="font-weight: 500;">서체 굵기 500</li>
    <li style="font-weight: 700;">서체 굵기 700</li>
    <li style="font-weight: 900;">서체 굵기 900</li>
```

```
    </ul>
  </body>
</html>
```

그리고 구글 폰트 웹사이트에서 **Noto Sans Korean** 서체를 찾아 **Download family** 버튼을
눌러 서체를 다운로드합니다. **이렇게 family 상태로 다운로드하면 그 서체에 기본적으로 설정
되어 있는 모든 굵기의 서체를 한번에 저장할 수 있습니다.**

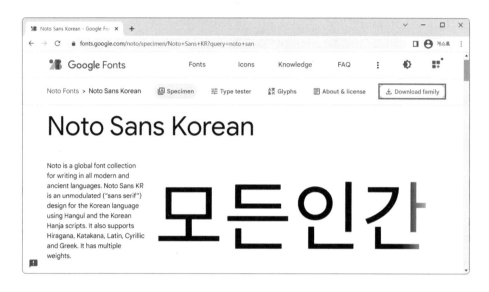

다운로드한 압축 파일을 열어 보면 여러 개의 서체가
들어 있습니다. 모두 선택한 후 VS Code 탐색기에서
HTML 문서가 들어 있는 위치에 **fonts**라는 폴더를 만
들어 그 안에 복사해 넣습니다.

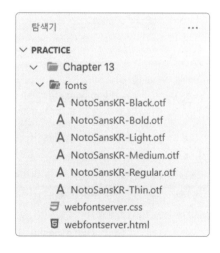

CSS는 다음과 같이 작성합니다. **@font-face**를 설정하고 그 안에 특정 위치에서 가져온 서체 파일을 CSS에서 사용할 수 있도록 **url**의 변숫값으로 지정합니다. 같은 경로에 있는 **font** 폴더 안에 서체가 있으니 **./font/~** 식으로 작성하면 되는 거죠. HTML 문서의 **〈style〉 태그** 안에 있는 **font-family** 속성에 **"MyNotoSans"**라고 지정한 대로 CSS에서도 같은 이름으로 정의하면 됩니다.

Chapter 13/webfontserver.css

```css
@font-face {
  font-family: "MyNotoSans";
  src: url(./fonts/NotoSansKR-Regular.otf);
}
@font-face {
  font-family: "MyNotoSans";
  font-weight: 100;
  src: url(./fonts/NotoSansKR-Thin.otf);
}
@font-face {
  font-family: "MyNotoSans";
  font-weight: 300;
  src: url(./fonts/NotoSansKR-Light.otf);
}
@font-face {
  font-family: "MyNotoSans";
  font-weight: 500;
  src: url(./fonts/NotoSansKR-Medium.otf);
}
@font-face {
  font-family: "MyNotoSans";
  font-weight: 700;
  src: url(./fonts/NotoSansKR-Bold.otf);
}
@font-face {
  font-family: "MyNotoSans";
  font-weight: 900;
  src: url(./fonts/NotoSansKR-Black.otf);
}
```

font-family로 작성하는 이름은 원하는 대로 지정해도 됩니다.

결과 화면을 비교해 봅시다. 서체를 적용하니 훨씬 정갈해 보이는 것을 확인할 수 있습니다.

웹 폰트 파일 직접 배포

구글 폰트에서 **Noto Sans Korean**체를 다운받아
fonts 폴더에 넣어 주세요.

굵기별 비교

굵기별 *font-face*를 지정하지 않았을 때와 비교해 보세요.

- 글꼴 굵기 100
- 글꼴 굵기 300
- 글꼴 굵기 400
- 글꼴 굵기 500
- **글꼴 굵기 700**
- **글꼴 굵기 900**

| 서체 적용 전

`실행결과`

웹 폰트 파일 직접 배포

구글 폰트에서 **Noto Sans Korean**체를 다운받아
fonts 폴더에 넣어 주세요.

굵기별 비교

굵기별 *font-face*를 지정하지 않았을 때와 비교해 보세요.

- 글꼴 굵기 100
- 글꼴 굵기 300
- 글꼴 굵기 400
- **글꼴 굵기 500**
- **글꼴 굵기 700**
- **글꼴 굵기 900**

| 서체 적용 후

`실행결과`

서체 굵기는 브라우저에서 기본으로 적용하는 것을 사용할 수도 있지만 서체마다 기본으로 제공하는 굵기의 종류가 다르기 때문에 사용자 편의에 따라 굵기를 직접 지정하기도 합니다. HTML 문서에서 **font-weight**을 100~900 사이로 작성한 것을 다시 한번 살펴봅시다.

Chapter 13/webfontserver.html

```
...
  <ul>
    <li style="font-weight: 100;">서체 굵기 100</li>
    <li style="font-weight: 300;">서체 굵기 300</li>
    <li style="font-weight: 400;">서체 굵기 400</li>
    <li style="font-weight: 500;">서체 굵기 500</li>
    <li style="font-weight: 700;">서체 굵기 700</li>
    <li style="font-weight: 900;">서체 굵기 900</li>
  </ul>
...
```

CSS에서 가장 위에 있는 **@font-face**를 제외한 나머지 부분은 이렇게 HTML에서 설정해 준 굵기에 따른 서체를 **url**과 함께 명시한 것입니다. 만약 **font-weight**을 지정하지 않는다면 기본 상태인 Regular 굵기가 적용되겠죠.

서체에 따라 여러 개의 굵기를 제공하거나 그렇지 않기도 합니다. 이럴 때 컴퓨터가 알아서 굵기를 표현하도록 놔두기보다는 font-weight 속성으로 원하는 굵기를 지정하는 방식으로 통일하면 훨씬 깔끔하게 표현할 수 있습니다.

33 텍스트 심화

학습 목표

이번 LESSON에서는 CSS에서 텍스트를 세밀하게 조정하는 속성들을 추가로 알아보겠습니다. 텍스트를 가로 또는 세로로 배치하는 다양한 방법과 요소 내의 공백과 줄바꿈을 처리하는 방식, 텍스트가 상자의 너비를 넘어갈 때 처리하는 방식 등을 익히면 웹 페이지의 흐름을 보다 유려하게 만드는 데 도움이 됩니다.

vertical-align 속성

CSS 플레이그라운드   URL https://showcases.yalco.kr/html-css-scoop/04-07/01.html

vertical-align 속성은 말그대로 **텍스트 요소를 세로로 정렬하는 속성으로, 인라인 텍스트와 함께 나열되어 있는 인풋 요소나 이미지의 세로 배치에 유용합니다.** vertical-align 속성을 사용할 때는 크게 인라인 요소에서 적용하는 경우와 테이블 셀 요소 안에서 적용하는 경우가 있습니다. 즉, 블록 요소에는 해당 사항이 없다는 뜻입니다.

⟨span⟩ 요소 옆에 인풋 박스와 버튼을 넣은 첫째 줄과 이미지를 넣은 둘째 줄이 있는 화면을 예로 들어 봅시다. 모두 인라인 요소이기 때문에 한 줄로 나란히 표현됩니다. ⟨span⟩ 요소에는 **overline**과 **underline**을 설정해 텍스트가 눈에 더 잘 보이도록 했습니다. **vertical-align** 속성은 기본값 **baseline**으로 설정한 결과입니다.

미로의 참:견

vertical-align 속성은 인라인 요소에만 적용됩니다.

---

underline, overline 적용된 span 요소 [   ] [버튼]

underline, overline 적용된 span 요소 img

vertical-align: baseline;

이 상태에서 **vertical-align** 속성을 모두 **sub**로 지정하면 인풋 박스와 이미지가 기존보다 아래로 살짝 내려갑니다. 인풋 박스는 아래첨자 위치, 이미지는 baseline에 딱 맞는 위치가됩니다.

반대로 **vertical-align** 속성을 모두 **super**로 지정하면 인풋 박스와 이미지가 기존보다 위로 살짝 올라갑니다. 인풋 박스는 위첨자 위치가 되겠죠.

vertical-align 속성이 **text-top**이면 인풋 박스와 이미지 모두 overline 위치에 딱 맞춰 정렬됩니다. 반대로 **text-bottom**이면 underline 위치에 맞춰집니다. 여기서 이미지는 텍스트 요소보다 세로로 더 길기 때문에 오히려 **text-top**일 경우 이미지가 아래로 내려가고, **text-bottom**이면 위로 올라가는 모습을 볼 수 있습니다. 이렇게 의도한 바와 다르게 표현되는 경우도 있으니 vertical-align 속성에서 위치가 조정되는 원리를 파악하고 있으면 덜 헷갈릴 것입니다.

vertical-align 속성이 **middle**이면 어떻게 될까요? mdn 문서를 보면 '해당 엘리먼트의 middle을 부모의 baseline + x-height / 2로 정렬합니다'라는 설명이 있습니다. 이 내용은 참고로만 하고 실제로 적용해 보면서 어떤 차이가 있는지 살펴보세요.

underline, overline 적용된 span 요소 [   ] [버튼]   vertical-align: middle;

underline, overline 적용된 span 요소 [img]

> 원하는 대로 위치가 나오지 않으면 vertical-align 속성에 em이나 픽셀 단위, %로 직접 값을 지정할 수도 있습니다. 어떤 방법이든 직접 설정값을 변경해 보면서 손으로 익히는 것이 좋습니다.

이번에는 **vertical-align** 속성을 테이블 안의 td나 th 등과 같은 table-cell 요소에 적용하면 어떻게 되는지 살펴보겠습니다. **각각의 테이블 td 요소의 vertical-align 속성을 middle, top, bottom, baseline으로 변경**했습니다.

텍스트	동해물과 백두산이 마르로 닳도록 하느님이 보우하사 우리나라 만세

vertical-align: middle;

텍스트	동해물과 백두산이 마르로 닳도록 하느님이 보우하사 우리나라 만세

vertical-align: top;

텍스트	동해물과 백두산이 마르로 닳도록 하느님이 보우하사 우리나라 만세

vertical-align: bottom;

텍스트	동해물과 백두산이 마르로 닳도록 하느님이 보우하사 우리나라 만세

vertical-align: baseline;

mdn 문서의 테이블 셀 값 중 baseline을 찾아보면 '셀의 baseline을 같은 행의 다른 셀들의 baseline과 정렬합니다.'라는 설명이 있습니다. 이에 따르면 **텍스트** 셀의 baseline은 옆에 있는 셀의 첫 행인 **동해물과 백두산**이의 baseline과 같이 맞춰진 것입니다.

[직접 해 보세요] 다음은 지금까지 설명한 내용을 연습할 수 있는 CSS 코드 샘플입니다. 값을 다양하게 바꿔 보면서 어떤 차이점이 있는지 살펴보세요.

Chapter 13/verticalalign.css

```css
input[type=text], button, img {
  /* sub, super, text-top, text-bottom, middle, 수치 */
  vertical-align: baseline;
}
td {
  /* middle, top, bottom, baseline */
  vertical-align: baseline;
}
```

white-space 속성

[CSS 플레이그라운드]   [URL] https://showcases.yalco.kr/html-css-scoop/04-07/02.html

white-space 속성은 요소 내의 공백과 줄바꿈이 처리되는 방식을 지정합니다. 예를 들어 다음과 같은 형태의 텍스트가 있다고 합시다. 이때 **white-space** 속성이 기본값인 **normal**이면 어떤 영역에 너비가 고정되어 있을 때 그 안에 있는 내용물이 영역을 넘어가면 자연스럽게 줄바꿈합니다.

```
,d888a ,d88888888888ba. ,88"l) d a88']8i
a88".8"8) `"8888:88 " _a8' .d8P' PP .d8P'.8 d)
"8:88:baad8P' ,d8P' ,ama, .aa, .ama.g ,mmm d8P'
8 .8' 88):888P' ,d88' d8[ "8..a8"88 ,8l"88[ l88'
d88 ]lal" d8[ a88' dP "bm8mP8'(8'.8l 8[ d88' `"
.88 ,88l ]8' .d'.8 88' ,8' l[ ,88P ,ama ,ama, d8[
.ama.g [88' l8, .d' ]8, ,88B ,d8 al (88',88"8) d8[
"8. 88 ,8l"88[ ]88 `888P' `8888" "88P"8m" l88
88[ 8[ dP "bm8m88[.8l 8[ ]88, _,,aaaaaa,_ l88 8"
8 ]P' .d' 88 88' ,8' l[ `888a,.
,aadd88888888888bma. )88, ,]l l8, .d' )88a8B ,d8
al "888888PP"' `8""""""8 "888PP' `888P'
`88P"88P"8m"
```

`white-space: normal;`

white-space 속성을 **nowrap**으로 지정하면 고정된 너비를 무시하고 텍스트 내용이 한 줄로 나열되면서 영역 밖을 넘어갑니다.

```
,d888a ,d88888888888ba. ,88"l) d a88']8i a88".8"8) `"8888:88 " _a8' .d8P' PP .d8P'.8 d) "8:88:baad8P'
```

white-space: nowrap;

white-space 속성을 **pre**로 지정하면 어떨까요? 사실 이 텍스트는 우리가 LESSON 11에서 실습한 아스키 아트입니다. **모든 공백 요소를 화면에 그대로 적용**하는 〈pre〉 태그를 사용해 코카콜라 로고를 표현한 것과 같이 **white-space** 속성을 **pre**로 지정해도 같은 효과를 나타냅니다. 그러므로 내용이 영역 밖으로 나가는 것도 개의치 않죠.

white-space: pre;

```
  ,d888a                           ,d88888888888ba.  ,88"l)    d
  a88']8i                          a88".8"8)  `"8888:88 " _a8'
.d8P' PP                           .d8P'.8  d)    "8:88:baad8P'
,d8P' ,ama,   .aa, .ama.g ,mmm d8P' 8 .8'       88):888P'
,d88' d8[ "8..a8"88 ,8l"88[ l88' d88   ]lal"     d8[
a88' dP "bm8mP8'(8'.8l  8[    d88'  `"          88
,88l ]8' .d'.8   88' ,8' l[ ,88P ,ama   ,ama, d8[ .ama.g
[88' l8, .d' ]8, ,88B ,d8 al  (88',88"8) d8[ "8. 88 ,8l"88[
]88 `888P' `8888" 88P"8m"   l88 88[ 8[ dP "bm8m88[.8l  8[
]88,       _,,aaaaaa,_      l88 8" 8 ]P' .d' 88 88' ,8' l[
`888a,. ,aadd88888888888bma.  )88, ,]l l8, .d' )8 8a8B ,d8 al
"888888PP"'       `8"""""8   "888PP' `888P' `88P"88P"8m"
```

white-space 속성에 pre 대신 **pre-wrap**을 지정하면 pre처럼 동작하되 해당 영역 밖으로 텍스트가 넘어가지 않습니다. 비슷한 것으로 **pre-line**도 있습니다. 기본적으로는 pre의 형식을 따르지만 공백을 무시한 형태입니다.

```
   ,d888a
,d88888888888ba.  ,88"l)    d
  a88']8i                          a88".8"8)
`"8888:88  " _a8'
.d8P' PP                        .d8P'.8  d)
"8:88:baad8P'
,d8P' ,ama,    .aa,  .ama.g ,mmm d8P' 8 .8'
88):888P'
,d88' d8[ "8..a8"88 ,8l"88[ l88' d88   ]lal"
d8[
a88' dP "bm8mP8'(8'.8l  8[       d88'  `"
.88
,88l ]8' .d'.8     88' ,8' l[ ,88P ,ama   ,ama,
d8[ .ama.g
[88 l8, .d' ]8, ,88B ,d8 al   (88',88"8)  d8[ "8.
88 ,8l"88[
]88 `888P'  `8888" "88P"8m"      l88 88[ 8[ dP
"bm8m88[.8l  8[
]88,          _,,aaaaaa,_      l88 8"  8 ]P' .d'
88 88' ,8' l[
`888a,.  ,aadd88888888888bma.  )88,  ,]l l8, .d'
)88a8B ,d8 al
"888888PP"'         `8"""""8  "888PP' `888P'
`88P"88P"8m"
```

white-space: pre-wrap;

```
,d888a ,d88888888888ba. ,88"l) d
a88']8i a88".8"8) `"8888:88 " _a8'
.d8P' PP .d8P'.8 d) "8:88:baad8P'
,d8P' ,ama, .aa, .ama.g ,mmm d8P' 8 .8' 88):888P'
,d88' d8[ "8..a8"88 ,8l"88[ l88' d88 ]lal" d8[
a88' dP "bm8mP8'(8'.8l 8[ d88' `" .88
,88l ]8' .d'.8 88' ,8' l[ ,88P ,ama ,ama, d8[ .ama.g
[88 l8, .d' ]8, ,88B ,d8 al (88',88"8) d8[ "8. 88
,8l"88[
]88 `888P' `8888" "88P"8m" l88 88[ 8[ dP
"bm8m88[.8l 8[
]88, _,,aaaaaa,_ l88 8" 8 ]P' .d' 88 88' ,8' l[
`888a,. ,aadd88888888888bma. )88, ,]l l8, .d'
)88a8B ,d8 al
"888888PP"' `8"""""8 "888PP' `888P'
`88P"88P"8m"
```

white-space: pre-line;

마지막으로 **break-spaces**는 mdn 문서를 찾아보면 '연속 공백이 줄의 끝에 위치하더라도 공간을 차지합니다', '연속 공백의 중간과 끝에서도 자동으로 줄을 바꿀 수 있습니다' 등으로 설명되어 있습니다. 하지만 자주 사용할 일은 많이 없으니 참고로만 알아 두세요.

```
    ,d888a
,d88888888888ba.  ,88"l)    d
   a88']8i                        a88".8"8)
`"8888:88  "  _a8'
.d8P' PP                       .d8P'.8  d)
"8:88:baad8P'
,d8P' ,ama,    .aa,  .ama.g ,mmm d8P' 8 .8'
   88):888P'
,d88' d8[ "8..a8"88 ,8l"88[ l88' d88    ]lal"
d8[
a88' dP "bm8mP8'(8'.8l  8[       d88'    `"
  .88
,88l ]8' .d'.8    88' ,8' l[  ,88P ,ama    ,ama,
d8[  .ama.g
[88' l8, .d' ]8,  ,88B ,d8 al  (88',88"8)  d8[ "8.
88 ,8l"88[
]88 `888P' `8888" "88P"8m"     l88 88[ 8[ dP
"bm8m88[.8l  8[
]88,        _,,aaaaaa,_       l88 8"  8 ]P'  .d'
88 88' ,8' l[
`888a,.  ,aadd88888888888bma.  )88,  ,]l l8,
.d' )88a8B ,d8 al
"888888PP"'        `8"""""8  "888PP' `888P'
 `88P"88P"8m"
```

white-space: break-spaces;

text-overflow 속성

(CSS 플레이그라운드) URL https://showcases.yalco.kr/html-css-scoop/04-07/03.html

텍스트가 상자의 너비를 넘어가는 경우 어떻게 표시할지를 지정할 때는 **text-overflow** 속성을 사용합니다. 이때 **overflow** 속성은 **hidden** 또는 **scroll**, **white-space**는 **nowrap**으로 지정한 상태에서 **text-overflow** 속성을 기본값인 **clip**으로 지정하면 상자 안에 있는 텍스트가 잘려 보입니다.

텍스트가 상자의 너비를 넘어갈 때 어떻게 표시될지를 지정합

```
overflow: hidden(scroll);
white-space: nowrap;
text-overflow: clip;
```

이 상태에서 **text-overflow** 속성을 **ellipsis**로 지정하면 잘려진 부분이 말줄임표(…)로 나타납니다. 이는 사용자들에게 내용이 잘렸다는 것을 보다 직관적으로 보여 줍니다.

텍스트가 상자의 너비를 넘어갈 때 어떻게 표시될지를 …

```
overflow: hidden(scroll);
white-space: nowrap;
text-overflow: ellipsis;
```

직접 해 보세요 다음은 지금까지 설명한 내용을 연습할 수 있는 CSS 코드 샘플입니다. 값을 다양하게 바꿔 보면서 어떤 차이점이 있는지 살펴보세요.

Chapter 06/textoverflow.css

```css
div {
  /* 텍스트에 부족한 너비 */
  width: 300px;

  overflow: hidden;
  white-space: nowrap;
  text-overflow: ellipsis;
}
```

말줄임표(…)로 텍스트 내용이 잘린 모습은 메신저의 채팅 리스트에서 많이 봤을 것입니다. 모두 text-overflow와 overflow, white-space 속성을 사용해서 구현하는 기능입니다. 조금 복잡해 보여도 이와 같은 기능을 사용할 일이 있으면 언제든지 이 부분을 찾아서 활용하세요.

34 테이블 스타일링

학습 목표

CSS 속성을 사용해 테이블, 즉 표 형태를 작성하는 방법은 매우 다양합니다. 이번에는 테이블 태그를 이용해 테두리와 캡션을 지정하는 방법, 각 셀의 너비를 조정하는 방법을 알아보고, display 속성을 사용해 브라우저에서 테이블의 각 영역을 인식하도록 테이블의 하위 태그를 지정해 보겠습니다.

테이블 스타일 속성

(CSS 플레이그라운드) URL https://showcases.yalco.kr/html-css-scoop/04-06/01.html

오른쪽 테이블을 봅시다. 테이블 전체에 테두리가 있고 그 안에 있는 셀에도 각각 테두리가 설정되어 있는 것을 볼 수 있습니다. 이것은 〈table〉 태그와 〈th〉, 〈td〉 태그에 **border** 속성을 **2px solid gray**로 적용했기 때문입니다.

웹 개발 주요 언어

언어	종류	역할
HTML	마크업 언어	갖다 놓기
CSS	스타일 언어	꾸미기
JavaScript	프로그래밍 언어	시키기

```
table {
  border: 2px solid gray;
  border-spacing: 2px;
}
th, td {
  padding: 0.4em 0.8em;
  border: 2px solid lightgray;
}
```

🐰 테이블 태그 내용이 잘 기억나지 않는다면 LESSON 07을 다시 복습하세요.

이제 이 테이블을 스타일링하기 위한 세부 속성을 하나씩 알아보겠습니다.

CSS 심화

border-collapse 속성

앞서 본 표에서 테두리가 이중으로 들어가 있던 이유는 **border-collapse** 속성이 기본값인 **separate**로 지정되어 있기 때문입니다. **border-collapse** 속성은 테이블에서 서로 인접한 **td 간** 또는 **table과 td 간의 테두리를 분리할지 또는 공유할지를 지정합니다.** 우리가 보통 테이블을 만들 때 저렇게 셀마다 테두리를 중첩시켜서 표현하지는 않을 겁니다. 따라서 **border-collapse** 속성을 **collapse**로 추가 지정해야 우리가 원하는 깔끔한 선을 만들 수 있습니다.

웹 개발 주요 언어

언어	종류	역할
HTML	마크업 언어	갖다 놓기
CSS	스타일 언어	꾸미기
JavaScript	프로그래밍 언어	시키기

`border-collapse: collapse;`

border-spacing 속성

border-spacing 속성은 border-collapse 속성이 separate일 경우 인접한 테두리 간의 간격을 지정합니다. 물론 이 간격을 0으로 했다고 해서 collapse와 같은 것은 아닙니다. border-spacing이 0으로 인접한 두 개의 테두리가 딱 붙어버리는 상황이라면 collapse는 테두리를 아예 한 개로 표현합니다. 이것은 과거 CSS가 등장하기 전 HTML 테이블 태그에서 사용했던 cellspacing 속성을 대체합니다.

웹 개발 주요 언어

언어	종류	역할
HTML	마크업 언어	갖다 놓기
CSS	스타일 언어	꾸미기
JavaScript	프로그래밍 언어	시키기

`border-collapse: separate;`
`border-spacing: 0;`

웹 개발 주요 언어

```
border-collapse: separate;
border-spacing: 10px;
```

caption-side 속성

표 제목은 **caption-side** 속성을 top 또는 **bottom**으로 지정하면 **캡션 위치를 테이블 위나 아래로 이동할 수 있습니다.**

웹 개발 주요 언어

언어	종류	역할
HTML	마크업 언어	갖다 놓기
CSS	스타일 언어	꾸미기
JavaScript	프로그래밍 언어	시키기

`caption-side: top;`

언어	종류	역할
HTML	마크업 언어	갖다 놓기
CSS	스타일 언어	꾸미기
JavaScript	프로그래밍 언어	시키기

웹 개발 주요 언어

`caption-side: bottom;`

table-layout 속성

table-layout 속성은 테이블의 너비를 특정 값으로 지정했을 때 그 안에 있는 td의 너비를 어떤 방식으로 나타낼지를 결정합니다. **auto**로 지정하면 각 td에 들어 있는 내용물의 길이에 따라 너비를 자동으로 조절하고, **fixed**로 지정하면 내용물의 길이와 상관없이 모두 동일한 픽셀 너비로 고정합니다.

예를 들어 **table-layout** 속성을 **auto**로 지정하면 두 번째 열의 내용물이 상대적으로 긴 편이니 다른 td보다 너비가 넓게 표현됩니다. 반면 특정 값의 너비를 지정했을 때 **table-layout** 속성을 **fixed**로 지정하면 해당 너비 안에서 균등하게 너비를 3등분하느라 상대적으로 긴 텍스트인 **프로그래밍 언어**의 마지막 글자가 밑으로 떨어져 두 줄이 될 수도 있습니다.

웹 개발 주요 언어

언어	종류	역할
HTML	마크업 언어	갖다 놓기
CSS	스타일 언어	꾸미기
JavaScript	프로그래밍 언어	시키기

table-layout: auto;

웹 개발 주요 언어

언어	종류	역할
HTML	마크업 언어	갖다 놓기
CSS	스타일 언어	꾸미기
JavaScript	프로그래밍 언어	시키기

table-layout: fixed;

극단적으로 테이블 너비를 줄이면 어떨까요? **fixed**로 지정하면 td 안의 내용물이 여러 줄로 표현되든 밖으로 삐져나오든 무조건 균등한 너비의 열을 가집니다. 반면 **auto**로 지정하면 td 안의 내용물을 좁은 너비 안에서 온전히 다 표현하느라 여러 줄로 처리합니다.

웹 개발 주요 언어

언어	종류	역할
HTML	마크업 언어	갖다 놓기
CSS	스타일 언어	꾸미기
JavaScript	프로그래밍 언어	시키기

table-layout: auto;

웹 개발 주요 언어

언어	종류	역할
HTML	마크업 언어	갖다 놓기
CSS	스타일 언어	꾸미기
JavaScript	프로그래밍 언어	시키기

table-layout: fixed;

이처럼 테이블 너비를 철저히 균등하게 지키고 싶다면 **table-layout** 속성을 **fixed**로, 테이블 안의 내용을 깨지지 않게 표현하는 것이 더 중요하다면 **auto**로 지정합니다. 또한 fixed로 지정했을 때도 특정 칸의 너비만 다르게 고정하고 싶다면 해당 열에 해당하는 〈colgroup〉 태그에만 별도로 픽셀을 지정하면 됩니다.

직접 해 보세요 다음은 지금까지 설명한 내용을 연습할 수 있는 CSS 코드 샘플입니다. 값을 다양하게 바꿔 보면서 어떤 차이점이 있는지 살펴보세요.

Chapter 13/textlayout.css

```
table {
  border-collapse: collapse;
  border-collapse: separate;

  /* border-collapse가 collapse면 th, td의 border에 묻힘 */
  border: 1px solid black;

  /* border-collapse가 sepatate일 때 */
  border-spacing: 0.5em;

  caption-side: top;
  caption-side: bottom;

  table-layout: auto;
  table-layout: fixed;
}

th, td {
  border: 1px solid gray;
}

colgroup col:first-child {
  width: 300px;
}
```

테이블 요소의 display 속성

CSS 플레이그라운드 URL https://showcases.yalco.kr/html-css-scoop/04-06/02.html

어떤 테이블을 브라우저 개발자 도구에서 열면 테이블을 이루고 있는 각 태그마다 그 역할에 맞는 display 속성이 다른 것을 볼 수 있습니다. 이는 테이블을 구성하는 **thead, tbody, tfoot, th, td, tr** 등의 태그를 브라우저에서 인식하고 미리 약속된 **display** 속성을 내보내는 것입니다. 이는 마치 LESSON 05에서 배웠던 내용 중 목록을 표현하는 ul, ol, li 태그를 입력했을 때 각 브라우저에 따라 내보내는 형태가 다른 원리와도 같습니다.

테이블의 각 태그마다 약속된
위치가 있습니다.

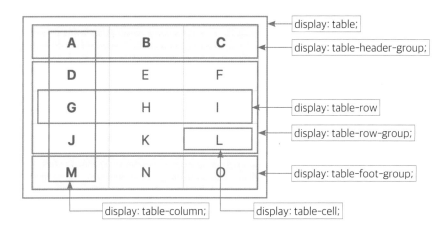

mdn 문서에서 display-internal을 찾아보면 테이블과 관련된 굉장히 다양한 속성을 찾을 수 있습니다.

얄코의 친절한 CSS 노트

① 서체와 웹 폰트

Sans-serif vs Serif **산세리프와 세리프 비교**	Sans-serif vs Serif 산세리프와 세리프 비교	**Sans-serif vs Serif** **산세리프와 세리프 비교**
획의 끝이 곧게 뻗어 있는 고딕체 계열의 서체	획의 끝에 삐침이 있는 명조체 계열의 서체	궁서체 계열의 서체

② 텍스트 vertical-align 속성

③ 테이블 border-collapse 속성

웹 개발 주요 언어

언어	종류	역할
HTML	마크업 언어	갖다 놓기
CSS	스타일 언어	꾸미기
JavaScript	프로그래밍 언어	시키기

border-collapse: collapse;

웹 개발 주요 언어

언어	종류	역할
HTML	마크업 언어	갖다 놓기
CSS	스타일 언어	꾸미기
JavaScript	프로그래밍 언어	시키기

border-collapse: separate;

CHAPTER

14

레이아웃 변형과
애니메이션으로 효과 주기

LESSON 35 float 속성

학습 목표

float 속성은 사실 구시대의 산물입니다. 예전에는 꽤 널리 쓰였지만 현재는 LESSON 21 에서 학습한 Flex 레이아웃이나 다음 LESSON에서 배울 Grid 레이아웃을 사용해 작업하기 때문에 많이 사용하지는 않습니다. 하지만 기존에 만들어진 사이트라면 이 속성을 사용해 작업했을 가능성이 높으므로 알아 두면 좋습니다.

float 속성과 clear 속성

CSS 플레이그라운드 URL https://showcases.yalco.kr/html-css-scoop/04-08/01.html

다음과 같이 보라색 div 영역과 빨간색 div 영역이 서로 다른 너비로 나열되어 있고 그 아래 초록색 span 영역, 마지막으로 회색 텍스트 영역이 있는 화면이 있습니다. 이 모양을 기준으로 설정값을 이리저리 바꿔 보면서 float 속성의 특성을 알아보겠습니다.

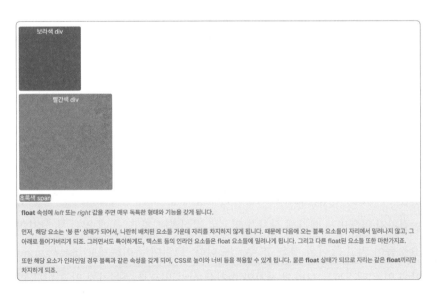

먼저 보라색 상자는 너비가 160 픽셀로 지정되어 있지만 〈div〉 태그로 작성했으므로 블록 요소

가 되어 한 줄 전체를 차지합니다. 빨간색 상자도 마찬가지로 너비가 240 픽셀이지만 동일하게
⟨div⟩ 태그이므로 블록 요소입니다. 따라서 보라색 상자와 빨간색 상자 모두 블록 요소이므로 한
줄에 있을 수 없어 위아래로 나열된 상황입니다. 초록색 ⟨span⟩ 요소와 그 밑의 회색 텍스트 상
자 역시 ⟨div⟩ 태그이므로 위아래 블록 요소 사이에 끼어 있습니다. 현재는 이 모든 요소의 **float**
속성이 기본값인 **none**으로 지정된 상태입니다. 즉, 아직 아무것도 float 속성을 적용하지 않은
상태에서 보라색 상자의 **float** 속성을 **left**로 지정하면 매우 독특한 일이 벌어집니다.

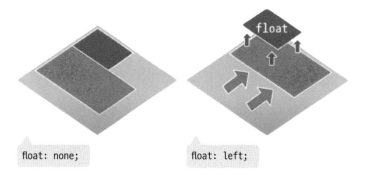

보라색 상자 밑으로 빨간색 상자가 들어옵니다. 보라색 상자가 float의 뜻처럼 마치 '붕 뜬' 상태
가 되면서 밑에 있던 빨간색 상자 이하의 요소들이 보라색 상자의 자리를 차지했습니다.

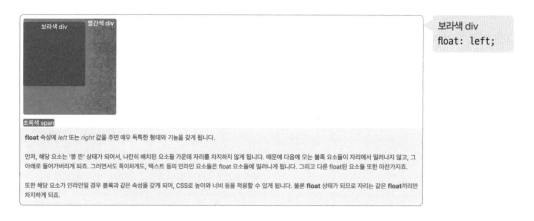

이 상태에서 빨간색 상자도 **float** 속성을 **left**로 지정하면 어떻게 될까요? 먼저 float 속성을 지정
한 보라색 상자와는 겹치지 않으면서 빨간색 상자가 옆으로 같이 띄워지고, 원래 있던 두 상자의
자리를 밑에 있던 요소들이 밀고 들어온 것을 볼 수 있습니다. 그런데 특이하게도 초록색 span
요소와 회색 상자 안에 있는 텍스트는 보라색 상자와 빨간색 상자 밑으로 들어가지 않고 이를 피
한 채로 나열됩니다. 왜 그럴까요?

보라색 div
float: left;
빨간색 div
float: left;

답은 span 요소와 텍스트는 인라인 요소이기 때문입니다. 블록 요소는 float된 요소 밑으로 들어올 수 있도록 허용하지만 인라인 요소는 들어오지 못하도록 밀어냅니다. 굉장히 독특하죠. 사실 이러한 불규칙함이 요즘 float 속성을 잘 사용하지 않게 된 이유이기도 합니다.

또 한 가지 특이한 점이 있습니다. span 요소에는 높이나 너비를 적용해도 인라인 요소이기 때문에 지정한 대로 보이지 않는데, **float 속성을 지정하면 지정한 높이나 너비를 반영해 마치 블록 요소처럼 적용됩니다.** 하지만 그 밑에 있는 인라인 요소들은 밑으로 밀어내지 않고 나머지 보라색, 빨간색 상자처럼 나란히 띄워진 채 옆으로 밀어냅니다.

> **미토의 참:견**
>
> float 속성은 블록 요소는 허용하고 인라인 요소는 밀어냅니다.

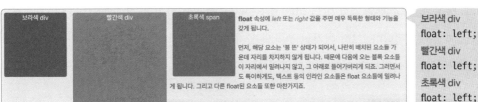

보라색 div
float: left;
빨간색 div
float: left;
초록색 div
float: left;

이번에는 div 상자와 span 요소의 **float** 속성을 모두 left가 아닌 **right**로 지정해 보겠습니다. 원본 코드에서 보라색 상자, 빨간색 상자, 초록색 상자 순서대로 〈div〉 태그와 〈span〉 태그를 작성했으니 가장 오른쪽부터 순서대로 정렬됩니다. 그럼 다음과 같은 형태가 되죠.

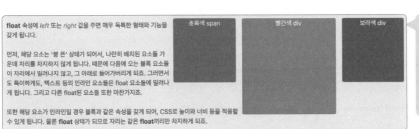

보라색 div
float: right;
빨간색 div
float: right;
초록색 div
float: right;

이처럼 float 속성을 사용하면 해당 요소가 기존 위치에서 공중으로 떠오르기 때문에 자리를 차지하지 않고 공중에서 자기만의 위치를 갖고 있다고 생각하면 됩니다.

이제 세 가지 색상의 상자가 위로 떠오르면서 가장 아래에 있던 회색 상자가 아래에 깔린 형태가 되었습니다. 만약 이 회색 상자마저도 겹치지 않고 독립된 공간을 차지하게 하려면 clear 속성을 지정합니다. 보라색, 초록색 상자의 **float** 속성이 **left**, 빨간색 상자의 **float** 속성이 **right**로 지정된 상태에서 회색 상자의 **clear** 속성을 **left**로 지정하면 다음과 같이 보라색, 초록색 상자 밑으로는 들어가지 않습니다. float 속성이 똑같이 left로 지정된 요소는 피하는 거죠.

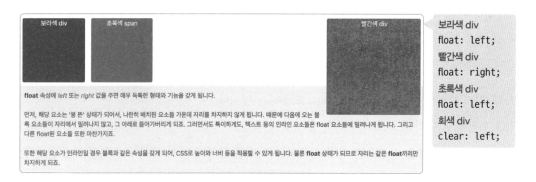

이 상태에서 회색 상자의 **clear** 속성을 **right**로 지정하면 다음과 같이 빨간색 상자 밑으로 위치합니다. 만약 float 속성을 갖고 있는 어떤 요소 밑으로도 들어가지 않겠다고 하면 **clear** 속성을 **both**로 지정하면 됩니다. 그럼 어차피 주황색 상자 밑으로 위치할테니 다음 화면과 똑같은 결과가 나오겠죠. 잠시 살펴보면 이해하기 어렵지 않을 것입니다.

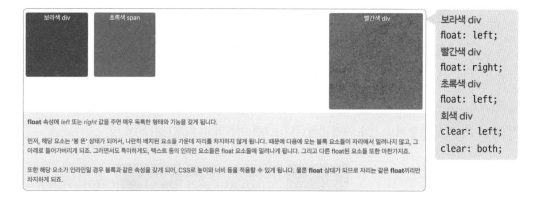

사실 float 속성은 예전에 온라인 뉴스 사이트에서 종종 사용하던 방식입니다. 다음과 같이 기사 이미지를 여러 개 띄워 놓고 그 사이에 텍스트를 배치하는 식으로 사용했던 것이죠. 그런데 오늘날에는 굳이 사용하지 않습니다. 특히 모바일에서는 글과 이미지가 순차적으로 나오기 때문에 이러한 레이아웃을 사용할 필요가 없습니다. 또한 테이블로 페이지 레이아웃을 만들던 시절도 지났기 때문에 **이제는 float 속성 대신 flex 레이아웃을 주로 사용합니다.**

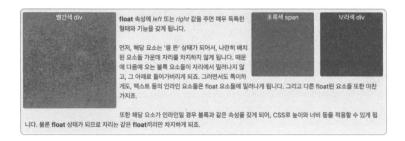

예전에는 웹 페이지 레이아웃을 잡을 때 float 속성과 clear 속성을 사용했다는 정도만 알고 넘어가도 좋습니다. 기존 코드를 수정할 일이 생길 때 이 내용을 알고 있으면 훨씬 수월하게 작업할 수 있겠죠.

직접 해 보세요 다음은 지금까지 설명한 내용을 연습할 수 있는 CSS 코드 샘플입니다. 값을 다양하게 바꿔 보면서 어떤 차이점이 있는지 살펴보세요.

Chapter 14/float.css

```
.purple {
  float: none;
}
.red {
  float: left;
}
.green {
  float: right;
}
.gray {
  clear: both;
}
```

부모의 크기 문제 해결하기

float 속성을 많이 사용하던 시절, 개발자들 사이에서 종종 발생하던 이슈가 있었습니다. 다음과 같이 회색 영역 안에 〈div〉 태그로 보라색 상자와 빨간색 상자를 지정해도 회색 상자는 자신의 패딩만큼만 자리를 차지하고 나머지 상자를 둘러싸지 않는 것입니다.

Chapter 14/floatparents.html

```
...
<head>
...
  <link rel="stylesheet" href="./floatparents.css">
</head>
<body>
  <section class="gray">
    <div class="blue">보라</div>
    <div class="red">빨강</div>
  </section>
</body>
...
```

Chapter 14/floatparents.css

```
body { padding: 24px; }

section {
  padding: 16px;
  background-color: lightgray;
  margin: 1em; padding: 1em;
}

.blue, .red {
  height: 200px; line-height: 200px;
  font-size: 1.4em;
  text-align: center;
  color: white;
}

.blue {
  float: left;
  width: 200px;
```

```
    background-color: slateblue;
}

.red {
  float: left;
  width: calc(100% - 200px);
  background-color: tomato;
}
```

실행결과

원인을 찾아보니 보라색 상자와 빨간색 상자에 **float** 속성이 **left**나 **right**로 지정되어 있는 경우가 많았습니다. 이렇게 두 상자가 공중으로 붕 뜨다 보니 회색 상자는 이를 인식하지 못하고 지정된 만큼만 자리를 차지하게 된 것입니다. 원하는 대로 회색 상자가 모든 요소를 감싸기를 바란다면 보라색 상자와 빨간색 상자의 **float** 속성을 해제해야겠죠. 물론 인라인 요소를 사용해서 배열할 수도 있지만 그렇게 하면 태그 사이의 빈 공간이 인식되어 깔끔한 코드가 되지 못합니다.

이렇게 어색해진 부모의 크기 문제를 해결하기 위한 방법으로는 크게 세 가지가 있습니다. 우리가 원하는 것은 다음과 같은 모양입니다.

첫째, 자식 요소인 보라색 상자와 빨간색 상자 다음에 clear 속성이 적용된 빈 블록 요소를 추가합니다.

딱히 크기를 차지하지 않는 빈 블록 요소라도 여기에 **clear** 속성을 적용하면 부모는 무언가 자식 요소가 있다고 인식하고 크기를 늘립니다. 따라서 의도한 대로 잘 나오기는 하지만 의미 없는 HTML 요소를 하나 더 추가하는 것이므로 권장하는 방법은 아닙니다.

Chapter 14/floatparents.html

```
...
<head>
...
  <link rel="stylesheet" href="./floatparents.css">
</head>
<body>
  <section class="gray">
  <div class="blue">보라</div>
  <div class="red">주황</div>
  <div class="empty"></div>
  </section>
</body>
...
```

Chapter 14/floatparents.css

```
...
/* 1. 마지막에 clear된 빈 블록 요소 두기 */
/* 불필요한 html 요소 추가 */
.empty {
  clear: both;
}
```

둘째, 부모 요소인 회색 상자에 overflow 속성을 hidden으로 지정합니다.

이렇게 하면 안에 있는 float 요소들만큼 부모의 높이가 늘어나는 현상이 발생합니다. 하지만 명쾌한 원리가 있는 것이 아니기 때문에 급할 때를 제외하고는 아주 좋은 해결 방법이 아닙니다.

Chapter 14/floatparents.css

```
...
/* 2. 부모에 overflow 속성 활용 */
/* 부모 밖으로 나타나야 할 요소가 있는 경우 한계 */
.empty {
  overflow: hidden;
}
```

셋째, 가상 요소를 만들어 해결하는 방식으로, 가장 많이 사용됩니다.

부모 요소에 **::after**로 가상 요소를 지정하고 **clear** 속성을 **both**, **display** 속성을 **block**으로
지정합니다. 이렇게 하면 첫 번째 방법에서 사용했던 빈 블록 요소와 똑같이 나타나게 하되, 불필
요한 HTML 요소를 추가하지 않아도 CSS만 수정하면 되니 훨씬 깔끔하게 해결할 수 있습니다.

Chapter 14/floatparents.css

```
...
/* 3. 가상의 요소 두기 */
/* 가장 널리 사용되는 방법 */
section::after {
  content: '';
  clear: both;
  display: block;
}
```

웹사이트를 처음부터 새로 만드는 경우라면 이렇게 float 속성과
관련된 부모 요소의 문제를 맞닥뜨릴 일은 없을 겁니다. 하지만
이전에는 이런 기능이 있었고, 이러이러한 방식으로 해결했다는
히스토리는 분명 알아 둘 필요가 충분히 있겠죠.

36 Grid 레이아웃

학습 목표 Grid 레이아웃은 LESSON 21에서 배웠던 Flex 레이아웃과 같은 용도로 사용하지만 방식은 조금 다릅니다. 범용적으로는 Flex 레이아웃을 많이 사용하지만, 사이트의 특성이나 디자인에 따라 Grid 레이아웃이 더 유용할 때도 있으니 반드시 알아 두는 것이 좋습니다.

부모에 적용하는 Grid

(CSS 플레이그라운드) **URL** https://showcases.yalco.kr/html-css-scoop/04-09/01.html

앞에서 배운 Flex 레이아웃에서 바깥쪽 부모 요소에 적용하는 속성과 자식 요소에 적용하는 속성을 따로 따로 배운 것을 기억하나요? Grid 레이아웃도 마찬가지입니다.

다음 그림과 같이 회색 상자로 표현된 부모 요소(container) 안에 〈div〉로 구성된 자식 요소가 12개 들어 있다고 가정하겠습니다. 각 자식 요소들은 안에 〈span〉 요소를 포함하고 있습니다. 이제부터 각 속성에 따라 배치가 어떻게 바뀌는지 하나씩 살펴보겠습니다.

회색 바깥 상자
display: grid;
아이템 안의 span
display: none;

사실 span 요소 안에는 노래 가사가 들어 있는데, **display** 속성이 **none**으로 지정되어 있어 눈에 보이지 않습니다. 그리고 flex 레이아웃에서 가장 바깥 요소의 display 속성을 flex로 지정한 것처럼 grid 레이아웃의 가장 바깥 요소도 **display** 속성을 **grid**로 지정했습니다.

grid-template-columns 속성

회색 바깥 상자에 Grid 레이아웃이 적용된 상태에서 **자식 요소의 열(column) 크기를 조정**하며 변화를 살펴보겠습니다. 회색 상자의 **grid-template-columns** 속성을 **100px 200px 300px**로 지정하면 세 개의 열이 지정한 너비와 개수대로 부모 요소 안에 들어가는 것을 볼 수 있습니다. 마치 표와 같은 테이블 형태이죠.

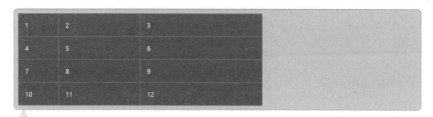

회색 바깥 상자
grid-template-columns: 100px 200px 300px;

🐛 grid-template-columns 속성을 지정하는 개수는 원하는 만큼 넣으면 됩니다.

이번에는 **grid-template-columns** 속성을 **30% 70%**로 지정하겠습니다. 부모 요소의 패딩 부분을 제외한 나머지 공간을 30%와 70% 비율로 분할한 두 개의 열이 생성됩니다. 퍼센트 대신 fr(fraction) 단위로 지정해도 됩니다. 즉, 30% 70%는 **3fr 7fr**과 같은 뜻이죠.

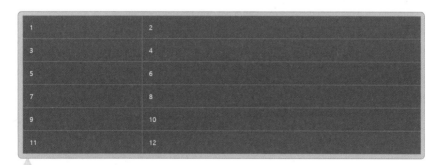

회색 바깥 상자
grid-template-columns: 30% 70%;

단, 내부 아이템 사이의 간격을 지정하는 **gap** 속성을 추가할 때는 퍼센트 대신 fr 단위로 지정

하는 것이 좋습니다. 퍼센트는 말 그대로 부모 안에 있는 공간 전체를 비율로 나눈 것이기 때문에 gap으로 추가된 넓이만큼 부모 너비 밖으로 넘어가기 때문입니다. 앞서의 **gap**을 **1em**으로 지정한다고 가정했을 때 퍼센트와 fr의 차이를 다음 그림으로 비교하면 이해하기 쉬울 것입니다. 깔끔한 형태를 원한다면 전체 너비에서 gap의 값을 뺀 비례값인 fr을 사용하는 것이 더 좋겠죠.

1	2
3	4
5	6
7	8
9	10
11	12

회색 바깥 상자
```
grid-template-columns: 30% 70%;
gap: 1em;
```

1	2
3	4
5	6
7	8
9	10
11	12

회색 바깥 상자
```
grid-template-columns: 3fr 7fr;
gap: 1em;
```

미로의 참:견

보라색 상자가 회색 부모 상자 밖을 삐져나오는지 아닌지 잘 확인하세요!

만약 **grid-template-columns** 속성을 **1fr 1fr 1fr 1fr 1fr**로 지정하면 각 요소 사이의 간격을 제외하고 남은 공간을 정확히 5등분한 표현이 가능합니다. 또는 간단히 **repeat(5, 1fr)**라는 함수를 사용하기도 합니다. 이는 다섯 번씩 1fr을 사용하라는 뜻입니다.

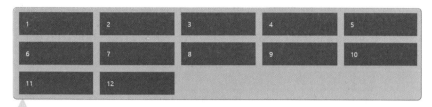

회색 바깥 상자
```
grid-template-columns: 1fr 1fr 1fr 1fr 1fr;
gap: 1em;
```

Flex 레이아웃에서 flow-grow 속성을 사용해 아이템 사이의 공간을 고려하여 비율대로 나눴던 것처럼, Grid 레이아웃에서도 fr 단위를 사용해 자식 요소를 비율대로 배분하여 너비를 설정하는 것이 가능합니다.

상대적인 값인 fr과 절대적인 값인 픽셀을 혼용해서 사용할 수도 있습니다. 예를 들어 **grid-template-columns** 속성을 **80px 1fr 2fr 80px**로 지정하면 양쪽 끝에 있는 80픽셀은 고정된 상태에서 안쪽 두 요소의 비율이 맞춰집니다. 브라우저의 크기를 늘리거나 줄여 보면 그 차이를 확연히 알 수 있습니다. 이와 같이 자식 요소의 열 배열의 크기를 조정하려면 **grid-template-columns** 속성을 사용합니다.

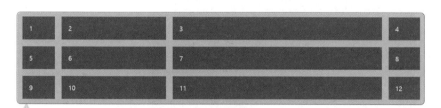

회색 바깥 상자
```
grid-template-columns: 80px 1fr 2fr 80px;
gap: 1em;
```

grid-template-row 속성

자식 요소의 행(row) 크기를 조절하는 방법도 어렵지 않습니다. **grid-template-row** 속성을 사용해 앞에서 배웠던 대로 상대값이나 고정값을 지정하면 됩니다. 이전까지 실습한 상태에 이어서 **grid-template-row** 속성을 **1fr 2fr 3fr 4fr**로 추가로 지정하면 행의 높이가 1배, 2배, 3배로 변한 것을 볼 수 있죠. 단, 행의 개수가 많지 않아 4행 이후부터는 빈 공간으로 나타납니다.

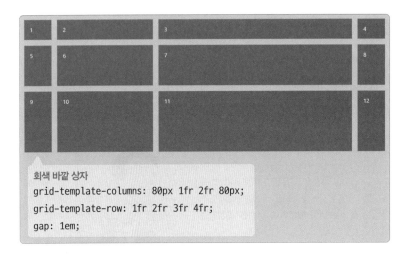

여기서 행의 개수를 늘리면 4행까지는 주어진 비율대로 보이고 그 이후부터는 기본적인 패딩에 따른 높이로 나타나는 것을 볼 수 있습니다.

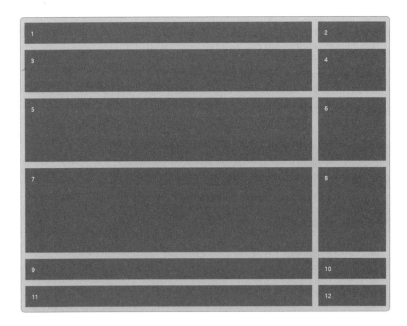

grid-auto-rows 속성

grid-auto-rows 속성을 사용하면 행의 높이를 더 간단하게 설정할 수도 있습니다. 예를 들어 grid-template-columns 속성이 1fr 1fr 1fr 1fr 1fr로 지정되어 있을 때 grid-auto-rows 속성을 160px로 지정하면 모든 요소의 행 높이가 160 픽셀로 고정됩니다.

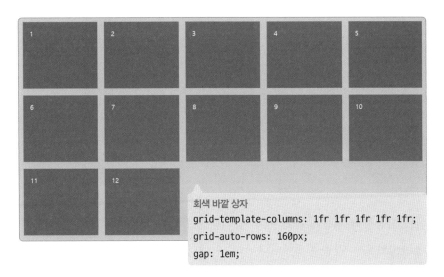

회색 바깥 상자
```
grid-template-columns: 1fr 1fr 1fr 1fr 1fr;
grid-auto-rows: 160px;
gap: 1em;
```

지금부터는 아이템 안에 텍스트로 된 span 요소의 display 속성을 inline으로 지정해 텍스트의 움직임을 살펴보겠습니다. grid-auto-rows 속성을 auto로 지정하면 **텍스트 내용의 길이에 따라 행의 높이가 자동으로 조절됩니다.**

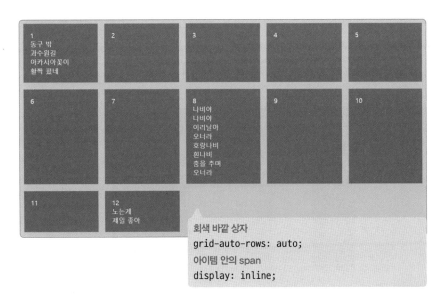

회색 바깥 상자
```
grid-auto-rows: auto;
```
아이템 안의 span
```
display: inline;
```

여기에서 **행의 높이를 특정 픽셀로 고정하려면 grid-auto-rows 속성에 지정하면 됩니다.** 그런데 인라인 요소의 내용이 정해진 높이를 벗어날 경우 내용이 밖으로 삐져나온 상태가 됩니다.

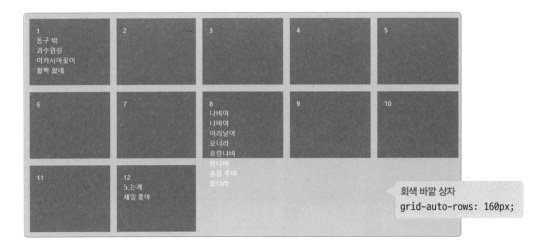

따라서 정해진 높이를 사용하되 내용에 따라 행의 높이를 자동으로 맞추려면 함수를 이용해 **minmax(160px, auto)**와 같이 값을 지정합니다. 괄호 안에서는 앞에 있는 값이 최소값, 뒤에 있는 값이 최대값입니다. 만약 최대값도 픽셀로 고정해 제한을 두고 싶다면 **minmax(160px, 200px)**와 같이 두 값 모두 함수로 지정합니다.

justify-items 속성

Flex 레이아웃에서 justify-contents 속성을 사용해 내부 요소를 정렬한 것처럼, Grid 레이아웃에서는 **justify-items** 속성을 사용합니다. 메인 축에 있는 내부 요소를 기준으로 **start**를 지정하면 왼쪽 정렬, **center**를 지정하면 중간 정렬, **end**를 지정하면 오른쪽 정렬이 가능합니다.

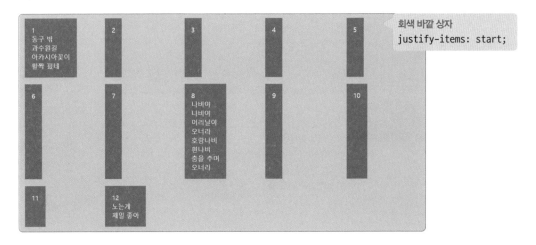

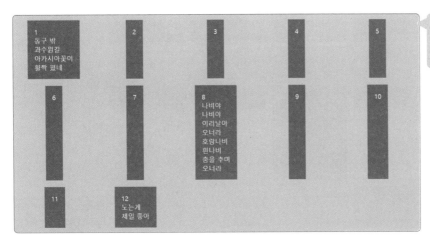

회색 바깥 상자
`justify-items: center;`

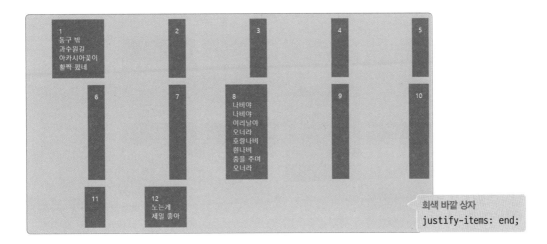

회색 바깥 상자
`justify-items: end;`

align-items 속성

align-items 속성은 메인 축이 아닌 수직 축에서 정렬하는 방식을 지정합니다. justify-items 속성과 마찬가지로 **수직 축의 내부 요소를 기준으로 했을 때 start**를 지정하면 위쪽 정렬, **center**를 지정하면 중간 정렬, **end**를 지정하면 아래쪽 정렬이 가능합니다.

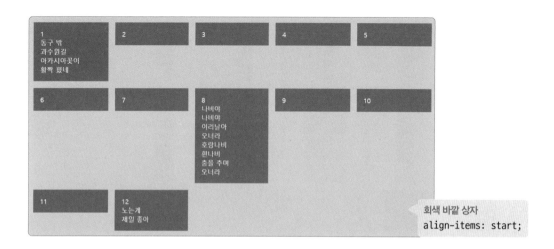

회색 바깥 상자
align-items: start;

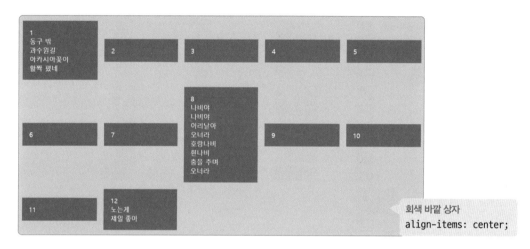

회색 바깥 상자
align-items: center;

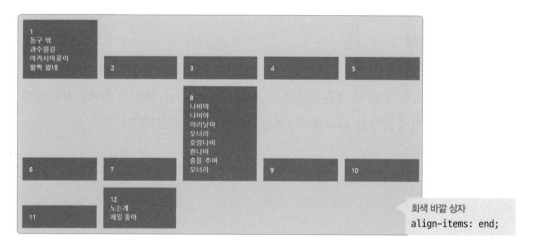

회색 바깥 상자
align-items: end;

개발자 도구에서 Grid 확인하기 ·········

Grid 레이아웃으로 작성한 내부 요소의 구조를 눈으로 확인할 수 있는 간단한 방법이 있습니다. 웹 브라우저의 개발자 도구에 있는 부모 요소 코드를 살펴보면 작게 grid라는 버튼이 있습니다. 이 버튼을 클릭하면 각 구획이 번호로 표시되는 것을 볼 수 있습니다. 이 번호는 자식 요소를 순서대로 넘버링한 것인데, 다음 주제에서 더 자세히 알아보겠습니다.

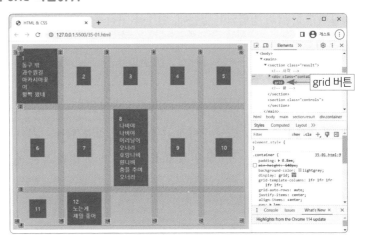

얼마 전까지만 해도 이 기능은 파이어폭스에서만 사용할 수 있었지만 이제는 모든 브라우저에서 사용 가능합니다.

··

자식에 적용하는 Grid

CSS 플레이그라운드 **URL** https://showcases.yalco.kr/html-css-scoop/04-09/02.html

이번에는 부모 요소 안에 들어가는 자식 요소에 적용하는 Grid에 대해 알아보겠습니다.

다음 그림과 같이 회색 상자로 표현된 부모 요소(container) 안에 〈div〉로 구성된 자식 요소가 12개 들어 있다고 가정해 봅시다. **display** 속성은 **grid**, 너비인 **grid-template-column** 속성은 **repeat(4, 1fr)**으로 지정되어 있습니다. 또한 높이인 **grid-auto-rows** 속성은 **160px**로 고정했습니다. 내부 요소 사이의 간격인 **gap**도 **1em** 간격으로 들어가 있습니다. 그리고 1번 아이템은 파란색, 2번 아이템은 빨간색, 3번 아이템은 초록색입니다.

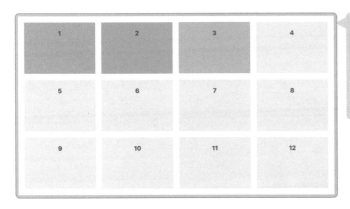

회색 바깥 상자
```
display: grid;
grid-template-columns:
repeat(4, 1fr);
grid-auto-rows: 160px;
gap: 1em;
```

CSS 심화

이제부터 배울 내용은 Grid 레이아웃에서 굉장히 중요한 내용입니다. 현재는 각 자식 요소들이 정갈하게 한 칸씩 정렬되어 있는데, 이것을 여러 속성을 사용해 이리저리 바꿔 볼 것입니다.

grid-column 속성

먼저 첫 번째 1번 아이템의 **grid-column** 속성을 **1**로 지정하면 원래 상태에서 변화가 없습니다. 첫 번째 요소가 첫 번째 자리에 그대로 있는 것이기 때문입니다. 여기서 **grid-column** 속성을 **2** 혹은 **3**으로 지정하면 **첫 번째 요소의 위치가 두 번째 혹은 세 번째 자리로 밀려납니다.**

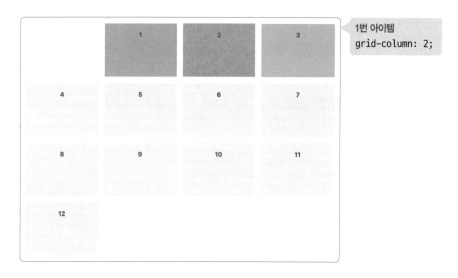

1번 아이템
grid-column: 2;

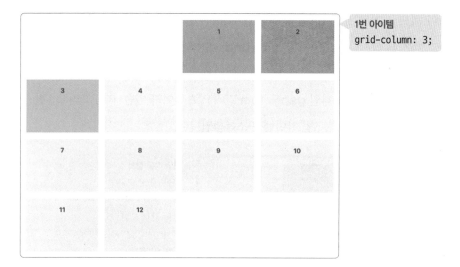

1번 아이템
grid-column: 3;

만약 1번 아이템의 **grid-column** 속성을 **1 / span 3**으로 지정하면 **첫 번째 요소가 첫 번째 자리에서부터 세 칸을 차지합니다.** 그 다음 요소들 역시 마찬가지로 뒤로 밀려납니다.

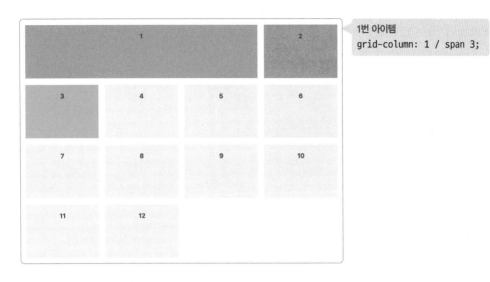

1번 아이템
grid-column: 1 / span 3;

그런데 매번 이것을 왼쪽에서부터 하나씩 칸을 세어서 계산해야 할까요? 전혀 그럴 필요 없습니다. 이 상태에서 브라우저 개발자 도구에 있는 (grid) 버튼을 클릭하면 다음과 같이 요소 주변에 번호가 하나씩 붙어 있는데, 이것이 바로 각 요소의 가로 세로 기준입니다. 이 번호를 보고 **grid-column** 속성에서 **1 / 4**, **2 / −2**, **1 / −1** 등과 같이 숫자로 지정해도 가로 세로로 차지하는 영역을 간단히 나타낼 수 있습니다. 따라서 Grid 레이아웃 작업을 할 때는 브라우저에서 grid 기능을 켜 두는 것이 매우 편리합니다.

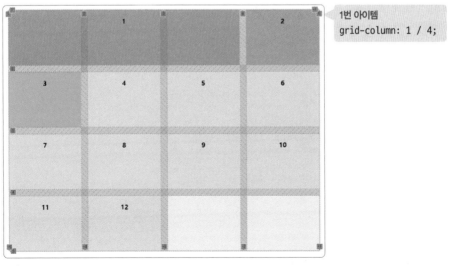

1번 아이템
grid-column: 1 / 4;

grid 격자로 봤을 때 왼쪽 상단 번호 1부터 4까지의 영역을 지정한다는 뜻입니다.

span을 사용해도 되는데 굳이 grid 번호를 지정하는 이유는 뭔가요? · · · · · · · · · · · · ·

다음과 같이 첫 줄을 한 아이템이 전부 차지하는 경우, grid-column 속성을 1 / span 4나 1 / 5로 써 주면 간단한데
왜 굳이 브라우저에서 grid 기능을 켠 후 해당 grid의 구획 번호를 확인하라는 걸까요? 물론 그럴 경우에는 안에 있는
column의 몇 개가 들어 있는지도 신경 써야 합니다. 따라서 grid 구획 번호를 사용하는 것이 훨씬 간단명료합니다. 아래
화면 같은 경우에는 grid-column 속성을 1 / −1로 지정하면 간편하겠죠.

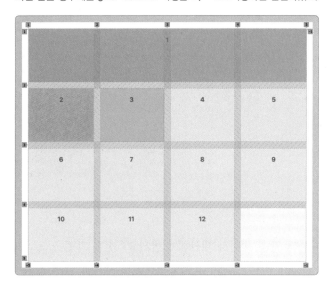

grid-row 속성

이번에는 **grid-row** 속성을 바꿔 보겠습니다. 이전 상태에서 **grid-row** 속성을 **2**로 지정하면
병합된 1번 아이템이 세로 1번 줄에서 2번 줄로 넘어간 것을 볼 수 있습니다. 나머지 4번 아이템
부터는 차례대로 빈 공간을 채우고요.

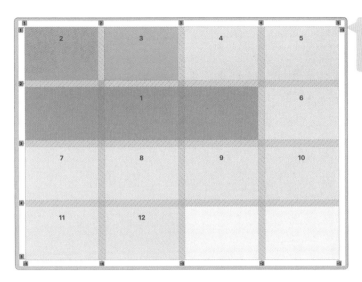

그렇다면 **grid-column** 속성이 **auto**인 상태에서 1번 아이템의 **grid-row** 속성을 **1 / span 2**로 지정하면 어떻게 될까요? 이는 grid 레이아웃 세로 1번에서 아래로 두 칸을 차지하겠다는 뜻입니다. 따라서 그 뒤에 따르는 아이템들도 나머지 빈 공간을 차례대로 채웁니다.

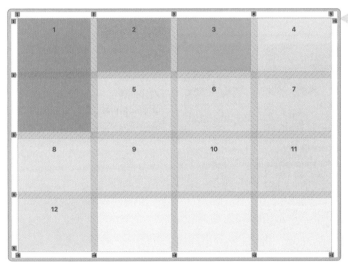

이번에는 1번 아이템의 세로를 좀 더 늘리고 2번 아이템의 **grid-column** 속성에 **3 / −1**, **grid-row** 속성에 **1 / 2**를 지정해 보겠습니다.

미로의 참:견

Grid 레이아웃의 구획 번호를 사용하면 복잡한 형태의 배치도 얼마든지 가능합니다.

CSS 심화

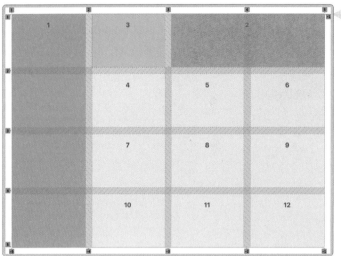

1번 아이템
```
grid-column: auto;
grid-row: 1 / 5;
```
2번 아이템
```
grid-column: 3 / -1;
grid-row: 1 / 2;
```

그런데 만약 이 상태에서 1번 아이템의 **grid-column** 속성을 auto가 아닌 **2 / −2**로 지정하면 어떻게 될까요? 1번 아이템과 2번 아이템이 겹치는 상황이 발생합니다. 이것이 바로 Grid 레이아웃의 흥미로운 속성입니다. 물론 아주 특수한 경우가 아닌 이상 일부러 이런 상태를 만들 필요는 없겠죠. 어떤 목적이나 실수에 의해서든 이런 일이 벌어질 수 있다는 사실만 알아 두면 됩니다.

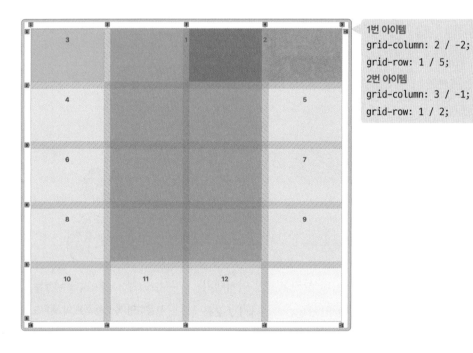

1번 아이템
```
grid-column: 2 / -2;
grid-row: 1 / 5;
```
2번 아이템
```
grid-column: 3 / -1;
grid-row: 1 / 2;
```

이와 같이 Grid 레이아웃에서 grid-column 속성과 grid-row 속성을 활용하면 부모에 의해 나뉘진 영역들을 자식 요소들이 어떻게 차지할지를 나타낼 수 있습니다.

justify-self 속성

이제 3번 아이템을 조정할 차례입니다. 3번 아이템에는 해당하는 칸 안에서의 정렬 관련 **justify-self** 속성을 지정할 텐데, 이는 앞에서 배운 align-items 속성과도 거의 유사합니다. 메인 축에 있는 내부 요소를 기준으로 **start**를 지정하면 왼쪽 정렬, **center**를 지정하면 중간 정렬, **end**를 지정하면 오른쪽 정렬이 가능합니다.

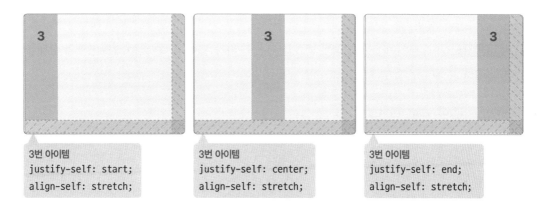

3번 아이템
justify-self: start;
align-self: stretch;

3번 아이템
justify-self: center;
align-self: stretch;

3번 아이템
justify-self: end;
align-self: stretch;

align-self 속성

align-self 속성은 자식 요소 안에서 메인 축이 아닌 수직 축에서 정렬하는 방식을 지정합니다. justify-self 속성과 마찬가지로 수직 축의 내부 요소를 기준으로 했을 때 **start**를 지정하면 위쪽 정렬, **center**를 지정하면 중간 정렬, **end**를 지정하면 아래쪽 정렬이 가능합니다.

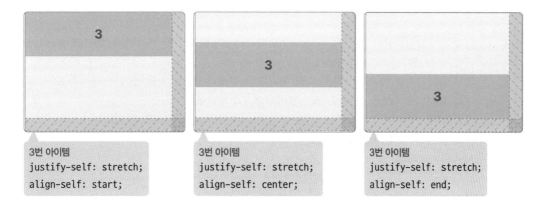

3번 아이템
justify-self: stretch;
align-self: start;

3번 아이템
justify-self: stretch;
align-self: center;

3번 아이템
justify-self: stretch;
align-self: end;

Flex 레이아웃과 Grid 레이아웃 중 무엇을 사용하면 되나요? ·····················

Flex 레이아웃이 가로 또는 세로 방향 둘 중 하나를 택한 뒤 그 안에서 자식 요소들의 배치를 조절하는 것이라면, Grid
레이아웃은 아예 가로 세로까지 하나의 부모 안에서 전반적으로 통제하는 모습을 보입니다. 따라서 다양한 상황에서 사
용하기에는 Flex 레이아웃이 좀 더 직관적입니다. Grid 레이아웃은 아무래도 전반적인 틀을 잡는 것이다 보니 제한된 느
낌을 받을 수도 있습니다. 그러나 필요에 따라서 Grid 레이아웃이 좀 더 효과적인 경우도 있으니 두 레이아웃의 특징을
잘 숙지한 뒤 결정해 보세요!

···

직접 해 보세요 Grid 레이아웃을 실습해 보겠습니다. 우리가 흔히 볼 수 있는 웹사이트의 형태를
만들 것입니다.

Chapter 14/gridlayout.html

```
...
<head>
...
  <link rel="stylesheet" href="./gridlayout.css">
</head>
<body>
  <main>
    <nav>nav</nav>
    <aside>aside</aside>
    <section class="sec-1">.sec-1</section>
    <section class="sec-2">
      .sec-2
      <div>
        살어리 살어리랏다<br>청산애 살어리랏다<br>멀위랑 다래랑 먹고<br> 청산애 살어리
        랏다<br>얄리얄리 얄랑셩<br>얄라리 얄라<br>
        우러라 우러라 새여<br>자고 니러 우러라 새여<br>널라와 시름 한 나도<br>자고
        니러 우니로라<br>얄리얄리 얄라셩<br>얄라리 얄라<br>
        가던 새 가던 새 본다<br>믈 아래 가던 새 본다<br>잉무든 장글란 가지고<br>믈
        아래 가던 새 본다<br>얄리얄리 얄라셩<br>얄라리 얄라
      </div>
    </section>
    <section class="sec-3">.sec-3</section>
    <footer>footer</footer>
  </main>
</body>
...
```

```css
body { margin: 0; }
main { width: 100vw; }

main > * {
  padding: 0.8em;
  color: slateblue;
  background-color: lavender;
}
.sec-2 div {
  display: none;
  margin: 1em;
  padding: 1.6em;
  line-height: 2.4em;
  font-family: serif;
  color: #555;
  background-color: white;
}
```

실행결과

```
nav

aside

.sec-1

.sec-2

.sec-3

footer
```

CSS 심화

코드를 실행하면 처음에는 아무것도 없이 구획만 나누어져 있는 다소 심심한 상태입니다. 여기에
하나씩 코드를 추가하며 레이아웃을 만들겠습니다.

먼저 모든 요소를 감싸고 있는 가장 바깥쪽 **main** 영역의 **display** 속성을 **grid**로 지정합니다.
흔히 웹사이트는 가장 상단의 **nav** 영역을 제외하면 왼쪽 메뉴 영역, 가운데 본문 영역, 오른쪽
메뉴 영역의 세 부분으로 나눕니다. 따라서 열 크기를 조정하는 **grid-template-columns** 속
성을 **200px 1fr 300px**로 지정합니다. 양옆은 픽셀을 고정하고 가운데 본문 영역은 유동적으
로 움직이게 하기 위해서입니다.

Chapter 14/gridlayout.css

```
...
main {
  display: grid;
  grid-template-columns: 200px 1fr 300px;
}
```

세로 영역도 마찬가지입니다. 총 네 개의 행으로 구성되어 있으며 상단의 **nav** 영역과 **sec-1** 영역, 가장 아래에 있는 **footer** 영역은 픽셀을 고정하고 가운데 **sec-2** 영역은 안에 들어갈 본문의 길이에 따라 유동적으로 달라질 것이므로 **auto**로 지정합니다. 각 영역을 구분하기 위해 간격도 **12px**로 지정하겠습니다.

Chapter 14/gridlayout.css

```
...
main {
  display: grid;
  grid-template-columns: 200px 1fr 300px;
  grid-template-rows: 80px 200px auto 200px;
  gap: 12px;
}
```

각 영역의 크기를 지정했으니 이제 본격적으로 grid를 지정할 차례입니다. 최상단에 있는 nav 영역과 하단에 있는 **footer** 영역은 어차피 가로 영역 전체를 차지하므로 **grid-column** 속성을 각각 **1 / -1**로 지정합니다. 왼쪽 메뉴를 차지하는 **aside** 영역은 세로로 두 칸을 차지하므로 grid 구획 번호에 맞춰 **grid-row** 속성을 각각 **2 / 4**로 지정합니다. 마지막으로 **sec-1** 영역도 나머지 열을 차지하도록 **grid-column** 속성을 **2 / -1**로 지정하면 Grid 레이아웃 설정이 마무리됩니다.

Chapter 14/gridlayout.css

```
...
nav {
  grid-column: 1 / -1;
}

footer {
  grid-column: 1 / -1;
}

aside {
  grid-row: 2 / 4;
}

.sec-1 {
  grid-column: 2 / -1;
}
```

마지막으로 실제 본문 내용이 들어 있는 **sec-2**의 **display** 속성을 주석으로 지워 줍니다. 감춰져 있던 텍스트가 나타나면서 전체 레이아웃이 완성됩니다.

Chapter 14/gridlayout.css

```
...
}
.sec-2 div {
  /*display: none;*/
  margin: 1em;
  padding: 1.6em;
  line-height: 2.4em;
  font-family: serif;
  color: #555;
  background-color: white;
}
...
```

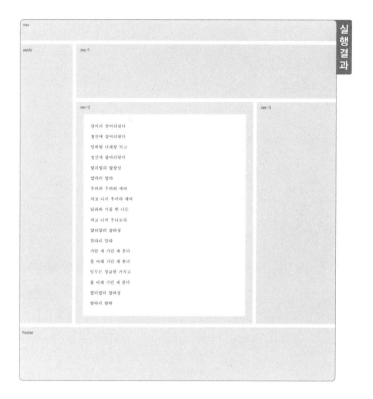

우리가 늘 보는 웹사이트의 구조는 이렇게 만들 수 있습니다. 직접
실습해 보니 어떤가요? 이렇게 Grid 레이아웃을 사용해서 웹 페이
지 전체를 이렇게 구조화하는 것도 재미있는 경험입니다. 잘 익힌
다음 적재적소에 활용해 보세요!

LESSON 37 변형과 애니메이션

학습
목표

이번 LESSON은 다소 길고 어려울 수도 있지만 자바스크립트를 쓰지 않고도 CSS 속성을 이용하여 요소를 이리저리 움직일 수 있는 굉장히 흥미로운 내용을 담고 있습니다. transform, transition, animation의 세 가지 속성을 통해 HTML 요소의 모습을 바꾸거나 움직이는 애니메이션을 만들어 보세요!

transform 속성

CSS 플레이그라운드 URL https://showcases.yalco.kr/html-css-scoop/04-10/01.html

transform은 주위 요소들에 영향을 끼치지 않으면서 원하는 요소의 모습을 바꾸는 속성입니다.

오른쪽 예시를 봅시다. 파란색 ⟨div⟩ 요소 여러 개가 가운데 이미지 주위를 사각형으로 둘러싸고 있습니다. ⟨div⟩ 요소들은 **display** 속성이 모두 **inline-block**으로 지정되어 있어서 줄바꿈은 ⟨br⟩ 태그로 처리한 상태입니다. 이 이미지를 CSS 속성을 사용해 이리저리 바꿔 보겠습니다.

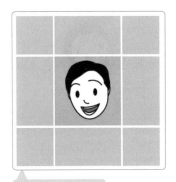

transform: none;

scale

먼저 **transform** 속성에 **scale()** 함수를 넣으면 괄호 안에 있는 숫자만큼 요소의 배율을 지정할 수 있습니다. 여기에 숫자 **2**를 넣었더니 이미지가 원래 크기보다 두 배 커진 것을 볼 수 있습니다. 그런데 이렇게 이미지가 커진다고 해서 주위를 둘러싸고 있는 ⟨div⟩ 요소들이 밀려나지는 않습니다. 이전에 배웠던 position 속성에 relative를 지정했던 것과는 달리 transform 속성은 원래 요소가 차지하고 있는 자리에 영향을 주지 않습니다. scale() 함수에 두 개의 값 **0.4, 2.4**를 지정해서 가로 세로 너비를 다르게 해도 이미지만 찌그러지는 것을 볼 수 있죠.

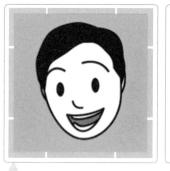

transform: scale(2);

transform: scale(0.4, 2.4);

rotate

transform 속성에 rotate() 함수를 넣으면 괄호 안에 있는 숫자만큼 해당 요소를 회전시킵니다. 여기에 회전시킬 각도를 숫자로 넣을 수도 있고, **tum**이라는 단위를 사용해도 됩니다. **1tum**은 360도입니다. **0.5tum**을 지정했더니 이미지가 180도 회전했습니다.

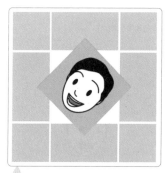

transform: rotate(45deg);

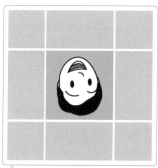

transform: rotate(0.5tum);

translate

transform 속성에 translate() 함수를 넣으면 원래 요소는 그대로 두면서 괄호 안에 있는 숫자만큼 해당 이미지의 위치를 옮기는 것을 볼 수 있습니다. 마치 position 속성을 relative로 지정한 상태에서 top과 left를 지정한 모습과 같죠. 주변 요소에는 아무런 영향을 주지 않습니다. 위치값을 픽셀이나 %로 지정해도 됩니다. 단, 여기서 중요한 것은 **%**는 부모가 아닌 움직일 요소 자신의 너비와 높이를 기준으로 한다는 것입니다. 이는 어떤 요소를 가운데로 배치할 때 굉장히 유용하게 사용됩니다.

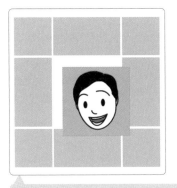

`transform: translate(24px, 24px);`

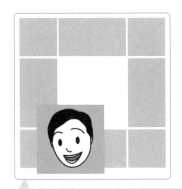

`transform: translate(-33%, 67%);`

skew

transform 속성에 **skew()** 함수를 넣으면 괄호 안에 있는 숫자만큼 해당 요소를 기울입니다. 두 개의 값을 한 번에 지정할 수도 있고, **skewX()** 또는 **skewY()**처럼 가로 세로 기울기를 각각 따로 지정할 수도 있습니다.

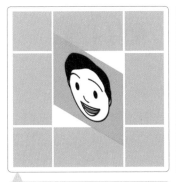

`transform: skew(0deg, 30deg);`

`transform: skewX(20deg);`

`transform: skewY(20deg);`

skew()의 각도를 음수 (−)로 지정할 수도 있습니다. 그리고 둘 다 0이 아닌 값을 지정하면 마치 3D로 기울인 듯한 효과도 낼 수 있습니다.

`transform: skew(-30deg, 0-deg);`

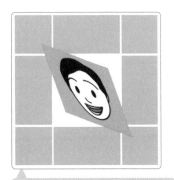

`transform: skew(20deg, 20deg);`

transform 속성값을 앞에서 배운 내용 다수로 지정할 수도 있습니다. 각 속성값 사이에 띄어쓰기로 구분만 해주면 됩니다.

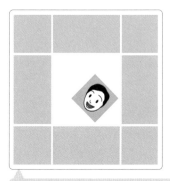

```
transform: scale(0.5) translate(25%, 25%) rotate(45deg);
```

구글 mdn 문서에서 transform 속성을 찾아보면 다양한 값이 있습니다. 하지만 고도의 그래픽적인 부분은 지나치게 복잡합니다. 이 책의 효과만 학습해도 불편한 부분은 없을 겁니다.

직접 해 보세요 transform 속성을 이용해 보라색 〈div〉 요소를 화면 가운데로 이동시켜 봅시다.

Chapter 14/transform.html

```
...
<head>
  <style>
    section {
      position: relative;
      width: 800px;
      height: 640px;
      background-color: lightblue;
    }
    div {
      position: absolute;
      top: 50%;
      left: 50%;
      width: 200px;
```

```
        height: 200px;
        background-color: slateblue;
        transform: translate(-50%, -50%)
    }
  </style>
</head>
<body>
  <section>
    <div></div>
  </section>
</body>
...
```

간단 입력 팁 section>div `Tab`

먼저 〈div〉 요소의 position 속성을 absolute로 지정할 것이기 때문에 그 상위에 있는 〈section〉 태그에 position 속성을 relative로 지정합니다. 〈div〉 요소의 top을 50%, left를 50%로 지정해 가운데로 옮깁니다. 이때는 상자가 아닌 상자의 상단 왼쪽 끝 부분을 기준으로 이동한 것이기에 위치가 조금 틀어집니다. transform 속성의 translate를 −50%, −50%로 지정하여 상자의 크기를 기준으로 가운데로 이동시킵니다. 가운데에 위치한 상자를 확인할 수 있습니다.

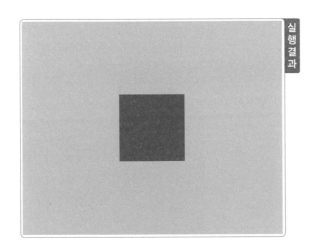

실행결과

물론 이렇게 요소를 가운데로 옮기는 방법은 Flex 레이아웃을 이용하면 간단히 해결됩니다. 하지만 그렇지 않은 예외 사항(웹 페이지 전체를 Flex 레이아웃으로 채우기 곤란한 경우 등)도 있기 때문에 transform 속성을 사용하는 방법도 알아두면 굉장히 유용합니다.

transition 속성

(CSS 플레이그라운드) URL https://showcases.yalco.kr/html-css-scoop/04-10/02.html

실전에서 웹사이트를 제작하다 보면 마우스를 오버할 때 색이 바뀐다거나 여러 동작을 자바스크립트로 제어하는 등 어떤 객체의 CSS 속성을 변화시키는 경우가 있습니다. **transition 속성은 이렇게 바뀌거나 변화되는 속성을 어떤 방식으로 적용할 것인지를 결정합니다.**

예를 들어 다음과 같이 주황색 사각형(**squre**)이 있고 상단에 있는 세 가지 속성을 각각 체크할 때마다 오른쪽으로 이동하거나(**id="left"**), 파란색으로 바뀌거나(**id="color"**), 작게 회전하는 (**id="trans"**) 움직임을 지정한다고 하겠습니다. **transition** 속성을 아무것도 지정하지 않은 상태(**none**)에서는 어떤 움직임도 없이 그저 지정하는 대로만 깜빡깜빡 바뀝니다.

각 조건에 따른 CSS는 다음과 같이 설정했습니다.

```
#square {
  position: absolute;
  top: 108px;
  left: 24px;
  width: 124px;
  height: 124px;
  border-radius: 10%;

  transition: none;
}

#left:not(:checked) ~ div { left: 24px; }
#left:checked ~ div { left: 400px; }

#color:not(:checked) ~ div {
  background-color: tomato;
```

```
}
#color:checked ~ div {
    background-color: dodgerblue;
}

#trans:not(:checked) ~ div {
  transform: scale(1) rotate(0deg);
}
#trans:checked ~ div {
  transform: scale(0.5) rotate(360deg);
}
```

객체를 오른쪽으로 부드럽게 움직이고 싶어 **transition** 속성에 **left 1s**를 지정했습니다. 왼쪽에 있던 주황색 사각형이 한 번에 움직이지 않고 1초 동안 부드럽게 오른쪽으로 옮겨가는 것을 볼 수 있습니다. 단, 그 자리에서 파란색으로 바뀌거나 작게 회전하는 모습은 결과만 바로 보입니다. 이는 transition 속성에 두 개의 값만 지정했기 때문입니다.

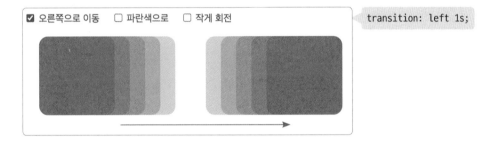

이와 같이 transition 속성에 값을 지정할 때는 다음과 같은 방식을 따릅니다.

```
transition: 속성 지속시간 시간함수 지연시간;
```

예를 들어 2초의 시간을 주고 시간 함수에 **linear**를 지정하면 사각형이 일정한 속도로 움직입니다. linear는 객체를 일정한 속도로 움직이게 하는 속성이 있습니다. 이밖에도 **ease-in**은 천천히 가다가 빨리, **ease-out**은 빨리 가다가 천천히, **ease-in-out**은 이 두 가지 속성을 합쳐서 천천히 출발해 빨리 이동하다가 다시 천천히 마무리됩니다.

```
transition: 500ms ease-in 100ms;
```

움직이는 속도를 cubic-bezier() 함수를 이용해 완전히 커스터마이징할 수도 있습니다. 여기에는 복잡한 숫자값이 들어가는데, 어렵게 계산할 필요 없이 cubic-bezier 웹사이트에 접속해 그래프와 값을 원하는 만큼 조정한 후 최종 함수값을 복사해서 사용하면 됩니다.

```
transition: left 1s cubic-bezier(0.075, 0.82, 0.165, 1);
```

URL https://cubic-bezier.com

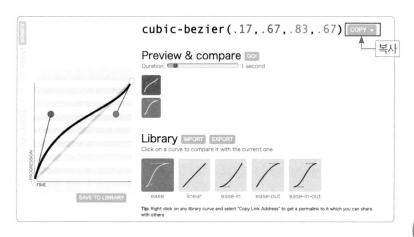

transition 속성에 네 개의 값을 넣는다면 마지막 값은 지연 시간을 나타냅니다. 두 번째 값인 지속 시간이 실제로 움직임이 이루어지는 시간이라면, 지연 시간은 어느 정도 기다리고 난 다음 움직일지를 정하는 값입니다.

미토의 참·견

cubic-bezier()는 시간 함수이므로 transition 속성의 세 번째 값에 넣을 수 있겠죠!

```
transition: left 2s ease-in-out 1s;
```

이번에는 사각형의 색깔을 바꿔 보겠습니다. **transition** 속성에 **background-color 1s**을 지정하면 1초 만에 미리 지정한 파란색으로 바뀝니다. 굉장히 간단하죠?

사각형의 크기도 바꿔 보겠습니다. CSS 속성을 보면 사각형의 크기를 반으로 줄이고 360도 회전시키도록 되어 있습니다. 사실 **transition** 속성이 **none**일 때는 **작게 회전**에 체크해도 사각형의 크기만 작아졌습니다. 왜냐하면 정사각형을 회전시켜 봐야 또 정사각형이기 때문에 변화가 눈에 보이지 않는 것입니다. 여기에 **transform 1s**를 지정해야 비로소 사각형이 돌아가면서 작아지는 모습을 볼 수 있습니다.

이렇게 **transition** 속성에 **transform**을 지정하면 여러 방법으로 객체의 모습을 바꿀 수 있습니다. 우리가 파워포인트를 만들 때 각 슬라이드에서 다음 슬라이드로 넘어갈 때 적용하는 애니메이션과도 비슷합니다. 즉, 어떤 CSS에서 다음 CSS로 바뀌는 경우 어떤 모습으로, 얼마나 부드럽게, 그리고 얼마나 지속적으로 시각적 효과를 적용할 것인지를 정하는 것이 바로 **transition** 속성입니다.

만약 지속 시간과 지연 시간을 각각 다르게 지정하고 싶다면 다음과 같이 한꺼번에 지정할 수도 있습니다.

```
transition: left 500ms transform 1s;
```

또한 CSS에서 설정한 모든 효과를 1초 만에 움직이는 것으로 일괄 적용할 수도 있습니다.

```
transition: all 1s;
```

미로의 참:견

바로 다음에 배울 애니메이션과 transition 속성은 달라요!

animation 속성

어떤 객체의 CSS 속성이 외부 요인에 의해 바뀔 때 그 효과가 어떻게 적용될지를 transition 속성으로 설정한다면, **animation 속성은 외부 요인과 상관없이 객체에 어떤 변화를 줄지를 수동으로 지정합니다.** 파워포인트를 다시 예로 들면, transition 속성이 슬라이드가 넘어가는 효과라면 **animation** 속성은 각 슬라이드 안에서 움직이는 여러 요소를 일일이 지정하는 것과 같습니다.

먼저 다음과 같은 사각형이 오른쪽으로 회전하면서 커졌다가 원 모양으로 바뀌며 작아지고 마지막에는 사라지는 애니메이션을 만들어 보겠습니다.

애니메이션을 지정하는 CSS는 다음과 같습니다. 애니메이션은 CSS 시작 전에 **@keyframe**을 지정하고 세부 속성을 넣습니다. 그 옆에 있는 **roll-and-round**는 애니메이션 이름으로, 원하는 이름으로 바꿔도 됩니다.

```
@keyframes roll-and-round {
  /* 시작 */
  from {
    left: 36px;
    border-radius: 0;
    transform: scale(1) rotate(0deg);
    opacity: 1;
  }

  /* 중간 과정 추가 */
  67% {
    transform: scale(2) rotate(540deg);
    border-radius: 10%;
    opacity: 1;
  }
```

```
  /* 끝 */
  to {
    left: 600px;
    border-radius: 100%;
    transform: scale(0.25) rotate(1080deg) ;
    opacity: 0;
  }
}

/* 요소에 애니메이션을 적용 */
#square {
  /* 사용할 애니메이션의 이름 */
  animation-name: roll-and-round;
  /* 지속 시간 */
  animation-duration: 2s;
  /* 시간 함수 */
  animation-timing-function: linear;
  /* 지연 시간 */
  animation-delay: 1s;
  /* 반복 횟수 */
  animation-iteration-count: 3;
  animation-iteration-count: infinite;
  /* 진행 방향 */
  animation-direction: reverse;
  animation-direction: alternate;
}
```

애니메이션이 처음 시작하는 **from**의 CSS 속성을 보면 **left**가 **36px**이고, 애니메이션이 끝나는 **to**의 **left**는 **600px**입니다. 즉 애니메이션이 한 번 시작되면 이 사각형이 36px에서 600px까지 움직인다는 것을 의미합니다. 그리고 여기에 **border-radius, transform, opacity** 속성도 지정했습니다. 하지만 여기까지는 애니메이션의 시작, 중간, 끝 단계별 모습이 어떠할지를 정해줬을 뿐 실행하면 아무 움직임이 없습니다. 또한 예시에서는 세 단계만 지정했지만 이 지점을 무한대로 늘리면서 더 세밀하게 조정할 수도 있습니다.

미로의 참:견

from은 진행 속도가 0%, to는 진행 속도가 100%라고 생각하면 됩니다.

이제 사각형에 애니메이션 효과를 넣어줄 것입니다. **animation-name** 속성에 불러올 애니메이션의 이름을 적어 줍니다. 우리가 불러올 것은 앞서 **roll-and-round**라는 이름으로 지정했던 애니메이션이겠죠? 자, 여기부터가 중요합니다. 애니메이션은 동작 시간과 지연 시간, 시간 함수, 반복 횟수, 진행 방향을 모두 지정해야 비로소 움직입니다. 즉, 모든 움직임을 하나하나 세부적으로 지정해 줘야 한다는 것이죠.

이제 애니메이션 항목을 하나씩 알아보겠습니다. 애니메이션은 전체 움직임을 어느 정도 지속할지를 반드시 정해야 합니다. 여기서는 **animation-duration** 속성을 **2초**로 지정했습니다.

```
animation-duration: 2s;
```

애니메이션에도 시간 함수를 적용할 수 있습니다. 앞서 transition 속성에서 지정했던 시간 함수와 방식은 동일합니다. 여기서는 **animation-timing-function** 속성에 **linear**를 지정해 일정한 속도로 나아가도록 했습니다. 이밖에도 ease-in, ease-out, ease-in-out, cubic-bezier 함수도 지정할 수 있습니다.

```
animation-timing-function: linear;
```

지연 시간도 마찬가지로 **animation-delay** 속성에 **1초**로 지정했습니다.

```
animation-delay: 1s;
```

 animation 속성은 값을 전부 따로 지정해야 하나요? ······························

앞서 transition 속성을 지정할 때는 다음과 같이 한꺼번에 여러 값을 지정했습니다.

```
transition: 속성 지속시간 시간함수 지연시간;
```

사실 mdn 문서를 살펴보면 transition은 transition-property, transition-duration, transition-timing-function, transition-delay 등과 같이 따로따로 지정할 수 있지만 위와 같이 한 번에 입력하는 것이 편리합니다. 그러나 animation 속성은 디테일하게 지정하는 값이 transition 속성보다 훨씬 더 많기 때문에 각각 별도로 지정하는 것이 더 적합합니다.

··

이어서 애니메이션 반복 횟수를 지정합니다. **animation-iteration-count** 속성에 **3**을 지정하면 세 번 움직이고 멈추는 것을 뜻합니다. 이를 무한반복하고 싶다면 **infinite**를 지정합니다.

```
animation-iteration-count: 3;
animation-iteration-count: infinite;
```

마지막으로 중요한 것은 애니메이션의 진행 방향을 정하는 **animation-direction** 속성입니다. **reverse**는 방향을 반대로 진행킵니다. 또한 애니메이션이 여러 번 반복될 경우 **alternate**를 지정하면 원래 방향으로 갔다가 반대 방향으로 돌아오는 과정을 왔다갔다 반복합니다.

```
animation-direction: reverse;
animation-direction: alternate;
```

구글 mdn 문서에서 animation-direction 속성을 좀 더 자세히 설정하는 방법을 알 수 있습니다.

직접 해 보세요 지금까지 배운 변형과 애니메이션 속성을 사용해 웹 페이지의 움직이는 요소를 만들어 보겠습니다. 바로 CSS를 적용하지 말고 HTML 문서만으로 직접 만들어 보는 연습을 먼저 하는 것이 학습에 더 도움될 것입니다.

Chapter 14/animation.html

```
...
<head>
...
  <link rel="stylesheet" href="./animation.css">
  <style>
    body { margin: 36px; }
    button {
      all: unset;
      margin-bottom: 2em;
      padding: 0 2em;
      height: 64px;
      line-height: 64px;
      font-size: 1.2em;
      color: white;
      background-color: tomato;
      border-radius: 8px;
      cursor: pointer;
```

```
      }
      #loading {
        position: relative;
        width: 600px;
        height: 40px;
        background-color: lightblue;
        border-radius: 20px;
        overflow: hidden;
      }
      #loading > div {
        display: flex;
        width: 200%;
        height: 100%;
        position: absolute;
        top: 0;
        left: 0;
      }
      #loading > div > div {
        flex-grow: 1;
      }
      #loading > div > div:nth-child(odd) {
        background-color: dodgerblue;
      }
    </style>
</head>
<body>
  <button class="_1">
    마우스 커서를 올려 보세요!
  </button>
  <br>
  <button class="_2">
    마우스 커서를 올려 보세요!
  </button>
  <br>
  <div id="loading">
    <div>
      <div></div>
      <div></div>
      <div></div>
      <div></div>
```

```
      <div></div>
      <div></div>
      <div></div>
      <div></div>
      <div></div>
      <div></div>
      <div></div>
      <div></div>
      <div></div>
      <div></div>
      <div></div>
      <div></div>
      <div></div>
      <div></div>
      <div></div>
      <div></div>
      <div></div>
      <div></div>
      <div></div>
    </div>
  </div>
</body>
...
```

Chapter 14/animation.css

```
button._1:hover {
  background-color: darkorchid;
  border-radius: 32px;
}
button._1 {
  transition: all 500ms;
}
button._2:hover {
  animation-name: button-hover;
  animation-duration: 200ms;
}

@keyframes my anim {
```

```css
  from {
    transform: scale(100%)
  }
  50% {
    transform: scale(104%);
  }
  to {
    transform: scale(100%)
  }
}

#loading > div {
    transform: skew(-24deg);
    animation-name: flow-right;
    animation-duration: 4s;
    animation-timing-function: linear;
    animation-iteration-count: infinite;
}

@keyframes flow-right {
  from {
    left: -600px;
  }
  to {
    left: 0;
  }
}
```

첫 번째 버튼은 브라우저에서 지정하는 button 속성을 모두 지운 후에 마우스 오버 시의 색과 모양을 지정합니다. 두 번째 버튼은 시작과 중간, 끝의 크기 변화를 달리하는 식으로 마우스를 오버했을 때 잠깐 커졌다 작아지는 효과를 만듭니다. 세 번째는 loading이라는 이름을 가진 〈div〉 요소로, 하늘색 부모 요소 안에 파란색 자식 요소가 반복해서 들어가 있는 형태를 오른쪽으로 기울인 다음 일정한 속도로 무한히 움직이는 애니메이션을 만듭니다.

얄코의 친절한 CSS 노트

① float 속성

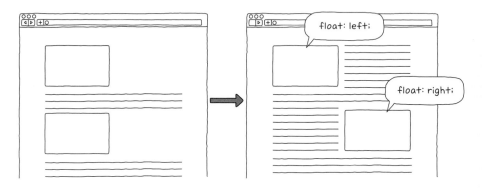

② Grid 레이아웃

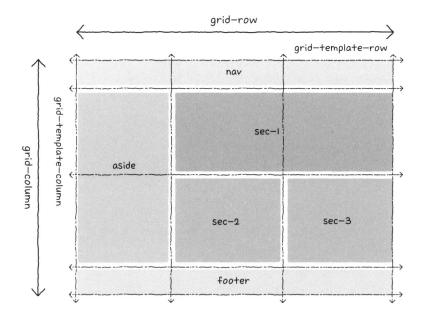

③ transform 속성

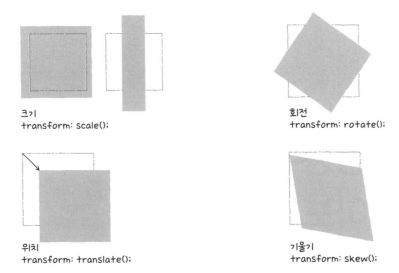

크기
transform: scale();

회전
transform: rotate();

위치
transform: translate();

기울기
transform: skew();

④ transform 속성과 animation 속성

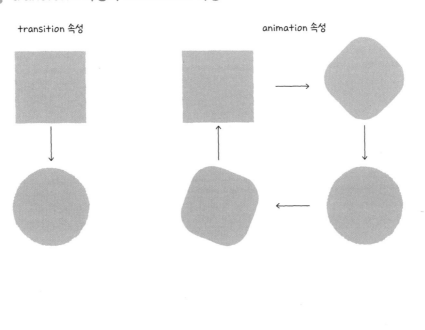

transition 속성

animation 속성

CHAPTER
15

반응형 웹과 CSS 추가 지식 알아보기

LESSON 38 반응형 웹

학습목표 이번 LESSON에서는 오늘날 웹 개발을 할 때 정말 중요한 요소인 반응형 웹에 대해 알아보겠습니다. 웹 등장 초기에는 웹 페이지를 표시하는 장비가 PC밖에 없었지만 지금은 스마트폰, 태블릿PC 등 다양한 규격을 가진 장비가 급격하게 늘어 모든 경우의 수를 대비해야만 합니다. 이때 사용하는 것이 바로 반응형 웹입니다.

적응형 웹 vs 반응형 웹

2007년 아이폰이 처음 등장했을 때는 PC용으로 만들어진 웹 페이지를 스마트폰 화면 크기에 맞게 손가락으로 확대하거나 이동해서 보곤 했습니다. 그런데 요즘은 내가 가진 스마트폰 환경에 맞게 웹 페이지가 크기나 내용을 자동으로 변경해서 보여 줍니다. 즉, 사용자를 배려하여 스스로 모습을 바꾸는 것이죠. 이제는 스마트폰으로 웹 페이지를 보는 사람이 더 많아졌기 때문에 웹사이트도 스마트폰 사용자를 배려한 모습으로 만드는 것이 굉장히 중요해졌습니다.

모바일 전용 사이트를 만드는 데는 크게 두 가지 전략이 있습니다. 먼저 **적응형 웹**으로, 우리가 잘 아는 네이버가 대표적입니다. 네이버 홈페이지에 접속 후 개발자 도구를 연 다음 모니터와 스마트폰이 같이 있는 모양의 디바이스 버튼(⬚)을 눌러 봅시다. 그럼 왼쪽 화면에 다양한 기기의 크기대로 웹 페이지를 보여 줍니다. 아이폰, 아이패드, 갤럭시 등 원하는 모델별로 바꿔가며 페이지의 모습을 미리 볼 수 있습니다.

URL https://m.naver.com

🐌 개발자 도구를 여는 방법은 195쪽을 참고하세요.

그런데 기기 설정을 스마트폰으로 바꾼 후 페이지 주소를 잘 보면 https://m.naver.com으로 되어 있습니다. PC에서 접속했을 때는 분명 https://www.naver.com이었는데 말이죠. 네이버는 **PC에서 보여 주는 페이지와 모바일에서 보여 주는 페이지를 따로따로 가지고 있기 때문입니다.** 이것이 바로 **적응형 웹**입니다.

이번에는 애플 홈페이지에 접속해 보겠습니다. 동일하게 개발자 도구에서 디바이스 버튼(🖬)을 눌러 왼쪽 메뉴에서 스마트폰으로 변경합니다. 화면 구성은 달라졌지만 주소는 달라지지 않고 그대로인 것을 볼 수 있습니다.

URL https://www.apple.com/kr

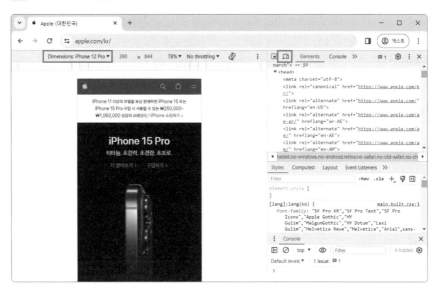

개발자 도구를 종료한 다음 브라우저의 오른쪽 가장자리를 드래그해 창의 너비를 줄여 보겠습니다. 어느 정도 줄였더니 왼쪽 화면처럼 상단 전체를 차지하던 텍스트 메뉴가 없어지고 모두 오른쪽 상단에 있는 메뉴 버튼(▤) 안으로 들어간 것을 볼 수 있습니다. 이와 같이 **화면의 크기에 따라 웹 페이지의 요소들을 유동적으로 변화시키는 것을 반응형 웹**이라고 합니다.

| 창 너비 줄이기 전 | 창 너비 줄인 후

따라서 모바일 환경에 대비하기 위해서는 화면 크기에 따라 웹 페이지를 두 개로 만들지 혹은 하나의 페이지가 여러 크기에 반응하게 할지 중 한 가지 방법을 선택하면 됩니다.

사실 두 가지 방식 중 어느 것이 더 좋다고는 할 수는 없습니다. 웹 페이지의 특성마다 그에 맞는 방법을 적용하면 됩니다. 네이버 홈페이지처럼 굉장히 다양한 요소들이 복잡하게 들어 있는 경우에는 반응형으로 만드는 것이 오히려 더 힘들수 있습니다. 변수에 따라 각 요소의 너비를 바꾸는 것이 쉬운 일이 아니기 때문입니다. 반면 요소들이 상황에 따라 유동적으로 변경 가능할 정도로 심플한 형태의 웹 페이지라면 반응형으로 제작하는 것이 훨씬 간편합니다.

···

반응형 웹 만들기

적응형 웹은 PC용/모바일용 웹 페이지를 두 개 만든 후 상황에 따라 자바스크립트를 이용해 둘 중 하나를 선택하게 하면 되니 CSS에서 별도로 설정할 것은 없습니다. 하지만 반응형 웹을 만들려면 **미디어 쿼리**를 별도로 배워야 합니다.

다음 화면을 예로 들어 보겠습니다. 일반 PC, 저해상도 PC, 태블릿 세로, 저해상도 태블릿 크기로 창의 너비를 변화시킬 때마다 배경색을 달리 설정한 것입니다.

| 일반 PC

| 저해상도 PC

| 태블릿 세로 | 저해상도 태블릿

또는 개발자 도구(Ctrl + Shift + i)에 들어가 앞에서 배운 것처럼 디바이스 버튼을 이용해 스마트폰의 기기별 화면 크기를 확인할 수도 있습니다.

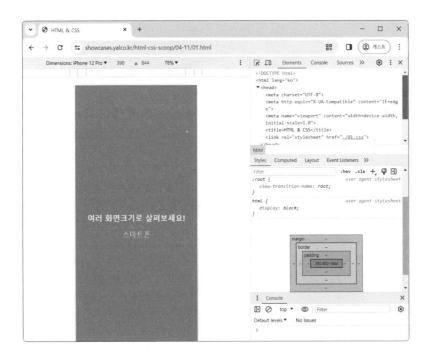

HTML 구조는 간단합니다. ⟨section⟩ 태그 안의 각 ⟨div⟩ 요소마다 크기별로 클래스 이름을 설정한 것밖에 없습니다.

```
...
<head>
...
  <link rel="stylesheet" href="./responsiveweb_color.css">
</head>
<body>
  <main>
    <section>
      <h1>여러 화면 크기로 살펴보세요!</h1>
      <div class="mobile">스마트폰</div>
      <div class="low-tablet">저해상도 태블릿</div>
      <div class="port-tablet">태블릿 세로</div>
      <div class="low-pc">저해상도 PC</div>
      <div class="high-pc">일반 PC</div>
    </section>
  </main>
</body>
...
```

CSS 코드는 다음과 같습니다. 여기서 눈여겨 볼 것은 기본적인 〈div〉 요소의 **display** 속성이 **none**으로 지정되어 있다는 것입니다. 즉, 기본적으로는 HTML에서 설정한 〈div〉 구조가 아무 것도 보이지 않는 상태입니다.

Chapter 15/responsiveweb_color.css

```
body { margin: 0; }
section {
  display: flex;
  flex-direction: column;
  height: 100vh;
  color: white;
  align-items: center;
  justify-content: center;
}
div {
  display: none;
  font-size: 1.4em;
}
```

```
/* 스마트폰 */
@media (max-width: 480px) {
  section { background-color: tomato; }
  .mobile { display: inherit; }
}


/* 저해상도 태블릿 */
@media (min-width: 481px) and (max-width: 767px) {
  section { background-color: olivedrab; }
  .low-tablet { display: inherit; }
}


/* 태블릿 세로 화면 */
@media (min-width: 768px) and (max-width: 1024px) {
  section { background-color: darkorchid; }
  .port-tablet { display: inherit; }
}


/* 태블릿 가로 및 저해상도 노트북, PC 화면 */
@media (min-width: 1025px) and (max-width: 1280px) {
  section { background-color: darkorange; }
  .low-pc { display: inherit; }
}


/* 일반 노트북, PC 화면 */
@media (min-width: 1281px) {
  section { background-color: slateblue; }
  .high-pc { display: inherit; }
}


/* or 조건 사용 */
@media (max-width: 480px), (min-width: 1281px) {
  div { color: yellow; }
}
```

각 픽셀의 크기는 구글에서 media query sizes를 검색해도 금방 알 수 있습니다.

미디어 쿼리를 만드는 방법은 간단합니다. **@media** 키워드를 작성한 다음 괄호 안에 최소 너비 (**min-width**)와 최대 너비(**max-width**)를 원하는 픽셀로 지정하면 됩니다. 그리고 **and**는 양쪽에 있는 조건들을 둘 다 만족시켜야 한다는 것을 뜻합니다.

여기서 각 기기에 맞춘 픽셀을 몇으로 해야 할 지 감이 잡히지 않을 수도 있습니다. 하지만 숫자를 잘 보면 우리가 흔히 화면 해상도를 조절할 때 종종 보던 숫자인 것을 알 수 있습니다. 각 기기별 최대 크기는 다음과 같습니다. 시간이 흘러 기기가 발달하고 해상도가 커지면 이 숫자도 나중에 바뀌겠죠? 그때는 이 미디어 쿼리에서 픽셀 크기만 조정해 주면 간단하게 해결됩니다.

- 모바일 스마트폰: 최대 480px

- 저해상도 태블릿, 아이패드: 최대 767px

- 태블릿 세로 화면: 최대 1024px

- 태블릿 가로 화면 및 저해상도 노트북/PC: 최대 1280px

- 일반 노트북, PC: 최소 1281px

- 거대 스크린: 1281px 이상

지금까지 사용한 조건이 and라면 마지막 조건인 **or는 양쪽에 있는 두 가지 조건 중 하나만 만족하면 된다는 뜻으로 쉼표(,)로 구분하여 사용합니다.** 그렇다면 가장 작은 너비인 스마트폰과 가장 큰 너비인 일반 PC에서만 글자색이 노란색으로 바뀌겠죠. 이처럼 미디어 쿼리는 중요한 내용이지만 간단한 원리만 이해하면 매우 쉽습니다.

직접 해 보세요 295쪽에서 만든 것과 비슷한 구조의 웹 페이지의 창의 너비를 줄였을 때 반응형 웹으로 동작하도록 만들어 보겠습니다.

Chapter 15/responsiveweb.html

```
...
<head>
...
  <link rel="stylesheet" href="./responsiveweb.css">
  <style>
    body { margin: 0; }
    #wrapper {
      display: grid;
      gap: 12px;
    }
    #wrapper > * {
      padding: 1em;
      font-size: 1.2em;
```

```css
      color: royalblue;
      font-weight: bold;
      background-color: lightblue;
    }
    header {
      position: relative;
      min-width: 80px;
    }
    nav ul { padding-left: 0.5em; }
    nav li {
      display: inline-block;
      margin-right: 1em;
      color: #333;
    }
    #menu {
      position: absolute;
      top: 0;
      right: 0;
      padding: 0 1em;
      height: 64px;
      line-height: 64px;
      color: #333;
      cursor: pointer;
    }
    main div {
      margin: 1em;
      padding: 1em;
      height: 67vh;
      color: #333;
      font-weight: normal;
      background-color: yellow;
    }
    footer {
      height: 200px;
    }
  </style>
</head>
<body>
  <div id="wrapper">
    <header>
```

```
       header
       <div id="menu">메뉴</div>
       <nav>
         <ul>
           <li>홈</li>
           <li>회사소개</li>
           <li>제품소개</li>
           <li>커뮤니티</li>
           <li>고객센터</li>
         </ul>
       </nav>
     </header>
     <aside>
       aside
     </aside>
     <main>
       main
       <div>content</div>
     </main>
     <footer>
       footer
     </footer>
   </div>
 </body>
 ...
```

코드를 실행하면 다음과 같은 상태의 웹 페이지가 나타납니다. 여기에서 창의 크기가 768px보다 작아지면 상단에 있는 텍스트 메뉴를 전부 표현하기 힘들어지고 aside 영역의 표현 문제도 생깁니다. 따라서 **768px**을 기준으로 반응형 웹을 만들어 보겠습니다.

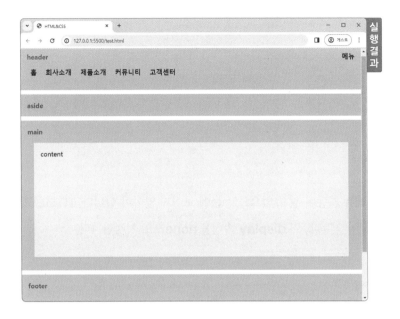

미디어 쿼리는 다음과 같이 작성합니다. 현재 상태에서는 기준선이 두 개밖에 없기 때문에 and 나 or를 사용할 필요가 없으므로 최대 768px을 기준으로 미디어 쿼리를 두 개 작성하면 됩니다.

Chapter 15/responsiveweb.css

```
@media (max-width: 768px) {
  nav { display: none; }        ◀── ❷
  #menu:hover + nav {
    display: inherit;           ◀── ❸
    text-align: right;
  }
  #menu:hover + nav li {
    display: block;
    padding: 0.6em;             ◀── ❹
  }
}


@media (min-width: 769px) {
  #menu { display: none; }      ◀── ❶
  #wrapper {
    grid-template-columns: 200px 1fr;   ◀── ❺
  }
}
```

```
    header {
      grid-column: 1 / -1;
    }
    footer {                    ← ⑥
      grid-column: 1 / -1;
    }
  }
```

❶ 창 너비가 넓은 상태에서는 **메뉴** 기능이 필요 없으므로 눈에 보이지 않아야 합니다. HTML 코드를 보면 id가 **menu**로 지정되어 있는데, 이 **display** 속성을 **none**으로 지정합니다.

```
#menu { display: none; }
```

❷ 창 너비를 줄인 상태에서는 **홈, 회사소개** 등의 텍스트 메뉴가 없어지도록 **display** 속성을 **none**으로 지정합니다.

```
nav { display: none; }
```

❸ 메뉴에 마우스를 오버했을 때 사라진 내부 텍스트 메뉴들이 다시 나타나도록 **hover** 상태에서 **display** 속성을 **inherit**으로 지정해 none으로 사라졌던 요소를 다시 나타나게 합니다. 그리고 텍스트를 세로로 나열한 상태에서 오른쪽으로 정렬할 것이기 때문에 **text-align** 속성도 **right**으로 지정합니다.

```
#menu:hover + nav {
  display: inherit;
  text-align: right;
}
```

❹ 현재 인라인 블록 형태로 늘어서 있는 리스트 형식 메뉴의 **display** 속성을 **block**으로 바꿔 자연스럽게 세로로 정렬되도록 하겠습니다. 또한 텍스트가 너무 붙어있으므로 **padding**도 **0.6em**으로 지정합니다.

```
#menu:hover + nav li {
  display: block;
  padding: 0.6em;
}
```

block이 적용되지 않는다면 나중에 오는 코드가 이전 코드를 덮어씌웠기 때문입니다. 이러한 경우에는 코드의 순서를 먼저 살펴본 후 더 구체적으로 지정해 다른 CSS 속성으로 덮어씌워지지 않게 합니다. 여기서는 + nav li로 구체적으로 요소를 지정했습니다.

❺ 창의 너비를 줄인 상태에서는 aside 영역과 main 영역이 위아래로 나란히 나와야 합니다. HTML 문서의 〈style〉 태그를 보면 전체 구조를 감싸고 있는 **wrapper**의 **display** 속성이 **grid**로 지정되어 있으니 Grid 레이아웃을 이용해 전체 구조를 잡겠습니다. 그리고 모든 요소를 둘러싸고 있는 **wrapper**의 **grid-template-columns** 속성을 **200px 1fr**로 지정해 왼쪽의 두 개의 열 중 한쪽만 고정되게 합니다.

```
#wrapper {
  grid-template-columns: 200px 1fr;
}
```

❻ 마지막으로 가장 위의 〈header〉 영역과 가장 아래의 〈footer〉 영역만 위 아래 전체를 차지하도록 고정하면 끝입니다. 두 요소 모두 왼쪽 끝부터 오른쪽 끝 전체를 차지하므로 **grid-columns** 속성을 **1 / -1**로 지정합니다.

```
header {
  grid-column: 1 / -1;
}
footer {
  grid-column: 1 / -1;
}
```

CSS 심화

완성된 화면의 너비를 줄였을 경우 최종 모습은 다음과 같습니다. 너무 복잡한 형태의 웹 페이지가 아니라면 이와 같이 두 가지 이상의 레이아웃으로 간단하게 반응형 웹사이트를 만들 수 있다는 것을 기억하세요.

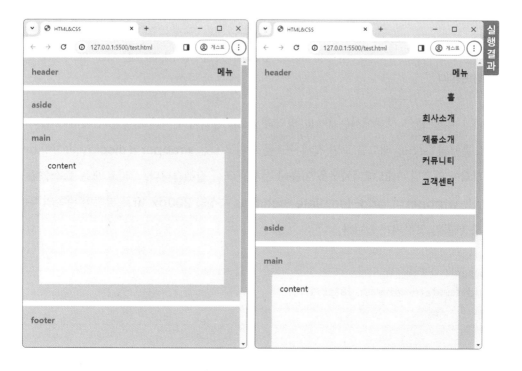

실행결과

모바일로 화면을 볼 때는 마우스 오버 방식이 적합하지 않기 때문에 이 방법은 잘 쓰지 않지만 반응형 웹 제작을 연습하기 위해 넣은 예제입니다. 이후에 자바스크립트를 배우면 모바일에도 적합한 반응형 웹을 만들 수 있습니다.

39 기타 알아두면 좋을 속성들

학습
목표

이번 LESSON에서는 그동안 다루지 못했던 CSS의 몇 가지 속성을 더 알아보겠습니다.
요소를 자르는 clip과 clip-path 속성, 스크롤 효과를 위한 scroll-snap 속성, 요소의
비율을 결정하는 aspect-ratio 속성, 다양한 필터를 적용하는 backdrop-filter 속성
을 배우고, 이를 활용하여 반응형 웹사이트까지 완성해 보겠습니다.

clip 속성과 clip-path 속성

CSS 플레이그라운드　URL https://showcases.yalco.kr/html-css-scoop/04-12/01.html

다음은 이미지와 텍스트가 함께 들어 있는 베이지색 〈div〉 요소와 아무것도 들어 있지 않은 파
란색 〈div〉 요소가 인라인 블록 형태로 나란히 있는 모습입니다. 마지막 〈div〉 요소의 길이가
길다 보니 자연스레 다음 줄로 줄바꿈되었습니다. 이제 베이지색 〈div〉 요소에 clip 속성을 지
정하며 모습을 살펴볼 것입니다. 단, 이 속성이 동작하려면 베이지색 상자의 **position** 속성이
absolute나 **fixed**로 지정되어 있어야 합니다. 이때의 **clip** 속성은 기본값인 **auto**로, 아직 아무
것도 자르지 않은 상태입니다.

clip 속성은 요소의 어느 부분이 시각적으로
보이도록 할지를 지정합니다.

rect 함수 안에 top, right, bottom, left 값을
순서대로 넣어 위치와 크기를 조절합니다.
position이 *absolute* 또는 *fixed*로 되어 있
어야 작동합니다.

clip은 *sr-only* 등에서 요소를 감출 때 사용됩
니다. 그러나 요소를 잘라내는 용도 자체로는 더 새로운 속성인 **clip-path**가 보
다 유용합니다. **clip-path**는 **position** 값에 상관없이 사용될 수 있습니다.

베이지색 상자
position: absolute;
clip: auto;

CSS 심화

clip 속성

clip 속성은 요소의 어느 부분을 시각적으로 보여줄지를 결정합니다. rect( ) 함수 안에 top, right, bottom, left 값을 차례로 넣어 보여질 요소의 위치와 크기를 지정합니다. clip 속성을 사용할 때 기준이 되는 좌표를 X축과 Y축을 기준으로 시각적으로 나타내면 다음과 같습니다. 좌측 상단이 0으로 시작한다고 생각하면 됩니다.

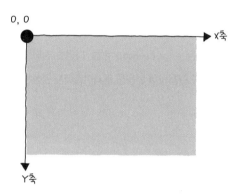

따라서 rect(0, 0, 0, 0)으로 지정하면 아무것도 보이지 않는 상태를 의미합니다. 베이지색 상자는 position 속성이 absolute인 동안에는 화면에서 자리를 차지하고 있는 것이 아니기 때문에 오른쪽에 있던 세로로 긴 파란색 사각형이 안쪽으로 들어와 버린 것을 볼 수 있습니다. 밑에 있던 가로로 긴 사각형도 그에 밀려 내려가 있는 상태입니다.

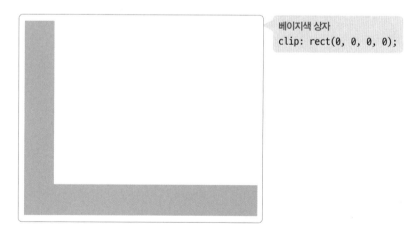

베이지색 상자
clip: rect(0, 0, 0, 0);

베이지색 상자의 **clip** 속성에 **rect(0, 400px, 200px, 0)**을 지정하면 첫 번째 0은 가로 좌표, **400px**는 가로 길이, **200px**는 세로 길이, 마지막 **0**은 세로 좌표입니다.

여기에서 **rect()** 함수의 0을 모두 **50px**로 바꾸면 다음과 같습니다. 가로 좌표와 세로 좌표가 0에서 모두 **50px**씩 떨어진 곳에 위치하며 이미지를 더 자르는 것을 볼 수 있습니다.

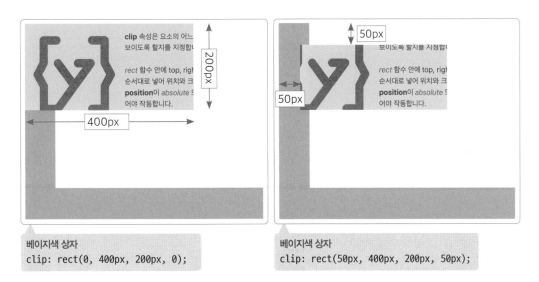

베이지색 상자
clip: rect(0, 400px, 200px, 0);

베이지색 상자
clip: rect(50px, 400px, 200px, 50px);

사실 clip 속성을 실제로 사용할 일은 거의 없습니다. 하지만 LESSON 26에서 배웠던 웹 접근성에서 어떤 시각 요소는 감추는 대신 스크린 리더에는 읽히게 하기 위해 **sr-only** 클래스를 사용했습니다. 이때 특정 요소를 안 보이게 하는 방법 중 하나로 **clip** 속성을 사용하기도 합니다.

```
.sr-only {
  position: absolute;
  width: 1px;
  height: 1px;
  padding: 0;
  margin: -1px;
  overflow: hidden;
  clip: rect(0, 0, 0, 0);
  white-space: nowrap;
  border-width: 0;
}
```

🐌 내용을 여러 줄로 작성할 때는 태그 사이에 있는 내용을 들여쓰기해 줘야 가독성도 좋습니다.

clip-path 속성

어떤 요소의 어느 부분을 나타낼지를 지정할 때는 clip보다는 최근에 나온 clip-path 속성을 사용하는 것이 더 좋습니다. 일단 position 속성이 반드시 absolute나 fixed가 아니어도 사용할 수 있고, 이미지를 자르는 방식도 다양합니다.

clip-path 속성에 **circle(30%)**를 지정하면 베이지색 상자의 가로 세로 중 짧은 쪽의 30%를 반지름으로 한 원 모양으로 요소를 보이게 합니다. 이것을 50%로 하면 베이지색 상자를 꽉 채울 것입니다.

만약 원의 위치를 조정하고 싶다면 **ellipse()**를 사용합니다. **ellipse(200px 200px at 0 0)**을 지정했더니 반지름이 200px이고 왼쪽 상단의 꼭지점부터 시작하는 부분만 원 모양으로 보여집니다. 그런데 이렇게 왼쪽 귀퉁이에만 나타나도록 지정해도 남은 빈 공간은 여전히 자리를 차지하고 있습니다. 원에 해당하는 만큼만 영역을 차지하고 싶다면 부모 요소의 크기를 줄이고 overflow 속성을 hidden으로 지정하는 방법을 사용하면 됩니다.

베이지색 상자
clip-path: circle(30%);

베이지색 상자
clip-path: ellipse(200px 200px at 0 0);

또한 다음과 같이 원의 중심을 바꿀 수도 있습니다. 그리고 폴리곤을 사용하여 다각형으로도 보이도록 할 수도 있습니다. 꼭지점 위치 네 개를 **polygon(50% 0, 100% 50%, 50% 100%, 0 50%)**와 같이 좌표로 지정하면 됩니다.

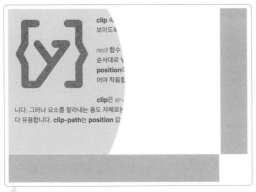

베이지색 상자
clip-path: ellipse(200px 300px at 20% 50%);

베이지색 상자
clip-path: polygon(50% 0, 100% 50%, 50% 100%,
0 50%);

scroll-snap 속성

[CSS 플레이그라운드] [URL] https://showcases.yalco.kr/html-css-scoop/04-12/02.html

scroll-snap 속성은 윈도우보다는 맥이나 스마트폰에서 더 실감나게 쓰이는 요소입니다. 세로로 긴 웹 페이지를 내리다가 마우스 버튼이나 손가락을 떼면 특정 지점으로 페이지가 자석처럼 착 달라붙는 것을 본 적이 있죠? 이것이 바로 **scroll-snap** 속성을 이용해 작업한 것입니다.

예를 들어 오른쪽과 같이 서로 다른 〈div〉 요소들을 〈section〉 태그가 하나의 부모 요소로 감싸고 있다고 합시다. 이때 **scroll-snap** 속성은 Flex 레이아웃이나 Grid 레이아웃처럼 **부모 요소와 자식 요소에 각각 별도로 값을 지정해야 제대로 동작합니다.**

먼저 부모 요소에는 **scroll-snap-type** 속성에 스크롤 스냅을 적용할 방향 **(x/y/both)**과 방식**(proximity/mandatory)**을 지정합니다. 세부 특징은 다음과 같습니다.

- proximity: 스냅할 위치에 가까울 때 스냅
- mandatory: 항상 가까운 방향으로 스냅

반면 **자식 요소**에는 다음과 같이 **scroll-snap-align** 속성을 지정합니다.

- start: 요소의 처음 부분으로 스냅
- center: 요소의 중간 부분으로 스냅
- end: 요소의 마지막 부분으로 스냅

사실 기기마다 민감도가 미세하게 다르므로 proximity와 mandatory는 동작이 잘 구분되지 않을 때도 있으니 참고하기 바랍니다.

scroll-snap 속성은
윈도우보다는 맥이나
스마트폰에서 좀 더 매끄럽게
확인할 수 있습니다!

aspect-ratio 속성

(CSS 플레이그라운드) [URL] https://showcases.yalco.kr/html-css-scoop/04-12/03.html

다음과 같이 두 개의 ⟨div⟩ 요소 중 위의 파란색 상자에는 너비 **300px**이, 아래 빨간색 상자에는 높이 **300px**이 지정되어 있습니다. 그리고 기본적으로 블록 요소이므로 너비를 지정하지 않은 빨간색 상자는 가로를 꽉 채운 상태입니다.

width: 300px

height: 300px

파란색 상자, 빨간색 상자
`aspect-ratio: auto;`

aspect-ratio는 박스 요소의 가로 세로 비율을 지정하는 간단한 속성입니다. 기본적으로는 **auto** 상태이지만 다음과 같이 파란색 상자와 빨간색 상자 모두에 **1**을 지정하면 가로 세로가 모두 1:1의 비율로 똑같이 **300px**로 맞춰진 정사각형 모양이 됩니다. 1보다 작은 수인 **0.8**을 지정하면 두 상자 모두 가로 0.8, 세로 1의 비율로 맞춰집니다.

파란색 상자, 빨간색 상자
aspect-ratio: 1;

파란색 상자, 빨간색 상자
aspect-ratio: 0.8;

aspect-ratio 속성을 분수로 지정할 수도 있습니다. 3 / 2로 지정하면 가로 3, 세로 2의 비율로 상자의 모양이 바뀝니다.

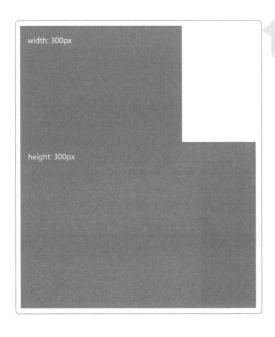

파란색 상자, 빨간색 상자
aspect-ratio: 3 / 2;

backdrop-filter 속성

CSS 플레이그라운드　URL https://showcases.yalco.kr/html-css-scoop/04-12/04.html

backdrop-filter 속성은 웹 페이지에서 마치 포토샵과 같은 디자인적인 느낌을 살릴 때 굉장히 유용합니다. 이는 **적용된 요소의 영역만큼 원하는 필터를 적용하는 속성으로, 벤더 프리픽스와 함께 사용합니다.** 아직 사파리 브라우저에서는 이 속성이 100% 적용되지 않기 때문에 가능하면 엣지나 크롬 브라우저에서 실습하는 것을 권합니다.

다음 예시를 봅시다. 하나의 큰 이미지 〈div〉 요소 안에 그 절반 크기인 또 다른 〈div〉 요소를 Flex 레이아웃으로 넣었습니다. 따라서 흰색 border로 지정된 영역이 배경 위에 떠 있는 형태입니다. 여기에 **backdrop-filter** 속성을 적용해 다양한 모습으로 바꿔 보겠습니다.

화면 가운데 사각형
`backdrop-filter: none;`

blur는 이미지를 흐리게 만드는 기능으로, 포토샵에서 자주 사용하는 아웃 포커싱 느낌을 낼 수 있습니다. 예시에서는 **12px**을 적용했지만 픽셀 수를 늘릴수록 점점 더 흐리게 할 수 있습니다.

화면 가운데 사각형
`backdrop-filter: blur(12px);`

brightness는 말 그대로 **밝기를 조절하는 것**입니다. 원래 상태인 100%를 기준으로 더 낮으면 어두워지고, 더 높으면 밝아집니다.

화면 가운데 사각형
backdrop-filter: brightness(50%);

화면 가운데 사각형
backdrop-filter: brightness(200%);

contrast는 **색 대비를 조절하는 것**, 즉 픽셀들의 색 편차를 줄이고 늘리는 것입니다. 원래 상태인 100%를 기준으로 더 낮으면 흐려지고, 더 높으면 뚜렷해집니다. 대비가 높을수록 밝은 색은 더 밝아지고, 어두운 색은 더 어둡게 표현한다고 생각하면 됩니다.

화면 가운데 사각형
backdrop-filter: contrast(50%);

화면 가운데 사각형
backdrop-filter: contrast(200%);

saturate는 채도로, 색을 얼마나 다채롭게 표현하는지를 정합니다. 0%는 색을 완전히 뺀 흑백 상태이며 50%, 100%로 갈수록 더 많은 색을 사용해 진해지는 것을 볼 수 있습니다.

화면 가운데 사각형
backdrop-filter: saturate(0%);

화면 가운데 사각형
backdrop-filter: saturate(50%);

화면 가운데 사각형
backdrop-filter: saturate(200%);

grey scale은 saturate와 반대로 **100%에 가까워질수록 흑백에 가까워집니다.** 50%로 지정하면 마치 채도를 낮추는 효과와도 같습니다.

화면 가운데 사각형
backdrop-filter: grayscale(50%);

화면 가운데 사각형
backdrop-filter: grayscale(100%);

invert는 색 반전입니다. 검은색을 흰색으로 만들듯이 서로 반대되는 색으로 바꿉니다. 재밌는 것은 invert를 50%로 지정하면 완전한 회색이 되고, 100%에 가까워질수록 회색에서 반전되는 색이 됩니다.

화면 가운데 사각형
backdrop-filter: invert(100%);

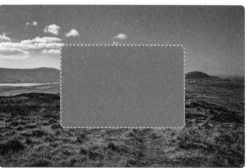

화면 가운데 사각형
backdrop-filter: invert(50%);

화면 가운데 사각형
backdrop-filter: invert(75%);

sepia는 오래된 사진 효과 느낌을 내는 데 사용합니다

화면 가운데 사각형
backdrop-filter: sepia(33%);

화면 가운데 사각형
backdrop-filter: sepia(100%);

backdrop-filter 속성을 사용하면 굉장히 느낌 있는 웹사이트를 만들 수 있습니다. 단, 앞서 설명한 대로 벤더 프리픽스를 반드시 붙여 줘야 한다는 것도 잊지 마세요!

직접 해 보세요 지금까지 배운 속성을 사용해 반응형 웹사이트를 만들어 보겠습니다. PC에서는 네 장의 이미지를 스크롤을 쭉 내리면서 확인할 수 있지만 모바일로 보면 옆으로 넘기는 슬라이드 형태입니다.

Chapter 15/responsiveweb_test.html

```
...
<head>
...
  <link rel="stylesheet" href="./responsiveweb_test.css">
  <style>
    body { margin: 0; }
    #container > div {
      display: flex;
      min-height: 200px;
      background-size: cover;
      background-position: center;
      justify-content: center;
      align-items: center;
    }
    #container > div > div {
      display: flex;
      width: 67%;
      height: 67%;
      font-size: 2em;
      font-weight: bold;
      color: white;
      text-shadow: 2px 2px 4px rgba(0, 0, 0, 0.5);
      justify-content: center;
      align-items: center;
      border-radius: 24px;
      box-shadow: 0 0 16px rgba(0, 0, 0, 0.2);
```

```
      }
    .img_1 { background-image: url(https://showcases.yalco.kr/html-css-
    scoop/04-12/images/01.jpg); }
    .img_2 { background-image: url(https://showcases.yalco.kr/html-css-
    scoop/04-12/images/02.jpg); }
    .img_3 { background-image: url(https://showcases.yalco.kr/html-css-
    scoop/04-12/images/03.jpg); }
    .img_4 { background-image: url(https://showcases.yalco.kr/html-css-
    scoop/04-12/images/04.jpg); }
  </style>
</head>
<body>
  <section>
    <div id="container">
      <div class="img_1">
        <div>blur(50px)</div>
      </div>
      <div class="img_2">
        <div>contrast(500%)</div>
      </div>
      <div class="img_3">
        <div>sepia(100%)</div>
      </div>
      <div class="img_4">
        <div>saturate(0%)</div>
      </div>
    </div>
  </section>
</body>
...
```

HTML 구조를 보면 하나의 컨테이너 안에 이미지가 들어 있는 〈div〉 요소가 네 개 있고, Flex 레이아웃을 사용해 각 요소와 텍스트를 가운데에 배치했습니다. 나머지 세부 스타일도 지정한 후 실행하면 오른쪽과 같은 형태로 나옵니다. 이제 여기에 CSS 속성을 하나씩 지정해 최종 화면을 완성하겠습니다.

```css
@media (max-width: 768px) {
  #container {
    display: flex;
    flex-direction: row;
    aspect-ratio: 1;
    overflow-x: scroll;
    scroll-snap-type: x mandatory;
  }
  #container > div {
    aspect-ratio: 1;
    scroll-snap-align: center;
  }
}
@media (min-width: 769px) {
  #container {
    height: 100vh;
    overflow-y: scroll;
    scroll-snap-type: y mandatory;
  }

  #container > div {
    height: 100vh;
    scroll-snap-align: center;
  }
}

.img_1 > div {
  -webkit-backdrop-filter: blur(50px);
  backdrop-filter: blur(50px);
}
.img_2 > div {
  -webkit-backdrop-filter: contrast(500%);
  backdrop-filter: contrast(500%);
}
.img_3 > div {
  -webkit-backdrop-filter: sepia(100%);
  backdrop-filter: sepia(100%);
}
.img_4 > div {
```

```
    -webkit-backdrop-filter: saturate(0%);
    backdrop-filter: saturate(0%);
}
```

01 먼저 미디어 쿼리를 모바일과 PC 두 가지로 작성합니다.

```
@media (max-width: 768px) {
}

@media (min-width: 769px) {
}
```

02 scroll-snap을 적용하려면 부모 요소와 자식 요소에 모두 값을 지정해야 합니다. 부모 요소는 네 장의 이미지 스크롤 전체를 감싸고 있기 때문에 전체 높이 **height**를 **100vh**로 지정합니다. 그리고 세로 스크롤을 지정한 다음, 그 안에서 다시 **scroll-snap** 속성을 **y mandatory**로 지정합니다. 자식 요소에도 똑같이 **height**를 **100vh**로 지정합니다. 이 이미지는 창을 꽉 채우기 때문에 어떤 기준으로 스크롤 스냅을 적용해도 상관없습니다. 여기서는 임의로 **scroll-snap** 속성을 **center**로 지정합니다.

```
@media (min-width: 769px) {
  #container {
    height: 100vh;
    overflow-y: scroll;
    scroll-snap-type: y mandatory;
  }

  #container > div {
    height: 100vh;
    scroll-snap-align: center;
  }
}
```

반드시 부모 요소 안에서 자식 요소의 스크롤을 적용할 수 있도록 부모 화면의 크기를 지정하는 것이 중요합니다.

CSS 심화

03 모바일에서는 이미지가 정사각형 모양이어야 합니다. 부모 요소와 자식 요소 모두 1:1 비율을 지정하고, 부모 요소에는 Flex 레이아웃을 적용하여 이미지가 가로로 스크롤되도록 **flex-direction** 속성을 **row**, **overflow-x** 속성을 **scroll**로 지정합니다. 여기에 **scroll-snap-type** 속성을 **x mandatory**로 추가 지정합니다.

```css
@media (max-width: 768px) {
  #container {
    display: flex;
    flex-direction: row;
    aspect-ratio: 1;
    overflow-x: scroll;
    scroll-snap-type: x mandatory;
  }
  #container > div {
    aspect-ratio: 1;
    scroll-snap-align: center;
  }
}
```

04 마지막으로 각 이미지에 따라 **backdrop-filter** 속성으로 필터를 적용하면 완성입니다.

```css
.img_1 > div {
  -webkit-backdrop-filter: blur(50px);
  backdrop-filter: blur(50px);
}
.img_2 > div {
  -webkit-backdrop-filter: contrast(500%);
  backdrop-filter: contrast(500%);
}
.img_3 > div {
  -webkit-backdrop-filter: sepia(100%);
  backdrop-filter: sepia(100%);
}
.img_4 > div {
  -webkit-backdrop-filter: saturate(0%);
  backdrop-filter: saturate(0%);
}
```

각 필터마다 벤더 프리픽스를 지정하는 것도 잊지 마세요!

실행결과

스크롤

실행결과

스크롤

프레임워크와 라이브러리

학습 목표

드디어 CSS의 마지막 강의입니다. 이번 LESSON에서는 프레임워크와 라이브러리를 이용해 더욱 간편하고 편리하게 웹사이트를 만드는 방법을 알아보겠습니다. 단, 너무 의존하지는 마세요. 프레임워크와 라이브러리를 많이 사용해 그럴듯하게 만든다고 해서 반드시 좋은 웹사이트라고 할 수는 없습니다.

프론트엔드 프레임워크

CSS를 어느 정도 다룰 줄 안다고 해도 전문 디자이너가 아니라면 화면의 요소들을 예쁘게 꾸미는 데는 한계가 있을 것입니다. 이런 상황에서 유용하게 사용할 수 있는 것이 바로 프론트엔드 **프레임워크**(CSS 프레임워크)입니다. 다른 사람들이 만든 코드를 쉽고 편하게 가져와 사용할 수 있도록 한 것입니다. 대표적인 웹 디자인 프레임워크 사이트는 다음과 같습니다.

- Bootstrap `URL` `https://getbootstrap.com`
- UIkit `URL` `https://getuikit.com`
- Materialize `URL` `https://materializecss.com`
- Bulma `URL` `https://bulma.io`

가장 유명한 프론트엔드 프레임워크인 **Booststrap**(부트스트랩)에 접속하면 내비게이션이나 버튼, 카드 등의 각종 웹 페이지 요소가 CSS 및 자바스크립트를 사용해 다양한 디자인으로 완성된 것을 볼 수 있습니다. 여기서 우리가 원하는 요소의 소스 코드를 그대로 복사해 사용하면 됩니다. 물론 구글에서 **css framework** 또는 **bootstrap vs**를 검색해도 다양한 프레임워크를 찾을 수 있습니다.

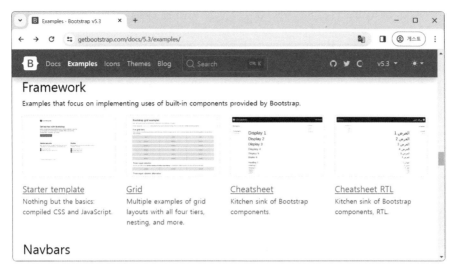

| 부트스트랩의 프레임워크 라이브러리

프레임워크를 사용하는 데는 장단점이 있습니다. 이미 잘 만들어진 요소들을 빠르게 가져와 이용할 수 있기 때문에 디자이너 없이 웹사이트를 만들어야 한다거나 개인적으로 만드는 소형 프로젝트에 굉장히 유용합니다. 그러나 프레임워크 자체가 용량이 무거울뿐더러 자체적으로 작성한 CSS와 충돌을 피해야 하는 등 작업이 복잡해지는 경우가 있습니다. 따라서 디자이너와 협력할 수 있는 환경이라면 자체적으로 CSS를 직접 디자인하는 것이 좋지만, 그럴 여력이 안 될 경우에만 프레임워크를 활용하는 것이 좋습니다.

부트스트랩을 활용해 웹 페이지에 각종 요소들을 넣어 보겠습니다.

01 부트스트랩 웹사이트에 접속해 **Read the docs** 버튼을 클릭합니다.

URL https://getbootstrap.com

02 부트스트랩의 CSS와 자바스크립트를 가져오는 코드를 찾아 복사합니다.

03 VSCode를 열어 **framework.html** 파일을 만들고, 〈head〉 태그 안에 복사해 온 부트스트랩의 CSS와 자바스크립트 코드를 붙여 넣습니다.

Chapter 15/framework.html

```
...
<head>
...
 <link href="https://cdn.jsdelivr.net/npm/bootstrap@5.3.2/dist/css/bootstrap.
 min.css" rel="stylesheet" integrity="sha384-T3c6CoIi6uLrA9TneNEoa7RxnatzjcDSCm
 G1MXxSR1GAsXEV/Dwwykc2MPK8M2HN" crossorigin="anonymous">
 <script src="https://cdn.jsdelivr.net/npm/bootstrap@5.3.2/dist/js/bootstrap.
 bundle.min.js" integrity="sha384-C6RzsynM9kWDrMNeT87bh95OGNyZPhcTNXj1NW7RuBCs
 yN/o0jlpcV8Qyq46cDfL" crossorigin="anonymous"></script>
</head>
<body>
</body>
...
```

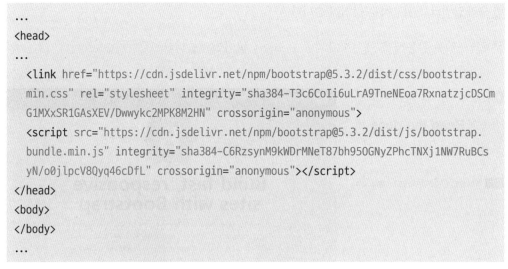 이렇게 하면 부트스트랩에서 제공하는 모든 요소들을 사용할 준비가 된 것입니다.

04 부트스트랩 웹사이트로 돌아가 왼쪽 메뉴에서 **Components 〉 Navs and tabs**를 찾아 해당 코드를 복사합니다.

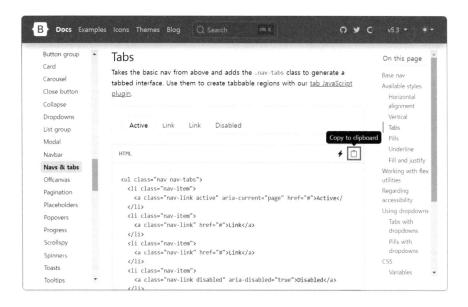

05 앞서 만든 코드의 〈body〉 안에 복사한 코드를 붙여 넣습니다.

Chapter 15/framework.html

```
...
<body>
  <ul class="nav nav-tabs">
    <li class="nav-item">
      <a class="nav-link active" aria-current="page" href="#">Active</a>
    </li>
    <li class="nav-item">
      <a class="nav-link" href="#">Link</a>
    </li>
    <li class="nav-item">
      <a class="nav-link" href="#">Link</a>
    </li>
    <li class="nav-item">
      <a class="nav-link disabled" aria-disabled="true">Disabled</a>
    </li>
</body>
...
```

CSS 심화

06 ⟨style⟩ 태그 안에 원하는 CSS 속성을 작성합니다. 여기에서는 **padding** 속성을 **36px**로 지정해 여백을 주었습니다.

Chapter 15/framework.html

```
...
<head>
...
  <style>
    body {padding: 36px;}
  </style>
...
```

이와 같이 여러 가지 요소를 부트스트랩에서 가져와 웹 페이지를 꾸며 보세요.

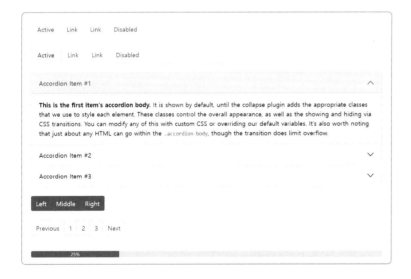

아이콘 라이브러리

웹 페이지에서 흔히 사용하는 요소로 **아이콘**이 있습니다. **픽토그램**pictogram이라고도 부르는데, 아이콘 라이브러리를 이용하면 일러스트레이터 프로그램 등으로 일일이 직접 디자인하지 않아도 간편하게 가져다 쓸 수 있습니다. 주로 두 가지 방법을 사용합니다.

미로의
참:견

아이콘은 이미지가 아니라
특수문자와 같습니다!

외부 라이브러리 가져오기

먼저 회원 가입만 하면 무료로 아이콘을 사용할 수 있는 라이브러리가 있습니다. 어떤 절차를 거치는지 함께 확인해 봅시다.

01 다음 웹사이트에 접속한 후 **Start for Free** 버튼을 누르면 이메일만으로도 간단하게 회원 가입을 할 수 있습니다.

URL https://fontawesome.com

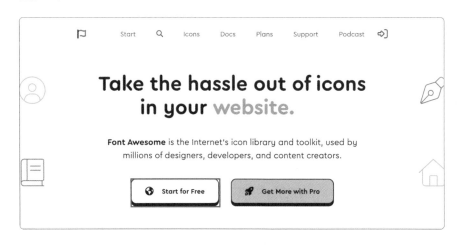

02 가입 후 계정 정보에 들어가면 다음과 같이 복사할 수 있는 링크를 하나 줍니다. 버튼을 클릭해 복사한 후 HTML 코드에 붙여 넣으면 사용할 준비가 완료된 것입니다.

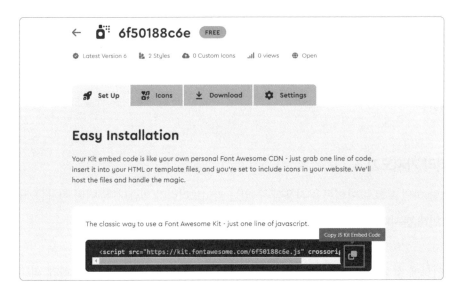

03 다시 웹사이트로 돌아가 원하는 아이콘을 선택하면 하단에 HTML 코드가 함께 나와 있습니다. 이것을 클릭해 복사한 후 자신의 코드에 붙여 넣으면 됩니다. 아이콘은 마치 특수문자처럼 font-size 속성으로 크기를 변경하거나 색을 지정할 수도 있습니다.

구글 아이콘 가져오기

우리는 LESSON 32에서 구글에서 웹 폰트를 가져오는 방법을 배웠습니다. 아이콘 역시 같은 방법으로 가져와 사용할 수 있습니다. 원하는 아이콘을 선택한 후 오른쪽에 나타나는 ⟨link⟩ 코드와 ⟨style⟩ 코드, ⟨body⟩ 태그 안에 아이콘을 삽입하는 코드까지 복사해 HTML 코드에 붙여 넣으면 됩니다. CSS 속성도 원하는 만큼 조절할 수 있습니다.

URL https://fonts.google.com/icons

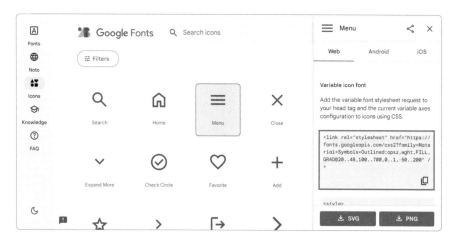

아이콘을 특수문자 형태가 아닌 이미지로 다운받고 싶으면 **SVG**나 **PNG** 버튼을 클릭해 다운로드하면 됩니다. 단, 이때는 구글에서 제공하는 기본적인 형태만 다운로드 가능하고 원하는 색으로 바꾸는 등의 작업을 할 수는 없습니다.

하지만 우리는 LESSON 25에서 SVG 형식의 아이콘은 벡터 이미지이기 때문에 그 값을 소스 코드 형태로 얻을 수 있다는 것을 배웠습니다. 다운로드한 SVG 파일을 웹 브라우저에서 열고 페이지 소스 보기를 하면 나오는 복잡한 코드 중 **⟨path d=** 다음으로 나오는 숫자로 된 긴 코드를 복사해 아래 CSS 코드의 **d=""** 부분에 붙여 넣습니다. 이렇게 하면 원래 이미지의 원본 소스 코드를 바탕으로 색상을 변경할 수 있습니다.

```
<?xml version="1.0" encoding="utf-8"?>
<svg version="1.1"
  xmlns="http://www.w3.org/2000/svg"
  x="0px" y="0px" viewBox="0 0 48 48"
  style="enable-background:new 0 0 48 48;"
  xml:space="preserve">

<!-- 아래에 색상값과 d값을 넣으세요! -->
<path
  style="fill: #000000;"
  d=""
/>
</svg>
```

이렇게 아이콘으로 이미지를 얻으면 그 자체로 사용하거나 다른 요소의 배경으로도 사용할 수 있습니다.

> 지금까지 배운 HTML과 CSS의 기본 지식을 활용하면 원하는 대로 얼마든지 웹사이트를 디자인할 수 있을 것입니다. PART 06에서 자바스크립트까지 배우면 그야말로 못하는 게 없는 무적이 되겠죠. 그 전에 먼저 이제껏 배운 내용을 활용하여 멋진 파이널 프로젝트를 한번 만들어 보도록 하겠습니다!

얄코의 친절한 CSS 노트

① 적응형 웹 VS 반응형 웹

구분	적응형	반응형
설명	화면 크기에 따라 다른 페이지를 보여 줌	화면 크기에 따라 요소들을 변화시킴
예시	네이버(https://www.naver.com)	애플(https://www.apple.com/kr)
장점	각 화면 크기에 집중하여 작업 가능	하나의 페이지로 여러 크기에 대응 가능
단점	페이지를 두 개 이상 만들어야 함	콘텐츠가 복잡할 경우 작업이 어려움

② scroll-snap-align 속성

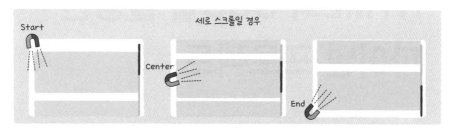

③ 프레임워크와 라이브러리

- 장점: 디자인 과정 없이 유려한 요소들을 빠르게 사용 가능
- 단점: 사이트가 무거워지고, 커스터마이징 시 복잡해짐
- 결론: 디자이너가 없거나 대형 프로젝트가 아닐 경우에 적합

PART 05

HTML과 CSS를 활용한
파이널 프로젝트

PART 05에서는 지금까지 배운 HTML과 CSS를 활용하여 파이널 프로젝트를 진행해

보겠습니다. 코딩 강좌 웹사이트를 실제로 구현하면서 이제껏 배운 주요 기능을 모두

사용하고 반응형 웹 페이지까지 구성할 수 있도록 했습니다. 프로젝트를 완성하여

자바스크립트 없이 HTML과 CSS만으로도 그럴듯한 웹사이트를 구현할 수 있다는

자신감을 얻어가시길 바랍니다.

이렇게까지
설명한다고?

CHAPTER 16 코딩 강좌 웹사이트를 기초부터 완성까지 모두 실습합니다.

CHAPTER

16

코딩 강좌
웹사이트 제작하기

프로젝트 설치 및 환경 설정

학습
목표

우리가 구현할 웹 페이지는 단순히 기능 구현만 하는 것이 아니라 웹 표준에 부합하고 접근성도 보장되어야 합니다. 이 목표를 기억하면서 작업할 기본 프로젝트 설치부터 필요한 환경 설정까지 실습을 위한 준비를 마칩니다.

프로젝트 설치하기

예제 파일에서 **Chapter 16 〉 practice.zip** 파일을 찾아 압축을 풀고 해당 폴더를 VS Code로 엽니다. 그리고 왼쪽에 있는 탐색기를 통해 폴더와 파일을 하나씩 열어 보면서 전체 구조를 파악합니다.

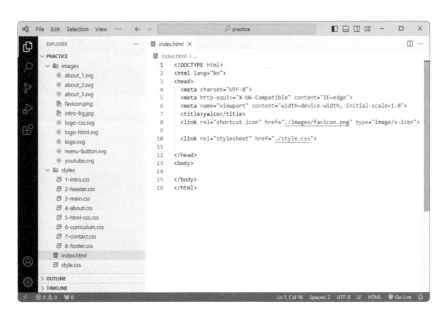

style.css 파일 완성하기

본격 실습을 시작하기 전에 초기 CSS 설정부터 진행하겠습니다. 웹 폰트와 변수를 설정하고, 브라우저 설정 초기화 작업 및 스크린 리더용 소스 코드까지 모두 완성할 것입니다. 이번 LESSON을 마치고 웹 브라우저에서 파일을 실행해도 페이지에는 아무것도 뜨지 않습니다.

웹 폰트 로드하기

먼저 페이지에 사용할 웹 폰트를 불러오겠습니다. **style.css** 파일을 열고 구글 폰트에서 **Noto Sans Korean** 서체와 **나눔 고딕** 서체를 가져오는 코드를 **@import**를 사용하여 추가로 작성합니다.

Chapter 16/practice/style.css

```
@import url('./styles/1-intro.css');
@import url('./styles/2-header.css');
@import url('./styles/3-main.css');
@import url('./styles/4-about.css');
@import url('./styles/5-html-css.css');
@import url('./styles/6-curriculum.css');
@import url('./styles/7-contact.css');
@import url('./styles/8-footer.css');

@import url('https://fonts.googleapis.com/css2?family=Noto+Sans+KR:wght@100;300;
400;500;700;900&display=swap');
@import url('https://fonts.googleapis.com/css2?family=Nanum+Gothic+Coding:wght@4
00;700&display=swap');
```

변수 설정하기

이어서 변수 구간을 설정하는 코드를 입력합니다. 변수 이름을 보면 **main**, **sub**, **dark**, **light**, **larger** 등 각 용도를 기준으로 네이밍한 것을 볼 수 있습니다. 이는 사이트의 규모나 스타일에 따라 여러분의 의도대로 작성해도 됩니다. 그리고 각 용도에 따라 색상과 서체 및 크기, 툴바의 높이를 지정해 주었습니다.

미토의 참:견

변수를 지정했다면 페이지의 한 군데 이상에서 사용되는 값이라는 뜻입니다.

```
...
/* ===== 변수 구간 ===== */
:root {
  --color-main: #FF4200;
  --color-sub: #00A200;
  --color-dark: #2F4858;
  --color-emph: #F10F5F;
  --color-text: #281812;
  --color-lighter: #DC9C86;
  --color-light-bd: #FFE6D6;
  --color-light-bg: #FFF5ED;

  --font-code: 'Nanum Gothic Coding', monospace;

  --font-size-title: 44px;
  --font-size-subtitle: 32px;
  --font-size-tag: 26px;
  --font-size-larger: 20px;
  --font-size-text: 18px;

  --height-toolbar: 72px;
}
```

초기화 설정하기

LESSON 30에서 브라우저에 기본적으로 지정되어 있는 CSS를 초기화하기 위해 에릭 마이어의 라이브러리 코드 등을 사용했던 것을 기억하나요? 물론 그렇게 해도 되지만 그대로 사용하기에는 불필요한 코드가 너무 많으므로 다음과 같이 직접 작성하는 것으로 대체하겠습니다. **style.css** 파일에 이어서 다음과 같이 작성합니다.

Chapter 16/practice/style.css

```
...
/* ===== 리셋 구간 ===== */

body {
  margin: 0;
  font-family: 'Noto Sans KR', sans-serif;
```

```css
  /* 개발용 설정 */
  min-height: 150vh;
}

h1, h2, h3, h4, h5, h6 {
  font-size: inherit;
  font-weight: normal;
  margin: 0;
}

p {
  margin: 0;
}

strong, em {
  font-weight: inherit;
  font-style: normal;
}

ul, ol {
  margin: 0;
  padding: 0;
  list-style-type: none;
}

dl { margin: 0; }
dd {
  margin: 0;
  display: inline;
}

figure { margin: 0; }

a {
  text-decoration: none;
  color: inherit;
}

th { font-weight: normal; }

address { font-style: inherit; }
```

초기화 코드를 직접 작성하는 것은 어렵지 않습니다. 웹 페이지 요소를 하나하나 작성할 때마다 마주치는 브라우저의 기본 속성을 내가 알아서 지정한다는 마음으로 inherit이나 기타 값을 지정하면 됩니다. 그러면 불필요한 코드 없이도 내가 사용할 태그에 한해서만 초기화 코드를 작성할 수 있습니다.

스크린 리더 설정하기

마지막으로 웹 접근성을 위한 **sr-only** 코드를 LESSON 26을 참고하여 작성합니다.

Chapter 16/practice/style.css

```
...
.sr-only {
  position: absolute;
  width: 1px;
  height: 1px;
  padding: 0;
  margin: -1px;
  overflow: hidden;
  clip: rect(0, 0, 0, 0);
  white-space: nowrap;
  border-width: 0;
}
```

자, 이제 **style.css** 파일이 모두 완성되었습니다.

상단 인트로

학습
목표

이번 시간에는 웹사이트 툴바의 상단 부분을 차지하는 인트로에 들어가는 이미지 배경과
타이핑 텍스트, 디자인 효과를 직접 넣어 보겠습니다. 이 영역은 웹사이트의 첫 메인 화면
에 해당하며, 모바일에서는 열자마자 화면을 가득 메우는 형태입니다.

intro.css

먼저 HTML 요소부터 넣어 보겠습니다. **index.html** 파일을 열고 ⟨body⟩ 태그를 작성합니다.

Chapter 16/practice/index.html

```
...
<body>
  <section class="intro">
    <div class="intro__dark">
      <div class="intro__type">
        <div><span aria-hidden="true">😎</span> 코딩이</div>
        <div>즐거워진다<span class="underscore">_</span></div>
      </div>
    </div>
    <div class="intro__tilt"></div>
    <div class="intro__tilt--flip"></div>
  </section>
</body>
...
```

구조를 보면 **intro**라는 섹션 안에 ⟨div⟩ 요소가 중첩되어 들어 있습니다. 이모지 😎에는 ⟨span⟩
태그를 사용하여 웹 접근성을 고려했습니다. **코딩이**와 **즐거워진다**는 모바일에서 너비로 인해 두
줄로 보여 줘야 하므로 각각 ⟨div⟩ 요소로 나누어 작성했고, 언더 바(_)는 깜박거리는 효과를 줄

것이므로 별도의 〈div〉 요소에 **underscore**라는 클래스명을 붙여 주었습니다. 마지막에 있는 **intro__tilt**와 **intro__tilt--flip**의 두 〈div〉 요소는 이후에 사다리꼴 모양으로 CSS 디자인할 대상입니다.

사진 배경 넣기

구조를 살펴봤으니 먼저 배경 화면부터 꾸며 보겠습니다. **1-intro.css** 파일을 열고 미디어 쿼리 위에 공통으로 적용할 코드를 작성한 뒤 모바일과 PC에 적용할 배경 화면의 크기를 각각 지정해 줍니다. 특히 모바일에서는 이미지가 세로로 길게 들어갈 것이므로 **height**를 **100vh**로 지정하는 것도 잊으면 안 됩니다.

Chapter 16/practice/styles/1-intro.css

```
.intro {
  position: relative;
  background-image: url('../images/intro-bg.jpg');
  background-size: cover;
  background-position: center;
}

@media (max-width: 768px) {
  .intro {
    height: 100vh;
  }
}

@media (min-width: 769px) {
  .intro {
    height: 500px;
  }
}
```

파이널 프로젝트

여기까지 작성하고 실행 결과를 보면 배경 화면이 들어간 것을 볼 수 있습니다. **position** 속성이 **relative**인 것을 보니 배경 화면에 들어갈 어떤 요소의 position 속성이 absolute나 fixed로 들어갈 것임을 짐작 가능합니다. 배경 이미지에는 **background-size** 속성을 **cover**, **background-position** 속성을 **center**로 지정해 가운데를 중점으로 꽉 채우도록 했습니다.

배경 어둡게 하기

배경 이미지 전체에 어두운 효과를 넣기 위해 꼭지점을 모두 **0**으로 지정하고 **67%**의 반투명도를 지정합니다. 메인 글귀인 😎와 텍스트가 가운데에 위치하도록 **text-align** 속성에도 **center**를 지정했습니다.

Chapter 16/practice/styles/1-intro.css

```
...
/* 배경 이미지를 반투명 검정으로 가리기 */
.intro__dark {
  position: absolute;
  top: 0; bottom: 0;
  left: 0; right: 0;
  text-align: center;
  background-color: rgba(0, 0, 0, 0.67);
}
...
```

🐑 background-color를 검은색으로 지정하고 투명도를 주는 방법도 있지만 이 경우에는 그렇게 하면 😎와 텍스트까지 함께 반투명해지므로 주의합니다.

실행결과

타이핑 텍스트 넣기

인트로 배경 화면 위에 들어가는 타이핑 텍스트의 **display** 속성에 **inline-flex**를 지정합니다. 이때 inline-flex 대신 flex를 지정하면 가로를 꽉 채우기 때문에 문구가 화면 왼쪽으로 치우치게 됩니다. 앞에서 **intro__type**의 부모인 **intro__dark**에 **text-align** 속성을 **center**로 지정했기 때문에 여기에 영향받을 수 있도록 **inline-flex**를 지정했다는 것을 알아 두어야 합니다.

타이핑 느낌의 서체는 **style.css**에서 **--font-code**로 지정한 **나눔고딕**을 적용하고, 사이에는 **gap**을 **0.32em**로 지정해 간격을 주었습니다. 특히 모바일에서는 텍스트가 길 경우 두 줄로 떨어지도록 **flex-direction** 속성을 **column**으로 지정했습니다. 모바일과 PC에서 **margin-top** 속성이 각각 **36vh**, **172px**로 다른 것도 눈여겨 봐야 할 사항입니다. **PC의 경우 모니터의 해상도마다 위치가 조금씩 달라질 수 있기 때문에 상대적인 위치보다는 절대적인 위치인 픽셀로 지정하는 것을 권장합니다.**

마지막으로 PC에서 봤을 때 😎와 텍스트의 세로 높이가 미세하게 달라 들쑥날쑥해지는 것을 방지하기 위해 **display** 속성을 **inline-block**, **vertical-align** 속성을 **middle**, **margin-bottom**을 **0.25em**로 지정합니다.

```css
...
.intro__type {
  display: inline-flex;
  gap: 0.32em;
  font-family: var(--font-code);
  font-size: 2.8em;
  font-weight: bold;
  color: white;
}

@media (max-width: 768px) {
...
  .intro__type {
    margin-top: 36vh;
    flex-direction: column;
    text-align: left;
  }
}
@media (min-width: 769px) {
...
  .intro__type {
    margin-top: 172px;
    align-items: center;
  }
  .intro__type span {
    display: inline-block;
    vertical-align: middle;
    margin-bottom: 0.25em;
  }
}
```

이렇게 미세한 텍스트 높이까지 조정하는 작업은 실전에서 직접 겪으면서 익히는 것이 가장 좋은 방법입니다. 여기서는 이런 문제까지도 고려해야 한다는 것을 알고 넘어가세요. 훗날 이러한 상황을 맞닥뜨렸을 때 어떤 부분을 조정해야 할지 떠올릴 수 있다면 훌륭하게 학습한 것입니다.

깜박이 애니메이션 넣기

애니메이션은 **@keyframes**를 이용해 넣는다는 것 기억하시죠? 여기서는 **blink**라는 이름으로 애니메이션 효과를 지정하겠습니다. **깜박이 효과는 해당 요소의 투명도를 0과 1로 바뀌게끔 조정하는 것만으로도 간단하게 만들 수 있습니다.** 속도는 **0.35초**로 지정합니다. 그리고 이것을 무한 반복하기 위해 **animation-iteration-count** 속성을 infinite, **animation-direction** 속성을 **alternate**로 지정합니다.

Chapter 16/practice/styles/1-intro.css

```
...
@keyframes blink {
  from { opacity: 0; }
  to { opacity: 1; }
}

.intro__type .underscore {
  animation-name: blink;
  animation-duration: 350ms;
  animation-iteration-count: infinite;
  animation-direction: alternate;
}
...
```

하단에 다각형 효과 넣기

인트로 화면 하단에 붉은색으로 들어가는 사다리꼴 도형 두 개를 만들겠습니다. **^=**에 **intro__tilt**를 지정해 클래스명에 이 텍스트가 들어가는 두 요소(**intro__tilt**와 **intro__tilt--flip**)를 모두 선택합니다. 여기에 **position** 속성을 **absolute**로 지정해 **bottom**과 **left** 좌표로 위치할 수 있게 합니다. 가로는 **100%**, 높이는 **25%**를 채우고 붉은색을 지정합니다.

Chapter 16/practice/styles/1-intro.css

```css
...
[class^="intro__tilt"] {
  position: absolute;
  bottom: 0;
  left: 0;
  width: 100%;
  height: 25%;
  background-color: var(--color-main);
}
...
```

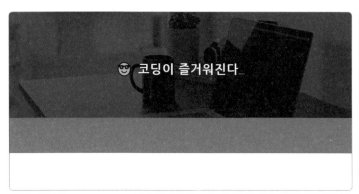

그런데 여기까지만 하면 하단에 직사각형 모양만 있고, 사다리꼴이 아닙니다. LESSON 39에서 배웠던 **clip-path** 속성으로 도형을 잘라내야 합니다.

따라서 다음과 같이 **clip-path** 속성을 한 줄 더 추가해 모양을 만들어 줍니다. 반대쪽 도형에도 같은 방식으로 모양을 만들어 준 다음 투명도를 **50%**로 지정해 반투명하게 합니다.

Chapter 16/practice/styles/1-intro.css

```css
...
[class^="intro__tilt"] {
...
  clip-path: polygon(100% 90%, 100% 100%, 0 100%, 0 0);
}

.intro__tilt--flip {
  clip-path: polygon(100% 0, 100% 100%, 0 100%, 0 90%);
  opacity: 0.5;
}
...
```

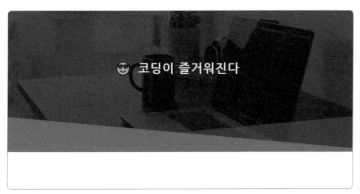

다각형 모양은 clip-path 속성을 활용하기 위해 예제로 살펴본 것이고, 실제로는 디자이너의 도움을 받아 작업하는 경우가 많습니다.

LESSON 43 헤더와 메뉴

이번 시간에는 상단 인트로 다음으로 오는 헤더를 만들어 보겠습니다. 보통 이 영역에는 웹사이트를 대표하는 공통적인 로고나 메뉴 등이 고정된 형태로 들어갑니다. 또한 모바일과 PC에서도 각각 다르게 보여야 하므로 이 부분도 함께 고려하여 작성합니다.

header.css

index.html 파일에 앞에서 상단 인트로로 작성한 〈section〉 태그에 이어서 다음과 같이 〈header〉 태그를 추가로 작성합니다.

Chapter 16/practice/index.html

```
...
<body>
...
  <header class="header">
    <h1>
      <a class="header__homelink" href="#">
        <img class="header__logo" src="./images/logo.svg" alt="홈으로">
      </a>
    </h1>
    <input class="header__menu-btn" type="checkbox">
    <nav class="header__nav">
      <ul>
        <li class="header__nav-item">
          <a href="#about">얄코강좌는</a>
        </li>
        <li class="header__nav-item">
          <a href="#html">HTML</a>
        </li>
```

```
      <li class="header__nav-item">
        <a href="#css">CSS</a>
      </li>
      <li class="header__nav-item">
        <a href="#curriculum">커리큘럼</a>
      </li>
      <li class="header__nav-item">
        <a href="#contact">문의하기</a>
      </li>
    </ul>
  </nav>
  </header>
</body>
...
```

헤더 배치하기

2-header.css 파일을 열고 미디어 쿼리 위에 공통으로 적용할 코드를 다음과 같이 작성합니다. Flex 레이아웃을 이용하였으며 **position** 속성을 **sticky**, **top** 속성을 **0**으로 지정해 스크롤을 내리면 헤더가 맨 위에 붙을 수 있도록 합니다. **z-index** 속성을 **2**로 지정한 이유는 모바일에서는 숨겨져 있는 메뉴 목록이 나타날 때 다른 콘텐츠보다 위에 있어야 하기 때문입니다. 그리고 **justify-content** 속성을 **space-between**으로 지정해 로고가 있는 〈h1〉 요소와 메뉴가 있는 〈nav〉 요소가 가장 왼쪽과 가장 오른쪽 끝에 각각 붙어 있도록 합니다.

Chapter 16/practice/styles/2-header.css

```css
.header {
  display: flex;
  position: sticky;

  /* 스크롤업되는 콘텐츠 위로 올라오도록 */
  z-index: 2;

  top: 0;
  height: var(--height-toolbar);
  justify-content: space-between;
  align-items: center;
  background-color: var(--color-main);
```

```
    color: white;
  }

  @media (max-width: 768px) {
  }

  @media (min-width: 769px) {
  }
```

로고에는 〈a〉 태그 하위에 이미지를 넣어 로고 이미지를 클릭하면 페이지의 홈 화면(#)으로 이동하도록 했습니다. 아직은 이미지가 없으니 화면에서 보이지는 않습니다. 메뉴 목록은 리스트 형태에 각각 〈a〉 태그를 지정해 원하는 위치로 이동할 수 있도록 했습니다.

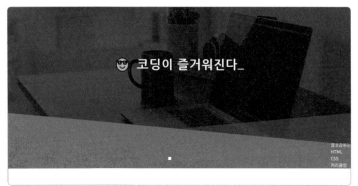

왼쪽 로고와 링크 연결하기

헤더 왼쪽 부분에 들어갈 로고 이미지에 링크를 연결합니다. display 속성을 inline-block으로 지정한 이유는 링크 태그의 높이를 조절하기 위해서입니다. 또한 반드시 로고 이미지뿐만 아니라 그 주변부만 클릭해도 홈 화면으로 이동할 수 있도록 좌우 padding을 24px로 지정하고 마우스 커서도 pointer로 바꿔 줍니다. height와 line-height를 툴바의 높이에 맞춘 것도 vertical-align 속성의 middle을 고려하여 이미지를 가운데에 정확히 맞추기 위해서입니다.

미토의 참:견

클릭할 수 있는 영역을 넓히는 것도 사용자 편의를 고려하는 작업입니다.

Chapter 16/practice/styles/2-header.css

```
...
.header__homelink {
  display: inline-block;
  padding: 0 24px;
  height: var(--height-toolbar);
  line-height: var(--height-toolbar);
  cursor: pointer;
}

.header__logo {
  height: 48px;
  vertical-align: middle;
  margin-bottom: 4px;
}
...
```

헤더 왼쪽에 로고 이미지가 잘 들어갔고, 클릭하면 홈 화면으로 이동합니다.

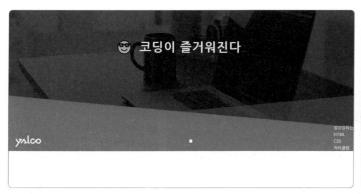

내비게이션 연결하기

다음은 메뉴 영역인 내비게이션을 꾸밀 차례입니다. 단, 모바일에서는 메뉴 버튼 하나 안에 메뉴 목록이 전부 들어가므로 내비게이션이 보일 필요는 없습니다. 따라서 모바일 미디어 쿼리 부분에 **display**를 **none**으로 지정합니다. 오른쪽 영역의 메뉴가 사라지니 가운데에 있던 체크 박스가 **justify-content** 속성이 **space-between**인 것에 따라 오른쪽 끝으로 이동합니다.

PC에서는 내비게이션 메뉴의 **display** 속성을 **inline-block**으로 지정해 가운데로 나란히 정렬하고, **position** 속성을 **relative**로 지정했습니다. 메뉴의 마지막 요소(**last-child**)에는 **margin-right** 속성을 **1.6em**으로 지정해 공간을 두었습니다.

```
...
.header__nav-item {
  font-size: var(--font-size-larger);
}

@media (max-width: 768px) {
  .header__nav {
    display: none;
  }
}

@media (min-width: 769px) {
  .header__nav-item {
    display: inline-block;
    position: relative;
  }
  .header__nav-item:last-child {
    margin-right: 1.6em;
  }
}
...
```

내비게이션 링크하기

이제 각 내비게이션 메뉴에 링크를 걸어야 합니다. 〈a〉 태그는 높이를 조절할 수 없으므로 **display** 속성을 **inline-block**으로 지정하고 **height**와 **line-height** 속성도 툴바 높이로 지정합니다.

그래야 사용자들이 메뉴 텍스트 주변을 클릭해도 해당 메뉴로 이동할 수 있어 편리합니다.

메뉴 사이에 간격을 주기 위해 PC에서 **padding** 속성을 좌우 **0 0.8em**으로 지정합니다. 각 메뉴 사이에 공간이 떨어진 것을 볼 수 있습니다. 물론 모바일 화면에서는 아직 보이지 않습니다.

Chapter 16/practice/styles/2-header.css

```
...
.header__nav-item a {
  /* 클릭 영역 확대 */
  display: inline-block;
  height: var(--height-toolbar);
  line-height: var(--height-toolbar);
}
...
@media (min-width: 769px) {
  ...
  .header__nav-item a {
    padding: 0 0.8em;
  }
}
```

내비게이션 마우스 오버 효과 주기

내비게이션 메뉴에 마우스를 오버할 때마다 하단에 긴 직사각형 모양이 퍼지면서 나타났다 사라지는 효과를 주려고 합니다. 이 효과는 PC에서만 볼 수 있으므로 해당 미디어 쿼리에만 다음 코드를 가상 클래스로 추가합니다. 헤더의 **nav-item**에 **position** 속성을 **absolute**로 지정하고 직사각형이 가운데 하단 위치부터 나타나도록 **left** 속성을 **50%**로 지정한 뒤 너비와 폭은 **0**으로 지정합니다.

마우스 오버했을 때의 직사각형 너비는 **100%**, 높이는 **8px**을 지정해 크기가 커지게끔 합니다. 그리고 마우스 오버 효과는 모든 메뉴에 해당되기 때문에 **transition** 속성을 **all 350ms**로 지정합니다.

Chapter 16/practice/styles/2-header.css

```css
...
@media (min-width: 769px) {
...
  .header__nav-item::after {
    content: '';
    position: absolute;
    bottom: 0px;
    left: 50%;
    width: 0;
    height: 0;
    background-color: white;
    transition: all 350ms;
  }
  .header__nav-item:hover::after {
    left: 0;
    width: 100%;
    height: 8px;
  }
}
```

실행결과

모바일 메뉴 버튼 넣기

PC 화면을 완성했으니 이제 모바일 메뉴 버튼을 넣어 보겠습니다. 계속해서 헤더에 남아 있던 체크 박스가 바로 메뉴 버튼 영역이었습니다. 일단 PC에서는 메뉴 버튼이 필요 없으니 **display** 속성을 **none**으로 지정해 없앱니다.

이제 모바일 화면에서 체크 박스를 디자인합니다. 모든 속성을 해제(**unset**)한 다음 **display** 속성을 **block**으로 지정하고 너비와 높이를 모두 툴바의 높이만큼 지정하면 정사각형 모양이 됩니다. 여기에 메뉴 이미지를 불러와 크기를 **50%**로 줄인 다음 **background-repeat** 속성을 **no-repeat**, **background-position**을 **center**로 지정해 이미지가 정확히 가운데에 위치하도록 합니다.

기존 상태에서는 메뉴에 배경색이 지정되어 있지 않습니다. 따라서 그 아래에 있는 붉은색이 그대로 비쳐 보이지만 메뉴가 선택되었을 때, 즉 체크 박스가 선택되었을 때는 **background-color** 속성이 어둡게 바뀌도록 지정해 줍니다.

Chapter 16/practice/styles/2-header.css

```
...
@media (max-width: 768px) {
...
   /* 체크 박스 인풋을 버튼으로 커스터마이즈 */
  .header__menu-btn {
    all: unset;
    display: block;
    width: var(--height-toolbar);
    height: var(--height-toolbar);
    background-image: url(../images/menu-button.svg);
    background-size: 50%;
    background-repeat: no-repeat;
    background-position: center;
  }
  .header__menu-btn:checked {
    background-color: var(--color-dark);
  }
}

@media (min-width: 769px) {
...
  .header__menu-btn {
```

```
    display: none;
  }
}
...
```

모바일 메뉴 팝업 넣기

마지막으로 모바일에서 메뉴 버튼을 눌렀을 때 나타나는 세
부 메뉴 목록을 만들겠습니다. 앞서 설명했듯이 메뉴를 눌렀
다는 것은 체크 박스에 체크한 상태와 같습니다. 따라서 모바
일 미디어 쿼리 내부에 **checked** 상태에서 나타날 모습의
디자인을 지정하는 코드를 추가합니다. 위에서 **display** 속
성을 none으로 지정해 보이지 않게 했던 것을 취소하려면 여

실무에서는 자바스크립트를
사용해 구현합니다.

기에는 **inherit**을 지정해야겠죠. **position** 속성도 **absolute**로 지정하고 메뉴 모양과 색깔, 여
백 등을 정합니다.

그리고 세부 목록인 **nav-item**의 너비도 화면에 꽉 채우게끔 **100vw**로 지정해 해당 영역 아
무 곳이나 클릭해도 링크로 이동하게 합니다. 또한 가장 마지막 요소가 아닌 부분에만 **border-
bottom** 속성으로 밑줄을 연하게 줘 각 메뉴가 구분되게끔 합니다. 마지막 요소 밑에는
padding이 이미 들어가 있기 때문에 여기에는 밑줄이 없어야 합니다.

Chapter 16/practice/styles/2-header.css

```
...
@media (max-width: 768px) {
...
  .header__menu-btn:checked + .header__nav {
    display: inherit;
    position: absolute;
    top: var(--height-toolbar);
    right: 0;
    background-color: var(--color-dark);
    padding-bottom: 1em;
    box-shadow: 0 2px 2px rgba(0, 0, 0, 0.2);
  }
  .header__nav-item {
    width: 100vw;
    text-align: center;
  }
  .header__nav-item a {
    width: 100vw;
  }
  .header__nav-item:not(:last-child) {
    border-bottom: 2px solid rgba(255, 255, 255, 0.06);
  }
...
```

44 메인과 about

**학습
목표**

이번 시간부터는 상단 인트로와 헤더를 제외한 나머지 전체 영역인 메인 부분을 채워 나갈 것입니다. 먼저 Grid 레이아웃을 활용해 강의를 소개하는 영역을 구성해 보겠습니다. 이 것을 하나의 섹션으로 구성하고, 나머지 부분도 계속해서 메인 영역 안에 섹션을 추가하는 방식으로 진행하겠습니다.

main.css

index.html 파일을 열고 〈header〉 아래에 다음 코드를 추가합니다. 강의 소개 부분을 Grid 레이아웃으로 구성할 것입니다.

Chapter 16/practice/index.html

```
...
<body>
...
  <main>
    <section id="about" class="section">
      <header class="section__header">
        <strong class="section__tag">
          about
        </strong>
        <h1 class="section__title">
          얄코강좌는
        </h1>
      </header>
      <div class="about">
        <div class="about__card">
          <img class="about__icon" src="./images/about_1.svg" alt="">
          <h2 class="about__title _1">
            빠른 강의
```

```
        </h2>
          <p class="about__text">
            군더더기 없는 진행으로 <br>
            여러분의 시간을 절약합니다.
          </p>
      </div>
      <div class="about__card">
        <img class="about__icon" src="./images/about_2.svg" alt="">
        <h2 class="about__title _2">
          손쉬운 학습
        </h2>
          <p class="about__text">
            강의 페이지를 활용해서 <br>
            편리하게 실습할 수 있습니다.
          </p>
      </div>
      <div class="about__card">
        <img class="about__icon" src="./images/about_3.svg" alt="">
        <h2 class="about__title _3">
          플레이그라운드
        </h2>
          <p class="about__text">
            강의를 위해 제작한 도구가 <br>
            반복 학습을 도와줍니다.
          </p>
      </div>
    </div>
  </section>
  </main>
</body>
...
```

3-main.css 파일도 열고 다음과 같이 작성합니다. 각 섹션은 메인 타이틀 위에 조그맣게 초록색 타이틀 텍스트가 붙는 공통적인 형태로 작성할 것입니다. 거기에 **padding**과 **text-align** 속성도 지정해 주었습니다.

```css
.section {
  padding: 64px 16px;
  text-align: center;
}

.section__tag {
  font-size: var(--font-size-tag);
  color: var(--color-sub);
}

.section__title {
  font-size: var(--font-size-title);
  font-weight: bold;
  color: var(--color-text);
}

@media (min-width: 769px) {
  main {
    display: grid;
    grid-template-columns: 1fr 1fr;
  }
}
```

HTML 파일을 보면 초록색 타이틀 텍스트는 〈strong〉 태그, 메인 타이틀은 〈h1〉 태그로 작성했지만 브라우저의 기본 속성을 따르지 않도록 초기화를 한 상태(**style.css** 참고)에서 원하는 속성으로 지정했다는 것을 알아차려야 합니다.

이 영역은 모바일에서는 어차피 세로로 쭉 이어서 나오는 형태이므로 따로 지정해 줄 것이 없습니다. PC에서만 Grid 레이아웃을 지정하고 **grid-template-columns** 속성을 **1fr 1fr**로 지정해 1:1 비율로 균등하게 공간을 분할할 수 있도록 했습니다.

about.css

이번에는 본격적으로 강의를 소개하는 about 영역 디자인입니다. **4-about.css** 파일을 열어 다음과 같이 차례로 꾸며 보겠습니다.

섹션 설정하기

먼저 about 영역의 배경색을 옅은 베이지색으로 지정합니다. 그리고 PC의 경우 Grid 레이아웃을 사용해 배경색이 가로 전체를 차지하도록 **grid-column** 속성을 **1 / -1**로 지정합니다.

Chapter 16/practice/styles/4-about.css

```
#about {
  background-color: var(--color-light-bg);
}

@media (max-width: 768px) {
}

@media (min-width: 769px) {
  #about {
    grid-column: 1 / -1;
  }
}
```

카드 레이아웃 지정하기

세 개의 카드 섹션은 PC에서는 가로로, 모바일에서는 세로로 정렬되어야 하므로 다음과 같이 작성합니다. 전체 **display** 속성은 **inline-flex**로 지정하되 모바일의 경우 **flex-direction** 속성을 **column**으로 지정하는 코드를 추가했습니다.

```
...
.about {
  display: inline-flex;
  gap: 1em;
  margin-top: 48px;
}

@media (max-width: 768px) {
  .about {
    flex-direction: column;
    width: 100%;
  }
}
...
```

카드 형태와 아이콘 만들기

각 카드와 아이콘에는 다음과 같이 스타일을 지정합니다. 공통적으로 **padding**이 **48px**씩 지정되어 있고 내용은 가운데 정렬, 글자색은 흰색, 배경색은 어두운 색, 모서리는 **border—radius** 속성을 **12px**로 지정해 둥글게 만들었습니다. 그리고 아이콘에도 크기와 투명도를 지정합니다.

PC에서는 카드 너비가 **320px**을 차지하도록, 그리고 마우스 커서 속성에 **pointer**를 지정합니다. 그리고 카드에 마우스를 오버할 때마다 변화를 줄 것이므로 **transition** 속성을 **all 350ms**로 지정합니다. 모바일에서는 마우스를 사용하지 않으니 지정할 필요가 없겠죠?

```css
...
.about__card {
  padding: 48px;
  text-align: center;
  color: white;
  background-color: var(--color-dark);
  border-radius: 12px;
}

.about__icon {
  width: 120px;
  opacity: 0.25;
}

...

@media (min-width: 769px) {
  ...
  .about__card {
    position: relative;
    width: 320px;
    cursor: pointer;
    transition: all 350ms;
  }
}
...
```

카드 안 텍스트 꾸미기

다음으로 카드 안의 텍스트 스타일을 지정합니다. 각 카드 타이틀마다 클래스를 **about__title**
_1, **about__title _2**, **about__title _3**으로 추가 지정하는 것이 사용하기에 더 편리합니다.
여기까지 하면 모바일 화면은 모두 완성되었습니다.

Chapter 16/practice/styles/4-about.css

```
...
.about__title {
  margin-top: 0.6em;
  font-size: var(--font-size-larger);
  font-weight: bold;
}

.about__title._1 {
  color: #FFB974;
}
.about__title._2 {
  color: #6BB0F3;
}
.about__title._3 {
  color: #FFBDCE;
}

.about__text {
  margin-top: 0.8em;
  font-size: var(--font-size-text);
}
...
```

마우스 오버 시 해당 카드 외 축소하기

특정 카드 위에 마우스 오버를 했을 때 해당 카드를 제외한 나머지 카드를 축소시켜 돋보이게 만드는 효과를 내겠습니다. 이 경우에는 각각의 카드에 마우스 오버 속성을 지정하는 것이 아니라 **전체 about 영역, 즉 바깥쪽 부모에 속성을 지정해야 합니다.** 이는 하나의 큰 〈div〉 요소에 각 카드가 Flex 레이아웃으로 들어가 있기 때문입니다. 따라서 부모 요소에 마우스 오버 효과를 지정함으로써 자식인 모든 카드 요소에 각각 커지거나 작아지는 효과를 줄 수 있습니다.

Chapter 16/practice/styles/4-about.css

```
...
@media (min-width: 769px) {
...
  .about:hover .about__card:not(:hover) {
    transform: scale(0.9);
  }
}
...
```

흐림 필터 넣기

마우스 오버한 카드 외의 다른 카드들이 축소만 되는 것이 아니라 흐려지게도 하고 싶다면 앞서 배운 속성인 **backdrop-filter**로 지정하면 되지만, 이는 어떤 특정 요소에만 지정할 수 있는 것이 아니라 모든 요소를 덮어씌우는 전체 요소에만 지정할 수 있습니다. 따라서 **after**를 사용해 가상 요소를 만든 다음 **top**, **left** 속성을 모두 **0**으로 지정해 왼쪽 상단으로 붙게 하고, 너비와 높이를 **100%**로 지정해 각 카드의 전체 영역을 커버하도록 합니다.

Chapter 16/practice/styles/4-about.css

```
...
@media (min-width: 769px) {
...
  /* 흐림 필터링을 위한 덮개 */
  .about:hover .about__card:not(:hover)::after {
    content: '';
    position: absolute;
    top: 0;
    left: 0;
    width: 100%;
    height: 100%;
    -webkit-backdrop-filter: blur(2px);
    backdrop-filter: blur(2px);
  }
}
...
```

backdrop-filter 속성에 webkit을 지정하는 것도 잊으면 안 됩니다.

선택된 카드 선명하게 하기

마지막으로 마우스 오버된 카드는 아이콘의 크기를 선택되지 않은 것들보다 조금 더 크고 색도 선명하게 만들어 줍니다. 따라서 해당 카드의 **scale**을 **1.04**, **opacity**를 **1**로 지정합니다.

Chapter 16/practice/styles/4-about.css

```
...
@media (min-width: 769px) {
...
  .about__card:hover {
    transform: scale(1.04);
  }
  .about__card:hover .about__icon {
    opacity: 1;
  }
}
...
```

LESSON 45
HTML & CSS 섹션

학습
목표

이제 Grid 레이아웃을 사용하여 HTML 강좌와 CSS 강좌를 각각 설명하는 두 영역으로 분할된 메인 섹션을 만들어 보겠습니다. Flex 레이아웃을 사용하여 로고와 강의 설명 텍스트를 효과적으로 배치해 보세요.

html-css.css

index.html 파일을 열고 이전 ⟨section⟩ 태그 아래에 다음 코드를 추가합니다. 여기서 눈여겨 봐야 할 것은 ⟨article⟩ 태그인데, 이는 같은 형식을 두 번 이상 사용할 때 활용하면 편리합니다. 여기서는 같은 형식의 HTML 강좌 영역과 CSS 강좌 영역을 ⟨article⟩ 태그를 이용해 두 번 배치했습니다. 그리고 로고가 들어갈 왼쪽 영역에는 **⟨figure⟩ 태그**를, 설명이 들어갈 오른쪽 영역에는 **⟨div⟩ 태그**를 이용했습니다.

미로의
참견

제목에는 가능하면 ⟨h1⟩, ⟨h2⟩, ⟨h3⟩... 태그를 사용하는 것이 좋습니다.

Chapter 16/practice/index.html

```
...
<body>
...
  <main>
    ...
    <section id="html" class="section">
      <header class="section__header">
        <strong class="section__tag">
          html
        </strong>
        <h1 class="section__title">
```

```html
          갖다 놓는 HTML
        </h1>
      </header>
      <article class="html-css _html">
        <figure class="html-css__thumb">
          <img class="html-css__logo" src="./images/logo-html.svg" alt="HTML 로
          고">
        </figure>
        <div class="html-css__content">
          <h2 class="html-css__title">
            <div>
              <em>H</em>yper<em>T</em>ext <br>
              <em>M</em>arkup <em>L</em>anguage
            </div>
          </h2>
          <p class="html-css__desc">
            <strong>태그</strong>를 사용하여 웹 페이지 안의 요소들과 <br>
            그 구조를 표현할 수 있는 언어입니다.
          </p>
          <dl class="html-css__spec">
            <dt class="sr-only">종류</dt>
            <dd>마크업</dd>
            <dt class="sr-only">용도</dt>
            <dd>웹 개발</dd>
            <dt class="sr-only">난이도</dt>
            <dd>쉬움</dd>
          </dl>
        </div>
      </article>
    </section>
    <section id="css" class="section">
      <header class="section__header">
        <strong class="section__tag">
          css
        </strong>
        <h1 class="section__title">
          꾸미는 CSS
        </h1>
      </header>
      <article class="html-css _css">
```

```html
        <figure class="html-css__thumb">
          <img class="html-css__logo" src="./images/logo-css.svg" alt="CSS 로고">
        </figure>
        <div class="html-css__content">
          <h2 class="html-css__title">
            <div>
              <em>C</em>ascade <br>
              <em>S</em>type <em>S</em>heet
            </div>
          </h2>
          <p class="html-css__desc">
            웹 페이지 요소에 각종 속성을 부여하여 <br>
            다양하게 <strong>스타일링</strong>할 수 있는 언어입니다.
          </p>
          <dl class="html-css__spec">
            <dt class="sr-only">종류</dt>
            <dd>스타일</dd>
            <dt class="sr-only">용도</dt>
            <dd>웹개발</dd>
            <dt class="sr-only">난이도</dt>
            <dd>중간</dd>
          </dl>
        </div>
      </article>
    </section>
  </main>
</body>
...
```

특히 아이콘으로 들어가는 **종류, 용도, 난이도** 부분은 〈dt〉, 〈dd〉 태그를 사용하여 작성해 웹 접근성도 놓치지 않도록 합니다.

섹션 설정하기

먼저 HTML 구역과 CSS 구역의 섹션을 구분해야 합니다. 모바일에서는 세로로 스크롤을 내리니 경계선이 섹션 밑에 있어야 하므로 **border-bottom** 속성을 지정합니다. 반면 PC에서는 두 섹션이 옆으로 나란히 배치되어 있으므로 **border-right** 속성을 지정합니다.

Chapter 16/practice/styles/5-html-css.css

```
@media (max-width: 768px) {
  #html {
    border-bottom: 4px solid var(--color-light-bg);
  }
}


@media (min-width: 769px) {
  #html {
    border-right: 4px solid var(--color-light-bg);
  }
}
```

아티클 레이아웃 지정하기

아티클의 레이아웃은 **inline-flex**로 지정합니다. **3-main.css**에서 섹션에 이미 **text-align** 속성을 **center**로 지정했기 때문에 **가운데로 정렬하기 위함**입니다. 모바일에서는 PC와 달리 아티클이 세로로 연이어 배치되도록 **flex-direction** 속성을 **column**으로 지정합니다.

Chapter 16/practice/styles/5-html-css.css

```
.html-css {
  margin: 56px 0;
  display: inline-flex;
  gap: 56px;
}

@media (max-width: 768px) {
  ...
  .html-css {
    flex-direction: column;
  }
}
...
```

로고 크기 지정하기

예제 파일에 있는 두 개의 svg 로고 이미지는 서로 크기가 다릅니다. 이것을 모바일에서는 전체 너비의 **50%**만 차지하도록 하고, PC에서는 너비를 **144px**로 고정하는 것으로 통일합니다.

Chapter 16/practice/styles/5-html-css.css

```
...
@media (max-width: 768px) {

  ...
  .html-css__logo {
    width: 50%;
  }
}


@media (min-width: 769px) {

  ...
  .html-css__logo {
    width: 144px;
  }
}
```

설명 부분 스타일링하기

이제 로고 오른쪽에 들어갈 텍스트 설명 부분을 CSS로 스타일링합니다. 텍스트의 색과 크기, 굵기 등을 먼저 지정합니다.

```css
...
.html-css__desc {
  margin-top: 1.6em;
  font-size: var(--font-size-text);
  color: var(--color-text);
}
.html-css__desc strong {
  font-weight: bold;
}
.html-css__title {
  font-size: var(--font-size-subtitle);
  font-weight: 100;
}
._html .html-css__title em { color: #F16528; }
._css .html-css__title em { color: #2965F1; }

@media (max-width: 768px) {
  ...
  .html-css__content {
    text-align: center;
  }
  .html-css__title div {
    display: inline-block;
    text-align: left;
  }
}

@media (min-width: 769px) {
  ...
  .html-css__content {
    text-align: left;
  }
}
```

PC에서는 전체 텍스트를 깔끔하게 왼쪽으로 정렬했지만, 모바일에서는 설명 부분 전체의 **text-align** 속성을 **center**로 지정해 가운데로 먼저 정렬한 후에 타이틀 텍스트를 **left**로 지정했습니다. 이렇게 해야 전체 텍스트 영역이 먼저 가운데 정렬된 채로 타이틀 텍스트만 왼쪽으로 정렬할 수 있습니다.

스펙 부분 스타일링하기

설명 부분 아래에 들어가는 스펙 부분의 체크 표시는 사실 이미지를 사용한 것이 아니라 CSS를 사용해 마치 이미지 같은 효과를 낸 것입니다. **content** 속성으로 넣은 빈 직사각형에 **border-left**와 **border-bottom** 속성으로 테두리 색을 넣어 굵게 지정한 다음 **45도**로 기울여서 마치 체크 표시처럼 보이게끔 했습니다. 위치는 각 텍스트 앞에 들어가도록 **before**로 지정했습니다.

Chapter 16/practice/styles/5-html-css.css

```
...
.html-css__spec {
  margin-top: 1.6em;
}
.html-css__spec dd {
  margin-right: 1.2em;
  font-size: var(--font-size-larger);
  color: var(--color-lighter);
}
```

```
/* 초록색 체크 표시 */
.html-css__spec dd::before {
  content: '';
  display: inline-block;
  margin-right: 0.4em;
  width: 12px;
  height: 6px;
  border-left: 4px solid var(--color-sub);
  border-bottom: 4px solid var(--color-sub);
  vertical-align: 0.2em;
  transform: rotate(-45deg);
}
...
```

로고 아래 그림자 넣기

HTML과 CSS 로고 이미지가 마치 공중에 떠 있는 것처럼 보이도록 그림자를 넣어 보겠습니다. 먼저 해당 요소의 **position** 속성을 **relative**로 지정한 다음 앞의 체크 표시와 같이 빈 직사각형을 만들어 **background-color** 속성은 **black**, **border-radius** 속성은 **50%**로 지정해 타원형을 만들어 줍니다.

모바일에서는 상대적인 위치값, PC에서는 절대적인 위치값을 지정했기 때문에 이를 고려하여 세부 그림자 위치도 지정하면 됩니다.

Chapter 16/practice/styles/5-html-css.css

```
...
.html-css__thumb {
  position: relative;
}

/* 로고 아래 그림자 */
.html-css__thumb::after {
  content: '';
  position: absolute;
  left: 0;
  height: 10%;
  background-color: black;
  border-radius: 50%;
}

@media (max-width: 768px) {
  ...
  .html-css__thumb::after {
    left: 25%;
    bottom: -16%;
    width: 50%;
  }
}

@media (min-width: 769px) {
  ...
  .html-css__thumb::after {
    left: calc(50% - 72px);
    bottom: -24px;
    width: 144px;
  }
}
...
```

애니메이션으로 로고 움직이기

이제 HTML과 CSS 로고 이미지가 공중에 둥둥 떠 있는 상태로 보이기 위해 애니메이션 효과를 위아래로 반복해 주겠습니다. 원리는 간단합니다. 로고의 위치값을 **from**과 **to**의 두 가지로 지정한 다음 속도와 반복 횟수를 지정하면 됩니다. 여기서는 **0.8초**로 **무한 반복**하도록 했습니다.

Chapter 16/practice/styles/5-html-css.css

```css
...
/* 둥둥 오르내리는 효과 */
@keyframes logo-hover {
  from { transform: translateY(0); }
  to { transform: translateY(10px); }
}

.html-css__logo {
  animation-name: logo-hover;
  animation-duration: 800ms;
  animation-timing-function: ease-in-out;
  animation-iteration-count: infinite;
  animation-direction: alternate;
}
...
```

파이널 프로젝트

로고 움직임에 따라 그림자 효과 주기

앞서 만든 애니메이션 움직임에 맞춰 아래 그림자도 옅어지고 진해지는 효과를 주면 더욱 실감나게 떠 있는 상태를 나타낼 수 있습니다. 이 역시 원리는 간단합니다. 애니메이션과 똑같이 CSS를 지정한 상태에서 **from**과 **to**의 투명도를 진하고 옅게 설정하면 됩니다.

Chapter 16/practice/styles/5-html-css.css

```
...
/* 짙고 옅어지는 애니메이션 */
@keyframes logo-shadow {
  from { opacity: 0.08; }
  to { opacity: 0.24; }
}

.html-css__thumb::after {
  animation-name: logo-shadow;
  animation-duration: 800ms;
  animation-timing-function: ease-in-out;
  animation-iteration-count: infinite;
  animation-direction: alternate;
}
...
```

backdrop-filter 기능을 이용해 그림자에 흐림 효과를 추가하면 더 실감나게 표현할 수 있습니다.

커리큘럼

학습
목표

이번 시간에는 강의 커리큘럼을 단계별로 효과적으로 나타내는 방법을 알아보겠습니다. 특히 모바일과 달리 PC에서는 마우스 오버 기능을 이용해 애니메이션을 구현하는 과정까지 함께 해볼 것입니다. 다소 헷갈릴 수 있으나 배운 내용을 기억하며 잘 따라와 보세요.

curriculum.css

index.html 파일을 열고 이전 〈section〉 코드 아래에 다음 코드를 추가합니다. 리스트 구조를 이용하여 커리큘럼을 차례로 나열했는데, 예외적으로 마지막 리스트 다음에는 〈div〉 요소를 하나 추가했습니다. 〈ol〉이나 〈ul〉 태그 아래에는 본래 〈li〉 태그만 들어가야 하지만 우리가 만드는 웹 페이지가 CSS로만 효과를 넣어야 하기 때문에 부득이하게 이렇게 구성한 것입니다.

Chapter 16/practice/index.html

```
...
<body>
...
  <main>
    ...
    <section id="curriculum" class="section">
      <header class="section__header">
        <strong class="section__tag">
          curriculum
        </strong>
        <h1 class="section__title">
          커리큘럼
        </h1>
      </header>
```

파이썬 프로젝트

```
    <div class="curriculum">
      <ol class="curriculum__list">
        <li><span>강의 소개</span></li>
        <li><span>HTML 기초</span></li>
        <li><span>CSS 기초</span></li>
        <li><span>HTML 심화</span></li>
        <li><span>CSS 심화</span></li>
        <li><span>파이널 프로젝트</span></li>
        <div class="curriculum__progress"></div>
      </ol>
    </div>
  </section>
 </main>
</body>
...
```

섹션 설정하기

먼저 커리큘럼이 들어갈 영역의 섹션을 설정합니다. 배경색은 어둡게, 텍스트는 흰색으로 하여 눈에 띄도록 했습니다. 그리고 PC에서는 해당 영역이 너비를 꽉 채우도록 Grid 레이아웃을 이용하여 **grid-column** 속성을 **1 / -1**로 지정했습니다.

Chapter 16/practice/styles/6-curriculum.css

```css
#curriculum {
  background-color: var(--color-dark);
}
#curriculum .section__title {
  color: white;
}

...

@media (min-width: 769px) {
  #curriculum {
    grid-column: 1 / -1;
    padding-bottom: 88px;
  }
}
```

커리큘럼 레이아웃 지정하기

커리큘럼 레이아웃을 만듭니다. **display** 속성을 **inline-block**으로 지정해 전체가 가운데 정렬되도록 하고, 커리큘럼 리스트는 **inline-flex**로 지정해 목록이 나란히 나열되도록 합니다.

물론 모바일에서는 **flex-direction** 속성을 **column**으로 지정해 세로로 쭉 나열되도록 합니다. PC에서는 **margin** 속성을 위, 오른쪽, 아래, 왼쪽 순서로 **56px 0 56px 40px**로 지정합니다. 텍스트를 오른쪽으로 기울인 형태로 작성할 것이므로 오른쪽과 왼쪽 여백을 각각 다르게 준 것입니다. 따라서 PC에서 보면 텍스트가 오른쪽으로 조금 치우쳐 보입니다.

Chapter 16/practice/styles/6-curriculum.css

```css
...
.curriculum {
  display: inline-block;
  position: relative;
}

.curriculum__list {
  display: inline-flex;
  font-size: var(--font-size-larger);
  font-weight: 100;
  text-align: left;
  color: white;
}

@media (max-width: 768px) {
  .curriculum__list {
```

```
    flex-direction: column;
    margin-top: 48px;
  }
}

@media (min-width: 769px) {
  ...
  .curriculum__list {
    margin: 56px 0 56px 40px;
  }
}
```

커리큘럼 항목 스타일링하기

이제 커리큘럼 세부 항목을 꾸며 보겠습니다. 서체 크기를 키운 다음 각 〈li〉 요소 앞부분에 빈 직사각형을 사용하여 원을 만들어 줍니다. **border-radius** 속성을 **100%**로 지정하면 완벽한 동그라미가 되겠죠?

모바일에서는 **line-height**를 **100px**로 지정해 텍스트 사이에 간격을 두었습니다. **em**이 아니라 **픽셀**로 지정한 이유는 상대적인 값이 아닌 절대적인 값을 고정하기 위해서입니다. 또한 동그라미와 텍스트 사이를 살짝 벌리기 위해 **margin-left** 속성을 **1.6em**으로 지정했습니다.

반면 PC에서는 각 세부 항목의 너비를 **200px**, 높이를 **120px**로 지정해 마우스 오버할 공간을 넓게 마련했습니다. 그리고 〈span〉 요소의 **display** 속성은 **inline-block**으로 지정하고 너비를 고정해 글자 수에 상관없이 통일된 위치로 기울어지도록 합니다. 텍스트 위치는 **top**을 **84px**, **left**를 **14px**로 지정했는데, **45도**로 기울였을 때 원과 잘 연결되는 느낌이면 됩니다. 마우스 오버했을 때의 텍스트도 투명도 **50%**에서 **100%**으로 바뀌도록 설정합니다.

```css
...
.curriculum__list li {
  font-size: 1.1em;
}
.curriculum__list li::before {
  content: '';
  position: relative;
  z-index: 1;

  display: inline-block;
  width: 30px;
  height: 30px;
  vertical-align: middle;

  box-sizing: border-box;
  border-radius: 100%;
  border: 4px solid white;
  background-color: var(--color-dark);
}

@media (max-width: 768px) {
...
  .curriculum__list li {
    line-height: 100px;
    cursor: pointer;
  }
  .curriculum__list li span {
    margin-left: 1.6em;
  }
}

@media (min-width: 769px) {
  ...
  .curriculum__list li {
    position: relative;
    width: 200px;
    height: 120px;
  }
  .curriculum__list li span {
```

```
  /* 글자 수에 관계없이 통일된 위치로 기울어지도록 */
  display: inline-block;
  width: 164px;
  position: absolute;
  z-index: 1;
  top: 84px;
  left: 14px;
  opacity: 0.5;
  transform: rotate(45deg);
 }
 .curriculum__list li:hover span {
  opacity: 1;
 }
}
```

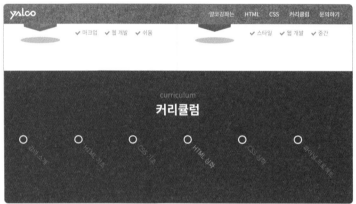

진행 바 스타일링하기

이제 커리큘럼의 진도를 알려 주는 진행 바를 만들어 보겠습니다. 공통 요소는 **position** 속성을 **absolute**로 지정하는 것 외에 특별히 작업할 것은 없습니다.

PC에서는 진행 바를 직사각형으로 만들고 투명도를 지정해 흐린 정도를 지정했지만 모바일에서는 진한 밧줄 모양으로 변경됩니다. 이것은 PC와 같이 길게 세운 직사각형 형태를 만들고 왼쪽에만 **border-left** 속성을 **6px dotted white**로 지정한 것입니다. 여기에 **transform** 속성을 **skewY(−30deg)**로 지정해 시계 반대 방향으로 30도 기울이면 밧줄 모양이 완성됩니다.

```
...
.curriculum__progress {
  position: absolute;
}

@media (max-width: 768px) {
...
  .curriculum__progress {
    top: 108px;
    left: 12px;
    width: 0px;
    height: 500px;
    border-left: 6px dotted white;
    transform: skewY(-30deg);
  }
}

@media (min-width: 769px) {
  ...
  .curriculum__progress {
    top: 70px;
    left: 56px;
    width: 1000px;
    height: 8px;
    background-color: rgba(255, 255, 255, 0.1);
  }
}
```

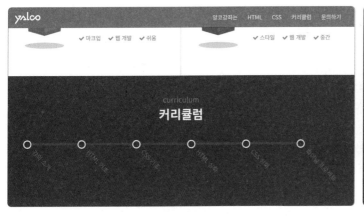

진행 바 마우스 오버 효과 지정하기

이번에는 PC에서만 보이는 진행 바의 마우스 오버 효과를 지정하겠습니다. 앞서 HTML 문서에서 리스트 마지막에 〈div〉 요소로 **curriculum__progress** 클래스명을 추가한 것을 기억하나요? 이는 각 단계별로 마우스를 오버할 때마다 진행 바가 움직이려면 동생 선택자를 사용해야 하기 때문입니다. 여기에서 가상 요소인 **after**로 움직일 바를 선택한다고 생각하면 됩니다.

진행 바도 마찬가지로 빈 직사각형 모양에 CSS 스타일을 적용해 **top**은 **0**, **left**는 **0**으로 왼쪽 상단 끝에서 시작합니다. **transition** 속성을 **all 1s**로 지정해 움직이는 효과를 주고 두 번째 자손, 세 번째 자손 등에 마우스를 오버할 때마다 너비를 **0**, **200px**, **400px**, **600px** 등으로 200픽셀씩 너비를 늘립니다.

Chapter 16/practice/styles/6-curriculum.css

```
...
@media (min-width: 769px) {
  ...
  .curriculum__progress::after {
    content: '';
    position: absolute;
    top: 0; left: 0;
    background-color: var(--color-sub);
    width: 0;
    height: 8px;
    transition: all 1s;
  }
  .curriculum__list li:hover::before {
    background-color: var(--color-sub);
  }
  .curriculum__list li:nth-child(2):hover
    ~ .curriculum__progress::after {
    width: 200px;
  }
  .curriculum__list li:nth-child(3):hover
    ~ .curriculum__progress::after {
    width: 400px;
  }
```

```
.curriculum__list li:nth-child(4):hover
  ~ .curriculum__progress::after {
  width: 600px;
}
.curriculum__list li:nth-child(5):hover
  ~ .curriculum__progress::after {
  width: 800px;
}
.curriculum__list li:nth-child(6):hover
  ~ .curriculum__progress::after {
  width: 1000px;
}
}
```

문의하기와 푸터

학습
목표

웹 페이지 하단에서 자주 사용하는 문의하기 영역을 우리가 아직 배우지 않은 자바스크립트 없이도 CSS만 활용해서 만들어 보겠습니다. 물론 간단한 텍스트 형태로만 나타내도 되지만, 앞서 체크 박스를 이용해 모바일 화면의 메뉴 버튼을 만들었던 것처럼 이번에는 라디오 버튼을 이용해 작성해 보겠습니다.

contact.css

index.html 파일을 열고 이전 〈section〉 태그 아래에 다음 코드를 추가합니다. 탭 형식으로 들어갈 구조이기 때문에 다소 길지만, 자세히 보면 **contact**라는 클래스명을 가진 〈div〉 요소가 전체 영역을 감싸고 있는 형태인 것을 알 수 있습니다.

Chapter 16/practice/index.html

```
...
<body>
...
  <main>
    ...
    <section id="contact" class="section">
      <header class="section__header">
        <strong class="section__tag">
          contact
        </strong>
        <h1 class="section__title">
          문의하기
        </h1>
      </header>
      <div class="contact">
        <div class="contact__tab">
```

```
<input name="contact" type="radio" id="ct_1" checked>
<label for="ct_1" class="sr-only">연락처</label>
<input name="contact" type="radio" id="ct_2">
<label for="ct_2" class="sr-only">메시지</label>
<div class="contact__slides">
  <div class="contact__slide-con">
    <div class="contact__slide">
      <address>
        <table class="contact__contacts">
          <caption class="sr-only">연락처 목록</caption>
          <tr>
            <th>유튜브</th>
            <td>
            <a href="https://www.youtube.com/c/얄팍한코딩사전" target="_
            blank" alt="새 창에서 열기">
                <img src="./images/youtube.svg" alt="">
                채널 바로가기
            </a>
            </td>
          </tr>
          <tr>
            <th>웹사이트</th>
            <td>
              <a href="https://www.yalco.kr" target="_blank" alt="새 창
              에서 열기">
                https://www.yalco.kr
              </a>
            </td>
          </tr>
          <tr>
            <th>이메일</th>
            <td>
              <a href="mailto:yalco@kakao.com">
                yalco@kakao.com
              </a>
            </td>
          </tr>
        </table>
      </address>
    </div>
```

```
                    <div class="contact__slide">
                      <form action="#" method="get">
                        <div class="contact__leave">
                            <textarea name="message" placeholder="메시지를 입력하세요."
                               required></textarea>
                          <div>
                              <input name="email" type="email" placeholder="메일 주소를
                                입력하세요." required>
                              <button type="submit">남기기</button>
                          </div>
                        </div>
                      </form>
                    </div>
                  </div>
                </div>
              </div>
          </section>
      </main>
  </body>
...
```

이어서 〈main〉 태그 바깥 쪽에 〈footer〉 태그도 다음과 같이 작성합니다.

Chapter 16/practice/index.html

```
...
<body>
...
  <main>
    ...
  </main>
  <footer>
    <h1 class="sr-only">Copyright</h1>
    <p>
      2022 yalco - All rights reserved
    </p>
  </footer>
</body>
...
```

섹션 설정하기

먼저 여백과 배경색을 설정하고, PC에서는 Grid 레이아웃을 이용해 전체 너비를 꽉 채웁니다.

Chapter 16/practice/styles/7-contact.css

```css
#contact {
  padding-left: 0;
  padding-right: 0;
  background-color: var(--color-light-bg);
}
.contact {
  margin-top: 3em;
}

...

@media (min-width: 769px) {
  #contact {
    grid-column: 1 / -1;
  }
}
```

탭과 탭 버튼 만들기

Flex 레이아웃을 사용하여 탭과 탭 버튼을 배치합니다. 원래는 요소들이 가로로 길게 나열되어 있는 형태이지만, **flex-wrap** 속성을 **wrap**으로 지정하여 세 번째 자식 요소인 인풋 박스를 줄 바꿈하여 두 줄로 배치합니다. **justify-content** 속성도 **center**로 지정해 요소들을 가운데로 정렬합니다.

이제 라디오 버튼을 탭 형태로 만들 차례입니다. 체크 박스에서 했던 것과 같이 모든 속성을 해제 (**unset**)한 다음 **display** 속성을 **inline-block**으로 지정해 너비와 높이를 지정합니다. 기본 배경색은 흰색이지만 체크된 상태일 때는 빨간색으로 바뀌도록 지정합니다.

연락처와 메시지에는 각각 **ct_1**, **ct_2**라는 아이디가 지정되어 있습니다. 이를 활용해 각자의 위치에서 **border-radius** 속성으로 꼭지점을 둥글게 만들어 줍니다.

특이할 만한 것은 PC에서는 탭 버튼의 텍스트가 각각 **연락처 보기**, **메시지 남기기**로 되어 있지만 모바일에서는 **연락처**, **메시지**로 단축되어 있다는 것입니다. 이것도 아이디와 **after**를 활용해 각각 넣어 줍니다. 이때 스크린 리더로 읽을 수 있도록 HTML에서 각각의 **label**을 지정해 웹 접근성을 높여 줍니다.

Chapter 16/practice/styles/7-contact.css

```
...
.contact__tab {
  display: flex;
  flex-wrap: wrap;
  justify-content: center;
  font-size: var(--font-size-larger);
}

/* 라디오 버튼 커스터마이즈 */
input[type=radio] {
  all: unset;
  display: inline-block;
  padding: 0.8em 4em;
  background-color: white;
  cursor: pointer;
}
input[type=radio]:checked {
  color: white;
```

```
  background-color: var(--color-main);
}
#ct_1 { border-radius: 12px 0 0 12px; }
#ct_1::after { content: '연락처 보기'; }
#ct_2 { border-radius: 0 12px 12px 0; }
#ct_2::after { content: '메시지 남기기'; }
...

@media (max-width: 768px) {
  input[type=radio] {
    padding: 0.8em 2em;
  }
  #ct_1::after { content: '연락처'; }
  #ct_2::after { content: '메시지'; }
}
```

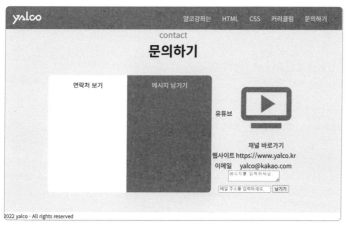

슬라이드 만들기

슬라이드 형태를 만들기 위해 **contact__slide** 요소가 너비 전체를 차지하도록 만듭니다. 그리고 **overflow** 속성을 **hidden**으로 지정해 콘텐츠 내용이 길어지면서 생기는 스크롤을 보이지 않게 합니다. 각 탭 버튼에 따른 실제 내용 전체 영역은 버튼 영역보다 두 배 정도 길어야 슬라이드가 가능하므로 너비를 **200vw**로 지정합니다.

요소를 이동시키는 **transition** 속성은 왼쪽을 기준으로 이동합니다. 따라서 연락처(**ct_1**)가 체크되어 있는 상태에서는 **margin-left** 속성을 **0**, 메시지(**ct_2**)가 체크되어 있는 상태에서는 **margin-left** 속성을 **-100vw**로 지정합니다.

Chapter 16/practice/styles/7-contact.css

```
...
.contact__slides {
  margin: 1.6em 0;
  width: 100vw;
  overflow: hidden;
}
.contact__slide-con {
  display: flex;
  width: 200vw;
  transition: margin-left 500ms;
}
.contact__slide {
  width: 100vw;
}
#ct_1:checked ~ .contact__slides .contact__slide-con {
  margin-left: 0;
}
#ct_2:checked ~ .contact__slides .contact__slide-con {
  margin-left: -100vw;
}
...
```

연락처 보기

margin 속성을 0 auto로 지정해 화면 가운데에 배치한 후 텍스트를 꾸며 줍니다. 그리고 PC에서 border-spacing 속성에 3em 1em을 지정해 표의 테두리를 활용하여 구분선을 만듭니다. 또한 웹사이트와 이메일의 링크 부분도 마우스를 오버하면 밑줄과 텍스트 색이 변하도록 스타일링합니다.

모바일에서는 〈th〉 태그에 해당하는 **유튜브**, **웹사이트**, **이메일**을 모두 보여 줄 필요는 없습니다. 따라서 스크린 리더 기능은 살리되 굳이 화면에는 나타나지 않도록 하고, **before**로 해당 부분에 ▶를 지정해 오른쪽 화살표로 대신 나타내도록 하면 깔끔합니다.

Chapter 16/practice/styles/7-contact.css

```
...
.contact__contacts {
  margin: 0 auto;
  text-align: left;
  color: var(--color-text);
}
.contact__contacts th {
  padding-right: 3em;
  font-size: 0.9em;
  font-weight: bold;
  text-align: right;
  color: var(--color-dark);
  border-right: 4px solid var(--color-light-bd);
}
.contact__contacts img {
  margin-right: 0.1em;
  width: 32px;
  vertical-align: middle;
}

@media (max-width: 768px) {
  ...
  .contact__contacts th {
    position: absolute;
    width: 1px;
    height: 1px;
    padding: 0;
```

```
    margin: -1px;
    overflow: hidden;
    clip: rect(0, 0, 0, 0);
    white-space: nowrap;
    border-width: 0;
  }
  .contact__contacts tr > * {
    padding: 0.6em;
  }
  .contact__contacts td::before {
    content: '▶';
    margin-right: 0.6em;
    font-size: 0.67em;
    opacity: 0.5;
  }
}

@media (min-width: 769px) {
  ...
  .contact__contacts {
    border-spacing: 3em 1em;
  }
  .contact__contacts a:hover {
    color: var(--color-emph);
    text-decoration: underline;
  }
}
```

메시지 남기기

메시지 남기기 영역의 모바일과 PC의 차이는 Flex 레이아웃의 방향 차이밖에 없습니다. display 속성을 inline-flex로 지정해 레이아웃을 배치하고 인풋박스의 **placehoder** 색도 함께 지정합니다. **남기기** 버튼도 초록색으로 마우스 오버 시까지 스타일링한 다음 focus-visible을 지정해 나머지 인풋박스의 아웃라인도 포커싱이 되면 색이 바뀌도록 효과를 줍니다.

모바일에서는 **flex-direction** 속성을 **column**으로 지정해 세로 방향으로 인풋 박스를 나열했습니다. 너비도 모바일에서는 **80vw**, PC에서는 **360px**로 지정해 차이를 주었습니다.

Chapter 16/practice/styles/7-contact.css

```
...
.contact__leave {
  display: inline-flex;
  margin-top: 1em;
  gap: 8px;
}
.contact__leave textarea,
.contact__leave input[type=email] {
  margin: 0;
  font-size: var(--font-size-text);
  border: 2px solid var(--color-light-bd);
}
.contact__leave textarea::placeholder,
.contact__leave input[type=email]::placeholder {
  color: var(--color-lighter);
}

/* 텍스트 인풋의 경우 focus-visible이 focus를 override */
.contact__leave textarea:focus-visible,
.contact__leave input[type=email]:focus-visible {
  border: 2px solid var(--color-sub);
  outline: none;
}
.contact__leave div {
  display: flex;
  flex-direction: column;
  gap: 8px;
}
.contact__leave textarea {
```

```css
    resize: none;
    padding: 0.6em;
}
.contact__leave input[type=email] {
    padding: 0 0.6em;
    height: 48px;
    line-height: 48px;
}
.contact__leave button {
    all: unset;
    height: 64px;
    line-height: 64px;
    color: white;
    background-color: var(--color-sub);
    cursor: pointer;
    transition: all 350ms;
}
.contact__leave button:hover {
    opacity: 0.8;
}
.contact__leave button:focus-visible {
    outline: 4px solid var(--color-sub);
}

@media (min-width: 769px) {
    ...
    .contact__leave {
        flex-direction: column;
    }
    .contact__leave textarea,
    .contact__leave input[type=email] {
        width: 80vw;
    }
}

@media (min-width: 769px) {
    ...
    .contact__leave textarea,
    .contact__leave input[type=email] {
        width: 360px;
    }
}
```

footer.css

마지막 푸터 영역입니다. **8-footer.css** 파일을 열고 다음 코드를 추가합니다. 이 부분에 특별한 기능은 없고 저작권 문구가 들어갈 부분의 스타일링만 해 주면 사이트 완성입니다.

Chapter 16/practice/styles/8-footer.css

```css
footer {
  padding: 2em;
  font-size: var(--font-size-text);
  text-align: center;
  color: white;
  background-color: var(--color-lighter);
}
```

PART 06

시키는 자바스크립트

지금까지 HTML과 CSS만 가지고도 웹사이트를 만들었지만 무언가 허전한 느낌을 지울
수 없습니다. 이제 자바스크립트로 웹 페이지에 숨을 불어넣는 작업을 해야 합니다. 본격
프로그래밍 작업에 머리가 조금 아프더라도, 지금까지 해 온 것처럼 차근차근 단계를 밟아가다
보면 자바스크립트로 여러분의 웹사이트에 날개를 달 수 있을 것입니다.

이렇게까지
설명한다고?

CHAPTER
17

시작하기 전에

실습 환경 구축하기

자바스크립트는 웹 브라우저에서 바로 콘솔을 실행하거나 무료 온라인 에디터를 활용하는 방법, VS Code를 이용하는 방법 등 다양한 경로로 학습할 수 있습니다. 이 책에서는 자바스크립트가 무엇인지 살짝 맛보는 정도의 수준이므로 별도로 프로그램을 설치하지 않고 웹 브라우저에서 환경 설정을 진행하겠습니다.

실습 도구

우리가 그동안 HTML, CSS를 배우면서 사용했던 VS Code나 웹 서핑에 주로 사용하는 크롬, 엣지 등의 웹 브라우저를 사용하면 별도의 프로그램 설치 없이도 자바스크립트를 바로 실습할 수 있습니다. 그 외에 다른 실습 도구는 무엇이 있는지도 함께 알아봅시다.

웹 브라우저 개발자 도구

36쪽에서 알아본 것과 같이 웹 브라우저에는 다양한 종류가 있습니다. 하지만 자바스크립트를 실습할 때는 크롬이나 엣지 브라우저를 사용하는 것을 권장합니다. 자바스크립트를 입력하고 바로 결과를 실행할 수 있는 콘솔 기능은 다른 브라우저도 갖추고 있지만 단축키나 기타 설정값이 브라우저마다 서로 다를 수 있기 때문입니다. 엣지는 크롬을 기반으로 만들어진 브라우저이기 때문에 크롬과 거의 똑같은 개발 경험을 느낄 수 있는 것이 장점입니다. 우리는 다음과 같이 환경을 구축한 후에 실습을 진행하겠습니다.

01 브라우저를 실행하고 단축키 [Ctrl]+[Shift]+[i](맥에서는 [Cmd]+[Option]+[i])를 눌러 개발자 도구를 엽니다.

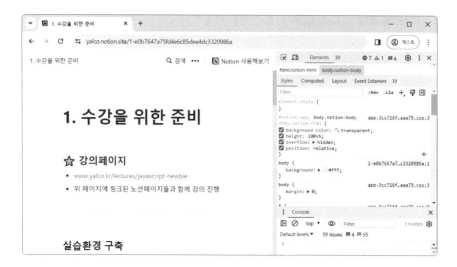

02 상단에 있는 화살표 아이콘(⯈⯈)을 클릭하면 나오는 메뉴에서 **Console**을 선택해 콘솔 창을 엽니다.

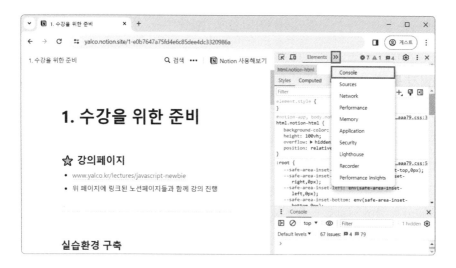

03 오른쪽 상단에 있는 메뉴 아이콘(⫶)을 클릭한 뒤 나오는 창 모양에서 왼쪽 정렬 아이콘 (▥)을 클릭해 콘솔 창을 왼쪽으로 옮깁니다. 이렇게 하면 실행 결과를 더 편리하게 확인할 수 있습니다.

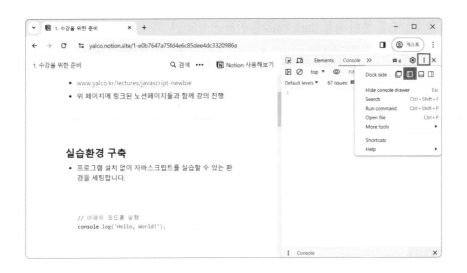

04 왼쪽으로 옮겨진 콘솔 창에 다음과 같은 코드를 입력하고 Enter 키를 눌러 실행합니다.

```
console.log('Hello, World!');
```

05 다음과 같이 콘솔 출력이 완료되었습니다.

F12 키를 눌러도 개발자 도구와 콘솔 창을 한 번에 실행할 수 있습니다.

콘솔에 입력한 내용을 모두 지우고 싶어요! ·····················

앞으로 웹 브라우저의 콘솔 창에서 계속 실습을 진행할 것이므로 이전 코드를 지워야 할 필요가 생기면 Ctrl + L 단축키로 한 번에 코드를 지울 수 있습니다. 맥은 Cmd + L 단축키를 누릅니다.

개발자 화면처럼 콘솔 창을 Dark 테마로 만들고 싶어요! ·······················

콘솔 창의 톱니바퀴 아이콘(⚙)을 클릭해 나오는 설정 화면에서 Settings 〉 Preferences 〉 Theme를 Dark(Default)로 변경하면 됩니다.

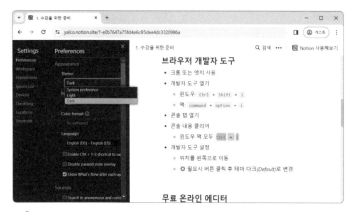

테마색에서 Default를 선택하지 않으면 콘솔 내용이 제대로 표시되지 않는 경우가 있습니다.

무료 온라인 에디터

구글에 **free online javascript editor**를 입력 후 검색하면 유용한 온라인 에디터 프로그램이 많이 나옵니다. 그중 대표적인 것들을 함께 소개합니다.

JSFiddle은 HTML, CSS, 자바스크립트 파일과 실행 결과를 하나의 창에서 입력 및 실행하는 것이 가능합니다.

URL https://jsfiddle.net

콘솔 창이 나타나지 않는다면 Settings에서 Console in the editor 기능을 껐다가 다시 켜 보세요.

Online JavaScript Compiler는 오로지 자바스크립트만 집중해서 학습할 수 있는 도구입니다. 왼쪽 창에 코드를 입력하고 Run 버튼을 클릭하면 오른쪽에서 바로 실행 결과를 확인할 수 있습니다.

URL https://www.programiz.com/javascript/online-compiler

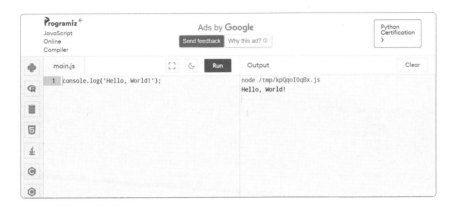

JavaScript Playground도 콘솔 창과 실행 결과를 한 번에 볼 수 있어 편리합니다.

URL https://playcode.io

VS Code

지금까지 실습할 때 사용한 **VS Code**를 이용해도 좋습니다. 다음과 같이 HTML, CSS, JS 파일을 만들고 〈link〉 태그를 통해 CSS 코드를, 〈script〉 태그를 통해 자바스크립트 코드를 연결하면 됩니다.

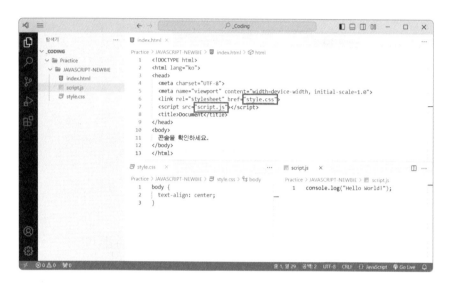

이처럼 콘솔을 활용해 자바스크립트의 기본 기능을 익히면 앞서 제작한 여러분의 웹사이트에 자바스크립트를 적용할 수 있습니다.

49 콘솔과 주석 활용하기

학습 목표

본격적인 학습을 진행하기 전에 자바스크립트에서 콘솔을 활용하는 방법과 주석에 대해 알아보겠습니다. 브라우저의 콘솔 기능을 활용하는 장점과 주석을 사용할 때의 유의 사항을 익혀 앞으로 코드를 작성할 때 손에 익을 수 있도록 합니다.

콘솔

콘솔console은 파이썬 등과 같은 언어의 print와 같은 역할을 합니다. 즉, **최종 사용자가 아닌 개발자를 위한 메시지 출력을 목적으로 하며, 주로 개발 도중에 중간 결과를 확인하기 위한 디버깅 등에 사용합니다.**

콘솔은 다음과 같이 () 안에 출력할 내용을 텍스트나 숫자 등으로 입력합니다. 많은 프로그래밍 언어에서는 명령문 뒤에 세미콜론(;)을 붙이지만 자바스크립트에서는 반드시 붙이지 않아도 잘 작동합니다. 그러나 여러 오류가 발생할 상황을 대비해 가능하면 정석대로 붙여서 사용하는 것을 권장합니다.

```
console.log('출력할 값');
```

콘솔 기능의 장점은 괄호 안에 쉼표(,)를 사용해 여러 데이터를 한 번에 출력 가능하다는 것입니다. 보통 다른 언어에서는 다수의 값을 출력하려면 명령문을 각각 하나씩 작성해야 하는데, 자바스크립트의 콘솔은 쉼표로 한 번에 명령을 실행할 수 있어 매우 편리합니다.

```
> console.log(1, 2, 3);
  1 2 3                    51-3783436a3f5768d6.js:1
< undefined
>
```

브라우저의 콘솔 기능을 사용하면 복합적인 배열이나 객체 등 복잡한 로그를 출력했을 때 다음과 같이 화살표(▼)를 펼쳐서 세부 내용을 확인할 수도 있습니다. 이는 자바스크립트를 깊이 있게 학습할 때 그 원리를 알 수 있어 굉장히 유용합니다.

```
> console.log([true, false], {a:1, b:2});
                        51-3783436a3f5768d6.js:1
▼ (2) [true, false] ⓘ
    0: true
    1: false
    length: 2
  ▼ [[Prototype]]: Array(0)
    ▶ at: ƒ at()
    ▶ concat: ƒ concat()
    ▶ constructor: ƒ Array()
    ▶ copyWithin: ƒ copyWithin()
    ▶ entries: ƒ entries()
    ▶ every: ƒ every()
    ▶ fill: ƒ fill()
    ▶ filter: ƒ filter()
    ▶ find: ƒ find()
```

또한 다음과 같이 콘솔 그 자체를 출력할 수도 있습니다. 콘솔 역시 여러 기능을 가진 하나의 데이터 객체이므로 로그를 출력하면 그 안의 세부 구조도 상세히 파악할 수 있습니다.

```
> console.log(console);
                        51-3783436a3f5768d6.js:1
  console {debug: ƒ, error: ƒ, info: ƒ, log:
▼ ƒ, warn: ƒ, …} ⓘ
    ▶ assert: ƒ (...e)
    ▶ clear: ƒ clear()
    ▶ context: ƒ context()
    ▶ count: ƒ count()
    ▶ countReset: ƒ countReset()
    ▶ createTask: ƒ createTask()
    ▶ debug: ƒ (...e)
    ▶ dir: ƒ dir()
    ▶ dirxml: ƒ dirxml()
    ▶ error: ƒ (...e)
    ▶ group: ƒ group()
    ▶ groupCollapsed: ƒ groupCollapsed()
```

주석

주석은 모든 프로그래밍 언어에서 활용하는 개념으로, **컴퓨터가 무시하는 메시지입니다.** 자바스크립트에서는 **//**를 사용해 컴퓨터가 아닌 코드를 읽는 사람(작성자 본인, 협업자, 기타 사용자 등)을 위한 메시지를 작성하면 컴퓨터가 이를 건너뛰고 실행합니다. 단축키(윈도우 Ctrl + /, 맥 Cmd + /)를 이용하는 방법도 있습니다.

```
console.log('Hello');

// 컴퓨터야, 너한테 하는 말이 아니야.

console.log('World');
```

// 다음에 한 칸을 띄우지 않아도 무방하지만, 깔끔한 코드를 위해 한 칸씩 띄우는 것을 권장합니다.

만약 주석을 작성하지 않고 콘솔을 실행시키면 다음과 같이 오류가 발생합니다.

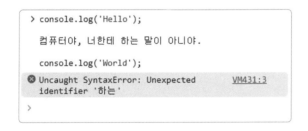

가로로 매우 길어지는 코드는
좋은 코드가 아닙니다.

주석은 다음과 같이 코드의 오른쪽에도 작성할 수 있습니다.
코드와 주석이 짧을 때 활용하면 좋겠죠?

```
console.log(true); // 코드의 오른쪽에도 작성할 수 있음
```

주석은 코드를 간단하게 비활성화하는 데도 사용할 수 있습니다. 다른 기능이 먼저 완성된 후에 작동되게 한다거나, 코드 활용에 대한 가이드 메시지를 작성하는 데도 활용할 수 있습니다.

```
// console.log(false);
```

한 줄이 아닌 여러 줄의 주석은 다음과 같이 **/* ~ */**을 사용하여 작성합니다. 하지만 이 방법보다는 여러 줄 전체를 선택한 다음 단축키 **//**로 한 번에 지정하는 방법을 권장합니다. 이렇게 하면 중간에 어떤 한 줄을 주석 해제해야 하는 상황이 생길 때 훨씬 용이하기 때문입니다.

```
console.log(1);

/*
여러 줄의 주석을
작성하는 방법입니다.
하지만 이 방법보다는...
*/

console.log(2);
```

```
console.log(1);

// 여러 줄의 주석을
// 작성하는 방법입니다.          ←  전체를 선택한 다음 단축키 //로 한 번에 지정합니다.
// 하지만 이 방법보다는...

console.log(2);
```

얄코의 친절한 JavaScript 노트

1 개발자 도구 단축키

- 웹 브라우저에서 개발자 도구 실행: (윈도우) `Ctrl` + `Shift` + `i`

  (맥) `Cmd` + `Option` + `i`

- 콘솔에 입력한 내용 모두 지우기: `Ctrl` + `L`

2 콘솔 출력하기

```
console.log('출력할 값');
```

- 괄호 안에 쉼표(,)를 사용하여 여러 데이터를 한 번에 출력 가능

3 주석 활용하기

```
console.log(1); // 한 줄 주석 입력하기
```

```
console.log(1);

/*
여러 줄의 주석
입력하기
*/

console.log(2);
```

- 주석 입력 및 해제 단축키: (윈도우) `Ctrl` + `/`

  (맥) `Cmd` + `/`

CHAPTER
18

자바스크립트
기본 지식 알기

변수와 상수에 데이터 담기

자바스크립트를 사용하여 프로그래밍을 할 때는 데이터를 변수와 상수라는 주머니를 만들어 그 안에 넣어서 사용합니다. 이때 변하지 않는 값이라면 변수를, 고정된 값이라면 상수를 사용합니다. 변수와 상수를 사용하면 복잡한 반복문 작성이나 코드 수정을 간편하게 처리할 수 있으므로 반드시 개념을 익혀 두어야 합니다.

변수와 상수

어떤 의미를 가진 하나의 데이터가 여러 곳에서 사용될 때 변수나 상수를 사용하면 코드 작성이 간편해집니다. 이때 **값을 저장하고 변경할 수 있는 것을 변수**, 똑같이 값을 저장하지만 변하지 **않는 고정된 값을 담는 것을 상수**라고 합니다.

다음은 변수와 상수를 선언한 코드입니다. 해석하면 **darkModeOn**라는 주머니에 **true**라는 값이, **PI**(원주율)라는 주머니에 **3.1415926535**라는 값이 들어 있다는 뜻입니다. 여기서 **darkModeOn**은 **let**을 사용한 변수, **PI**는 **const**를 사용한 상수라고 부릅니다. 이처럼 변수와 상수는 이름을 통해 어떤 데이터에 의미를 부여하는 역할도 할 수 있습니다.

```
let darkModeOn = true;
const PI = 3.1415926535;
```

변수를 사용하면 수정 내용을 코드 전체에 동일하게 적용해야 할 때 변수만 바꿔 주면 되어 무척 편리합니다. **darkModeOn**의 **true**를 **false**로 바꾸면 **darkModeOn**을 사용한 코드에 들어가는 값이 모두 바뀌는 것이죠. 반면 고정된 값을 여러 곳에서 사용할 때는 상수를 사용합니다.

변수를 선언할 때는 var를 사용하지 않나요?

ES6 버전 이전에는 자바스크립트에서 변수를 선언할 때 var라는 명령어를 사용했습니다. 특히 인터넷 익스플로러가 있던 시절에는 어쩔 수 없이 사용했었죠. 자바스크립트 초창기에는 이것이 굉장히 불안정해 오류의 원인으로 작용했습니다. 하지만 오늘날 ES6 버전 이후부터는 앞으로 배울 let과 const가 var를 대체한다는 것을 기억하세요.

```
var x = 1;        이렇게 하면 같은 이름의 변수를 두 번 선언할 수 있는 등
var y = 2;        코드를 불안정하게 만드는 원인이 됩니다.

console.log(x, y);
```

이제 직접 변수와 상수를 작성해 보겠습니다. 간단히 말해 **let**은 변수를 만드는 키워드, **const**는 상수를 만드는 키워드입니다.

미토의 참견

const는 constant의 약자입니다.

키워드	의미	특징
let	변수를 선언	넣은 데이터를 바꿀 수 있습니다.
const	상수를 선언	넣은 데이터를 바꿀 수 없습니다.

let

다음 코드는 **a**라는 주머니에 **1**이라는 데이터를 담는다는 뜻입니다. 프로그래밍에서 등호(=)는 단순히 같다는 뜻이 아니라 왼쪽에 오른쪽의 값을 넣는다고 이해해야 합니다. 따라서 콘솔로 **a**를 출력하면 **let** 변수 선언을 통해 담긴 **1**이라는 결과가 나옵니다.

```
let a = 1; // a란 주머니에 1이라는 데이터를 담기
console.log(a);
1
```

b라는 주머니에 **a**라는 주머니 안에 든 값을 넣어 보겠습니다. **a** 주머니와 **b** 주머니의 값이 각각 **1**로 출력되었습니다. 오른쪽에 있는 **a**라는 주머니의 값을 왼쪽에 있는 **b** 주머니에 넣어 줬다고 보면 됩니다.

```
let b = a; // 한 주머니 안에 든 데이터를 다른 주머니로
console.log(a, b);
```
```
1 1
```

이번에는 let을 붙이지 않고 **a** 주머니에 **2**를 넣었습니다. 왜냐하면 **a**라는 주머니가 이미 만들어져 있기 때문입니다. 그러면 **a** 주머니에 원래 들어가 있던 값이 **2**로 바뀌었기 때문에 출력 결과도 **2**로 나오는 것을 볼 수 있습니다.

```
a = 2; // 주머니 안에 든 데이터 변경
console.log(a, b);
```
```
2 1
```

변수는 let 키워드를 이용하여 주머니를 만드는 코드와 주머니에 값을 넣는 코드를 따로따로 작성할 수 있습니다. 변수는 만들어진 이후 상태가 바뀔 수 있기 때문입니다.

이번에는 **a**에 **안녕하세요.**라는 문자열을, **b**에는 **true**라는 불리언(참/거짓) 값을 넣었습니다. 출력 결과를 보면 **a**와 **b**에 들어 있는 값이 성공적으로 바뀐 것을 확인할 수 있습니다. let을 붙이지 않았기 때문에 새로운 주머니를 만드는 것이 아니라 주머니 안에 있는 값만 바뀌었습니다.

```
a = "안녕하세요.";
b = true;

console.log(a, b);
```
```
안녕하세요. true
```

자바나 C 등 다른 프로그래밍 언어를 배운 분들은 이 지점에서 약간 놀랄 수 있습니다. a에 처음 넣었던 숫자와 그 이후에 넣었던 텍스트는 데이터의 종류, 즉 자료형이 다르기 때문입니다. 그러나 자바스크립트나 파이썬 등의 언어는 데이터의 종류에 있어 다른 언어만큼 엄격한 기준을 적용하지는 않습니다.

const

상수는 **const** 키워드를 사용하여 다음과 같이 선언합니다. **A**라는 주머니에 상수 **1**을 넣고 출력하면 **1**이라는 결과가 나옵니다.

```
const A = 1; // 상수는 보통 대문자로 명명
console.log(A);
1
```

상수는 소문자로 명명한다고 해서 오류가 나지는 않습니다. 하지만 일반적으로 프로그래밍에서는 변수는 소문자, 상수는 대문자로 이름을 짓습니다.

여기에 다른 값을 넣으려고 하면 오류가 발생해 코드가 실행되지 않습니다. 따라서 **어떤 데이터가 절대 바뀌면 안 되는 값을 가져야 한다면 const 키워드를 사용해 상수를 선언하면 됩니다.**

```
A = 2; // 오류 발생
Uncaught TypeError: Assignment to constant variable.
    at <anonymous>:1:3
```

다른 주머니를 만들어 덮어씌울 수 있나요?

변수나 상수로 한 번 만든 주머니와 같은 이름의 주머니를 다시 선언하여 만들면 다음과 같이 실행 오류가 발생합니다. 따라서 주머니의 값을 바꾸고 싶다면 let 키워드를 빼고 변수를 새로 지정하면 됩니다.

```
let c = 1;
let c = 2; // 오류 발생
Uncaught SyntaxError: Identifier 'c' has already been declared
```

식별자 명명 규칙

지금까지 배운 변수나 상수, 그리고 앞으로 배울 함수나 클래스 등의 이름(식별자)을 짓는 데는 지켜야 할 규칙이 있습니다. 규칙이란 지키지 않으면 오류가 발생한다는 것을 의미합니다.

- 영문, 한글 및 유니코드(대부분의 문자 표현) 글자, 숫자 사용 가능
- 특수문자는 & 또는 _ 사용 가능
- 숫자로 시작할 수 없음
- 공백(스페이스) 사용 불가
- 예약어 사용 불가

예약어가 무엇인가요?

예약어란 let, const와 같이 프로그래밍 언어에서 이미 역할이 지정된 키워드를 말합니다. 프로그래밍을 배우다 보면 자주 접하면서 자연스럽게 알 수 있을 것입니다. 대표적으로는 다음과 같은 것들이 있으며, mdn 문서에서 keywords를 검색하면 더 자세한 내용을 볼 수 있습니다.

- break
- case
- class
- const

- default
- false
- import
- new

- null
- return
- this
- true

기본 자료형과 연산자

자료형은 자바스크립트뿐만 아니라 어떤 언어를 다룰 때에도 기본으로 익혀야 하는 중요한 개념입니다. 자료형에는 어떤 것들이 있는지, 그리고 이와 함께 사용할 수 있는 연산자는 무엇인지 살펴보겠습니다. 다른 언어와는 조금 다른 자바스크립트만의 특징이 무엇인지도 찾아보세요.

자료형

프로그래밍에는 숫자, 텍스트, 참/거짓, 복합 등 굉장히 다양한 종류의 데이터가 사용됩니다. 또한 각 데이터마다 필요로 하는 메모리 용량도 다릅니다. 그러나 자바스크립트와 같은 동적 자료형을 가진 언어는 이러한 자료형에 대한 기준이 엄격한 편은 아닙니다. 앞서 잠깐 살펴본 것처럼 숫자를 넣었던 변수에 텍스트를 넣을 수도 있고, 나중에 배울 함수에 여러 가지 데이터를 넣을 때에도 상대적으로 제약이 없는 편입니다.

그럼 이제부터 자바스크립트에서 사용하는 기본적인 자료형을 하나씩 알아보겠습니다.

boolean

boolean(불리언)은 참/거짓 여부를 가리는 자료형입니다. true이면 참, false이면 거짓이라는 두 개의 값만 가지고 있습니다. 사용 방법은 다음과 같습니다.

let 키워드를 이용하여 bool1, bool2 두 개의 주머니를 만든 후 각각 참과 거짓이라는 값을 넣었습니다. 콘솔로 출력하면 true와 false가 결괏값으로 나옵니다.

```
let bool1 = true; // 참
let bool2 = false; // 거짓

console.log(bool1, bool2);
```
```
true false
```

typeof 연산자는 뒤에 어떤 데이터나 자료형을 붙여도 그 데이터의 자료형이 무엇인지를 알려 줍니다. 이 상태에서 **typeof** 연산자를 활용해 해당 데이터의 자료형을 반환하면 **boolean**이라는 결괏값이 나옵니다.

미로의 참:견

프로그래밍에서 '반환한다'는 것은 '바꿔 쓸 수 있다'라고 기억하면 됩니다.

```
console.log(typeof bool1);
```
```
boolean
```

브라우저 개발자 도구에서는 출력할 내용을 console.log(…) 안에 넣지 않아도 값을 바로 보여 줍니다.

불리언 자료형은 다음과 같이 비교 연산의 결괏값을 낼 때도 많이 사용됩니다. 1이 2보다 작거나 큰 경우의 참과 거짓을 분별할 때 그 결과를 **true** 또는 **false**로 나타내는 것입니다.

```
const bool3 = 1 < 2;
const bool4 = 1 > 2;

console.log(bool3, bool4);
```
```
true false
```

불리언 자료형과 함께 쓰이는 ! 연산자는 뒤에 오는 불리언 값의 반대 값을 반환합니다. 즉, bool5는 true의 반대 값인 **false**, bool6은 bool5의 반대 값인 **true**, bool7은 다시 bool6의 반대의 반대 값인 **true**가 반환되는 것이죠.

미로의 참:견

! 연산자는 true를 false로, false를 true로 바꿔줍니다.

```
let bool5 = !true;
let bool6 = !bool5;
let bool7 = !!bool6;

console.log(bool5, bool6, bool7);
```
```
false true true
```

number

number(숫자)는 말 그대로 숫자로 된 자료형입니다. C나 자바 등의 프로그래밍 언어들은 정수
자료형과 실수 자료형을 구분하지만, 자바스크립트는 모든 숫자를 정수와 실수 구분 없이 하나의
숫자 자료형으로 간주합니다. 다음과 같이 코드를 입력하면 **2**의 자료형인 **number**가 결괏값으
로 나옵니다.

```
let num1 = 10; // 정수
let num2 = 3.14; // 실수

console.log(typeof 2);
```
```
number
```

숫자 자료형은 덧셈, 뺄셈, 곱셈, 나눗셈의 사칙연산도 가능합니다. 숫자 리터럴끼리의 연산은
물론 리터럴과 변수 또는 상수 간의 연산도 가능합니다. 또한 숫자 값을 가지고 있는 변수나 상수
끼리의 계산도 할 수 있습니다.

```
// 사칙연산
console.log(1 + 2);
console.log(3 - num1);
console.log(num1 * num2);
console.log(num1 / num2);
```
```
3
-7
31.400000000000002
3.184713375796178
```

> 🐚 **리터럴**(literal)이란 변수에 들어 있지 않은 순수 데이터를 의미합니다.

사칙연산 외에도 **%**는 어떤 값을 나눈 몫의 나머지를 구하는 연산입니다. **10**을 **3**으로 나누면 나머지가 **1**이 되겠죠?

```
console.log(10 % 3); // 나머지를 구하는 연산
1
```

연산자	설명	연산자	설명
+	더하기	*	곱하기
−	빼기	/	나누기
!	반대	%	나머지

다음 코드를 살펴봅시다. 앞에서 지정한 **num1**, **num2**를 바탕으로 새롭게 **num3**을 연산해 값을 반환하겠습니다. 일반 수학과 마찬가지로 프로그래밍에서도 덧셈, 뺄셈보다 곱셈, 나눗셈이 우선 순위를 가지며, 괄호를 사용하면 이보다 더 높은 우선 순위를 갖게 됩니다. 따라서 **num3**은 $(10+3.14) \times 10$이 되어 **131.4**라는 결괏값이 나옵니다.

```
// 위의 연산들은 값을 반환
const num3 = (num1 + num2) * 10;

console.log(num3)
131.4
```

string

string(문자)은 말 그대로 문자열로 된 자료형입니다. C나 자바 등의 프로그래밍 언어들은 문자열 자료형을 표시할 때 작은따옴표(')나 큰따옴표(")를 구분하지만 자바스크립트에서는 이마저도 구분하지 않습니다. 따라서 어떤 따옴표를 사용하더라도 모두 문자열 자료형으로 인식한다고 생각하면 됩니다. 따옴표 안에는 한글은 물론 숫자나 알파벳, 이모지 등 유니코드로 표현할 수 있는 모든 문자가 들어갈 수 있습니다.

미로의 참견

123과 '123'은 달라요!

자바스크립트

```
// 작은따옴표 또는 큰따옴표로 둘러쌈
const str1 = 'Hello';
const str2 = "월드 🌐"; // 비알파벳 문자 및 이모지 등 표현 가능

console.log(typeof '안녕하세요~');
console.log(typeof '1'); // 따옴표로 감싼 숫자는 문자열
```
```
string
string
```

문자열 자료형도 덧셈 연산이 가능합니다. 다음과 같이 **더하기 연산자(+)를 사용하면 각 문자열을 이어붙인 값을 반환합니다.**

```
let str3 = str1 + ' World!';
console.log(str3);
```
```
Hello World!
```

변수를 사용하면 이러한 덧셈도 가능합니다.

```
str3 = str3 + " 😀";
console.log(str3);
```
```
Hello World! 😀
```

undefined와 null

자바스크립트에서 무언가 없다는 것을 나타낼 때는 undefined나 null이라는 두 가지 자료형을 사용하는데, 의미하는 바와 성격은 서로 조금 다릅니다.

undefined는 주머니에 무엇이 들어 있는지 명시되지 않은 상태를 나타냅니다. 즉, 변수에 무엇이 들었는지 값이 지정되지 않아 나올 데이터가 없는 상태이죠. 반면 **null은 주머니가 비어 있다고 지정된 상태를 뜻합니다.** 값을 모르는 상태와 아예 비어 있는 상태는 다르다는 것을 기억하며 구분하면 됩니다.

미로의 참:견

undefined는
"여길 왜 열어봐?"
null은 "여긴 비어 있어."

다음과 같이 **x**라는 주머니를 만들었지만 아무런 값도 넣지 않은 상태에서 콘솔을 출력하면 무슨 값을 꺼내야할지 몰라 **undefined**를 출력합니다. 이때 **typeof**을 붙이면 **'undefined'**라는 따옴표로 감싼 문자열 자료형 형태로 나타나는 것을 볼 수 있습니다.

```
let x;
console.log(x, typeof x); // typeof가 반환하는 값은 문자열
undefined 'undefined'
```

그렇다면 이제 **x**에 값을 넣고 출력해 보겠습니다. **1**을 넣었더니 그대로 잘 출력되었습니다. 이어서 주머니를 비운 다음 **x**라는 주머니가 비어 있다는 사실을 프로그램에 정보로 남기고자 합니다. **x**에 **null**을 지정한 다음 출력하면 데이터가 비어 있는 상태, 즉 **null**로 출력됩니다. 그런데 이 값의 형식을 알아보기 위해 **typeof**를 붙이면 **'object'**라는 엉뚱한 값이 나타납니다. 이것은 자바스크립트의 초기 설계가 부실했기 때문으로 추정됩니다.

```
x = 1;
console.log(x);

x = null;
console.log(x, typeof x); // null의 타입은 'object'로 반환 - 초기 설계 부실
1
null 'object'
```

🐛 어떤 데이터가 null인지 여부는 typeof로는 알 수 없고 이후에 배울 x === null; 구문으로 확인할 수 있습니다.

부실 공사를 그대로 놔둬도 되나요?

자바스크립트는 웹사이트에서 사용하는 언어입니다. 따라서 이전에 제작한 내용을 바꿔 버리면 이전 버전의 자바스크립트를 기반으로 만든 웹사이트에 전부 문제가 생기게 됩니다. 따라서 자바스크립트는 기능에 문제가 생기면 해당 기능을 고치는 대신 다른 더 좋은 기능을 만들어 덮는 식으로 발전해 왔다는 것을 알아 두세요.

연산자

앞서 자료형과 함께 배운 typeof, !, %, 사칙 연산자 외에도 추가로 알아볼 만한 연산자들을 살펴보겠습니다.

비교 연산자

비교 연산자는 말 그대로 왼쪽과 오른쪽에 있는 항목을 비교한 값을 boolean으로 반환하는 연산자입니다. 여기에는 다음과 같은 종류가 있습니다.

연산자	설명	연산자	설명
==	자료형에 관계없이 같은 (값으로 치환될 수 있는) 값	!=	==의 반대
===	자료형도 값도 같음	!==	===의 반대

다른 프로그래밍 언어도 마찬가지로 **==** 연산자는 양쪽의 값을 비교하여 같으면 **true**, 다르면 **false**를 반환합니다. 그런데 자바스크립트에서는 특이하게 **===** 연산자가 추가로 있습니다. 앞서 자바스크립트가 자료형에 그렇게 엄격하지 않다는 것을 살펴봤죠? 자바스크립트에서는 서로 자료형이 달라도 같은 값으로도 치환될 수 있으므로 여기에 자료형까지 같은 경우를 구분하는 연산자를 하나 더 추가한 것입니다.

미로의 참:견

== 연산자는 양쪽 자료형이 달라도 같은 값으로 쳐줄 수 있다고~

상수가 다음과 같은 값을 갖고 있을 때 **==** 연산자로 비교한 결과를 확인해 보세요. **a**와 **d**는 같은 자료형이지만 값이 완전히 다르기 때문에 **a == d**의 결과는 **false**가 나온 것을 알 수 있습니다.

```
const a = 1;
const b = 1;
const c = '1';
const d = 2;

console.log(a == b, a != b);
console.log(a == c, a != c);
console.log(a == d, a != d);
```
```
true false
true false
false true
```

1과 '1'은 각각 숫자열과 문자열로 자료형이 다르지만 자바스크립트에서는 같은 값으로 인정됩니다. 따라서 **a**와 **c**를 **==**로 비교하면 **true**가 나옵니다. 하지만 **a**와 **c**에 **===** 연산자를 사용하면 값은 같지만 자료형이 다르기 때문에 결괏값으로 **false**가 나옵니다. **!**를 붙이면 반대의 값이 나오겠죠.

```
console.log(a === c, a !== c);
false true
```

양쪽의 크기를 비교하는 부등호 연산자는 간단합니다. 이때 부등호(〉, 〈)가 등호(=)보다 앞에 온다는 것을 기억하세요.

연산자	설명	연산자	설명
〉	오른쪽보다 크다	〈	오른쪽보다 작다
〉=	오른쪽보다 크거나 같다	〈=	오른쪽보다 작거나 같다

```
console.log(a > b, a >= b, a <= b);
false true true
```

```
console.log(a > d, a < d, a <= d);
false true true
```

문자열도 마찬가지로 자료형과 값을 비교할 때는 **==**이나 **===** 연산자를 사용합니다. 변수 **str1**에 **ABC**라는 문자열이 저장되어 있기 때문에 결괏값으로 **true**가 나왔습니다.

```
const str1 = 'ABC';
const str2 = 'DEF';

console.log(str1 === 'ABC');
true
```

단, 문자열의 경우는 사전(알파벳) 순서상 뒤에 오는 것을 더 크다고 인식합니다.

```
// 문자열의 경우 사전 순서상 뒤로 오는 쪽이 더 크다고 인식
console.log(str1 > str2, str1 < str2);
```
```
false true
```

부수 효과를 일으키는 연산자

지금까지 살펴본 연산자는 변수의 값을 서로 비교만 했지 값 자체를 바꾸지는 않았습니다. 그런데 연산자를 사용만 해도 해당 변수의 값을 바꿔버리는 것이 있습니다. 이를 **부수 효과를 일으키는 연산자**라고 하며, 종류는 다음과 같습니다.

연산자	설명	연산자	설명
++	값을 1씩 증가	--	값을 1씩 감소
변수++	값을 증가시키지 않은 채 사용	++변수	값을 증가시킨 채 사용

++는 피연산자의 개수가 하나인 단항 연산자로, **어떤 값의 이전 또는 이후에 붙이면 해당 값을 1씩 증가시킵니다.** 반대로 1씩 감소시키려면 --를 사용하면 되겠죠?

그런데 ++의 위치를 어디에 붙이느냐에 따라 결과가 달라집니다. 변수 뒤에 ++를 붙이면 당장은 원래의 값을 증가시키지 않은 채 사용한다는 것을 의미합니다. 반대로 변수 앞에 ++를 붙이면 1을 먼저 증가시킨 채 변수를 사용합니다.

미토의 참:견

C++도 C 언어를 한 단계 업그레이드시킨다는 의미에서 ++를 사용한 것입니다.

코드를 통해 살펴보겠습니다. **num1**이라는 변수에 **1**을 넣고 콘솔로 출력하면서 뒤에 **++**를 붙이면 당장은 원래의 값을 증가시키지 않았으므로 **1**을 그대로 출력합니다. 그 뒤 **num1**을 다시 출력하면 이때는 ++로 인해 1이 증가된 상태이므로 **2**라는 결괏값이 나옵니다.

```
let num1 = 1;

console.log(num1++);
console.log(num1);
```
1
2

이 상태에서 **++**를 **num1** 앞에 붙이면 현재 num1 값에 1을 먼저 증가시킨 상태에서 출력하는 것이므로 2 + 1 = **3**이 출력됩니다. 그 후에 다시 **num1**을 출력하면 별다른 변화가 없으니 다시 **3**이 출력되겠죠.

```
console.log(++num1);
console.log(num1);
```
3
3

한 번 더 연습해 보겠습니다. 변수 **num2**와 **num3**에 값을 지정한 뒤 **num4**를 연산한 결과를 각각 출력했습니다. **num4**에서 연산할 때 들어간 **num2**는 **--** 가 뒤에 붙었기 때문에 연산 당시에는 2라는 값을 그대로 가지고 있습니다. 반면 **num3**는 **--** 가 앞에 붙어 3에서 1을 뺀 상태로 곱해지기 때문에 2가 되어 **num4**의 결괏값은 2 × 2 = **4**가 됩니다.

```
let num2 = 2;
let num3 = 3;

let num4 = num2-- * --num3;

console.log(num2, num3, num4);
```
1 2 4

할당 산술 연산자

할당 산술 연산자란 사용되는 변수에 새로이 연산된 값을 할당하는 연산자입니다. 그 종류와 의미를 살펴보면 다음과 같습니다.

연산자	의미	설명
x += y	x = x + y	x 값을 y만큼 증가시킵니다.
x -= y	x = x - y	x 값을 y만큼 감소시킵니다.
x *= y	x = x * y	x 값을 y만큼 곱합니다.
x /= y	x = x / y	x 값을 y만큼 나눕니다.
x %= y	x = x % y	x 값을 y만큼 나눈 나머지를 구합니다.
x **= y	x = x ** y	x 값을 y만큼 제곱한 값을 구합니다.

다음과 같이 **x**라는 변수에 **3**을 지정한 뒤 **+=** 연산자로 **2**를 입력하면 **x**를 2만큼 증가시킨다는 뜻입니다. 따라서 결과를 출력하면 3 + 2 = **5**가 됩니다.

```
let x = 3;

x += 2;
console.log(x);
5
```

다른 연산도 마찬가지로 **x** 변수를 **y**만큼 변화시킵니다.

```
x -= 3;
console.log(x);
2
```

```
x *= 12;
console.log(x);
24
```

```
x /= 3;
console.log(x);
8
```

```
x %= 5;
console.log(x);
3
```

```
x **= 4;
console.log(x);
81
```

문자열 자료형은 할당 산술 연산자로 **+=**만 가능합니다. 따라서 다음과 같이 **str3** 변수를 **안녕**으로 지정한 후 **+=** 뒤에 **하세요**를 붙이면 해당 문자열을 서로 이어붙인 결과로 출력됩니다.

```
// 문자열은 += 만 가능
let str3 = "안녕";
str3 += '하세요';

console.log(str3);
```
안녕하세요

boolean 관련 연산자

프로그래밍에서 굉장히 중요하게 사용되는 연산자로 **&&**와 **||**이 있습니다.

연산자	의미	설명
&&	AND	양쪽이 모두 true일 때만 true 반환
||	OR	한쪽만 true면 true 반환

코드를 보면 이해가 쉽습니다. 양쪽 중 어느 한쪽이라도 false면 **&&**는 **false**를 반환합니다.

```
console.log(
  true && true,
  true && false,
  false && true,
  false && false,
);
```
true false false false

반면 **||**는 둘 다 false인 경우만 제외하고 어느 한쪽이라도 true면 **true**를 반환합니다.

```
console.log(
  true || true,
  true || false,
  false || true,
  false || false,
);
```
true true true false

자바스크립트

다음과 같이 **z**가 **14**인 경우 다음 연산에서 왼쪽 값은 true, 오른쪽 값은 false를 반환하기 때문에 **||** 연산자를 작용하면 최종적으로 **true**가 반환됩니다.

```
let z = 14;

console.log(
  (z > 10 && z <= 20) || z % 3 === 0
);
true
```

z가 **6**인 경우는 어떨까요? 왼쪽 값은 false, 오른쪽 값은 true를 반환하기 때문에 **||** 연산자를 작용하면 최종적으로 **true**가 반환됩니다.

```
let z = 6;

console.log(
  (z > 10 && z <= 20) || z % 3 === 0
);
true
```

z가 **25**인 경우에는 양쪽 값 모두 false가 나오므로 최종적으로 **false**가 반환됩니다.

```
let z = 25;

console.log(
  (z > 10 && z <= 20) || z % 3 === 0
);
false
```

삼항 연산자

삼항 연산자는 피연산자의 개수가 세 개인 연산자로, 가장 먼저 불리언 값을 반환하는 조건이 먼저 나온 후 참과 거짓일 때 반환할 값을 각각 지정해 줍니다. 그리고 해당 조건이 참이라면 참일 때 반환할 값을, 거짓이라면 거짓일 때 반환할 값을 그대로 반환합니다.

```
(조건) ? (참일 때 값) : (거짓일 때 값)
```

다음 코드를 보면 **bool1** 변수에 **true**가 지정되어 있고, 삼항 연산식을 살펴보면 bool1이라는
조건이 true이기 때문에 **참**을 반환한 것을 볼 수 있습니다.

```
let bool1 = true;
let result = bool1 ? '참' : '거짓';

console.log(result);
참
```

반대로 **bool1** 변수에 **false**가 지정되면 조건에 따라 **거짓**을 반환합니다.

```
let bool1 = false;
let result = bool1 ? '참' : '거짓';

console.log(result);
거짓
```

또한 콘솔에 특정 문자열을 입력하고 조건을 만족하는지 여부에 따라 true 또는 false를 반환시
킨 값을 덧셈 연산식으로 이어붙여 문장을 완성할 수도 있습니다.

```
let num5 = 103247;

console.log(
  'num5는 3의 배수' + (num5 % 3 === 0 ? '입니다.' : '가 아닙니다.')
);
num5는 3의 배수가 아닙니다.
```

52 객체와 배열

이번 시간에는 프로그래밍에서 자료를 다룰 때 사용하는 중요한 개념인 객체와 배열에 대해 알아보겠습니다. 다른 프로그래밍 언어에서는 배열이 더 단순한 형태이기 때문에 먼저 다루는 경우가 많은데, 자바스크립트는 독특하게도 배열이 객체의 한 종류입니다. 따라서 우리는 이 객체부터 먼저 살펴보겠습니다.

객체

지금까지 배운 숫자, 문자열, 불리언 등을 **원시 자료형**이라고 합니다. 즉, 각 자료형이 단 하나의 데이터만 가지고 있는 형태이죠. 그런데 **프로그래밍에서는 데이터 여러 개를 함께 묶어서 사용하는 복합 자료형도 사용합니다.** 자바스크립트에서는 원시 자료형 외의 모든 데이터가 이에 해당됩니다. 예를 들어 다음과 같은 형태의 조합을 **프로퍼티**property라고 합니다. 객체는 이러한 프로퍼티로 구성되어 있습니다.

```
키 : 값
```

예를 들어 **person1**이라는 상수를 지정한다고 하면 중괄호 **{ }** 안에 이름, 나이, 결혼 여부를 **(키) : (값)**의 형태를 조합하여 쉼표(,)로 연결하여 만들 수 있습니다. 값에는 문자열이나 숫자, 불리언 등 어떤 데이터도 들어갈 수 있습니다.

```
const person1 = {
  name: '김철수',
  age: 25,
  married: false
};
```

```
console.log(typeof person1);
console.log(person1);
```
```
object
{name: '김철수', age: 25, married: false}
```

🐌 상수 이름을 대문자로 쓰는 경우는 보통 프로그램 전역에서 널리 사용되는 값, 즉 파이(π)와 같은 경우이고, 지역적으로만 쓰이는데 굳이 변수로 만들 필요가 없을 경우에는 이렇게 소문자를 사용하기도 합니다.

typeof로 person1의 자료형을 알아봤더니 **object**, 즉 객체라고 알려 줍니다. 또한 **person1** 그 자체를 출력해도 여러 개의 프로퍼티로 구성된 복합적인 데이터임을 확인할 수 있습니다.

객체에 접근하는 방법

객체에 할당된 값을 알아보기 위한 접근 방법은 두 가지가 있습니다.

첫째, 마침표(.) 다음에 객체의 키 이름을 붙입니다.

```
console.log(
  person1.name, // . 뒤에 키 이름(식별자 명명 규칙에 맞을 시)
);
```
```
김철수
```

둘째, 객체의 키 이름을 대괄호 [ ] 안에 문자열로 넣습니다.

```
console.log(
  person1['name'] // [] 안에 키 이름을 문자열로
);
```
```
김철수
```

✦ⓎⒶⓁⒸⓄ **['키 이름'] 형태로 객체를 찾는 이유는 뭔가요?** ·······················

프로그래밍을 하다 보면 코드를 작성할 때 어떤 키 값이 들어올지 개발 중에는 모를 때가 많습니다. 예를 들어 프로그램 실행 중에 사용자 입력 등과 같은 여러 조건에 따라 객체로부터 값을 얻어내야 하는 경우죠. 코드를 작성하는 시점에서는 키 값이 어떤 식으로 사용될 것인지를 대부분 알기 때문에 주로 마침표(.)로 작성합니다. 단, 상황에 따라 ['키 이름'] 형태로도 키 값을 찾는 경우가 있다는 것만 알아 두면 되겠습니다.

그러면 이렇게 얻어낸 값을 다른 상수나 변수에 저장해 보겠습니다. 여기에서는 **person1Age**라는 프로퍼티에 **.age**로 접근한 값을 담으면 해당 값을 반환합니다. 따라서 나이에 해당하는 **25**가 **person1Age**에 저장되었습니다. 다음으로 **person1['married']**이라는 형식으로 결혼 여부에 접근해 **false**라는 값을 반환했습니다. 이것을 **typeof**로 자료형을 알아보면 **boolean**으로 반환됩니다.

```
const person1Age = person1.age;
const typeOfMarried = typeof person1['married'];

console.log(person1Age, typeOfMarried);
25 'boolean'
```

이렇게 어떤 객체에 키로 접근해서 원하는 값을 반환하는 코드도 작성할 수 있습니다.

프로퍼티 추가하기

앞서 만들어진 세 개의 프로퍼티에 새로운 프로퍼티를 추가하고자 합니다. 여기에도 두 가지 방법이 있습니다.

먼저 마침표(.) 뒤에 새로 넣을 키의 이름을 작성하고 문자열로 값을 지정해 주는 방법입니다. 또한 객체를 찾을 때와 마찬가지로 대괄호 [ ] 안에 새로 만들 키 이름을 문자열로 작성하는 방법도 있습니다. 두 가지 방법을 각각 사용해 **job : 'programmer'**, **bloodtype: 'O'**라는 새로운 프로퍼티가 추가되었습니다.

```
person1.job = 'programmer';
person1['bloodtype'] = 'O';

console.log(person1);
{name: '김철수', age: 25, married: false, job: 'programmer', bloodtype: 'O'}
```

웹 브라우저 개발자 도구에서 콘솔을 출력한 후 화살표(▼)를 눌러 결과를 펼치면 프로퍼티들이 알파벳 순으로 정렬되어 있는 것을 볼 수 있습니다.

기존 프로퍼티 수정하기

프로퍼티를 수정할 때는 마침표(.) 뒤에 수정할 키 이름을 작성하거나 대괄호 [ ] 안에 문자열로 작성하는 방법을 사용할 수 있습니다. **age**에 **++** 기호를 붙여 나이를 1 증가시켰고, 직업을 **PM** 으로 변경했습니다.

```
person1.age++;
person1['job'] = 'PM';

console.log(person1);
{name: '김철수', age: 26, married: false, job: 'PM', bloodtype: 'O'}
```

++를 앞에 붙이든 뒤에 붙이든 상관없습니다. 증가할 값을 현재 시점에 사용하는 것은 아니기 때문입니다.

 const로 지정한 상수는 어떻게 수정하나요? ·

예시에서 person1은 최초에 const, 즉 상수로 지정한 것인데 어떻게 나이와 직업을 수정할 수 있었을까요? 상수는 한 번 지정한 데이터를 바꿀 수 없다고 했는데 말이죠. 이것이 가능한 이유는 person1은 객체, 즉 하나의 집으로 지정한 것이기 때문입니다. 따라서 집 자체를 바꾸려면 다음과 같이 오류가 발생하지만, 집 안에 있는 가구들은 집이 바뀌지 않는 한 그 안에서 이리저리 변경할 수 있습니다.

```
person1 = {}; // 오류 발생
Uncaught TypeError: Assignment to constant variable.
    at <anonymous>:1:9
```

· ·

배열

배열 역시 여러 개의 데이터를 저장하지만 **객체와는 달리 요소로만 저장하는 형태입니다.** 단, **배 열 역시 근본적으로는 객체의 한 종류**라는 것을 기억해 두어야 합니다.

```
[요소, 요소, 요소, 요소, ...]
```

요소란 배열 내부에 들어 있는 값을 말합니다.

자바스크립트

배열의 값으로는 불리언, 숫자, 문자열, 그리고 객체도 넣을 수 있습니다. 또한 객체에 배열을 넣을 수도 있고, 배열에 배열을 넣을 수도 있습니다. 즉, 요소의 자료형에 제한이 없습니다.

```
const myArray = [true, 3.14, 'Hello', person1];

console.log(myArray, myArray.length);
```
```
(4) [true, 3.14, 'Hello', {name: '김철수', age: 26, married: false, job: 'PM',
bloodtype: 'O'}] 4
```

🐌 처음 나오는 괄호 안의 숫자는 배열에 들어가는 요소의 개수입니다.

같은 결과를 웹 브라우저 개발자 도구에서 보면 오른쪽과 같이 펼쳐서 값을 볼 수 있는데, 여기에 0, 1, 2, 3이 각각 넘버링된 채 콜론(:) 형태로 들어가 있는 것으로 보아 배열은 숫자 자료형을 키 값으로 하는 객체임을 알 수 있습니다.

또한 length는 배열 안에 들어 있는 요소들의 개수를 반환합니다. 현재 배열 안에 들어 있는 요소가 true, 3.14, 'Hello', person1으로 네 개이기 때문에 4가 출력되었습니다.

```
> const myArray = [true, 3.14, 'Hello', person1];
  console.log(myArray, myArray.length);
▼ (4) [true, 3.14, 'Hello', {…}] ⓘ  4
    0: true
    1: 3.14
    2: "Hello"
  ▼ 3:
      age: 26
      bloodtype: "O"
      job: "PM"
      married: false
      name: "김철수"
    ▶ [[Prototype]]: Object
    length: 4
  ▶ [[Prototype]]: Array(0)
◁ undefined
```

🐌 프로그래밍에서 넘버링은 항상 0부터 시작합니다.

요소에 접근하기

배열에서 요소에 접근하려면 **myArray[ ]** 안에 해당 요소의 순서를 넣으면 됩니다.

```
console.log(
  myArray[0], // 프로그래밍에서는 수를 0부터 셈
  myArray[1],
  myArray[2],
  myArray[3]
);
```
```
true 3.14 'Hello' {name: '김철수', age: 26, married: false, job: 'PM', bloodtype:
'O'}
```

앞서 객체에 접근하는 첫 번째 방법으로 마침표(.) 다음에 객체의 키 이름을 붙일 수 있다고 했습니다. 그런데 다음과 같이 접근하면 오류가 발생합니다. 그 이유는 591쪽에서 배운 식별자 명명 규칙 때문입니다. 따라서 숫자로 시작하는 이름은 값에 접근하기 위한 식별자로 사용할 수 없습니다.

```
myArray.1 // 오류 발생
Uncaught SyntaxError: Unexpected number
```

이번엔 요소에 접근한 후 해당 내용을 바꿔 보겠습니다. 원래 값이 true였던 **myArray[0]**을 느낌표(!)를 붙여 반대로 바꿨더니 **false**가 나왔고, 이어서 할당 산술 연산자를 사용해 ***=** 연산과 **+=** 문자열 연산도 진행했습니다.

```
myArray[0] = !myArray[0];
myArray[1] *= 100;
myArray[2] += ' world!';

console.log(myArray);
(4) [false, 314, 'Hello world!', {name: '김철수', age: 26, married: false, job:
'PM', bloodtype: 'O'}]
```

요소 추가 및 삭제하기

배열에 요소를 추가할 때는 **push(추가할 값)** 형태로 작성합니다.

```
myArray.push(123); // 요소를 추가

console.log(myArray);
(5) [false, 314, 'Hello world!', {name: '김철수', age: 26, married: false, job:
'PM', bloodtype: 'O'}, 123]
```

반대로 배열에서 요소를 삭제하려면 **pop(삭제할 값)** 형태로 작성합니다. 다음은 배열의 마지막 요소를 삭제하면서 해당 요소를 **popped1**으로 반환하는 코드입니다.

```
const popped1 = myArray.pop(); // 마지막 요소를 반환하며 제거

console.log(popped1, myArray);
```
```
123 ▶ (4) [false, 314, 'Hello world!', {name: '김철수', age: 26, married: false,
job: 'PM', bloodtype: 'O'}]
```

이처럼 **pop**으로 제거한 요소를 다른 데 사용할 수도 있지만, 해당 배열에서 제거만 하려면 다음과 같이 상수 선언 없이 작성하면 됩니다. 배열의 마지막 객체 요소가 제거되었습니다.

```
myArray.pop(); // 그냥 제거만 하는 용도로

console.log(myArray);
```
```
(3) [false, 314, 'Hello world!']
```

객체와 배열의 중첩 사용

다음 예제를 보면 **person2**라는 객체 안에는 **languages**라는 배열도 있고, **education**이라는 객체도 포함되어 있습니다. **education** 객체 안에는 또 **major**라는 배열이 포함되어 있죠. 이러한 데이터 구조를 통해 김달순이라는 사람의 정보를 굉장히 체계적으로 표현할 수 있습니다. 그리고 원하는 배열 요소의 값을 대괄호 [ ]를 사용해 반환할 수도 있습니다. 또한 졸업 여부를 알고 싶다면 마침표(.)를 사용해 원하는 객체에 계속해서 접근할 수도 있겠죠.

```
const person2 = {
  name: '김달순',
  age: 23,
  languages: ['Korean', 'English', 'French'],
  education: {
    school: '한국대',
    major: ['컴퓨터공학', '전자공학'],
    graduated: true,
  }
};

console.log(person2.languages[2]);
console.log(person2.education.graduated);
```
```
French
true
```

조건문

조건문은 프로그래밍에서 굉장히 광범위하고 널리 사용되는 문법으로, 프로그램의 흐름을 변경할 때 사용합니다. 조건문을 모르면 프로그래밍을 한다고 말할 수 없습니다. 자바스크립트에서는 조건문으로 if 문과 switch 문을 사용하는데, 각각의 특징과 사용법을 이번 기회에 확실히 알고 넘어갑시다.

if / else 문

조건문은 어떤 조건에 따라 무언가를 실행하거나 실행하지 않는 등을 결정하는 자바스크립트의 **기본 문법입니다.** 특히 지금부터 배울 **if / else 문**은 불리언 자료형을 가진 어떤 값 또는 불리언을 반환하거나 불리언으로 해석될 수 있는 값을 받은 후 true 또는 false 결과에 따라 실행 여부를 결정합니다.

if 문

if 문은 다음과 같은 형태로 작성합니다.

```
if (true 또는 false)
if (true 변수 또는 false 변수)
if (true를 반환하는 코드 또는 false를 반환하는 코드)
```

다음 예시를 출력하면 **true**는 코드가 잘 실행되어 **사실**이라는 문자열을 출력했지만, **false**는 실행되지 않습니다.

```
if (true) console.log('사실');
if (false) console.log('거짓');
사실
```

불리언 자료형을 변수나 상수에 넣어서 실행하는 형태는 다음과 같습니다. **let** 키워드를 사용하여 **open**이라는 변수에 **true** 값을 넣습니다. 그리고 **open**이 **true**인 상태에서 출력할 텍스트를 **안녕하세요.**로 넣자 잘 출력되었습니다.

```
let open = true;

// 한 줄 코드
if (open) console.log('안녕하세요.');
```
안녕하세요.

지금까지는 실행할 코드가 한 줄이었기 때문에 if 문 바로 다음에 출력 코드를 넣었지만, 불리언 값에 따라 하나 이상의 코드를 여러 개 실행하려면 어떻게 할까요? 이때는 실행할 코드를 모두 모아 중괄호 { }로 묶어야 합니다. 그렇지 않으면 if 문 바로 다음에 오는 코드만 if 문의 영향을 받고, 다음 코드는 조건문에 상관없이 무조건 실행합니다.

```
// 여러 줄 코드
if (open) {
  console.log('안녕하세요.');
  console.log('자리로 안내하겠습니다.');
}
```
안녕하세요.
자리로 안내하겠습니다.

if else 문

어떤 조건에 따라 true일 때와 false일 때의 실행을 다르게 하려면 if else 문을 사용합니다. 다음과 같이 if 문 블록을 작성한 다음 그 조건을 만족하지 못할 경우의 실행문을 else 문 블록으로 추가로 작성합니다.

```
if (조건) {
  console.log(조건이 참이면 실행)
} else {
  console.log(조건이 거짓이면 실행)
}
```

```
open = !open;

if (open) {
  console.log('안녕하세요.');
  console.log('자리로 안내하겠습니다.');
} else {
  console.log('영업 종료되었습니다. 죄송합니다.');
}
```
영업 종료되었습니다. 죄송합니다.

if 문과 if else 문은 중첩해서 사용할 수도 있습니다. 즉, if 문에 또 다른 if 문이나 else 문이 들어 갈 수도 있다는 뜻입니다. 이때는 중첩된 코드에 들여쓰기를 사용해 가독성을 높입니다. 자바스 크립트는 파이썬과는 달리 들여쓰기가 문법 요소가 아니기 때문에 반드시 하지 않아도 잘 작동하 지만, 코드를 작성할 때는 누가 봐도 보기 쉽도록 들여쓰기를 사용하는 습관을 들이는 것이 좋습 니다.

다음 예시를 보면 상수 x가 주어져 있고 if 문에서 **4**로 나눈 나머지를 구하는 연산이 들어 있습니 다. 만약 x가 4의 배수라면 나머지가 0이 되어 결과는 false가 되겠죠. 10을 4로 나눈 나머지는 2 이므로 이를 다시 2로 나눈 값을 판단해 0이면 짝수, 0이 아니면 홀수로 구분합니다. 여기서는 **0** 이 나오므로 **짝수입니다.**가 출력되었습니다. 나머지 11, 12도 **x** 값으로 넣어 어떻게 결과가 달라 지는지 관찰해 보세요.

```
const x = 10; // 11, 12로 시도해볼 것

if (x % 4) {
  if (x % 2) {
    console.log('홀수입니다.');
  } else {
    console.log('짝수입니다.');
  }
} else {
  console.log('4의 배수입니다.');
}
```
짝수입니다.

자바스크립트에서 숫자 0과 NaN은 false로 해석되고, 0이 아닌 나머지 값은 모두 true로 해석됩니다.

if else if 문

if 문으로 여러 가지 조건을 대응하는 또 다른 방법은 **if else if 문**을 사용하는 것입니다. 쉽게 생각하면 **if 문을 사용해 else 문을 연결하는 것이라고 보면 됩니다.**

```
if (조건1) {
  console.log(조건1이 참이면 실행)
} else if (조건2) {
  console.log(조건1이 거짓이고 조건2가 참이면 실행)
} else {
  console.log(조건1, 2가 모두 거짓이면 실행)
}
```

예를 들어 다음과 같이 **a, b**에 숫자를 지정했을 때 **a ⟨ b** 조건을 만족하지 못할 경우 다시 한 번 **a ⟩ b** 조건을 거칩니다. 그마저도 만족시키지 못한다면 마지막 **else 문**을 실행합니다. **a**와 **b** 숫자를 다양하게 바꾸면서 각 조건문이 어떻게 실행되는지 관찰해 보세요.

```
const a = 1;
const b = 2;

if (a < b) {
  console.log('a가 b보다 작다.');
} else if (a > b) {
  console.log('a가 b보다 크다.');
} else {
  console.log('a와 b는 같다.');
}
```
a가 b보다 작다.

if else if 문은 단 한 번만 쓸 수 있는 것이 아니라 여러 차례 사용할 수도 있습니다. 다음과 같이 조건문을 여러 번 사용하면 윷놀이의 패에 따라 달라지는 결과를 알 수 있겠죠.

```
const yootThrow = '도';

if (yootThrow === '도') {
  console.log('1칸 전진')
} else if (yootThrow === '개') {
  console.log('2칸 전진')
} else if (yootThrow === '걸') {
  console.log('3칸 전진')
} else if (yootThrow === '윷') {
  console.log('4칸 전진')
} else {
  console.log('5칸 전진')
}
```
1칸 전진

switch 문

if 문이 true냐 false냐에 따라 실행문을 결정했다면, **switch 문은 특정 변수나 상수 또는 반환값에 따라 작업을 실행합니다.** 즉, 다양한 옵션에 따라 조건문을 실행한다고 생각하면 됩니다.

```
switch (옵션값) {
  case 1:
    console.log(옵션1에 맞으면 실행);
    break;
  case 2:
    console.log(옵션2에 맞으면 실행);
    break;
  default:
    console.log(모든 옵션이 아니면 실행);
}
```

예시를 보겠습니다. 먼저 상수 **firePower**를 숫자 **1**로 지정한 뒤 switch 문에서 이 값에 들어갈 수 있는 여러 조건을 **case** 키워드를 이용해 하나씩 할당하고 그에 따른 출력 결과를 작성합니다. 특히 마지막 **default**는 앞서 미리 제시한 **case** 조건 중 그 어디에도 해당하지 않을 때 출력하는 값을 의미합니다.

```
const firePower = 1;

switch (firePower) {
  case 1:
    console.log('레어');
    break;
  case 2:
    console.log('미디움');
    break;
  case 3:
    console.log('웰던');
    break;
  default:
    console.log('오류');
}
```
레어

그렇다면 각 case와 default 사이사이에 있는 **break**는 무엇을 뜻할까요? 이를 모두 제거하고 나니 해당하는 값 이후의 모든 case가 전부 실행되었습니다. break를 지정하지 않으면 말 그대로 브레이크 없는 자동차처럼 무정차 통과합니다. 따라서 switch 문에서 각 case마다 해당 결과만 출력하고 싶다면 break와 같이 실행에 제동을 거는 장치가 필요합니다. 마지막 **default** 뒤로는 어차피 아무 실행문도 없기 때문에 break를 넣지 않아도 됩니다.

```
const firePower = 1;

switch (firePower) {
  case 1:
    console.log('레어');
  case 2:
    console.log('미디움');
  case 3:
    console.log('웰던');
  default:
    console.log('오류');
}
```
```
레어
미디움
웰던
오류
```

if 문에서 살펴본 윷놀이 예제를 switch 문으로 작성해 보겠습니다. 문자열을 사용해 각각의 경우마다 해당하는 실행문을 작성하고, 아무것도 해당되지 않는 경우 **무효**를 출력하도록 했습니다.

```
const yootThrow = '도';

switch (yootThrow) {
  case '도':
    console.log('1칸 전진');
    break;
  case '개':
    console.log('2칸 전진');
    break;
  case '걸':
    console.log('3칸 전진');
    break;
  case '윷':
    console.log('4칸 전진');
    break;
  case '모':
    console.log('5칸 전진');
    break;
  default:
```

```
    console.log('무효');
  }
```
1칸 전진

다음은 break의 특성을 이용해 switch 문을 역이용해 작성한 코드입니다. **도**가 브레이크 없이
무정차하면서 계속 지나가다가 마지막 case에 걸려서 **1칸 전진**을 출력한 뒤 **break**를 만나 멈춥
니다. 만약 **걸**이라면 **모**와 **윷**의 case를 통과한 뒤 세 번째에 **걸**을 만나 이후 **개**, **도**까지 총 세 번의
1칸 전진을 출력하고 멈추겠죠.

```
const yootThrow = '도';

switch (yootThrow) {
  case '모':
    console.log('1칸 전진');
  case '윷':
    console.log('1칸 전진')
  case '걸':
    console.log('1칸 전진')
  case '개':
    console.log('1칸 전진');
  case '도':
    console.log('1칸 전진');
    break;
  default:
    console.log('무효');
}
```
1칸 전진

```
const yootThrow = '걸';

switch (yootThrow) {
  case '모':
    console.log('1칸 전진');
  case '윷':
    console.log('1칸 전진')
  case '걸':
    console.log('1칸 전진')
  case '개':
    console.log('1칸 전진');
  case '도':
    console.log('1칸 전진');
    break;
  default:
    console.log('무효');
}
```
1칸 전진
1칸 전진
1칸 전진

요일로 한 번 더 연습해 보겠습니다. **월**, **화**, **수**, **목** 중의 하나를 입력하면 **6시 퇴근**을 출력하고 **break**를 만나 멈추고 **금**은 **12시 퇴근**에서, **토**, **일**은 **휴무**에서 **break**를 만나 멈출 것입니다. 여기에 모두 해당되지 않는 값이라면 **잘못된 요일입니다.**를 출력하겠죠.

```
const dayOfWeek = '월';

switch (dayOfWeek) {
  case '월':
  case '화':
  case '수':
  case '목':
    console.log('6시 퇴근');
    break;
  case '금':
    console.log('12시 퇴근');
    break;
  case '토':
  case '일':
    console.log('휴무');
    break;
  default:
    console.log('잘못된 요일입니다.');
}
```

6시 퇴근

반복문

반복문은 말 그대로 어떤 작업을 계속해서 반복해야 할 때 사용합니다. 그런데 무조건 반복만 하다 보면 프로그램이 끝날 때까지 무한 반복만 하겠죠. 이때 적절한 조건을 사용해야 효율적으로 반복문을 사용할 수 있습니다. for 문과 while 문은 대부분의 프로그래밍 언어에서 공통적으로 쓰는 중요한 문법입니다.

for 문

반복문은 주어진 조건이 충족되는 동안 특정 작업을 반복해서 수행하도록 하며, 가장 널리 쓰이는 방식입니다. for 문의 작동 원리는 다음과 같습니다.

먼저 ❶ 변수를 초기화하는 선언을 합니다. 여기서 const가 아닌 **let**을 사용하는 이유는 i가 조건에 따라 계속해서 변화하기 때문입니다. 그리고 ❷ 반복이 언제까지 지속될지에 대한 종료 조건을 작성합니다. 프로그램은 여기까지 읽은 다음에 조건을 만족하면 ❸ 실행문을 실행합니다. 실행 후에는 다시 루프loop로 돌아가기 위해 ❹를 판단하여 변수를 변화시킵니다. 이 과정을 종료 조건이 될 때까지 계속해서 반복합니다(❶ → ❷ → ❸ → ❹ → ❷ → ❸ → ❹ …).

```
                  ❶        ❷       ❹
                  ↓        ↓       ↓
for (let 변수 선언; 종료 조건; i++) {
    console.log(조건을 만족할 때까지 실행)  ←── ❸
}
```

괄호 안의 요소들은 세미콜론(;)으로 구분합니다.

다음 예시를 보면 i라는 변수가 0에서 5에 다다르기 전까지 반복해서 콘솔을 출력합니다.

```
// 변수이므로 let이 사용됨
for (let i = 0; i < 5; i++) {
  console.log(i);
}
0
1
2
3
4
```

예시를 하나 더 보겠습니다. 이번에는 i를 **10**으로 초기화한 다음 루프를 반복할 때마다 할당 산술 연산자를 사용하여 **2**씩 줄어들도록 했습니다.

```
for (let i = 10; i > 0; i -= 2) {
  console.log(i);
}
10
8
6
4
2
```

YALCO **for 문에서는 반드시 i를 변수로 사용해야 하나요?** ·

for 문의 변수명 i는 정해진 규칙은 아니고 원하는 변수명으로 바꿔도 무방합니다. 대신 종료 조건이나 실행문에서도 반드시 같은 변수명으로 맞춰야 하겠죠. i는 index의 약자로 알려져 있으며, 자바스크립트뿐만 아니라 다른 프로그래밍 언어에서도 반복문을 작성할 때 많이 사용합니다.

for 문도 if 문처럼 중첩 사용이 가능합니다. 즉, for 문 안에 또 다른 for 문이 들어갈 수 있습니다. for 문을 중첩 사용할 때 가장 많이 사용하는 예시가 바로 구구단입니다. 바깥쪽 for 문에는 변수 i가, 안쪽 for 문에는 변수 j가 각각 **1**부터 **9**까지 바뀌면서 곱셈 연산이 81번 반복 출력됩니다. 그럼 우리가 흔히 알고 있는 구구단을 간단하게 완성할 수 있습니다.

```
for (let i = 1; i <= 9; i++) {
  for (let j = 1; j <= 9; j++) {
    console.log(i + ' X ' + j + ' = ' + i * j);
  }
}
```

```
1 X 1 = 1
1 X 2 = 2
1 X 3 = 3
...
9 X 6 = 54
9 X 7 = 63
9 X 8 = 72
9 X 9 = 81
```

continue와 break 키워드

반복문에서 자주 사용하는 키워드 중 **continue**는 반복 작업 중에 어떤 반복문을 건너뛸 때 사용하고, **break**는 특정 조건을 충족했을 때 해당 반복문 전체를 종료하는 데 사용합니다.

다음 예시의 for 문은 원래는 0부터 100까지의 숫자를 하나씩 모두 출력하는 코드이지만 **continue** 키워드를 통해 3으로 나눈 나머지가 0인 수, 즉 3의 배수를 모두 건너뛰도록 했습니다. 따라서 3, 6, 9, 12부터 99까지의 3의 배수일 때는 전체 반복문에서 **continue** 키워드를 사용한 해당 루프만 건너뜁니다. 이처럼 코드가 실행 중에 continue 키워드를 만나면 바로 다음 반복 작업으로 넘어가므로 그 이후에 어떤 코드가 나오더라도 실행하지 않고 건너뜁니다. 여기에 i가 10보다 클 때 전체 루프를 종료하도록 break 키워드를 추가하면 결과는 다음과 같이 출력됩니다.

```
for (let i = 0; i < 100; i++) {
  if (i % 3 === 0) continue; // 한 루프를 건너뜀
  if (i > 10) break; // 루프 종료
  console.log(i);
}
```
```
1
2
4
5
7
8
10
```

for of 문

앞서 살펴본 for 문 외에도 자바스크립트에는 여러 형태의 for 문이 있습니다. **for of 문은 변수에 배열을 사용할 경우 이 배열의 요소를 순서대로 반환하는 데 사용합니다.** 물론 일반 for 문을 사용해 변수를 하나하나 출력하도록 작성할 수도 있지만 손이 많이 갑니다.

for of 문 작성법은 간단합니다. **const**와 반복할 상수명을 작성한 다음 **of**에 이어서 순회할 배열을 작성하면 됩니다. 결과는 이 반복 상수명을 출력하기만 하면 됩니다.

```
for (const 반복 상수 of 배열) {
  console.log(반복 상수)
}
```

for of 문에는 세미콜론을 사용하지 않습니다.

다음과 같은 배열에 **for of 문**을 적용하니 배열의 요소가 순서대로 반환된 것을 볼 수 있습니다.

```
const myArray = ['한놈', '두시기', '석삼', '너구리', '오징어'];

for (const item of myArray) { // 상수명은 자유
  console.log(item);
}
```
```
한놈
두시기
석삼
너구리
오징어
```

for in 문

for of 문이 배열의 요소를 반환한다면, **for in 문은 키와 값의 쌍으로 이루어져 있는 객체에서 키를 순서대로 반환합니다.**

```
for (const key in 객체) {
  console.log(key)
}
```

다음과 같이 **person1**이라는 객체의 키와 함께 해당 키의 자료형도 출력해 보니 모두 문자열인 것을 알 수 있습니다. 즉, 객체의 키값을 모두 문자열 형태로 가져오는 것이죠.

```
const person1 = {
  name: '김철수',
  age: 25,
  married: false
}

for (const key in person1) {
  console.log(key, typeof key);
}
```
```
name string
age string
married string
```

이처럼 어떤 객체의 키를 얻어낼 수 있다면 그 키를 활용해 객체의 값에 접근할 수도 있습니다. 대괄호 [ ] 안에 **key**를 넣어 문자열로 인식할 수 있도록 출력하면 해당 키에 맞는 값 또한 문자열로 출력합니다.

```
for (const key in 객체) {
  console.log(객체[key])
}
```

앞서 작성한 **person1**이라는 객체의 값을 출력했더니 모두 문자열 형태로 결과를 가져왔습니다.

```
for (const key in person1) {
  console.log(person1[key]);
}
```
```
김철수
25
false
```

while 문

while 문은 for 문보다 형식이 대폭 단순화된 반복문으로, **괄호 안의 조건이 참인 동안 실행문을 계속해서 반복합니다.** 이때 변수는 while 문 밖에서 지정해야 합니다.

```
while (조건문) {
  console.log(조건이 참인 동안 실행)
}
```

다음 예시를 보면 **0**부터 **1**씩 수를 증가시키는 작업을 10 미만일 때까지 반복합니다. 이때 수를 증가시키는 작업은 콘솔에서 명령하는 것이지 while 문 자체의 기능은 아닙니다.

```
let x = 0;

while (x < 10) {
  console.log(x++);
}
```

```
0
1
2
3
4
5
6
7
8
9
```

while 문에서도 **continue**와 **break** 키워드를 사용할 수 있습니다. 먼저 외부에 **x** 변수를 **0**으로 정의한 다음 **100**보다 작을 동안 1씩 증가시키는 작업(**x++**)을 **toPrint**라는 상수에 저장하였습니다. 그리고 **3**의 배수는 건너뛰고 **10** 미만에서 종료하도록 키워드를 지정했더니 다음과 같은 결과가 나왔습니다.

```
let x = 0;

while (x < 100) {
  const toPrint = x++;

  // continue와 break 역시 동작
  if (toPrint % 3 === 0) continue;
  if (toPrint > 10) break;

  console.log(toPrint);
}
```

```
1
2
4
5
7
8
10
```

do while 문

while 문이 변수의 조건을 먼저 확인한 후 실행하는 것이라면, **do while 문은 일단 실행부터 먼저 한 뒤 조건을 확인한다**는 것이 차이점입니다.

예시와 같이 **x**가 **12**이면 일단 출력은 하지만 10 미만이어야 한다는 while 문 조건에 맞지 않으니 바로 프로그램을 종료합니다. 즉, 조건에 맞지 않더라도 처음 한 번은 실행한다는 것이 특징입니다.

```
let x = 12;

do {
  console.log(x++);
} while (x < 10);
```
```
12
```

같은 반복문에서 **x**가 **5**라면 다음과 같은 결과가 나오겠죠?

```
let x = 5;

do {
  console.log(x++);
} while (x < 10);
```
```
5
6
7
8
9
```

55 함수

학습 목표

코드의 집합인 함수는 모든 프로그래밍 언어에서 매우 중요한 개념입니다. 자바스크립트는 함수를 만드는 방법이 매우 다양하기 때문에 그만큼 활용 가능성도 무궁무진합니다. 정해진 답은 없습니다. 자신이 프로그래밍을 할 때 가장 편하다고 생각하는 형태, 다른 사람과 공유해도 문제없다고 생각하는 형태 등으로 활용해 보세요.

함수의 정의

프로그래밍에서 **함수**function는 크게 두 가지 의미로 정리할 수 있습니다.

첫째, 반복될 수 있는 작업을 정의합니다.

프로그램 진행 중 해당 코드가 필요에 의해 두 번 이상 사용될 때 함수를 사용합니다. 따라서 필요할 때 호출만 하면 되므로 반복 작업을 피할 수 있습니다.

둘째, 인풋을 받아 아웃풋을 반환합니다.

이는 여러분이 수학 시간에 배웠던 함수의 의미와 가깝습니다. 어떤 기능에 수정이 필요하면 해당 함수만 수정하면 되므로 유지보수가 쉽습니다.

자바스크립트에서 함수는 다음과 같이 작성합니다.

```
function 함수 () {
}
```

먼저 다음 코드를 살펴봅시다. 지정한 문자열을 그대로 출력만 하는 간단한 코드입니다. 그런데 이와 같은 작업이 프로그램 곳곳에서 여러 번 사용된다면 어떨까요? 매번 똑같은 코드를 작성하는 것은 매우 번거로운 일입니다.

```
console.log('HTML로 갖다 놓고');
console.log('CSS로 꾸미고');
console.log('JavaScript로 시킨다.');
```
```
HTML로 갖다 놓고
CSS로 꾸미고
JavaScript로 시킨다.
```

이럴 때 사용하는 것이 바로 함수입니다. **장황한 코드를 일일이 작성하는 대신 하나의 덩어리로 묶어서 실행하는 것이죠.** 앞의 코드를 함수로 정의하면 다음과 같습니다. 코드를 실행하면 아무 일도 일어나지 않습니다. 일단 지금은 **describeHtmlCssJs**라는 함수를 이렇게 사용한다고 정의만 해 놓은 것입니다.

```
function describeHtmlCssJs () {
  console.log('HTML로 갖다놓고');
  console.log('CSS로 꾸미고');
  console.log('JavaScript로 시킨다.');
}
```

함수를 실행시키는 명령문은 다음과 같이 작성합니다. 함수명을 작성한 다음 이를 실행한다는 의미로 괄호를 열고 닫으면 됩니다.

```
describeHtmlCssJs();
```
```
HTML로 갖다 놓고
CSS로 꾸미고
JavaScript로 시킨다.
```

매개변수와 인자

함수가 편리한 점은 한 번 정해진 함수를 똑같이 출력하는 것이 아니라 필요한 경우에 매개변수와 인자를 사용해 특정 인풋을 받아 작업을 수행할 수 있다는 것입니다.

```
function 함수 (매개변수) {
}
```

예시를 보면 **countTo**라는 함수 옆의 괄호는 비어 있지 않고 **to**라는 매개변수가 들어 있습니다. 출력 함수를 보면 **countTo(5)**라고 되어 있는데, 여기서 괄호 안에 있는 **5**가 **to**라는 매개변수 자리에 들어가 해당 조건문을 실행합니다. **to**는 함수의 **매개변수**, **5**는 함수의 **인자**라고 부릅니다.

일단은 매개변수와 인자는 같은 개념이라고 생각해도 좋습니다.

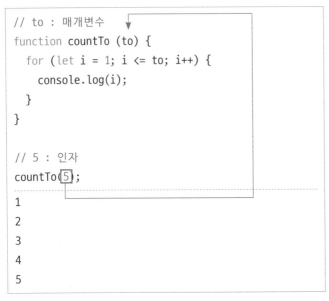

```javascript
// to : 매개변수
function countTo (to) {
  for (let i = 1; i <= to; i++) {
    console.log(i);
  }
}

// 5 : 인자
countTo(5);
1
2
3
4
5
```

함수의 매개변수는 ( ) 안에 작성합니다.

함수의 활용

앞에서 함수의 정의와 생성 방법을 간단히 살펴봤습니다. 이번에는 자바스크립트에서 함수를 여러 형태로 다양하게 활용하는 방법에 대해 알아보겠습니다.

값을 반환하는 함수

함수도 값을 반환할 필요가 있을 때는 함수 내부에 **return** 키워드를 입력하고 뒤에 반환할 값을 생성합니다.

```
function 함수 (매개변수) {
  return 반환값
}
```

다음 예시에서 **add()** 함수는 인자로 **x**, **y** 두 개의 값을 받아 이를 더한 값을 반환합니다. 따라서 첫 번째 콘솔 결과는 2 + 3 = **5**가 나옵니다. 두 번째 콘솔은 함수 형태로 되어 있으므로 add() 함수를 적용하여 (6 + 7) + (8 + 9) = **30**이 출력됩니다. 어렵지 않죠?

```
function add(x, y) {
  return x + y;
}

console.log(add(2, 3));
console.log(
  add(add(6, 7), add(8, 9))
);
--------------------------------------------------
5
30
```

매개변수는 쉼표(,)로 구분하여 여러 개를 받을 수도 있습니다. 그러나 매개변수가 세 개를 넘는 경우에는 객체나 배열로 작성하는 편이 더 깔끔하고 좋습니다.

함수도 값이다

자바스크립트에서는 변수와 상수, 객체의 값이나 배열의 요소, 그리고 또 다른 함수의 인자에도 함수를 넣을 수 있습니다. 즉, 함수 자체가 특정 기능을 대변하는 하나의 데이터 역할도 하는 것입니다.

다음 예시를 보면 상수 **subt**가 함수로 지정되어 있으므로 **return** 반환값에 따라 계산하면 7 − 2 = **5**가 나오는 것을 확인할 수 있습니다. 이런 방식으로 함수를 작성할 수도 있다는 것도 함께 알아두세요.

```
const subt = function (x, y) {
  return x - y;
}


console.log(subt(7, 2));
```
5

화살표 함수

화살표로 값을 정의하는 함수도 있습니다. 단, 이때는 **function**으로 선언하지도 않고 지금까지 사용했던 함수와도 기능이 조금 다릅니다. 다음과 같이 **매개변수 다음에 화살표(=>)를 넣고 반환할 값을 이어서 작성**하면 한 줄 안에 하나의 값만 반환하는 굉장히 간단한 함수가 완성됩니다.

```
// 한 줄 안에 값만 반환 시
const mult = (x, y) => x * y;


console.log(mult(2, 7));
```
14

만약 수행할 작업이 복잡하다면 화살표 다음에 중괄호 **{ }**를 넣고 마지막에 **return** 문을 작성해 해당 값을 반환하는 것임을 반드시 명시해야 합니다.

```
// 두 줄 이상의 작업이 있을 시
const mult = (x, y) => {
  console.log(`${x}와 ${y}를 곱합니다.`);
  console.log(`결과는 ${x * y}입니다.`);
  return x * y;
};


console.log(mult(2, 7));
```
2와 7을 곱합니다.
결과는 14입니다.
14

얄코의 친절한 JavaScript 노트

1 변수와 상수

키워드	의미	특징
let	변수를 선언	넣은 데이터를 바꿀 수 있습니다.
const	상수를 선언	넣은 데이터를 바꿀 수 없습니다.

2 자료형

- boolean: 참(true)과 거짓(false) 여부를 가리는 자료형
- number: 숫자를 표현하는 자료형
- string: 문자를 표현하는 자료형
- undefined: 무엇을 불러올지 명시되지 않은 자료형
- null: 비어 있는 자료형

3 연산자

연산자	설명	연산자	설명
+	더하기	*	곱하기
−	빼기	/	나누기
!	반대	%	나머지
==	자료형에 관계없이 같은 (값으로 치환될 수 있는) 값	!=	==의 반대
===	자료형도 값도 같음	!==	===의 반대
〉	오른쪽보다 크다	〈	오른쪽보다 작다
〉=	오른쪽보다 크거나 같다	〈=	오른쪽보다 작거나 같다
++	값을 1씩 증가	--	값을 1씩 감소
변수++	값을 증가시키지 않은 채 사용	++변수	값을 증가시킨 채 사용
&&	양쪽이 모두 true일 때만 true 반환	||	한쪽만 true 반환

④ 객체 만들기

```
const 객체 = {
  키 : 값,
  키 : 값,
    ...
  키 : 값
};
```

⑤ 배열 만들기

```
const 배열 = [값, 값, 값, ...
값];
```

⑥ 조건문

```
if (조건1) {
  console.log(조건1이 참이면 실행)
} else if (조건2) {
  console.log(조건1이 거짓이고 조건2가 참이면 실행)
} else {
  console.log(조건1, 2가 모두 거짓이면 실행)
}
```

```
switch (옵션값) {
  case 1:
    console.log(옵션1에 맞으면 실행);
    break;
  case 2:
    console.log(옵션2에 맞으면 실행);
    break;
  default:
    console.log(모든 옵션이 아니면 실행);
}
```

얄코의 친절한 JavaScript 노트

7 반복문

```
for (let 변수 선언; 종료 조건; i++) {
  console.log(조건을 만족할 때까지 실행)
}
```

```
while (조건문) {
  console.log(조건이 참인 동안 실행)
}
```

8 함수

```
function 함수 (매개변수) {
}
```

```
function 함수 (매개변수) {
  return 반환값
}
```

CHAPTER

19

HTML과 CSS에
자바스크립트 더하기

HTML 요소 선택 및 조작하기

학습
목표

이번 시간부터는 지금까지 배운 자바스크립트 문법을 여러분의 웹사이트에 적용하는 방법을 배우겠습니다. 먼저 웹사이트를 본격적으로 제어하기 위해 원하는 요소를 선택하고 조작하는 방법을 알아야 합니다. 다소 복잡해 보여도 HTML 문서의 구조와 원리만 알면 간단하게 이해할 수 있습니다.

DOM의 개념

웹 프론트엔드에서 자바스크립트를 사용하려면 **DOM**Document Object Model이라는 개념을 제대로 알고 있어야 합니다. **HTML과 CSS로 웹사이트를 만들 때 자바스크립트로 이를 제어하려면 DOM이 필요합니다.** 예를 들어 HTML 코드가 어떤 제품의 설계도라면 브라우저라는 공장이라고 볼 수 있습니다. 공장에서는 이 설계도를 해석하는 과정을 거치는데, 이를 **파싱**parsing이라고 합니다. 그리고 그 결과물로 DOM이라는 기계가 만들어집니다.

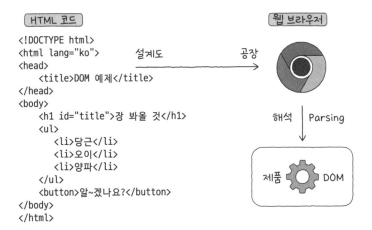

그렇다면 이 DOM이라는 기계는 왜 만드는 것일까요? HTML 문서를 브라우저가 파싱하면 다음과 같은 트리 구조의 DOM이 만들어집니다. DOM이 트리 전체라면, 트리 구조를 이루는 요소 하나하나는 **노드**node라고 부릅니다. 자바스크립트로 웹 페이지의 요소를 제어할 수 있는 것은 이 노드 하나하나가 모두 **API**Application programming interface로 작동하기 때문입니다. API란 마치 자판기에서 콜라 버튼을 누르면 캔 콜라가 나오듯이 어떤 지시나 호출에 따라 그 내용을 수행할 수 있도록 만든 주문서라고 생각하면 쉽습니다.

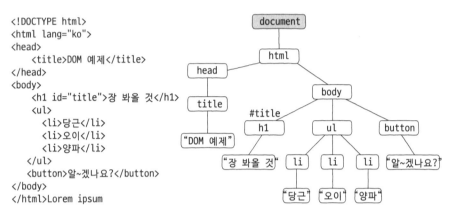

```
<!DOCTYPE html>
<html lang="ko">
<head>
    <title>DOM 예제</title>
</head>
<body>
    <h1 id="title">장 봐올 것</h1>
    <ul>
      <li>당근</li>
      <li>오이</li>
      <li>양파</li>
    </ul>
    <button>알~겠나요?</button>
</body>
</html>Lorem ipsum
```

이 DOM으로 노드 하나하나를 이용하여 웹 페이지를 역동적으로 일할 수 있도록 시킬 수 있습니다.

요소를 선택하는 방법

HTML과 CSS로 이루어진 웹사이트의 각 요소에 어떤 동작을 추가하거나 변화시키려면 각 노드를 자바스크립트가 적절하게 선택할 수 있어야 합니다. 지금부터 바로 그 선택을 하는 여러 가지 방법을 알아보겠습니다.

[직접 해 보세요] 다음과 같은 예제 파일을 하나 만들겠습니다. 결과 화면을 보면 **장보기 목록**이 **채소, 과일, 고기**의 세 가지 섹션으로 구성되어 있고, 그 안에는 각각 해당하는 항목이 들어 있습니다. 이 하나의 파일에 여러 가지 속성을 계속해서 변경해 나갈 것이기 때문에 반드시 본문 순서대로 진행하세요.

```
...
<head>
...
  <link rel="stylesheet" href="./jsselect.css">
  <title>요소 선택하기</title>
</head>
<body>
    <h1>장보기 목록</h1>

  <section class="plant">
    <h2>채소</h2>
    <ul>
      <li>당근</li>
      <li>오이</li>
      <li class="soldout">양파</li>
    </ul>
  </section>
  <section id="sweets" class="plant">
    <h2>과일</h2>
    <ul>
      <li>사과</li>
      <li>딸기</li>
      <li>포도</li>
    </ul>
  </section>
  <section>
    <h2>고기</h2>
    <ul>
      <li class="soldout">소고기</li>
      <li>돼지고기</li>
      <li class="soldout">닭고기</li>
    </ul>
  </section>
</body>
...
```

```css
body {
  padding: 16px 32px;
}

section {
  margin: 12px 0;
  padding: 8px 24px;
  background-color: bisque;
  border-radius: 12px;
}

section.plant {
  background-color: lightgreen;
}

.soldout {
  opacity: 0.3;
}
```

결과 화면은 VS Code의 **Open with Live Server** 메뉴를 사용해 웹 브라우저에서 엽니다. 실제 개발할 때는 정석대로 HTML 파일의 〈head〉 태그에 자바스크립트 파일을 링크로 연결해야 하지만, 브라우저에서 자바스크립트를 사용하는 모습을 실시간으로 확인하기 위해 실습은 웹 브라우저 개발자 도구에 있는 콘솔 창에서 진행하겠습니다.

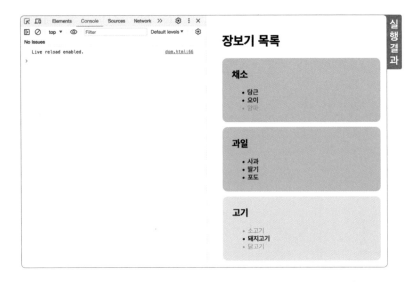

웹 브라우저 개발자 도구로 선택된 요소 보기 ·······················

브라우저의 콘솔 기능을 사용하면 HTML 요소를 선택했을 때 다음과 같이 화살표(▼)를 펼쳐서 세부 내용을 확인할 수 있습니다. 내용을 펼친 후 해당 요소에 마우스를 올리면 실제 웹 페이지에서도 어느 부분이 선택되었는지 직관적으로 알 수 있어 편리합니다.

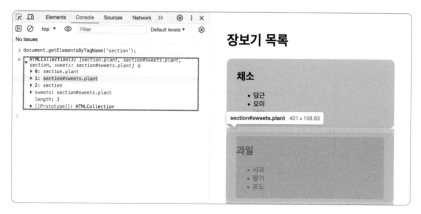

태그명으로 선택하기

HTML 태그명을 사용해 요소들을 선택하려면 **getElementsByTagName**을 사용합니다. 말 그대로 〈body〉, 〈h1〉, 〈section〉, 〈ul〉, 〈li〉 등의 태그가 기준이 됩니다. 사용법은 다음과 같습니다.

가장 처음에 선언하는 **document**는 웹사이트에서 자바스크립트를 실행할 때 굳이 선언하거나 만들지 않아도 존재하는 웹사이트 자체라고 생각하면 됩니다. 이어서 마침표(.) 뒤에 **getElementsByTagName**를 선언한 후 괄호 안에 〈section〉 태그명을 문자열로 작성합니다. 우리가 작성한 예제는 채소, 과일, 고기의 세 가지 섹션으로 구성되어 있으므로 **section.plant, section#sweets. plant, section**이 모두 선택됩니다. 이 상태에서 여기에 어떤 변화나 행동을 지정하면 됩니다.

미르의 참:견

Elements에 s가 붙었으니 복수의 요소들을 선택할 수 있다는 뜻이겠죠.

```
document.getElementsByTagName('section');
```

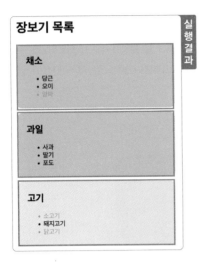

또한 이렇게 선택된 상태를 상수나 변수로 저장하고 사용하는 것도 가능합니다. 다음은 **listItems**라는 상수에 ⟨li⟩ 태그를 검색한 결과를 저장하는 코드입니다. HTML 전체 구조에서 ⟨li⟩ 태그 9개가 다음과 같이 출력되는 것을 볼 수 있습니다. 이렇게 웹사이트의 요소를 어떤 상수나 변수에 저장할 때는 앞에 **$** 기호를 붙입니다.

```
// 상수/변수로 저장 가능
const $listItems = document.getElementsByTagName('li');

console.log($listItems);
```
```
HTMLCollection(9) [li, li, li.soldout, li, li, li, li.soldout, li, li.soldout]
```

요소를 저장하는 상수나 변수 앞에 $를 붙이지 않는다고 해서 오류가 발생하는 것은 아니지만, 코드를 읽는 사람들이 이것이 웹사이트상의 한 요소라는 것을 잘 알 수 있도록 가능하면 붙여 주는 것이 좋습니다.

클래스명으로 선택하기

클래스명으로 요소들을 선택하려면 **getElementsByClassName**을 사용합니다. 다음은 HTML 코드에서 **plant**, **soldout**으로 클래스명이 지정되어 있는 요소들을 각각 선택한 결과입니다.

```
document.getElementsByClassName('plant');
```

```
document.getElementsByClassName('soldout');
```

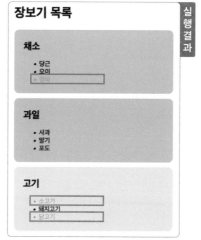

아이디명으로 선택하기

아이디는 고유한 이름이기 때문에 둘 이상의 요소가 같은 아
이디를 공유할 수 없습니다. 따라서 **아이디명을 사용해 요소
를 선택하려면 getElementById를 사용합니다.** 예제 파일
에서 아이디는 **sweets** 하나밖에 없으므로 해당 섹션 하나만
선택됩니다.

미로의
참:견

아이디는 한 개만 존재할 수
있으니 Element에 s가 붙지
않습니다.

```
document.getElementById('sweets');
```

CSS 선택자로 선택하기

CSS 선택자를 자바스크립트에서도 활용할 수 있습니다. **querySelector**를 사용하면 CSS 선택자에 해당되는 요소 중 **첫 번째에 해당하는 것만 가져옵니다.** 반면 **querySelectorAll**을 사용하면 원하는 CSS 선택자를 사용한 요소를 모두 선택합니다.

```
document.querySelector('section');
```

```
document.querySelectorAll('section');
```

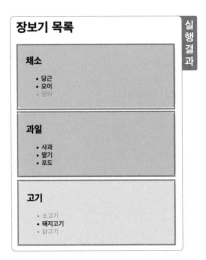

이와 같이 여러 개의 요소들이 선택되는 경우 배열과 유사한 NodeList라는 객체 형태의 데이터로 반환됩니다.

CSS 선택자를 이용해 자식 요소도 선택할 수 있습니다. **plant**라는 클래스 안에 있는 〈**ul**〉 태그 안의 **soldout** 클래스를 선택하려면 다음과 같이 〉를 사용해 자식임을 명시해 줍니다.

다음은 **sweets**라는 아이디 안에 있는 〈**ul**〉 태그 안의 두 번째 요소를 선택하였습니다.

```
document.querySelector('.plant > ul > .soldout');
```

```
document.querySelector('#sweets ul > :nth-child(2)');
```

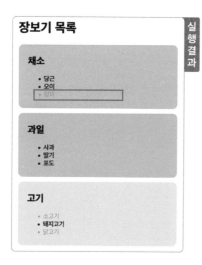
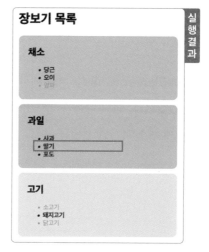

자식 또는 부모 요소 선택하기

어떤 요소가 선택된 상태에서 그와 관계되는 자식 또는 부모 요소를 선택하는 방법도 있습니다. **querySelector**로 첫 번째 〈section〉 태그를 선택한 후 **children**을 선택하면 해당 태그의 모든 자식 요소가 선택됩니다.

```
document
.querySelector('section')
.children;
```

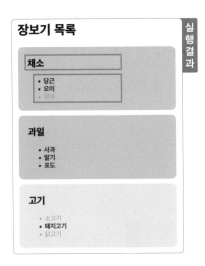

firstElementChild와 **lastElementChild**는 이름에서 알 수 있다시피 각각 첫 번째 자식 요소와 마지막 자식 요소를 반환합니다. 먼저 다음과 같이 **firstUl**라는 상수를 선언하고 출력하면 여러 개의 ⟨ul⟩ 태그 중 첫 번째 채소 목록만 선택됩니다.

```
const $firstUl = document.querySelector('ul');

$firstUl;
```

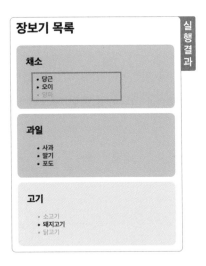

이 중에서 첫 번째 자식 요소를 선택하려면 **firstElementChild**를, 마지막 자식 요소를 선택하려면 **lastElementChild**를 사용하면 됩니다.

```
$firstUl.firstElementChild;
```

```
$firstUl.lastElementChild;
```

반대로 부모 요소를 반환하려면 **parentElement**를 사용합니다. 채소 목록의 부모인 채소 섹션 전체가 선택되는 것을 알 수 있습니다.

```
$firstUl.parentElement;
```

어떤 자식의 부모 요소는 하나밖에 없으니 Element에 s가 붙지 않습니다.

선택된 요소를 조작하는 방법

원하는 요소를 선택했다면 이제 그 요소들을 다양하게 수정하거나 기능을 부여해야 합니다.

직접 해 보세요 다음과 같이 예제 파일을 작성합니다. 이 하나의 파일에 여러 가지 속성을 계속해서 변경해 나갈 것이기 때문에 반드시 본문 순서대로 진행하세요.

Chapter 19/jsedit1.html

```
...
<head>
...
  <link rel="stylesheet" href="./jsedit1.css">
  <title>요소 조작하기1</title>
</head>
<body>
  <section class="plant">
    <h2>채소</h2>
    <ul>
      <li>당근</li>
      <li>오이</li>
      <li>상추</li>
      <li>가지</li>
      <li class="hidden">양파</li>
    </ul>
  </section>
  <br>
</body>
...
```

```css
body {
  padding: 16px 32px;
}

section {
  margin: 12px 0;
  padding: 8px 24px;
  color: #333;
  background-color: bisque;
  border-radius: 12px;
}

section.plant {
  background-color: lightgreen;
}
.hidden {
  display: none;
}

.soldout {
  opacity: 0.3;
}

.organic::after {
  content: ' (유기농)';
}
```

결과 화면은 VS Code의 **Open with Live Server** 메뉴를 사용해 웹 브라우저에서 열면 **채소** 목록으로 구성되어 있습니다. 여기에 자바스크립트를 사용해 여러 가지 변화를 추가해 보겠습니다.

요소의 텍스트 확인 및 수정하기

querySelector를 사용해 〈section〉 태그의 목록 중 첫 번째 요소를 **carrot**이라는 상수에 지정한 후 출력하면 당근이 선택된 것을 확인할 수 있습니다.

```
const $carrot = document
.querySelector('section > ul > li');

$carrot;
```

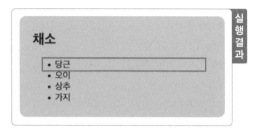

textContent는 HTML 요소의 텍스트 부분을 확인하고 제어하는 역할을 합니다. **carrot**의 텍스트를 출력했더니 **당근**이 반환되었습니다.

```
$carrot.textContent;
'당근'
```

🐛 특정 요소가 이미 가지고 있는 값에 접근해 반환한다는 의미에서 textContent를 접근자라고 하며, 마치 객체의 프로퍼티처럼 작용합니다.

textContent는 어떤 값을 넣는 데 사용될 수도 있습니다. 등호(=)를 사용해 **제주당근**이라는 텍스트를 지정했더니 원래 당근이었던 첫 번째 요소가 **제주당근**으로 바뀌었습니다.

```
$carrot.textContent = '제주당근';
```

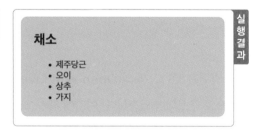

textContent를 사용하여 **carrot**을 출력하면 **제주당근**이라는 변경된 텍스트가 반환되는 것을 확인할 수 있습니다. 이와 같이 **어떤 텍스트 요소에 접근해 그 값을 반환받거나 반대로 값을 넣을 때는 textContent를 사용합니다.**

```
$carrot.textContent;
'제주당근'
```

목록 형태의 클래스 확인 및 수정하기

이번에는 클래스에 접근해 보겠습니다. 클래스는 하나의 요소에 여러 개 존재할 수 있으며 띄어쓰기로 구분한다는 것을 기억하나요? 따라서 **클래스는 classList를 사용하여 복수의 값을 가진 목록을 확인하고 그 안의 내용을 수정할 수 있습니다.**

현재 화면에서는 볼 수 없지만 채소 목록의 마지막에는 **hidden**이라는 클래스명을 가진 양파라는 값이 있습니다. 따라서 **lastElementChild**를 사용해 다음과 같이 선택한 후 출력해 보겠습니다. 결과 화면을 보면 **양파**가 선택되었지만 웹 페이지에서는 여전히 보이지 않습니다.

```
const $onion = document
.querySelector('section ul')
.lastElementChild;

$onion;
```

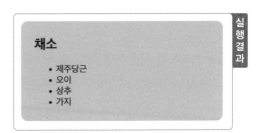

classList를 사용하여 **onion**을 출력하면 하나의 **hidden**이라는 클래스가 적용되어 있다는 것을 알 수 있습니다. 이제 이 클래스를 없애거나 다른 속성을 지정하는 등의 변화를 주겠습니다.

```
$onion.classList;
DOMTokenList ['hidden', value: 'hidden']
```

remove 키워드를 사용하면 클래스를 제거할 수 있습니다. **hidden** 속성을 제거하니 숨겨져 있던 **양파**가 나타났습니다.

```
$onion.classList.remove('hidden');
```

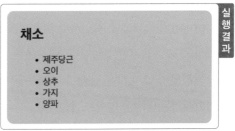

단, 페이지 모습이 바뀌었다고 해서 페이지 소스 코드 자체가 바뀐 것은 아닙니다. 웹 브라우저 개발자는 자바스크립트 내용을 콘솔로 출력만 할 뿐입니다. 이대로 모습을 완전히 변경하려면 원본 페이지 소스 코드에서 바꿔서 저장해야 한다는 점을 기억하세요.

add 키워드를 사용하면 클래스를 추가할 수 있습니다. 이때는 CSS에 관련 변화 내용을 미리 작성해 두어야 합니다. **organic**이라는 클래스를 추가하니 **양파** 옆에 **(유기농)**이라는 단어가 추가되었습니다.

```
$onion.classList.add('organic');
```

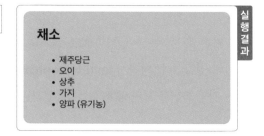

toggle 키워드를 사용하면 특정 클래스의 적용 여부를 토글로 제어할 수도 있습니다. 우리가 흔히 사용하는 좋아요 버튼처럼 누를 때마다 on과 off를 반복하는 것이 토글입니다. 이때도 CSS에 관련 변화 내용을 미리 작성해 두어야 합니다. **soldout**을 토글로 제어하면 다음 코드를 반복해서 실행할 때마다 **양파**가 비활성화와 활성화를 반복합니다.

```
// 반복해서 실행할 것
$onion.classList.toggle('soldout');
```

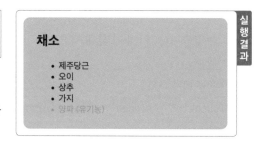

🐾 이 경우 CSS에서 텍스트의 투명도를 조절하여 활성화와 비활성화를 표현했습니다.

CSS 스타일 확인 및 수정하기

특정 요소의 CSS 스타일 정보에 접근하고 수정하려면 style을 사용합니다. 방금 전까지 속성을 바꾼 **onion**의 스타일을 확인하면 엄청나게 많은 속성이 나오는데, 이는 현재 요소에 적용 가능한 속성을 모두 표기한 것입니다. 대부분은 ''처럼 빈 문자열로 되어 있는데, 이는 아직 어떤 스타일도 지정되어 있지 않은 상태이기 때문입니다. 이 중에서 원하는 스타일 요소에 접근하고 속성을 변화시키는 방법을 알아보겠습니다.

```
$onion.style;
CSSStyleDeclaration {accentColor: '', additiveSymbols: '', alignContent: '',
alignItems: '', alignSelf: '', ...}
```

먼저 서체 크기에 접근해 보겠습니다. **fontSize** 키워드를 사용하여 **양파**의 글자 크기를 **2배**로 키웠습니다. 이때 숫자 뒤에 **em**이 적용되게 하려면 문자열로 작성하는 것도 잊지 마세요.

```
$onion.style['font-size'] = '2em';
```

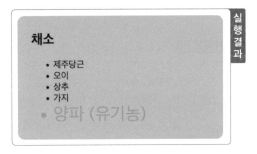

이번에는 캐멀 케이스로 접근해서 크기를 다시 원래 상태로 줄입니다.

```
$onion.style.fontSize = '1em';
```

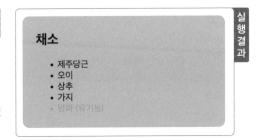

🐰 jsedit1.html 파일의 자바스크립트 조작은 잠깐 멈추겠습니다. 659쪽부터 다시 이어서 실습하니 창을 닫지 마세요.

자바스크립트에서는 왜 font-size가 아닌 fontSize인가요? ·············

CSS 스타일에서 서체 크기를 조절하려면 font-size라는 속성명을 사용한 것 때문에 그렇게 생각할 수 있습니다. 하지만 자바스크립트에서의 명명 규칙을 따르면 특수문자는 & 또는 _만 사용할 수 있습니다(591쪽 참조). 이처럼 자바스크립트의 키워드로 접근할 때는 CSS 속성명 그대로를 문자열 형태로 넣어서 접근할 수도 있지만, 마침표(.) 다음에 키값을 넣어서 접근할 때는 대시(-)가 사라지고 바로 다음에 오는 글자가 대문자로 바뀌어서 적용된다고 이해하면 됩니다.

```
// 대괄호 접근자로는 CSS 속성명 그대로 사용 가능
$onion.style['font-size'] = '2em';
```

```
// 마침표 접근자를 쓰면 camel case 사용
$onion.style.fontSize = '1em';
```

🐰 이와 같은 형태를 캐멀 케이스(camel case)라고 합니다.

HTML 요소의 속성 확인 및 수정하기

HTML 요소의 태그 안에 있는 세부 속성에 접근하고 수정할 수도 있습니다. **getAttribute** 키워드로 속성을 확인하고, **setAttribute** 키워드로 수정하면 간단합니다.

직접 해 보세요 〈a〉 태그, 〈input〉 태그, 체크 박스 형태의 〈label〉 태그가 있는 예제입니다.

Chapter 19/jsedit2.html

```
...
<head>
...
  <link rel="stylesheet" href="./jsedit2.css">
  <title>요소 조작하기2</title>
</head>
<body>
  <a href="https://www.naver.com" target="_blank">🔗 웹사이트 바로가기</a>
  <br>
  <input type="text" name="message" value="Hello World!">
  <br>
  <input type="checkbox" id="checkbox" name="toggle">
  <label for="checkbox">체크 박스</label>
</body>
...
```

Chapter 19/jsedit2.css

```
body {
  padding: 16px 32px;
}

a, input, label {
  display: inline-block;
  margin-bottom: 1em;
  font-size: 1.24em;
}
```

먼저 **hyperlink**라는 상수에 〈a〉 태그를 지정하고 출력하면 다음과 같이 〈a〉 태그 내용 전체가 반환됩니다.

```
const $hyperlink = document.querySelector('a');

$hyperlink
```
```
<a href="https://www.naver.com" target="_blank">🔗 웹사이트 바로가기</a>
```

getAttribute 함수의 인자에 제어할 속성의 이름을 문자열로 작성합니다. 〈a〉 태그의 **href** 속성을 반환하면 다음과 같이 현재 지정되어 있는 웹사이트 주소가 반환됩니다.

```
$hyperlink.getAttribute('href');
```
```
'https://www.naver.com'
```

네이버로 이동하는 하이퍼링크를 얄코 홈페이지로 이동시키고 싶습니다. **setAttribute** 함수의 인자로 변경시킬 속성명과 쉼표(,) 그리고 새롭게 이동을 원하는 웹사이트의 주소를 함께 작성합니다. 링크를 클릭하면 변경된 주소로 이동하는 것을 볼 수 있습니다.

```
$hyperlink.setAttribute('href', 'https://www.yalco.kr');
```

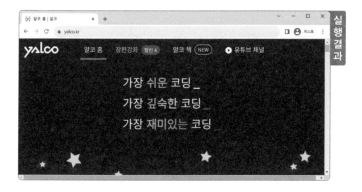

실행결과

getAttribute로 링크가 잘 변경되었는지 다시 한번 확인합니다.

```
$hyperlink.getAttribute('href');
```
```
'https://www.yalco.kr'
```

자바스크립트

인풋 요소의 값 확인 및 수정하기

인풋 요소의 태그 안에는 **value**라는 속성이 있는데, 이는 처음부터 주어질 수도 있고 사용자가 입력할 때 들어갈 수도 있습니다. 또한 체크 박스는 체크 여부에 따라 **checked**라는 속성을 갖습니다. 이 두 가지 속성을 제어하는 방법을 알아보겠습니다.

먼저 다음과 같이 **message**와 **toggle** 상수를 선언합니다. 스타일을 적용할 대상을 지정할 때는 대괄호 **[ ]**를 사용한다고 LESSON 29에서 배웠습니다.

```
const $message = document
.querySelector('input[name=message]');

const $toggle = document
.querySelector('input[name=toggle]');
```

그리고 다음과 같이 값이 잘 들어갔는지 확인합니다.

```
$message
<input type="text" name="message" value="Hello World!">
```

```
$toggle
<input type="checkbox" id="checkbox" name="toggle">
```

기존의 메시지를 변경해 보겠습니다. 등호(**=**)를 사용해 **안녕하세요**라는 텍스트를 **value**에 지정했더니 원래 **Hello World!**이었던 인풋 상자 안 메시지가 **안녕하세요**로 바뀌었습니다.

```
$message.value = '안녕하세요';
```

🔗 웹사이트 바로가기

| 안녕하세요 |

☐ 체크 박스

실행결과

체크 박스의 **checked** 속성은 체크된 상태인 **true**, 체크되어 있지 않은 상태인 **false**의 두 가지 값만 **반환합니다.** 따라서 다음과 같이 **checked**를 토글로 제어하면 반복해서 실행할 때마다 체크 박스가 체크와 미체크를 반복합니다.

```
// 반복해서 실행할 것
$toggle.checked = !$toggle.checked;
```

특정 HTML 요소 제거하기

특정 HTML 요소를 제거하려면 **removeChild** 키워드를 사용합니다. **jsedit1.html** 예제 파일에 이어서 채소 목록을 선택해 상수 **ul**에 저장하겠습니다.

```
const $ul = document.querySelector('section > ul');
```

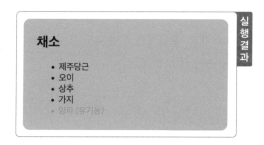

채소 목록에 들어가 있는 **양파**를 제거하고 싶다면 해당 요소의 부모인 〈ul〉 태그에 **removeChild** 키워드를 작성한 후 괄호 안에 삭제할 요소를 적어줍니다. 이때는 양파가 hidden으로 감춰진 것이 아니라 프로그램 상에서 아예 사라진 것입니다.

```
$ul.removeChild($onion);
```

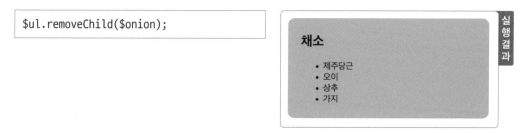

또한 모든 자식 요소를 지우고 싶다면 다음과 같이 while 반복문을 사용합니다. 첫 번째 자식

요소, 즉 **firstElementChild**가 하나라도 있다면(자식이 있는 모든 경우 해당) **removeChild** 키워드로 해당 첫 번째 자식을 지운다는 것입니다. 따라서 첫 번째 자식 요소를 계속해서 지워나가면 궁극적으로는 모든 자식 요소를 지우는 것과 같습니다.

```
// 모든 자식 요소 지우기
while ($ul.firstElementChild) {
  $ul.removeChild($ul.firstElementChild);
}
```

태그명으로 요소 생성하기

createElement 키워드를 사용하면 요소를 태그명으로 새로 생성한 뒤 다른 부모 요소에 넣는 것도 가능합니다. 앞서 모든 채소 목록을 제거하였으니 다시 **토마토**라는 ⟨li⟩ 태그를 추가하겠습니다. **tomato**라는 상수를 먼저 선언하고 태그명을 넣어 줍니다.

```
const $tomato = document.createElement('li');
```

tomato를 출력하면 ⟨li⟩ 태그가 나오지만 마우스를 갖다 대도 웹사이트 상에서는 표시가 되지 않습니다. 아직 태그만 생성했지 요소가 웹 페이지에 들어가지 않았기 때문입니다.

```
$tomato;
<li></li>
```

여기에 **textContent**를 **토마토**로 지정했더니 텍스트가 잘 들어갔습니다.

```
$tomato.textContent = '토마토';
'토마토'
```

tomato 상수를 다시 출력하면 페이지 어딘가에는 아직 들어가지 않았지만 **토마토**라는 ⟨li⟩ 요소가 잘 만들어진 것을 확인할 수 있습니다.

```
$tomato;
<li>'토마토'</li>
```

이제 **appendChild** 키워드를 이용하여 부모 요소인 ⟨li⟩ 태그에 **tomato**를 자식 요소로 집어넣 겠습니다. **토마토**가 채소 목록에 새로 생성되었습니다.

```
$ul.appendChild($tomato);
```

채소

- 토마토

다른 채소들도 만들어서 목록에 한꺼번에 추가해 보겠습니다. **상추**, **가지**, **브로콜리**로 문자열 배열을 만들고 **for of** 형태의 반복문으로 작성합니다. 그리고 **el**이라는 상수를 선언한 다음 **createElement**로 ⟨li⟩ 요소를 지정해서 넣고, **textContent**에 각각의 아이템을 for 문으로 반 복하면서 하나씩 넣는 형태입니다. 마지막으로 **appendChild**를 사용해 생성된 요소를 **el**에 집 어넣고 출력하면 됩니다.

```
const veges = ['상추', '가지', '브로콜리'];

for (const itm of veges) {
  const $el = document.createElement('li');
  $el.textContent = itm;
  $ul.appendChild($el);
};
```

채소

- 토마토
- 상추
- 가지
- 브로콜리

이벤트 추가하기

학습
목표

자바스크립트는 사용자가 웹사이트에서 무언가를 클릭하거나 값을 입력하는 등의 외부 요인에 따라 특정 동작이 일어나도록 제어할 수 있습니다. 마우스 클릭, 텍스트 입력, 키보드 입력 등 웹 페이지의 꽃이라고 할 수 있는 생동적인 이벤트를 추가하는 방법에 대해 알아보겠습니다.

이벤트

직접 해 보세요 다음과 같이 예제 파일을 작성합니다. 버튼과 클릭 버튼, 인풋 상자를 간단하게 실습할 수 있는 형태입니다.

Chapter 19/jsevent.html

```
...
<head>
...
  <link rel="stylesheet" href="./jsevent.css">
  <title>이벤트 추가하기</title>
</head>
<body>
  <button id="myButton">이벤트를 부여하세요.</button>
  <br>
  <div id="clickPosition">
    클릭 전
  </div>
  <br>
  <input id="myInput" type="text">
</body>
...
```

```css
body {
  padding: 16px 32px;
  font-size: 1.2em;
}

button, input[type=text] {
  padding: 0.5em 1em;
  font-size: 1.2em;
}

#clickPosition {
  display: inline-block;
  margin: 24px 0;
  width: 400px;
  height: 240px;
  line-height: 240px;
  text-align: center;
  background-color: lightblue;
}
```

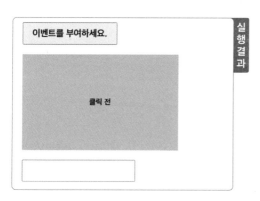

버튼 클릭 이벤트 추가하기

먼저 이벤트를 넣을 버튼 이름을 상수로 지정합니다. HTML에서 버튼 아이디명은 **myButton**입니다. 사용자가 이 버튼을 클릭하거나 마우스 오버하는 등의 동작에 따라 이벤트가 실행됩니다.

```js
const $myButton = document.querySelector('#myButton');
```

화면상의 요소들을 상수나 변수로 저장할 때는 앞에 $을 붙이는 것을 권장합니다.

HTML에서 태그를 사용해 만드는 요소는 모두 특정 이벤트에 반응하도록 프로그래밍될 수 있는데, 그것을 구현하는 것이 바로 **addEventListener**입니다. 여기에는 괄호 안에 인자가 두 개 들어가는데 첫 번째 인자로는 주어질 이벤트를 문자열로 작성하고, 두 번째 인자에는 실제 일어나야 할 동작을 함수 형태로 부여합니다. 이를 다른 곳에 인자로 들어가 특정 조건에 따라 호출된다고 해서 **콜백 함수**라고도 합니다.

myButton에 click이 발생하면 function() 안의 동작을 하라는 뜻입니다.

```
// 마우스 클릭 이벤트
myButton.addEventListener('click', function () {
  console.log('클릭');
});
```

이벤트를 부여하세요.

실행결과

마우스로 클릭 시 '클릭' 글자가 콘솔에 출력

🐰 버튼을 연속해서 클릭하면 콘솔에는 클릭하는 만큼 숫자가 늘어납니다.

마우스 오버 이벤트 추가하기

이번에는 같은 버튼에 마우스 오버 이벤트를 넣어 보겠습니다. LESSON 55에서 배웠던 화살표 함수를 사용하여 **logMouseEnter** 상수에는 **진입**이라는 텍스트를, **logMouseLeave** 상수에는 **이탈**이라는 텍스트를 출력하도록 선언했습니다.

```
const logMouseEnter = () => { console.log('진입'); };
const logMouseLeave = () => { console.log('이탈'); };
```

마우스가 버튼 영역으로 진입하거나(**mouseenter**) 버튼 밖으로 이탈할 때(**mouseleave**)에 따라 각각 **logMouseEnter**와 **logMouseLeave**를 실행하도록 하면 앞에서 지정한 함수대로 마우스 오버에 따라 **진입**과 **출력**이라는 텍스트가 출력됩니다.

```
// 마우스 진입/이탈 이벤트
myButton.addEventListener('mouseenter', logMouseEnter);
myButton.addEventListener('mouseleave', logMouseLeave);
```

이벤트를 부여하세요.

실행결과

마우스 오버에 따라 '진입' 또는 '이탈' 글자가 콘솔에 출력

이벤트 객체

이벤트 객체를 활용하면 더욱 구체적으로 요소의 동작을 프로그래밍할 수 있습니다. 대표적으로 마우스 클릭 이벤트와 인풋 요소 이벤트를 알아보겠습니다.

클릭 좌표 출력 이벤트 추가하기

예제 화면에서 하늘색 상자의 아이디 **clickPosition**을 다음과 같이 상수로 지정합니다.

```
const clickPosition = document.querySelector('#clickPosition');
```

앞서 이벤트를 추가하는 **addEventListener**의 두 번째 인자에는 이벤트 객체를 갖게 할 수 있었습니다. 여기서 **이벤트 객체**란 **해당 이벤트가 발생했을 때 그에 대한 상세한 정보를 모두 포괄하는 객체**를 말합니다. 예를 들어 클릭 이벤트가 발생한다면 이에 대한 좌표까지 상세하게 지정할 수 있습니다.

하늘색 상자를 클릭했을 때 발생할 이벤트를 콘솔로 출력하는 코드를 먼저 작성하겠습니다. 그럼 하늘색 상자를 클릭할 때마다 **PointerEvent**라는 클래스명 안에 다음과 같이 굉장히 다양한 값을 가지고 있는 객체가 나타나는 것을 볼 수 있습니다.

```
clickPosition.addEventListener('click', function (e) {
  console.log(e);
});
```
```
PointerEvent {isTrusted: true, pointerId: 1, width: 1, height: 1, pressure: 0,
...}
```

이제 여기에 클릭 이벤트에 따라 발생할 콜백 함수를 하나 더 추가하겠습니다. **하나의 이벤트에는 여러 콜백 함수를 등록할 수 있고, 해당 이벤트를 실행할 때마다 지정된 동작이 모두 실행됩니다.** 따라서 하늘색 상자를 클릭할 때마다 앞서 등록한 **PointerEvent**와 함께 클릭한 지점의 좌표를 표시하는 동작이 동시에 실행됩니다.

```
clickPosition.addEventListener('click', function (e) {
  console.log(e);
});
// 하나의 이벤트에 여러 콜백 함수 등록 가능
clickPosition.addEventListener('click', function (e) {
  let text = 'x: ';
  text += e.clientX;
  text += ', y: ';
  text += e.clientY;
  clickPosition.textContent = text;
});
```

```
PointerEvent {isTrusted: true, pointerId: 1, width: 1, height: 1, pressure: 0,
...}
```

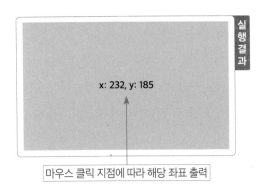

마우스 클릭 지점에 따라 해당 좌표 출력

인풋 요소 이벤트 추가하기

이번에는 사용자가 키보드 입력을 할 수 있는 인풋 요소에 이벤트를 추가하겠습니다. 예제 화면
에서 인풋 상자의 아이디 **myInput**을 다음과 같이 상수로 지정합니다.

```
const myInput = document.querySelector('#myInput');
```

focus는 인풋 상자가 마우스 클릭이나 Tab 키 등으로 입력이 활성화될 때의 상태를 말합니다.
반대로 인풋 상자 외에 다른 곳을 클릭하거나 다시 Tab 키를 눌러 포커스가 다른 곳으로 간 상
태를 blur라고 합니다. 각각의 이벤트를 다음과 같이 지정하면 인풋 상자의 포커스 여부에 따라
다음과 같이 설정한 **placeHolder** 문구가 나타납니다.

```
// 인풋 요소 등이 사용자 입력을 받을 준비가 된 상태
myInput.addEventListener('focus', () => {
  myInput.setAttribute('placeHolder', '포커스된 상태');
});
```

실행결과

포커스된 상태

↑ 입력이활성화될 때의 상태

```
// 포커스를 잃어 활성이 아니게 된 상태
myInput.addEventListener('blur', () => {
  myInput.setAttribute('placeHolder', '블러 된 상태');
});
```

실행결과

블러된 상태

↑ 입력이 비활성화 될 때의 상태

change는 인풋 요소에 입력한 값(value)이 바뀔 때마다 일어나는 이벤트입니다. 입력이 진행되는 동안에는 아무 반응도 없으며, 사용자가 입력을 마친 후 포커스를 다른 곳으로 옮길 때, 즉 focus가 blur로 상태가 바뀔 때만 입력한 값을 출력합니다.

```
// 인풋 요소의 값이 바뀔 때
myInput.addEventListener('change', (e) => {
  console.log(e.target.value)
});
```

실행결과

안녕하세요

↑ 입력한 값이 바뀐 상태

keyup은 키보드에서 어떤 키를 눌렀다가 떼는 순간까지도 모두 이벤트로 간주합니다. 따라서 어떤 키를 누르던 간에 모든 값을 출력하며 Enter, Shift, Backspace 등의 기능 키 값도 모두 출력합니다.

```
// 키 입력
myInput.addEventListener('keyup', (e) => {
 console.log(e.key);
});
```

자바스크립트

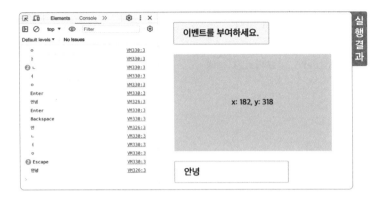

키보드가 눌리는 것에 반응하는 이벤트로는 keyup 외에도 keypress, keydown 등 굉장히 다양한 종류가 있습니다. 이후에 자바스크립트를 보다 깊이 있게 다룬다면 그때 함께 배워도 좋습니다.

얄코의 친절한 JavaScript 노트

① 요소를 선택하는 방법

키워드	기능
getElementsByTagName	태그명으로 요소 선택
getElementsByClassName	클래스명으로 요소 선택
getElementById	아이디명으로 요소 선택
querySelector / querySelectorAll	CSS 선택자로 첫 번째 요소 선택 / 모든 요소 선택
firstElementChild / lastElementChild	첫 번째 자식 요소 선택 / 마지막 자식 요소 선택
parentElement	부모 요소 선택

② 선택된 요소를 조작하는 방법

키워드	기능
textContent	요소의 텍스트 확인 및 수정
classList	목록 형태의 클래스 확인 및 수정
style	CSS 스타일 확인 및 수정
getAttribute	HTML 요소의 속성 확인
setAttribute	HTML 요소의 속성 수정
value	인풋 요소의 값 확인 및 수정
checked	체크 박스의 값 확인 및 수정
removeChild	HTML 요소 제거
createElement	태그명으로 요소 생성
appendChild	부모에게 자식 요소로 추가

③ 이벤트를 추가하는 방법

키워드	기능
addEventListener	요소에 이벤트를 추가

CHAPTER
20

파이널 프로젝트 보완하기

기존 데이터에 요소 만들기

학습 목표

마지막 장에서는 PART 05에서 완성했던 코딩 강좌 웹사이트를 불러와 자바스크립트로 기능을 더하는 연습을 하겠습니다. 이전까지는 자바스크립트를 배우기 전이었기 때문에 HTML과 CSS만 가지고 임기응변식으로 기능을 구현했다면, 이제부터는 지금까지 배운 자바스크립트 지식을 이용해 기능을 업그레이드할 것입니다.

직접 해 보세요 실습을 위해 먼저 예제 파일에서 **final-project.zip** 파일의 압축을 풀고 VS Code에서 엽니다. 압축 파일에는 앞으로 작업할 자바스크립트 부분이 해당 내용을 주석으로 처리해 기능이 빠진 채로 작성되어 있습니다. 또한 **index.html** 파일을 보면 진행 바나 문의하기처럼 태그의 위치를 이동한 경우도 있습니다. 따라서 혼동을 방지하기 위해 PART 05에서 실습한 파일 대신 새로 다운로드한 예제 파일을 열어 실습합니다.

Chapter 20/final-project/index.html

```html
...
<head>
...
  <link rel="stylesheet" href="./style.css">
</head>
<body>
  <section class="intro">
    <div class="intro__dark">
      <div class="intro__type">
        <div><span aria-hidden="true">😎</span> 코딩이</div>
        <div>즐거워진다<span class="underscore">_</span></div>
      </div>
    </div>
    <div class="intro__tilt"></div>
```

```html
    <div class="intro__tilt--flip"></div>
  </section>

  <header class="header">
    <h1>
      <a class="header__homelink" href="#">
        <img class="header__logo" src="./images/logo.svg" alt="홈으로">
      </a>
    </h1>

    <!-- 버튼으로 수정 -->
    <button class="header__menu-btn"></button>
    <nav class="header__nav">
      <ul>
        <!-- 기존 코드 -->
        <!-- <li class="header__nav-item">
          <a href="#about">얄코강좌는</a>
        </li>
        <li class="header__nav-item">
          <a href="#html">HTML</a>
        </li>
        <li class="header__nav-item">
          <a href="#css">CSS</a>
        </li>
        <li class="header__nav-item">
          <a href="#curriculum">커리큘럼</a>
        </li>
        <li class="header__nav-item">
          <a href="#contact">문의하기</a>
        </li> -->
      </ul>
    </nav>
  </header>

  <main>
    <section id="about" class="section">
      <header class="section__header">
        <strong class="section__tag">
          about
        </strong>
```

```
    <h1 class="section__title">
      얄코강좌는
    </h1>
  </header>

  <div class="about">
    <!-- 기존 코드 -->
    <!-- <div class="about__card">
      <img class="about__icon" src="./images/about_1.svg" alt="">
      <h2 class="about__title _1">
        빠른 강의
      </h2>
      <p class="about__text">
        군더더기 없는 진행으로 <br>
        여러분의 시간을 절약합니다.
      </p>
    </div>
    <div class="about__card">
      <img class="about__icon" src="./images/about_2.svg" alt="">
      <h2 class="about__title _2">
        손쉬운 학습
      </h2>
      <p class="about__text">
        강의 페이지를 활용해서 <br>
        편리하게 실습할 수 있습니다.
      </p>
    </div>
    <div class="about__card">
      <img class="about__icon" src="./images/about_3.svg" alt="">
      <h2 class="about__title _3">
        플레이그라운드
      </h2>
      <p class="about__text">
        강의를 위해 제작한 도구가 <br>
        반복 학습을 도와줍니다.
      </p>
    </div> -->
  </div>
</section>
```

```html
<section id="html" class="section">
  <header class="section__header">
    <strong class="section__tag">
      html
    </strong>
    <h1 class="section__title">
      갖다 놓는 HTML
    </h1>
  </header>
  <article class="html-css _html">
    <figure class="html-css__thumb">
      <img class="html-css__logo" src="./images/logo-html.svg" alt="HTML 로
      고">
    </figure>
    <div class="html-css__content">
      <h2 class="html-css__title">
        <div>
          <em>H</em>yper<em>T</em>ext <br>
          <em>M</em>arkup <em>L</em>anguage
        </div>
      </h2>
      <p class="html-css__desc">
        <strong>태그</strong>를 사용하여 웹 페이지 안의 요소들과 <br>
        그 구조를 표현할 수 있는 언어입니다.
      </p>
      <dl class="html-css__spec">
        <dt class="sr-only">종류</dt>
        <dd>마크업</dd>
        <dt class="sr-only">용도</dt>
        <dd>웹 개발</dd>
        <dt class="sr-only">난이도</dt>
        <dd>쉬움</dd>
      </dl>
    </div>
  </article>
</section>

<section id="css" class="section">
  <header class="section__header">
    <strong class="section__tag">
```

```
      css
    </strong>
    <h1 class="section__title">
      꾸미는 CSS
    </h1>
  </header>
  <article class="html-css _css">
    <figure class="html-css__thumb">
      <img class="html-css__logo" src="./images/logo-css.svg" alt="CSS 로고">
    </figure>
    <div class="html-css__content">
      <h2 class="html-css__title">
        <div>
          <em>C</em>ascade <br>
          <em>S</em>type <em>S</em>heet
        </div>
      </h2>
      <p class="html-css__desc">
        웹 페이지 요소에 각종 속성을 부여하여 <br>
        다양하게 <strong>스타일링</strong>할 수 있는 언어입니다.
      </p>
      <dl class="html-css__spec">
        <dt class="sr-only">종류</dt>
        <dd>스타일</dd>
        <dt class="sr-only">용도</dt>
        <dd>웹 개발</dd>
        <dt class="sr-only">난이도</dt>
        <dd>중간</dd>
      </dl>
    </div>
  </article>
</section>

<section id="curriculum" class="section">
  <header class="section__header">
    <strong class="section__tag">
      curriculum
    </strong>
    <h1 class="section__title">
      커리큘럼
```

```
        </h1>
      </header>
      <div class="curriculum">
        <ol class="curriculum__list">
          <li><span>강의 소개</span></li>
          <li><span>HTML 기초</span></li>
          <li><span>CSS 기초</span></li>
          <li><span>HTML 심화</span></li>
          <li><span>CSS 심화</span></li>
          <li><span>파이널 프로젝트</span></li>
          <!-- curriculum__progress의 원래 위치 -->
        </ol>
        <!-- curriculum__progress의 위치 이동 -->
        <div class="curriculum__progress">
          <div class="bar"></div>
        </div>
      </div>
    </section>

    <section id="contact" class="section">
      <header class="section__header">
        <strong class="section__tag">
          contact
        </strong>
        <h1 class="section__title">
          문의하기
        </h1>
      </header>
      <div class="contact">
        <div class="contact__tab">
          <input name="contact" type="radio" id="ct_1" checked>
          <label for="ct_1" class="sr-only">연락처</label>
          <input name="contact" type="radio" id="ct_2">
          <label for="ct_2" class="sr-only">메시지</label>
          <!-- contact__slides의 원래 위치 -->
        </div>

        <!-- contact__slides의 위치 이동 -->
        <div class="contact__slides">
          <div class="contact__slide-con">
```

```html
<div class="contact__slide">
  <address>
    <table class="contact__contacts">
      <caption class="sr-only">연락처 목록</caption>
      <tr>
        <th>유튜브</th>
        <td>
          <a href="https://www.youtube.com/c/얄팍한코딩사전" target="_
          blank" alt="새 창에서 열기">
            <img src="./images/youtube.svg" alt="">
            채널 바로가기
          </a>
        </td>
      </tr>
      <tr>
        <th>웹사이트</th>
        <td>
          <a href="https://www.yalco.kr" target="_blank" alt="새 창에
          서 열기">
            https://www.yalco.kr
          </a>
        </td>
      </tr>
      <tr>
        <th>이메일</th>
        <td>
          <a href="mailto:yalco@kakao.com">
            yalco@kakao.com
          </a>
        </td>
      </tr>
    </table>
  </address>
</div>
<div class="contact__slide">
  <form action="#" method="get">
    <div class="contact__leave">
      <textarea name="message" placeholder="메시지를 입력하세요."
      required></textarea>
      <div>
```

LESSON 58 기존 데이터에 요소 만들기 677

```
                    <input name="email" type="email" placeholder="메일 주소를 입력
                    하세요." required>
                    <button type="submit">남기기</button>
                </div>
            </div>
        </form>
        </div>
        </div>
        </div>
    </div>
    </section>

    </main>
    <footer>
        <h1 class="sr-only">Copyright</h1>
        <p>
            2022 yalco - All rights reserved
        </p>
    </footer>
</body>
</html>
```

이어서 **final-project** 폴더 안에 **script.js**라는 자바스크립트 파일을 새로 만들고 **index.html** 파일의 〈head〉 태그 안에 다음과 같이 〈script〉 태그를 추가해 링크로 연결합니다.

Chapter 20/final-project/index.html

```
...
<head>
...
    <script defer src="./script.js"></script>
</head>
<body>
...
```

index.html 파일과 script.js 파일은 같은 경로 안에 함께 있어야 합니다.

defer는 왜 추가하는 건가요? ······························

〈script〉 태그의 속성으로 쓰인 defer는 해당 자바스크립트 파일이 동작하기 전에 먼저 HTML 파일에 있는 요소들을 전부 화면으로 불러오기 위해 사용합니다. defer가 없으면 아래에 있는 수많은 태그들을 불러오기도 전에 자바스크립트 코드가 동작해 기능이 제대로 구현되지 않을 수 있습니다.

··

내비게이션

상단 메뉴는 **header__nav**라는 클래스명을 사용하여 〈a〉 태그의 하이퍼링크로 각 메뉴를 연결했습니다. 이제 이 부분을 자바스크립트로 다시 작성하겠습니다.

| 얄코강좌는 | HTML | CSS | 커리큘럼 | 문의하기 |

script.js 파일에 다음과 같이 작성합니다. **headerNavs**라는 배열 안에 여러 개의 객체들이 채워져 있는 형태입니다. 각 객체 안에는 텍스트 형태로 나타날 **title**과 〈a〉 태그의 하이퍼링크로 들어갈 링크 정보가 **link**가 프로퍼티명으로 들어가 있습니다. 이렇게 각 요소를 데이터 형식으로 작성하면 내용을 유동적으로 바꿀 수 있어 조건에 따라 필요한 곳에 넣는 방식으로 간편하게 사용할 수 있습니다.

Chapter 20/final-project/script.js

```
const headerNavs = [
  { title: '얄코강좌는', link: '#about' },
  { title: 'HTML', link: '#html' },
  { title: 'CSS', link: '#css' },
  { title: '커리큘럼', link: '#curriculum' },
  { title: '문의하기', link: '#contact' }
];
```

이어서 **querySelector**를 사용해 **header__nav**라는 클래스의 〈ul〉 태그를 **$headerNavUl** 상수로 선언합니다.

```
...
const $headerNavUl = document.querySelector('.header__nav ul');
```

그리고 다음과 같이 실제 작동 부분을 작성합니다. **createElement**를 사용해 **header__nav
-item** 클래스의 **$li** 요소와 **$a** 요소를 가져와 **textContent**를 사용하여 텍스트명을,
setAttribute를 사용하여 이동을 원하는 웹사이트의 주소를 링크합니다. 여기에 **for of** 문
을 사용했기 때문에 **headerNavs**의 배열 요소가 이에 해당하는 값을 차례대로 반환합니다.
이렇게 만든 **$a** 요소를 **appendChild**를 사용해 **$li** 요소의 자식으로 넣고, 이 **$li** 요소 또한
$headerNavUl에 자식으로 넣으면 상단 메뉴가 완성됩니다.

```
...
for (const nav of headerNavs) {
  const $li = document.createElement('li');
  $li.classList.add('header__nav-item');

  const $a = document.createElement('a');
  $a.textContent = nav.title;
  $a.setAttribute('href', nav.link);

  $li.appendChild($a);
  $headerNavUl.appendChild($li);
}
```

about

about 항목은 〈div〉 태그 안에 〈img〉, 〈h2〉, 〈p〉 태그가 복합적으로 구성되어 있어 내용이 조
금 복잡합니다. 집중해서 따라오세요.

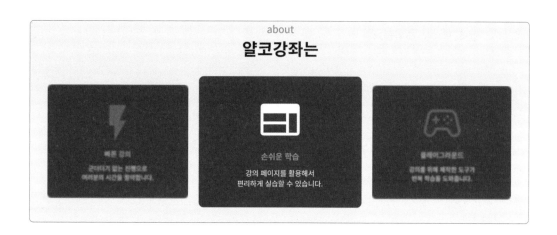

먼저 다음과 같이 자바스크립트 코드를 추가합니다. 세 개의 객체를 배열하는 방식으로 **aboutCards** 상수를 선언한 것입니다. 특히 **descs**는 그 안에 또 다른 배열이 들어가 있는 형태를 사용해 텍스트를 두 줄로 표현했습니다.

Chapter 20/final-project/script.js

```
...
const aboutCards = [
  {
    img: './images/about_1.svg',
    title: '빠른 강의',
    descs: [
      '군더더기 없는 진행으로',
      '여러분의 시간을 절약합니다.'
    ]
  },
  {
    img: './images/about_2.svg',
    title: '손쉬운 학습',
    descs: [
      '강의 페이지를 활용해서',
      '편리하게 실습할 수 있습니다.'
    ]
  },
  {
    img: './images/about_2.svg',
    title: '플레이그라운드',
    descs: [
      '강의를 위해 제작한 도구가',
```

```
      '반복 학습을 도와줍니다.'
    ]
  }
];
```

querySelector를 사용해 **about**이라는 클래스를 상수로 선언합니다.

Chapter 20/final-project/script.js

```
...
const $aboutDiv = document.querySelector('.about');
```

이제 앞서 내비게이션과 똑같은 방식으로 하나씩 요소를 만들어 넣으면 됩니다. 먼저 **card** 상수
에 **aboutCards**로 지정한 상수가 순서대로 돌아가면서 값을 반환하도록 합니다. 이어서 원래
있던 **$div**, **$img**, **$h2** 요소를 차례대로 불러와 해당 속성을 작성합니다. 특히 **$h2**는 HTML에
서 **about__title _1**, **about__title _2**, **about__title _3**과 같이 끝에 번호로 클래스명을 지
정한 항목이었습니다. 따라서 이 숫자값을 얻기 위해 가장 첫 줄의 **i = 0** 인덱스를 사용해 1, 2, 3
으로 숫자를 하나씩 늘려가면서 루프를 돌도록 합니다. 이것이 for of 문이 아닌 **for in 문**이 사용
된 이유입니다.

Chapter 20/final-project/script.js

```
...
for (let i = 0; i < aboutCards.length; i++) {
  const card = aboutCards[i];

  const $div = document.createElement('div');
  $div.classList.add('about__card');

  const $img = document.createElement('img');
  $img.classList.add('about__icon');
  $img.setAttribute('src', card.img);

  const $h2 = document.createElement('h2');
  $h2.classList.add('about__title')
  $h2.classList.add('_' + (i + 1));
  $h2.textContent = card.title;
```

이어서 텍스트 설명이 두 줄로 이루어져 있는 **p** 요소에 해당하는 부분이 **div** 요소로 각각 들어가도록 작성합니다. **for of 문**을 사용해 배열 형태의 디스크립션을 **textContent**로 순서대로 반환하는 **$word** 상수를 선언하고, **$p** 요소 안에 들어가도록 **appendChild**를 사용해 집어 넣습니다.

〈div〉는 블록 요소이니까 여기에 텍스트를 넣으면 한 줄 전체를 차지하므로 두 줄이 되겠죠.

Chapter 20/final-project/script.js

```
...
  const $p = document.createElement('p');
  $p.classList.add('about__text');

  for (const desc of card.descs) {
    const $word = document.createElement('div');
    $word.textContent = desc;
    $p.appendChild($word);
  }
```

이렇게 만든 **$img, $h2, $p** 요소를 각각 **$div** 요소에 넣은 다음, 이 또한 가장 바깥쪽에 있는 **$aboutDiv** 요소 안에 넣습니다.

Chapter 20/final-project/script.js

```
...
  $div.appendChild($img);
  $div.appendChild($h2);
  $div.appendChild($p);

  $aboutDiv.appendChild($div);
}
```

LESSON 59 이벤트 애니메이션 만들기

학습
목표

이번 LESSON에서는 특정 이벤트에 따라 그 내용이 바뀌는 애니메이션을 자바스크립트로 넣어 보겠습니다. 실무에서 굳이 자바스크립트를 사용하지 않고도 구현할 수 있는 경우도 있지만, 프로그램적으로 변수가 많이 생기는 상황에서는 자바스크립트를 사용하는 편이 낫습니다. 상황에 따라 지혜롭게 잘 판단해서 사용하기 바랍니다.

커리큘럼

커리큘럼 부분은 해당 원에 마우스를 가져다 대면 그에 따라 진행 바가 움직이는 애니메이션 형태였습니다. 이때는 CSS에서 너비를 200px, 400px, 600px 등으로 늘려가면서 크기를 조절했었죠. 이것을 자바스크립트로 구현해 보겠습니다.

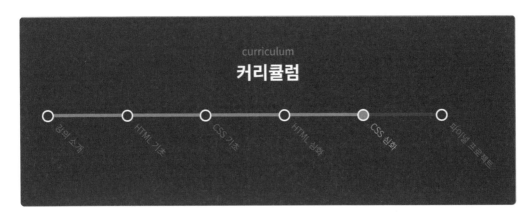

먼저 **curriculum__list**라는 클래스 안에 있는 ⟨li⟩ 요소 전부를 **currLis**로 선택하도록 합니다.

Chapter 20/final-project/script.js

```
...
$currLis = document.querySelectorAll('.curriculum__list > li');
```

진행 바의 초록색 부분을 담당할 요소를 HTML 코드에서 찾아(이 부분은 기존 PART 05 최종 파일에서 변경하였습니다) **currProgBar**로 선택하도록 합니다. 이 요소에 자바스크립트로 너비를 변경하도록 애니메이션을 지정할 것입니다.

Chapter 20/final-project/script.js

```
...
$currProgBar = document.querySelector('.curriculum__progress .bar');
```

실제 움직임을 지정하는 스크립트를 다음과 같이 지정합니다. 여기에서도 인덱스를 사용하는 **for 문**에 배열 형태로 받아온 **$currLis**를 사용할 것입니다. 각 요소는 **$li**라는 이름으로 상수를 만들어 넣습니다. 그리고 마우스 동작에 따라 **mouseenter**는 너비가 **200px**씩 증가하도록 i에 곱하기 연산을 사용하고, **mouseleave**는 반대로 마우스를 떼면 모든 너비가 **0**이 되도록 이벤트를 추가합니다.

Chapter 20/final-project/script.js

```
...
for (let i = 0; i < $currLis.length; i++) {
  const $li = $currLis[i];

  $li.addEventListener('mouseenter', () => {
    $currProgBar.style.width = (200 * i) + 'px';
  });
  $li.addEventListener('mouseleave', () => {
    $currProgBar.style.width = 0;
  });
}
```

문의하기

문의하기 부분은 버튼 선택에 따라 하단 내용이 바뀌는 형태였습니다. 기존에 라디오 버튼과 CSS를 응용해 구현했던 부분을 자바스크립트로 구현해 보겠습니다.

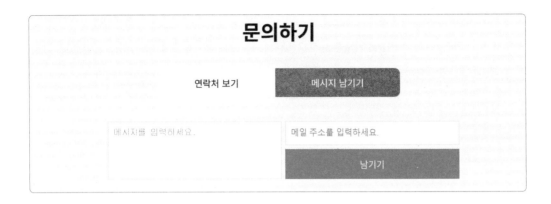

먼저 **contactTabs** 상수는 인풋 요소의 **name**이 **contact**인 요소, 즉 상단의 두 탭 버튼을 모두 선택하도록 합니다. 그리고 **contactSlideCon** 상수에는 그 아래 부분 전체, 즉 슬라이드되는 부분을 선택하도록 합니다. 여기에 자바스크립트를 사용해 이벤트를 넣겠습니다.

Chapter 20/final-project/script.js

```
...
const $contactTabs = document.querySelectorAll('input[name=contact]');
const $contactSlideCon = document.querySelector('.contact__slide-con');
```

이번에도 인덱스를 사용한 **for 문**을 사용합니다. **i = 0**이 나온다는 건 숫자를 사용한다는 뜻이죠. 각 탭을 **$tab** 상수 안에 넣으면 **0**은 왼쪽 탭, **1**은 오른쪽 탭이 됩니다. 그리고 **marginLeft**라는 배열을 만들어 한 화면의 사이즈인 **−100vw**만큼 왼쪽으로 슬라이드되도록 위치를 지정해줍니다. 따라서 첫 번째 턴, 즉 왼쪽 탭에서는 위치 변화가 일어나지 않은 상태이다가 오른쪽 탭이 선택되면 **i**가 **1**이 되어 **−100vw**만큼 위치가 이동되겠죠. 그리고 각 탭에 마우스 클릭 이벤트를 추가해 **contactSlideCon**이 **marginLeft** 배열에 따라 위치가 선택되도록 부여합니다.

Chapter 20/final-project/script.js

```
...
for (let i = 0; i < $contactTabs.length; i++) {
  const $tab = $contactTabs[i];
  const marginLeft = [0, '-100vw'][i];

  $tab.addEventListener('click', () => {
    $contactSlideCon.style.marginLeft = marginLeft;
  });
}
```

모바일 메뉴 버튼

기존 모바일 화면에서 메뉴는 체크 박스를 이용해 클릭 여부에 따라 CSS 선택자로 메뉴가 나타나도록 구현했습니다. 그러나 예제 파일에서는 메뉴의 원래 성격에 맞도록 체크 박스를 버튼 형식으로 바꿨습니다(이 부분은 기존 PART 05 최종 파일에서 변경하였습니다). 따라서 이제는 체크 여부가 아니라 이벤트에 의존해 메뉴 기능을 구현해야 합니다.

먼저 기존의 **header__menu-btn** 클래스를 **$menuBtn**로, **header__nav** 클래스를 **$headerNav**로 선택할 수 있도록 선언합니다.

Chapter 20/final-project/script.js

```
...
const $menuBtn = document.querySelector('.header__menu-btn');
const $headerNav = document.querySelector('.header__nav');
```

CSS에서도 원래는 체크 박스의 체크 여부에 따라 색이 바뀌는 것을 **on** 클래스 유무에 따라 색이 바뀌도록 수정했습니다. 내비게이션 역시 **active** 클래스가 붙었을 때 나타날 수 있도록 변경했습니다.

Chapter 20/final-project/2-header.css

```css
...
 /* on 클래스 유무에 따라 바뀌는 것으로 수정 */
 .header__menu-btn.on {
   background-color: var(--color-dark);
 }

 .header__nav.active {
   display: inherit;
   position: absolute;
   top: var(--height-toolbar);
   right: 0;
   background-color: var(--color-dark);
   padding-bottom: 1em;
   box-shadow: 0 2px 2px rgba(0, 0, 0, 0.2);
 }
...
```

이제 **classList**를 사용해 **on** 또는 **active**가 클래스에 붙을 때마다 클릭 이벤트를 발생시키도록 합니다. 그리고 온오프 동작에 따라 이벤트의 유무가 달라지기 때문에 토글을 사용했습니다. **e.stopPropagation**은 메뉴 목록 아래의 레이어에는 클릭 이벤트가 먹히지 않도록 한 것입니다. 그 이유는 다음에 작성할 코드에 있습니다.

Chapter 20/final-project/script.js

```js
...
$menuBtn.addEventListener('click', (e) => {
  $menuBtn.classList.toggle('on');
  $headerNav.classList.toggle('active');

  // 이 요소 아래 레이어에는 클릭 이벤트가 먹히지 않도록
  e.stopPropagation();
});
```

마지막으로 작성할 코드는 **body**, 즉 페이지 전체를 클릭했을 때 **on**과 **active**를 제거해 떠 있던 메뉴가 사라지도록 하는 것입니다. 앞의 **e.stopPropagation**로 예외를 두지 않으면 이 코드로 인해 메뉴 버튼 자체도 클릭되지 않습니다. 웹 페이지는 마치 셀로판지를 여러 장 겹쳐 놓은 것이라고 생각하면 이해가 좀 더 쉬울 것입니다.

```
...
document
.querySelector('body')
.addEventListener('click', () => {
  $menuBtn.classList.remove('on');
  $headerNav.classList.remove('active');
});
```

지금까지 PART 06에서 배웠던 간단한 자바스크립트 코드를 이용해 우리가 만든 웹사이트에서 CSS로 지정했던 효과들을 대신하는 방법을 배웠습니다. 이 책에서 배운 내용만 잘 응용하면 왠만한 웹사이트상의 효과를 구현하는 데는 큰 어려움이 없을 것입니다. 그동안 수고 많으셨습니다!

자바스크립트

찾아보기